문화의 배반자 유머

문화의 배반자 유머

2012년 11월 30일 초판 1쇄 발행
2013년   1월 30일 초판 2쇄 발행

지은이 | 유동운
펴낸이 | 이찬규
교정교열 | 정난진
펴낸곳 | 북코리아
등록번호 | 제03-0124___
주소 | 462-807 경기도 성남시 중원구 상대원동 146-8
       우림2차 A동 1007호
전화 | 02) 704-7840
팩스 | 02) 704-7848
이메일 | sunhaksa@korea.com
홈페이지 | www.bookorea.co.kr
ISBN | 978-89-6324-279-8 (03320)

값 17,000원

• 본서의 무단복제를 금하며, 잘못된 책은 바꾸어 드립니다.

문화의 배반자 유머

The Betrayal of Culture in Humor

유동운 지음

북코리아

The Betrayal of Culture in Humor

책을 내면서

텔레비전 개그 프로그램에 열중인 아들 녀석을 보고 있노라면 한편으로 그 녀석 공부를 방해하므로 짜증이 나오지만 다른 한편으로 출연자들의 재치 있는 개그에 몰입되어 쳐다보고 있는 나 자신을 발견하게 된다. 왜 개그 프로그램이 사람들에게 인기가 있을까? 어떤 소재가 개그가 될 수 있을까? 유머러스한 개그와 그렇지 않는 개그와의 사이에 어떤 차이가 있을까? 어떤 사람들이 유머러스할까? 사람들이 유머를 듣거나 보거나 겪으면 왜 웃을까? 다른 웃음과 마찬가지로 유머로부터 이어지는 웃음이 사람들의 건강에 유익할까? 유머를 둘러싼 의문은 한두 가지가 아니다.

유머의 본질이 어디 있을까 하고 고민하던 중 유머가 갖고 있는 공통적인 속성이 사회의 문화를 벗어나는 소재이어야 할 뿐만 아니라 인간의 본능에 부합하는 내용이어야 한다는 결론에 도달하였다. 그래서 인간이 학습하면서 습득한 문화(언어, 도구, 제도)를 배반하고 태어난 본능에 굴복하는 이야기들에 관한 자료들을 수집하여 책으로 엮어보았다.

책 속에 나오는 유머 가운데 객관적이지 않은 내용이 소개될 수도 있다. 다만 허무맹랑한 이야기로 독자들을 오도하지 않으려고 최소한의 노력을 기울여 사실에 가까운 유머들만을 소개하려고 애썼다. 책을 만드느라 자료 수집과 타이핑에 도움을 준 서민석, 황길성, 현지민, 최혜정, 김지윤, 임보람, 김선향, 이연주, 서종환, 정사길, 원소정, 정재민, 하준성 부경대학교 재학생들에게 고마움을 전하며, 책 출판을 기꺼이 맡아주신 북코리아 출판사 이찬규 사장님께 감사드린다.

2012년 11월
해운대에서 저자

차
례

제 I 부 이론 편

제II부 사례 편

차
례

제 I 부

이

론

편

제1장

유머란?

1. 문화의 배반

본능과 문화의 충돌

사람들은 왜 유머에 매료되는가? 사람들은 다른 사람들의 유머를 듣거나 우스꽝스러운 모습을 보면 미소를 짓거나 웃음, 심지어 폭소를 터뜨린다. 왜 사람들은 유머에 웃음을 터뜨리는가? 어떤 종류의 유머가 웃음을 터뜨리게 하는가? 왜 어떤 유머는 썰렁하게 느껴지는가? 또 유머가 풍부한 사람이 될 수 있는 비결은 무엇인가? 유머가 어떤 역할을 하는지가 궁금해진다.

유머와 웃음은 전 세계의 거의 모든 사람에게 나타나는 보편적인 현상이다. 다른 한편으로 유머에 적절한 주제는 문화마다 조금씩 다르다. 가령 동양권에서 웃음을 주는 동일한 유머가 서양권에서는 전혀 웃음을 주지 못하는 일도 있다. 유머와 웃음은 모든 사람에게 보편적으로 일어나는 현상이지만, 사람들은 문화마다 다르게 반응한다. 유교문화권에 익숙한 독자들에게 흥미를 줄 수 있는 유머를 한번 살펴보자.

중국의 문필가 임어당林語堂(Lin Yutang, 1895~1976)은 장주莊周(Chuangtzu, 莊子: 기원전 4세기에 활동한 중국 도가 사상가)를 중국 최고의 유머리스트라고 소개하였다.

> 어느 날 숲속으로 산책을 나갔다 돌아온 장주의 표정이 몹시 안 좋아 보였다. 제자가 스승에게 물었다.
> "선생님, 왜 그렇게 상심한 표정이십니까?"
> 그러자 장주는 다음과 같은 이야기를 들려주었다.
> "내가 산책을 하는데 상복을 입은 부인이 길 옆에 쭈그리고 앉아 새로 단장한 무덤에다가 부채질을 하고 있지 뭔가? 봉분을 덮은 흙이 아직 마르지

도 않았지. 내가 하도 이상해서 '왜 그렇게 하느냐?'고 물었더니, 글쎄 이 과부 왈, '남편이 죽기 전에 무덤이 마른 다음에 재가하라고 했는데, 이 빌어먹을 날씨 좀 보라고요!'라고 하지 뭔가?"(6)

과부의 행동과 대답을 목격한 장주가 웃었을 일이지만, 동시에 장주가 들려주는 일화를 듣고서 그의 제자나 우리 또한 웃지 않을 수 없다. 문제는 왜 이런 상황에서 사람들은 웃는가이다. 만약 과부가 대답하기를 "남편이 살아생전에 후덥지근한 날씨를 참지 못했기 때문에 죽어서도 그러할까 봐 부채질을 하고 있다."라고 말했다면 장주도 웃지 않았을 것이고, 장주가 들려주는 일화에 웃음으로 반응을 보여줄 독자도 없을 것이다. 과부의 대답으로 웃음 대신 오히려 가슴이 뭉클해지는 정서를 느끼게 될 것이다.

재가할 욕심에서 부채질을 한다면 웃음을 자아내지만 죽은 남편을 생각해서 부채질을 하고 있다면 사람들이 웃지 않는 이유는 무엇일까? 한마디로 말해 장주는 부채질하는 여인을 보고서, 사연을 듣기 전까지 '아내는 반드시 남편의 뜻을 좇아야 한다'는 여필종부女必從夫의 도덕적 교훈을 기대하고, 그녀가 남편을 기리는 과부였으리라고 짐작하였을 것이다. 그러나 자신이 배운 도덕규범에서 벗어나지만 재가하고 싶은 성 본능性本能에 솔직한 그녀의 대답을 듣고 나서는 아마 웃음이 나왔을 것으로 추측된다. 그런 측면에서 여필종부라는 규범(문화)을 배반하고 성 본능에 부합한 과부의 대답이 장주로 하여금 웃음을 자아내게 한 유머였을 것이라고 해석할 수 있다.

중국 문화대혁명 기간 중에 일어났던 일화다. 정권을 잡으려 쿠데타를 계획했던 린뱌오林彪(1907~1971)의 거사가 친딸의 밀고로 실패로 돌아가자, 1971년 9월 13일 그는 가족과 함께 비행기를 타고 외몽골 방향으로 도망가기에 이른다. 저우언라이周恩來(1898~1976)는 마오쩌둥毛澤東(1893~1976)에게 린뱌오가 탄 비행기가 아직 사정거리 안에 있는데 격추시키기를 원하는지 물었다. 마오는 깊은 생각에 잠겼다. 한참 후에야 그는 중국 속담을 되뇌었다. "비 오려는 것과 과부가 된 어머니가 개가하겠다는 것을 어떻게 막을 수 있겠소?" 그러고는 "가게 내버려 두시오."라고 말했다.(50) 장주가 만난 과부의 속마음처럼 개가하려는 어머니를 말려서는 안 된다는 마오의 지극히 친인간적인 면모를 엿볼 수 있는 장면이다.

중국에서는 이 사건을 '9·13사건'이라고 부른다. 사건이 난 지 얼마 뒤 주중駐中 소련 대사가 탐문하러 저우언라이 총리를 찾았다. 공식적인 대담을 끝내고 소련 대사가 다소 비꼬는 말투로 총리에게 질문했다.

"최근 중국에는 천지를 진동시킬 큰 사건이 일어났다고 소문이 자자합니다. 무슨 일인지 좀 알려주실 수 없습니까?"

저우언라이는 별일이 아니라는 듯이 평온한 말투로 대답했다.

"아, 그거 말입니까? 큰일은 아니었어요. 무성한 숲속의 나무 한 그루가 자빠졌는데 그 나무에서 잎사귀 하나가 떨어졌을 뿐입니다."

어떤 기록은 닉슨 전 미국 대통령도 '9·13사건'에 관심을 갖고, 어떤 초대연에서 저우에게 다음과 같이 물어보았다고 전한다.

"총리님, 내가 보기에 중국은 참 좋은 나라인데 린뱌오는 왜 소련으로 도망하려 했을까요?"

저우는 망설임 없이 즉답했다.

"이상할 거 하나 없습니다. 대자연은 이토록 아름답지만 파리는 항상 화장실만 찾는답니다."

린뱌오는 목숨을 부지하기 위해 소련으로 도망간 파리가 되었고, 소련은 구린내 나는 화장실이 되고 말았다.(147)

저우언라이는 린뱌오를 나뭇잎이나 파리로 비교하고, 소련을 화장실로 비유하는 대화로 유머를 낳았다. 즉 원래의 언어가 가진 의미를 배반하여 유머가 만들어진다는 사실을 독자들도 눈치를 챌 것이다.

임어당은 이 외에도 『장자莊子』의 제물론 편齊物論篇에 나오는 '호접지몽胡蝶之夢'(내가 나비를 꿈꾸고 있는 것인지 아니면 나비가 나를 꿈꾸고 있는지를 전해주는 이야기)을 유

머러스한 이야기의 또 다른 사례로 든다.(148)

　이 책은 모든 유머와 웃음은 문화의 배반자라고 간주하고자 한다. 달리 말해 문화로부터 벗어나[배반하여] 인간 본능에 호소하는 소재일수록 사람들로 하여금 웃음을 낳게 할 가능성이 높아진다. 여기서 문화란 것은 인간 본능 이외의 인간이 만든 연장물을 일컫는데 여기에는 언어, 문명의 이기인 도구 그리고 규범이나 관습 또는 도덕 등과 같이 사람들이 살아오면서 만든 제도, 이상의 세 가지로 구성된다. 그런 측면에서 인간이 태어나면서부터 가지는 본능과 태어난 이후 학습하여 터득한 문화는 유머를 만들어내는 데 있어 떼려야 뗄 수 없는 밀접한 관련을 갖고 있는 셈이다.

　이쯤이면 다음의 유머가 어떻게 진전될 것인지 독자들은 짐작할 수 있을 것이다. 마지막 문장을 연결 지어 유머를 만들어낼 수 있으면 이미 문화 배반 이론에 다가간 게 아닐까?

> 　어느 날 존슨이 한 묘지 앞에서 "죽지 말았어야 하는데." 하며 목 놓아 울고 있었다. 그가 너무도 오랫동안 묘 앞에서 움직이지 않고 울자 묘지기가 걱정이 되어 말을 건넸다.
> 　"그 묘가 당신 아버지의 묘인가요? 아니면 당신 형제의 묘인가요?"
> 　그러자 존슨이 머리를 가로저었다.
> 　"그렇다면 당신 아내? 아니면 자식의 묘인가요?"
> 　존슨은 훌쩍이며 이번에도 고개를 가로저었다.
> 　"그렇다면 당신의 여동생? 당신의 누이?"
> 　역시 존슨은 머리를 가로저으며 그저 흐느껴 울고 있을 따름이었다. 묘지기는 더 이상 호기심을 억누를 수 없었다.
> 　"그러면 도대체 누구의 묘인가요?"
> 　그러자 존슨이 가까스로 대답했다.
> 　"내 마누라의 전남편입니다."(149)

또 하나 비슷한 사례를 찾아보자.

엄청난 재산을 가진 어떤 부자의 장례식장 한 귀퉁이에서 대성통곡하는 사나이가 있었다. 너무 슬퍼하는 것이 안쓰러워서 조객 한 사람이 물었다.

"참 안됐습니다. 혹시 고인의 직계되시는 분이신가요?"

그러자 그 남자 왈, "내가 고인의 직계가 아니기 때문에 이렇게 우는 것 아닙니까?"(192)

문화의 배반

문화는 인간이 학습하는 과정을 통해 습득된다. 그러나 본능은 태어나면서 이미 인간의 몸속에 자리 잡아 유전자로 세대로 이어져 내려간다. 어떤 사람의 대화나 행동이 학습한 문화에서 벗어나면 벗어날수록, 그리고 본능에 충실하면 충실할수록 유머를 낳을 가능성은 높아진다.

중국 송宋나라의 숭문崇門 안 거리에 사는 사람이 부모상을 치르느라 몸을 상하여 몹시 여위었다. 군주는 그가 부모에게 효심이 깊다고 생각하였다. 그래서 발탁하여 관리로 삼았다. 이듬해 관리가 되고 싶어 하는 사람들 가운데 여위어서 죽는 자가 한 해에 십여 명이나 되었다.

자식이 부모상을 치르는 것은 혈육의 정 때문인데 오히려 군주가 상을 주면서까지 부모상을 잘 치르도록 권장하니……(191)

따지고 보면 혈육의 정보다 더한 것이 자신의 생존 본능이다. 인간이란 혈육의 정이라는 어설픈 문화보다 자신의 출세를 더 우선하는 본능 지향의 유기체다. 피골이 상접한 모양을 드러낼수록 자신의 생존 본능을 유리하게 조성할 수 있는 까닭에 부모상을 가식적으로 치르는 현상을 빈정댄 유머다.

장주의 아내에 대해 『장자』에 구체적으로 기록된 것은 없다. 그러나 아내가 죽었을 때 장주는 관 옆에 앉아 질그릇을 뒤집어 놓고 젓가락으로 장단을 맞추면서 즐겁게 노래를 불렀다고 한다. 평생 고생한 아내가 죽었는데 통곡을 해도 모자랄 마당에 노래를 불렀다니, 참으로 이해하기 어려운 대목이다. 그건 우리 모두가 기존의 문화에 젖어 있기 때문에 그렇지 않을까?

초분草墳하는 풍속을 지닌 우리나라 남해지방의 어느 마을에서는 과거 장사지내는 날 상주나 문상객이 모두 장구치고 노래를 불렀다고 전해진다. 장자와 그의 절친한 친구 혜시惠施와의 문답을 보면 관 옆에서 노래를 부른 이유를 충분히 이해할 수 있다.

> 장주의 아내가 죽자, 혜시가 문상을 왔다. 통곡하는 장주를 어떻게 위로해야 좋을까 미리부터 고민하던 혜시는 당황했다. 혜시는 점잖게 장주를 타일렀다.
> "자네가 울지 않겠다면 그건 좋아. 하지만 젓가락을 두들기며 노래까지 한대서야 너무 심하지 않은가?"
> 이에 장주가 대답했다.
> "아내가 막 죽었을 때 사실 나도 슬펐다네. 그런데 가만히 생각하니까 그게 아니더란 말이지. 아내가 세상에 태어나기 전에는 어떤 모습이었을까? 형체도 없고 모습도 없지 않았나. 그러다 어떻게 하여 모습을 갖추고 이 세상에 나왔던 것이네. 그러다 때가 되어 주검이 되었고, 저 주검도 세월이 지나면 모습도 형체도 없이 사라지겠지. 결국 원래 왔던 곳으로 돌아가는 것 아닌가. 이게 자연의 이치인데, 그런 자연의 이치를 슬퍼하고 거부하고 저주할 필요가 있겠는가. 겨울이 가고 봄이 오고, 봄이 가면 여름이 오고……. 춘하추동 사시절이 무한히 반복되듯 우리의 생명도 이렇게 돌고 도는 것이 아닌가? 아내가 지금 아늑하고 고요한 세계에 빠져들어 달콤하게 잠을 자고 있는지 누가 알겠나. 이렇게 생각하니까 내가 방금 통곡한 것이 글쎄 한심하더란 말이지. 그리하여 웃음이 나왔고, 웃다 보니 흥겨워 내친김에 젓가락을 두들기며 노래 한 곡을 뽑고 있었다네."[지락 편(至樂 篇)](138)

기존의 전통문화를 배반한 장주는 아내의 죽음뿐만 아니라 자신의 죽음에도 달관했던 유머리스트였다. 스승의 죽음이 임박하자 그의 제자들은 장례식을 준비하느라 야단법석을 떨었다. 숨이 넘어가면서도 장주는 다음과 같이 담담하게 제자들을 타일렀다.

> "애들아, 내가 죽으면 그냥 들판에다 내다 버려라. 하늘과 땅이 내 관棺이요, 해와 달이 내 부장품副葬品이며 밤하늘에 빛나는 별들은 수의壽衣로다. 산천초목과 들짐승, 날짐승이 모두 문상객問喪客이 되겠으니 더 이상 준비하고 말 것도 없잖느냐. 내가 죽거든 그냥 들어다 들판에다 내다 버려라."[열어구 편(列禦寇 篇)] (138)

그래도 제자들은 나름대로 예의를 갖추겠다고 나섰으나 장주는 물러서지 않았다.

> "선생님, 그래도 관은 하나 준비하렵니다. 그냥 내다 버리면 독수리와 올빼미, 부엉이들이 와서 쪼아 먹을 텐데 저희 맘이 편하겠습니까?"
> "에이그, 모자란 것들. 관에 넣어 땅속에 묻으면 개미나 땅강아지들이 들어와 뜯어먹지 않겠느냐? 결국 누가 먹든 같은 것이지. 뭐 하러 관짝 사면서 돈 쓰고, 땅 파서 묻느라 신경 쓰느냐? 독수리, 올빼미에게 줄 것을 빼앗아 개미나 땅강아지에게 주어야 꼭 마음이 편한가? 인간이란 결국 먼지가 되는 것이니 굳이 번잡을 떨 필요가 없느니라. 그냥 들판에 갖다 버리면 된다."
> [열어구 편(列禦寇 篇)] (138)

이야기가 여기서 끝나므로 우린 제자들이 과연 장주의 장례를 어떻게 치렀는지 알 수 없다. 다만 관을 마련하여 시체를 고이 모셨든, 들판에 내다 버렸든, 장주는 죽음 앞에서도 덤덤하게 문화를 배반한 유머리스트였다.

중국의 수상 저우언라이가 병상에서 죽기에 앞서 일어난 일화다. 1975년 8월 말, 의사들은 저우의 암이 전이되어 이제는 더 이상 치료가 불가능하다는 것을 알게 되었다. 저우는 죽어가고 있었다. 그러나 의사들의 만류에도 저우는 9월 7일 루마니아의 공식 대표단을 접견했다. 저우는 그 자리에서

농담하기를 카를 마르크스로부터 초청장을 받았다고 농담했다.(50)

저우언라이는 자신의 죽음 앞에서 공산주의 종교의 시조 카를 마르크스
Karl Heinrich Marx(1818~1883)로부터 초청장을 받았다고 농담할 정도로 죽음에
임하여 초연한 모습을 보였다.

본능의 반란

세월을 훌쩍 뛰어넘어 최근의 사례로 들어가 보자. 클린턴William J. Clinton
전 미국 대통령은 자신의 자서전에서 그의 외할머니의 오빠인 버디에 대
한 기억을 선명하게 기록하고 있다. 91세까지 살았던 버디는 87세임에도
90세가 넘는 여자들과 데이트를 즐겼다고 한다.

> 클린턴이 버디에게 그의 데이트에 관해 물었다.
> "그래, 이제는 그런 나이 든 여자들이 좋다 이거죠?"
> 그러자 버디는 낄낄거리더니 말했다.
> "암, 그렇고말고. 그런 여자들이 아무래도 변덕이 좀 덜할 테니까."(79)

실제로 클린턴에게 어떤 유머러스한 일이 일어났는가? 여자를 사귀기에
는 나이 든 여자가 좋다는 버디 할아버지의 가르침(문화)을 거역하고, 클린
턴(1946년생)은 대통령 재임 시절 변덕스러운 27세 연하의 젊은 여성 모니카
르윈스키Monica Lewinsky(1973년생)와의 부적절한 관계로 곤욕을 치르지 않았는
가? 나이 든 암컷보다 젊은 암컷을 찾는 게 수컷에게 진화한 특질이다. 변
덕이 덜한 늙은 암컷이 좋다는 학습을 배반하고 본능에 충실하게 젊은 암
컷을 좇는 바람에 클린턴은 한때 세계인의 웃음거리가 된 적이 있다.
장주가 만난 과부나 클린턴은 모두 문화를 배반하였고 그 배경에는 본

능, 특히 성 본능을 추구하다 보니, 사연을 전해들은 독자들에게 웃음을 던져 주기도 하고 스스로 웃음거리가 되기도 하였다. 뒤에 설명할 터이지만 유머는 18세기 이전까지만 하여도 웃긴다는 긍정적 의미는 물론 비웃음을 포함하는 부정적인 용어로도 사용되어 왔다. 하지만 세월이 지나면서 부정적인 의미는 거의 사라졌다. 그러므로 과부처럼 웃음을 낳건 클린턴처럼 웃음거리가 되건 그 근원은 동일한 성질, 즉 문화를 배반하고 본능을 추구하는 사건을 배경으로 하고 있는 셈이다.

「젊은이가 정부情婦를 선택할 때 따라야 할 충고에서」(1745)라는 벤저민 프랭클린Benjamin Franklin(1706~1790)의 에세이는 지금도 많은 사람에게 읽히는 꽤 유명한 글이다. 그러나 프랭클린의 손자와 19세기에 그의 글을 편집한 사람들은 이 글이 너무 상스럽다는 이유로 발표하기를 꺼렸다.

프랭클린은 우선 결혼이야말로 '성욕을 구제하는 합당한 방법'이라고 극찬하면서 에세이를 시작했다. 그러나 독자가 "이 권고를 따를 생각이 없고 여전히 불가피하게 성교를 해야 한다면, 젊은 여자보다는 나이 든 여자와의 정사를 원칙으로 삼으라."고 충고했다. 프랭클린은 왜 그래야 하는지에 대해 톡톡 튀는 8가지 이유를 들었다.

첫째, 그들은 아는 것이 많고 대화를 잘 이끌어간다. 둘째, 그들은 외적인 아름다움이 시들었기 때문에 대신 남자를 휘어잡을 수 있는 유용한 서비스를 수천 가지나 알고 있다. 셋째, 어린애를 낳을 위험이 없다. 넷째, 사려 깊다. 다섯째, 여자는 위에서 아래로 늙기 때문에 비록 얼굴에는 주름이 졌을지라도 하체는 여전히 강하다. 따라서 얼굴에 물통을 씌우고 거들 안의 부분만 고려한다면, 젊은 여자와 나이 든 여자를 구별하기 어렵다. 여섯째, 처녀를 타락시키기보다 나이 든 여자를 유혹하는 것이 죄가 덜하다. 일곱째, 죄책감 역시 덜한데 왜냐하면 나이 든 여자는 행복하게 만들 수 있지만, 어린 여자는 절망하게 만들 것이기 때문이다. 마지막으로 그들은 너무나 고마워한다!(119)

이쯤 하면 미국의 벤저민 프랭클린은 중국의 장주 못지않은 유머리스트다. 외도를 금하는 문화에서 파격적인 제안을 하지 않는가? 미흡하다면 단지 나이 든 여자를 고집하는 게 마음에 걸리지만…….

그는 에세이에서 젊은 남성들이 나이 든 정부를 둘 것을 권하지만 세상은 그렇게 돌아가지 않는다. 유익한 권고(문화)를 무시(배반)하고 본능을 좇는 제2, 제3의 클린턴은 계속 쏟아져 나올 것이다. 그래서 이 책의 제목이 그러하듯이, 학습한 문화를 배반한 본능이 유머와 웃음을 만들어낸다고 주장하고자 한다. 유머를 설명하는 데 과연 본능이 관여하여야 할 것인가?

인간의 웃음과 침팬지의 웃음은 동일한 진화적 기원을 가지고 있는 것으로 알려져 있다. 게다가 대부분의 상황에서 동일한 기능을 한다고 밝혀졌다. 이는 침팬지와 마찬가지로 인간에게 웃음은 자연선택의 산물이라는 것을 의미한다.(208) 그렇다면 웃음을 낳는 유머도 본능과 분리하여 설명될 수 없다는 의미다.

진화심리학자들은 웃음이 인간에게 언어가 출현하기 이전의 사회적 놀이에서 사용된 의사표시의 하나였다고 주장한다. 인간에게 언어능력과 지적능력이 진화하게 되자, 인간은 영장류들이 웃음을 생성하기 위해 만들었던 놀이 활동을 오늘날 우리가 유머라고 부르는 단어와 아이디어를 이용한 심적 놀이에 적용시켰다.(199) 그러나 유머와 웃음이 어떤 상황에서 유발되며 어떤 진화적 기능을 수행하게끔 설계되어 있는가에 대해서는 여전히 논란거리로 남아 있다.

다행스럽게도 최근에 신경과학의 발달로 유머나 웃음과 관련하여 전문화된 두뇌 회로가 인간에게 존재한다는 연구결과가 기능자기공명영상(funcional Magnetic Resonance Imaging, fMRI)을 통해 알려지게 되었다. 그에 따라 유머를 지각하는 능력은 인간의 유전형에 뿌리내려져 있는 특성이라는 사실이 밝혀졌다. 즉 유머는 자연선택에 의해 인간의 DNA에 뿌리내려져 있다. 그렇다고 하더라도 인간이 사회적 상호작용을 하려고 유머를 사용하는 방식을 선택하거나 어떤 주제가 유머에 적합한 지를 결정하는 데에는 문화적 규범과 학습이 중요한 역할을 담당한다.

○ ● ○

2. 유머의 정의와 형태

유머의 정의

옥스퍼드 영어사전에 유머는 "즐거움을 촉발하는 행위나 말 또는 글의 자질로서 기묘함, 익살맞음, 우스꽝스러움, 희극성, 재미"로 정의된다. 직접 다른 사람과 대화를 하거나 「개그콘서트」를 보거나 홀로 유머 책을 읽으면서 하나의 주제가 즐거움을 촉발하는 자질이 있으면 그 자질을 유머라고 부른다. 이 정의에 따르면 유머는 재미있는 것으로 지각되거나, 다른 사람들을 웃게 만드는 경향이 있는 무언가를 말하거나 행하는 것뿐만 아니라, 그러한 즐거운 자극을 만들어내고 지각하게 해주는 심적 과정 그리고 즐기는 과정에 수반된 정서반응을 모두 지칭하는 광의의 용어다.(27)

한편으로 유머를 만들어내기 위해 유머리스트는 자신의 두뇌에 기억되어 있는 정보, 즉 아이디어나 어구 또는 행동과정을 창의적인 방식으로 결합하여 다른 사람들이 재미있다고 지각할 수 있는 재치 있는 말이나 행위를 만들어내야만 한다. 다른 한편으로 사람들은 유머를 받아들일 때 눈과 귀를 통해 정보(다른 사람의 말과 행동이나 자신이 스스로 읽었거나 본 것)를 인식하고 그 정보의 의미를 처리하며, 그 정보가 자신이 기대한 문화에서 벗어나면(동시에 본능에 어울리면) 즐거운 것으로 느낀다.

정도의 차이는 있으나 유머를 지각하게 되면 사람들은 정서반응을 표출한다. 유머의 정서적 반응이 존재한다는 사실은 기능자기공명영상을 통한 연구에 의해 명확하게 입증되고 있다. 가령 실험참가자가 유머러스한 만화를 보면 두뇌의 변연계에 존재하는 보상회로가 활성화된다고 한다.(217) 달리 말해 사람들은 무언가 즐거운 것을 보거나, 듣거나, 읽으면 웃을 때마다 두뇌의 생화학적 작용에 뿌리를 둔 정서를 경험하게 된다. 공포 같은 정서가 사회적 환경이나 물리적 환경의 영향으로 유발되는 것과 마찬가지로, 유머도 외부의 정보가 담고 있는 내용이 상호 모순되거나 익살맞거나 즐겁다고 지각됨으로써 사람들로 하여금 정서반응을 표출하도록 이끈다.

유머의 형태

유머의 대부분은 다른 사람과 교류하는 과정에서 자연발생적으로 일어난다. 물론 혼자서 영화, 가령 찰리 채플린Charles Chaplin(1889~1977)의 「모던 타임스Modern Times」를 보면서 즐거운 정서를 경험할 수 있다. 그러나 대개 친구들, 연인, 가족, 동료, 심지어 정적들, 연적들, 원수지간 사이 또는 판매자와 고객 사이, 의사와 환자 사이, 국민과 정치가 사이에 일어나는 정치적 투쟁과정 및 사회적 교류과정에서 유머가 발생한다.

> 영국의 뚱보 논객 체스터튼과 빼빼 마른 버나드 쇼가 길거리에서 마주쳤는데 체스터튼이 버나드 쇼에게 말했다.
> "자네를 보면 영국인들은 너무도 가난하여 초근목피도 못 먹는 기근상태에서 벗어나지 못하고 있는 것 같아 안타깝단 말일세."
> 그러자 버나드 쇼도 지지 않고 한마디 했다.
> "그러게 말일세. 난 자네를 보면 영국인들이 왜 못 먹고 사는지 알 수 있다네. 그 원인이 바로 자네가 너무 많이 먹어치우기 때문이라는 것을 말일세."
> (131)

유머의 세부내용들을 살펴보자.

(1) 농담(joke)

농담은 급소문구(punch line)로 끝나는 짧고 재미있는 이야기를 가리킨다. 일반적으로 농담은 상황설정과 급소문구로 구성된다. 상황설정은 급소문구를 제외한 문장을 말하는데, 듣는 사람으로 하여금 그 상황을 어떻게 해석해야 할 것인지에 대한 특정한 궁금증이나 기대를 만들어준다. 이어서 급소문구가 설정된 상황의 의미를 갑자기 예상치 않는 방향으로 변경시킴으로써 유머에 필요한(심각하지 않은) 부조화를 만들어낸다.

레오나르도 다빈치Leonardo da Vinci(1452~1519)가 남긴 유머다.

> 어떤 사람이 한 화가에게, 한편으로 비록 생명은 없지만 어쩌면 이토록 아름다운 인물을 그려냈는지, 그러면서도 다른 한편으로 어쩌면 그토록 못생긴 자식을 낳았는지를 물었다. 화가는 이렇게 대답했다.
> "그림은 낮에 만들고, 자식은 밤에 만들었기 때문이오."(202)

여기서 상황문구는 "어떤 화가가 그림으로는 아름다운 인물을 그릴 줄 아는데 정작 자신의 자식은 못생긴 아이를 낳았더라"다. 화가에게서 어떤 대답이 나올지 궁금하다. 일반적인 기대, 예컨대 "인력으로 되는 일이 따로 있지요." 하는 따위의 진부한 대답 — 경험을 통한 학습이나 상식을 바탕으로 하는 대답 — 이 화가에게서 나올 것이라고 기대했다. 그런데 화가가 "그림은 낮에, 자식은 밤에 만들었기 때문이오."라고 대답하는 바람에 질문자와 독자들의 두뇌에 저장된 정보(문화)와는 전혀 다른 급소문구를 접하게 된다. 기대하지 않은 급소문구가 더구나 '밤에 만들었지요'라는 성 본능을 자극하는 대답이어서 질문자뿐만 아니라 독자들에게 커다란 웃음을 제공한다.

(2) 위트(wit)

위트는 서로 다른 두 생각의 자연스러운 교차연결, 즉 연상 작용을 말한다.

> 어머니가 아들을 만드는 데는 20년이 걸리지만, 매혹적인 젊은 여성은 그
> 를 20분 만에 바보로 만든다.(40)

동일한 '20'이란 단어를 이용하여 아들을 만드는 일과 바보를 만드는 일
을 뇌가 모순 없이 인지하도록 하여 웃음을 자아내게 한다.

위트는 항상 유대관계가 있는 누군가가 의도적으로 만들어낸다. 일단의
연구자들(213)이 텔레비전 토크쇼에서 사회자와 초대 손님 사이에 일어난
유머러스한 일화들을 분석하여 발표하였는데, 이들은 위트의 범주를 11가
지로 분류하였다.(27)

11가지의 범주를 이해하는 일도 중요하지만 유머리스트가 되는 일도 중
요하다. 그래서 위트를 설명하는 과정에 문화의 어떤 부분을 배반하여 유
머가 되었는지를 문장의 마지막 부분의 괄호 안에 음영 으로 표시하였다.

❶ 아이러니(irony): 의미가 반대되는 진술(언어, 즉 반대어의 배반)

> 리처드 닉슨 대통령의 회고록에 나오는 이야기다. 1957년, 아이젠하워 미
> 대통령이 가벼운 뇌일혈을 일으켰다. 읽고 쓰고 논리적으로 생각하는 데는
> 불편이 없었다. 한 가지 후유증으로 올바른 단어를 찾아내는 데 때때로 머뭇
> 거렸는데, 이를 다른 사람들은 주목하지 못했다. 당시 닉슨 부통령은 아이크
> (아이젠하워 대통령의 애칭)에게 그의 뇌에는 아무런 이상이 없다는 것을 상기시
> 키면서 말했다.
> "대부분 정치가들의 말썽거리는 그들의 두뇌보다 더 빠르게 움직이는 입
> 입니다. 각하의 문제는 그 반대입니다".(20)

여기서 아이젠하워Dwight David Eisenhower(1890~1969) 대통령의 '느린 뇌'라는

언어에 반대되는 정치가의 '빠른 입'이라는 언어가 유머를 낳았다. 게다가 대통령에 대한 닉슨Richard Nixon(1913~1994)의 아첨은 정치적 본능에 호소하는 소리다. 이처럼 당초의 언어를 배반하고 정치적 본능(지위 높은 자에 대한 순종)에 부합하였기 때문에 닉슨의 유머는 듣는 사람으로 하여금 웃음을 선사한다.

❷ 풍자(satire): 사회제도나 사회정책을 비방하는 말
(제도, 즉 관습의 배반)

소비에트 시절의 사람들이 자신의 솔직한 심정을 표현한 일화를 모은 책, 『풍자적 언어로 그린 소비에트의 수령들』에 사회체제를 풍자하는 소재가 실려 있다.

> 어느 협동농장에서 열심히 일한 데 대한 대가로 포상을 거행하고 있다. 먼저 들판에서 아주 열심히 일한 이바노프에게 곡물 한 자루가 수여된다[박수가 이어진다]. 이어서 농장에서 아주 열심히 일한 표트로프에게 한 자루의 감자가 수여된다[박수가 이어진다]. 끝으로 사회봉사 활동을 열심히 한 시드로프에게 『레닌 전집』이 수여된다[웃음과 야유가 이어진다].(116)

아무짝에도 쓸모없는 『레닌 전집』이 열심히 일하도록 제공되는 인센티브로 수여되자 군중은 야유를 보낸다.

> 정치인과 정자의 공통점은?
> 첫째, 수가 많다.
> 둘째, 고만고만한 것들이 경쟁하고 있다.
> 셋째, 사람 될 확률이 적다.(128)

❸ 야유(sarcasm): 사회제도보다는 개인을 표적으로 하는 비방의 말
(제도, 즉 혼인의 배반)

명明나라 천순天順 시기에 도지휘都指揮 마량馬良은 황제의 총애를 받았다.

마량의 처가 죽자, 황제가 그를 위로하러 갔다. 그런데 마량은 몇 날 며칠을 바깥출입을 하지 않고 있었다. 황제가 그 이유를 묻자 측근이 대답했다.

> "마량은 지금 혼사를 치르고 있습니다. 새로 아내를 들이는 것이지요."
> 황제는 매우 언짢아했다.
> "제 처한테도 박정한데 어찌 내게 충성할 수 있겠는가?"
> 황제는 마량을 불러 곤장을 쳤고, 이때부터 그를 멀리했다.(30)

아내를 배반한 사람이 임금을 배반하지 않을 까닭이 없다. 죽은 아내를 배반하고 새 아내를 맞아들이는 일이야 성 본능에 부합하는 행동일지 몰라도 황제의 총애를 받고 있는 자가 정치적 본능(순종주의)도 잊은 채, 새 아내 맞이에 몰두한 짓은 곤장을 맞을 일이 아닌가? 우리는 위의 유머에서 혼인이라는 제도를 배반하고 자신의 성 본능에 매달려 새 아내 맞이에 급급하였던 마량의 잘못을 처벌한 황제의 처사를 통해 마량에게 비웃음을 보낸다.

> 초상화를 그리고 싶다는 아름다운 여성에게 드가는 "네, 저도 당신의 초상화를 그려 드리고 싶습니다. 하지만 하녀처럼 두건을 쓰고 앞치마를 두른 모습이라야 하겠는데요."라고 말했다.(159)

프랑스의 화가 드가(Edgar De Gas(1834~1917))는 초상화를 부탁하는 여성(주로 귀족부인)에게 하녀 차림의 모습을 그림에 담겠다고 야유를 보냈다.

❹ 과장과 겸손(overstatement and understatement): 다른 사람이 말한 것에서 강조내용을 달리하여 반복시킴으로써 그 의미를 변화시키는 것 (언어의 배반)

> 제2차 대전 중에 방공포 기지를 방문한 처칠에게 현장 지휘관이 "저는 음

주와 흡연을 하지 않는 100% 괜찮은 사람입니다."라고 잘난 척을 하자, 처칠은 "저는 음주도 하고 흡연도 하는 200% 괜찮은 사람입니다."라고 대꾸했다.(120)

처칠Winston Churchill(1874~1965)은 100%라는 언어의 이면이 갖는 의미, 즉 100% 이외의 수치는 없다는 단어의 의미를 배반하고 상대방에 대한 우월감을 추구하는 정치적 본능(하급자나 동료에 대한 지배)을 통해 방공포 기지의 현장 부대장을 조롱하는 유머를 보여주었다.

독일의 낭만주의 시인 호프만Ernst Hoffmann(1778~1822)은 어느 날 돈 많은 상인의 집에 초대받았다. 식사 후 주인은 여러 가지 보물을 보여주더니 나중에는 하인이 많다는 자랑까지 늘어놓았다.

"한 사람에 세 명의 하인이 딸려 있습니다."
호프만은 잘난 체하는 주인에게 구역질이 났다.
"그건 너무 적군요. 나에게는 목욕할 때 시중드는 하인만도 네 명이나 된답니다. 한 사람은 목욕을 끝냈을 때 타월을 준비하고, 둘째 하인은 물 온도를 조사합니다. 셋째 하인은 수도꼭지가 고장 나지 않았는지 조사합니다."
"그러면 넷째 하인은 무얼 합니까?"
호프만은 빙그레 웃으며 대답했다.
"네 번째 하인 말입니까? 그 넷째 하인이 나 대신에 목욕탕에 들어갑니다."(128)

호프만은 불필요한 하인을 두고 있는 상대방의 허영심을, 세 명의 하인이 아닌 네 명의 하인을 등장시켜 꼬집는다.

❺ 자기비하(self-depreciation): 유머 대상을 자신을 표적으로 삼는 진술 (제도, 즉 과신의 배반)

프랑스의 작곡가 구노Charles Gounod(1818~1893)에게 한 젊은 작곡가가 찾아와 자신의 재능을 과시하자, 이를 못마땅하게 여긴 구노가 그를 이렇게 타일렀다.

"나도 자네 나이쯤이었을 때는 자네와 마찬가지로 자기 자신에 대한 것만 말했지. 28세 무렵에는 '나와 모차르트'라며 뽐냈고, 40세쯤 되었을 때는 '모차르트와 나'라고 말해도 된다는 것을 깨달았지. 지금 50을 넘고 보니 다만 '모차르트!'라고 경외의 일념만이 내 생각을 지배하고 있다네."(14)

이와 비슷한 이야기로 대학교수직을 둘러싼 자조自嘲의 유머를 들어보자. 30대에 박사학위를 받고 대학교수가 되면 자신이 박사학위과정에서 배운 것만 학생들에게 열심히 가르친다. 40대가 되어 밑천이 떨어지면 밤사이에 공부한 것만 열심히 가르친다. 50대가 되면 밤사이에 공부해도 이해가 가지 않는 부분이 있기 마련이어서 결국 자신이 이해한 것만 열심히 가르친다. 그리고 60대가 되면 이해는커녕 기억나는 것만 가르친다.

❻ 지분거리기(teasing): 듣는 사람의 외모나 약점을 겨냥한 진술
(제도, 즉 도덕의 배반)

링컨Abraham Lincoln(1809~1865)이 대통령이 되기 전, 일리노이에 있는 공화당 계열의 신문 편집인들이 블루밍턴에서 대회를 가졌을 때의 일화다.

링컨이 이 대회에 참석했다가 연설 부탁을 받았다. 연단에 선 그는 자신이 오지 말아야 할 장소에 온 것이라고 전제하였다. 그는 신문 편집인도 아니고 볼일도 없는 사람이니 사실상 뜨내기에 불과하다고 말하였다. 그는 자신의 참석 결정을 과거에 겪었던 경험과 비슷하다고 느껴 이렇게 표현하였다.

"내가 예전에 숲 속에서 말 타고 가는 어떤 부인을 만났을 때의 경험과 비슷한 느낌입니다. 내가 그 부인에게 길을 비켜주려고 멈추었더니 그녀도 역시 말을 멈추었습니다. 그리고 내 얼굴을 뚫어지게 바라보고 하는 말이, 자기가 여태껏 본 사람 중에서 내가 제일 못났다는 거예요. 그래서 내가 이렇게 대답했지요. '부인, 말씀은 옳지만 난들 어쩔 도리가 없지 않습니까?' 그랬더니 이 부인이 나더러 하는 말, '못생긴 거야 도리가 없지만 집안에 처박

혀 있지야 못하겠소!'"(165)

집안에 처박혀 있지 않고 밖으로 나와 쏘다닌다는 부인의 야유를 링컨은 받아들인다. 링컨이 직접 겪었던 일이건 겪지 않았던 일이건 간에 남에게 상처를 주어서는 안 된다는 도덕적 규범을 배반하는 부인을 만난다. 링컨에게 핀잔을 주는 부인의 솔직한 표현을 접한 독자들은 웃음을 터뜨릴 것이다.

❼ 수사적 질문에 대한 응수(replies to rhetoric questions): 대답을 기대하지 않는 수사적 질문에 대한 응답으로 질문자를 놀라게 하여 즐거움을 제공하는 진술(언어의 배반)

> 박 대통령이 청와대 출입 기자에게 말을 건넸다.
> "내 얼굴이 왜 새까만 줄 아슈?"
> "어머니가 큰형수와 같은 시기에 나를 잉태해서 망신스러우니까 나를 지우려고 간장을 많이 드시는 바람에 이렇게 되었다는 거요."(16)
> ⋯⋯ 또 "내가 왜 이렇게 체구가 작은 줄 아슈? 어렸을 때 제대로 못 먹어서 그래요."(10)

박정희朴正熙(1917~1979) 대통령은 궁색해하는 기자들에게 이렇게 말하고 허허 웃었다고 한다. 기자의 질문도 받지 않고 스스로 묻고 대답하였다, 간장이란 원래 검은색을 띤 음식이지만, 박 대통령은 음식으로서의 검은 간장이라는 언어를 배반하고 검은 얼굴에 이를 적용하여 유머를 낳았다.

박 대통령 모친이 임신했을 때의 나이가 45세여서 태아를 유산시키려고 간장을 한 사발 마시고 앓아눕기도 하고, 밀기울(밀을 빻아서 체로 가루를 빼고 남은 찌꺼기)을 끓여 마셨다가 까무러치기도 했다고 한다. 섬돌에서 뛰어내려보기도 하고, 장작더미 위해서 곤두박질쳐 보기도 하고, 일부러 디딜방아의 머리를 배에다 대고 뒤로 자빠져버린 적도 있다고 한다. 결국 어머니는 낙태를 포기하고 아이를 낳기로 마음을 고쳐먹었는데 허리를 못 쓸 정도로 다쳤는데도 배 속의 아기는 멀쩡했다고 한다.(10)

❽ 우문현답(clever replies to serious statements): 심각한 진술이나 질문에 대한 현명한 응수로, 부조화가 되는 진술이나 화자가 의도하였던 것과는 다른 의미의 진술(언어의 배반)

　　중국 위진남북조 시대 진晉나라 명제明帝 사마소가 몇 살 안 되었을 때 원제元帝 사마예의 무릎에 앉아 있는데 장안長安에서 사람이 왔다. 원제는 그에게 낙양洛陽 소식을 물었고 눈물을 흘렸다. 나이 어린 아들 명제가 "왜 우십니까?" 하고 묻자, 원제는 강남으로 건너오지 않으면 안 되었던 당시의 이야기를 들려주었다. 그리고 명제에게 물었다.
　　"너는 장안과 태양 중에 어느 쪽이 더 멀다고 생각하는고?"
　　명제가 대답했다.
　　"태양 쪽이 더 멉니다. 태양에서 사람이 왔다는 말은 듣지 못했습니다."
　　원제는 감탄했다. 이튿날 군신들을 모아 연회를 열었는데 이 이야기를 한 다음 다시 한 번 물었다. 그러자 명제는 대답했다.
　　"태양 쪽이 가깝습니다."
　　원제는 얼굴 색이 변하며 말했다.
　　"어찌하여 어제 한 대답과 다른고?"
　　명제가 대답했다.
　　"눈을 뜨고 보니 태양은 보입니다만 장안은 보이지 않습니다."(126)

　　사마예司馬睿(276~322)의 아들 사마소司馬紹(299~325)는 처음에 장소의 멀고 가까움을 기준으로 그곳 출신의 사람을 봤느냐 안 보았느냐를 판단하여 장안보다 태양이 먼 곳에 있다고 말한다. 그러나 다음날 자신이 그곳을 보았느냐 보지 못했느냐를 기준으로 장소의 멀고 가까움을 판단한다. 사마소가 원근의 개념에 관한 과학적 지식을 배반하고 멀고 가까움을 관찰 여부에 따라 판단하는 재치에 사람들은 놀란 기색으로 웃었을 것이다.

외국의 유머를 모아 소개한 북한의 유머집에 나오는 이야기다.

> 검사가 혐의자에게 물었다.
> "당신은 이 칼을 알아보겠소?"
> "예."
> "그러니 당신은 이 칼을 잘 알겠다는 거요?"
> "벌써 3주째 당신들이 그 칼을 나에게 보여주는데 내가 왜 모르겠소?"
> (192)

❾ 이중의미 어구(double entendre): 진술이나 단어가 두 가지 의미를 촉
  발하도록 고의적으로 다르게 지각하거나 해석하는 것(언어의 배반)

시인이자 영문학자인 변영로卞榮魯(1898~1961) 박사가 어릴 때 기독교청년
회관에 영어를 배우러 다녔다.

> 하루는 종로 큰길을 지나가는데, 누군가가 변영로에게 큰소리로 "변정상
> 씨, 변정상 씨" 하고 부르지 않는가! 변정상은 변영로의 부친 성함이다.
> 변영로가 뒤를 돌아보니 이상재였다. 소년의 어린 마음에도 이상재 선생
> 의 농이 좀 지나친 것 같아 변영로는 약간 분개한 어조로, "선생님, 노망이라
> 도 드셨습니까? 아버지와 아들도 구분하지 못하시다니요." 하고 대들었다.
> 그러자 이상재 선생이 껄껄 웃으시며, "이놈, 내가 말 잘못한 게 뭐냐?"라
> 고 한다. 듣고 보니 이상재 선생이 부른 호칭이 맞는 것이 아닌가? 변영로는
> 분명히 변정상의 씨(종자)였다.(8)

씨는 상대방을 부를 때 붙이는 존칭어[氏]와 종자(種子)의 두 가지 의미를
갖는다. 이상재李商在(1850~1927) 선생은 상대방에 대한 존칭어의 의미를 배
반하고 종자로서의 의미를 사용하여 유머를 낳았다. 특히 성 본능에 부합
하는 유머여서 사람들로 하여금 웃음을 자아낸다. 만약 이런 유머를 영어
로 번역하여 영어권의 사람에게 들려준다고 하더라도 그들은 유머를 느
끼지 못할 것이다. 왜냐하면 영어권의 사람들로서는 문화(언어)를 배반하는

대화가 되지 않기 때문이다. 즉 'Mr.'와 'seed'는 동일한 발음이 아니지 않은가?

> 낙태문제를 둘러싼 논쟁에 휘말려들지 않기로 유명한 정치가에게 기자가 그의 둘러대기 전술에 말려들지 않으려고 다시 물었다.
> "주지사가 낙태법안abortion bill에 대해 어떤 조치를 취해야 한다고 생각하십니까?"
> 정치가는 대답했다.
> "난 그가 병원비를 내야 한다고 생각하오."(41)

여기서 'bill'이란 말에는 '청구서'란 뜻도 있다. 그러므로 정치가는 '법안'이라는 언어를 배반하고 청구서로 해석하여 낙태 입원비용을 어떻게 해야 하느냐는 질문을 들은 것처럼 능청을 떨고서는 청구비용을 주지사가 부담하여야 한다고 재치 있게 답변하여 다시 한 번 둘러대기에 성공을 거둔다. 물론 한국어로서는 전혀 유머러스한 대화를 느낄 수 없는 답변이다.

❿ 고정된 표현의 변환(transformation of frozen expressions): 상투적 표현이나 격언과 같이 잘 알려진 표현을 새로운 진술로 변형시키는 것(제도, 즉 고정관념의 배반)
중국 송宋나라 때 소동파蘇東坡(1037~1101)에게 일어난 일화다.

> 소동파가 과거시험 고시관으로 선발되었다. 과거시험이 진행되는 약 한 달 반 동안 고시관들은 고사장에 갇혀 있어야 했기 때문에 답답한 마음을 풀기 위하여 서로 시를 지어 주고받는 것이 통례였다. 그러나 그 당시에 고시관들이 고사장에서 시를 짓는 풍조에 대하여 부정적인 여론이 비등해 있었기 때문에 이번의 과거에서는 시를 짓는 것이 금지되었다. 그림을 그릴 수도, 시를 지을 수도 없는 상황에서 소동파는 답답한 마음을 풀기 위해 채점용으로 사용하는 붉은 먹물로 대나무를 하나 그렸다. 그러자 옆에서 보고 있

던 사람이 말했다.

"세상에 붉은 대나무가 어디 있습니까?"

지금까지 검은 먹으로 그린 대나무만 보아온 그 사람에게는 소동파가 그린 붉은색 대나무가 이상하게 보였던 것이다. 소동파가 즉시 대답했다.

"그럼 새까만 대나무는 보았소?"(44)

이런 일이 있은 뒤로 중국 화단에서는 붉은 대나무를 그리는 회화의 한 장르가 생겨났다고 한다. 고정관념을 배반하면 유머를 낳는다. 동시에 소동파는 상대방을 빈정대어 우월감을 느끼는 것을 통해 유머를 만들어내었다.

⓫ 펀(pun): 일반적으로 동음이의어에 근거하여 뒤에 진술되는 단어가 유머를 낳는 진술(언어의 배반)

2001년 6월, 영국 허트포드셔 대학 심리학 교수인 리처드 와이즈먼Richard Wiseman은 영국과학진흥협회의 도움을 받아 인터넷에 농담을 올리면 다른 사람들이 이를 평가하도록 하는 '웃음 실험실' 연구를 수행하였다. 인터넷에 접속한 사람들이 최고의 농담으로 평가한 주제를 분석한 결과, 독자들로 하여금 우월감을 느끼게 하고, 등장하는 인물이 바보스럽고, 상황파악을 잘못하고, 거만한 상대의 코를 납작하게 하고, 권위자를 바보로 만드는 주제인 것으로 밝혀졌다.(48) 가령 와이즈먼의 웃음 실험에서 인터넷 방문자의 25~35%가 좋아한다고 평가했던 농담은 다음과 같은 소재였다.

한 남자가 그림 퍼즐을 30분 만에 맞추고 뿌듯해했다. 퍼즐 상자에 5~6년이라고 적혀 있었기 때문이다(여기서 5~6년이란 5~6 years, 즉 5~6세용이란 의미다).(48)

영어의 'years'가 '연령'이란 의미를 가지기도 하지만 시간을 나타내는 의미로 사용되자 바보스러운 주인공의 행동이 뜻밖의 유머를 낳는다. 독자들은 5년이나 걸려 풀 수 있는 퍼즐을 순식간에 풀어낸 어리석은 남자에 대해 우월감을 느껴 마음속으로 잔잔하게 웃을 것이다.

이 외에도 한자어나 압축된 단어에서도 동음이의어를 찾아볼 수 있다. 예를 들어 "여성들은 여권을 잃지 않도록 분발하라!"에서 여권이란 '패스포트'(旅券)와 '여성의 권리(女權)'를 나타내는 동음이의어同音異議語다. 상황에 따라 뒷부분의 진술(여성의 권리)이 앞부분의 진술(패스포트)로 처음의 기대와는 다르게 표현되면 유머를 낳는다. 또 "독신 할머니와 설교를 못하는 목사의 공통점은? 정답! 영감이 없다."(134)도 재미있는 동음이의어의 유머(pun)에 속한다.

유머와 정서기능

유머를 지각하는 인간의 자질은 자연선택된 적응기제로, 인간에게 긍정적 정서의 즐거움을 제공한다. 이러한 긍정적 정서는 인간이 살아남도록 하는 데 분명히 기여했기 때문에 유전자로 전해져 내려오고 있다. 만약 그렇지 않았다고 한다면 유머로부터 느끼는 즐거움은 자연선택되지 않았을 것이고, 그 결과 인간이 유머로부터 즐거움을 느끼지도 못했을 것이다. 앞서 말한 바와 같이 유머와 웃음은 전 세계에 걸쳐 모든 인종에게 보편적으로 나타나는 자질이어서 자연선택된 마음의 산물이라고 할 수 있다.

만약 유머와 웃음이 인간에게 자연선택된 적응기제가 아니라고 한다면 어떤 인종은 얼굴에 웃는 표정을 지을 수 있지만, 동시에 또 어떤 인종은 웃는 표정을 지을 수 없어야 한다. 그러나 그러한 사례가 없는 것으로 보아 인간의 유머와 웃음은 오랜 진화과정을 거치면서 살아남은 자연선택의 산물임에 틀림없다. 왜 유머와 그에 수반되는 웃음이 자연선택되었을까?

인간의 정서는 인간의 생명을 유지하는 데 중요한 역할을 담당한다. 예컨대 부정적 정서의 하나인 공포 같은 정서는 환경에 존재하는 위협적인 자극에 주의를 기울이도록 유도하여 에너지를 활성화시켜 위협에 대처하는 행위를 취하도록 이끈다. 대신 긍정적 정서는 인간으로 하여금 기쁨을 느끼도록 하여 보다 창의적으로 문제를 해결하거나 사교적인 분위기를 조성하여 집단의 생존에 유리하도록 돕는다. 가령 즐거운 분위기의 정서 상태에서 사람들은 보다 더 창의적이고 능률적이고 사교적인데, 이는 긍정적 정서가 개인의 주의범위를 확장시켜 유연한 인지능력을 가지도록 하기 때문이다.(415, 417)

또 유머는 의사소통을 나누는 상대방에게 암묵적인 메시지를 간접적으로 전달하는 수단이 될 수 있다. 직접적인 의사소통이 상대방을 당혹하게 만들 가능성이 있다거나, 다른 방식이 위험을 초래할 가능성이 있는 경우, 유머는 특히 효과적인 의사소통의 한 형태가 된다. 또 유머는 삶의 과정에서 일어나는 스트레스와 역경을 극복해나가는 데 기여한다.

> 미국 영화배우 멜 화라와 이혼한 영국의 배우 오드리 헵번은 1969년 1월 스위스의 정신과 의사 안드레아 도티와 재혼한다. 결혼생활이 순탄하지 않았던 그녀가 친구들에게 고백했다.
>
> "만약 남편의 부정 때문에 그와 헤어지게 된다면 난 아마 창문 밖으로 뛰어내릴지도 몰라."
>
> 그녀가 단호하게 말했기 때문에 친구들은 그런 일이 실제로 일어날 수도 있다고 추측하며 침묵했다. 그때 한 친구가 말했다.
>
> "만약 그런 상황이 온다면 내가 창문을 열어줄게."
>
> 재치 있는 말 한마디에 모두들 웃음을 터뜨렸다. 그 바람에 불편한 생각들이 사라졌다.(95)

자살하는 사람을 자살하지 못하도록 막는 것이 우리의 윤리이지만 헵번 Audrey Kathleen Ruston(1929~1993)의 친구는 창문을 열어주면서까지 자살하는 그녀를 돕겠다고 나선다. 비록 기존의 윤리를 배반하면서 언어로 이루어지는 농담이지만 헵번이 역경을 이겨내는 데 기여한 우정이 담긴 유머였다.

문화를 배반하고 본능에 부합하려는 유머는 근원적으로 인간의 마음속 문화정보들 사이에 존재하는 부조화를 깨뜨려 본능과 조화를 이루도록 하고, 그로 말미암아 스트레스를 받고 있는 상황을 덜 위협적인 상황으로 전환시킨다. 그리하여 유머는 부정적인 정서가 심장혈관에 미치는 악영향을 빠르게 극복하게 해주는 생리적 이점을 제공한다.(207)

○ ○ ●

3. 유머의 역사

유머의 기원

유머란 말은 액체나 물을 의미하는 라틴어 '*humorem*'으로부터 유래된 네 가지 종류의 체액 혹은 기질에서 시작한다. 네 가지 체액이란 신체에 담겨져 있는 액체, 즉 혈액, 점액, 담즙, 흑담즙을 가리킨다. 의학의 시조로 불리는 그리스의 철학자 히포크라테스Hippokratēs(B.C. 460?~377)는 네 가지 종류의 체액이 균형을 이루어야 인간은 건강을 유지할 수 있다고 말하였다. 이후 철학자들은 상기의 네 가지 체액이 특정한 심리적 자질을 보유하고 있는 까닭에 한 개인이 어느 것을 더 많이 가졌는가에 따라 특정 유형의 기질이나 성격이 만들어지는 것이라고 믿었다.

가령 피lat. sanguis는 다혈질의 사람[쾌활한 사람], 점액gr. phlegma은 점액질의 사람[둔중한 사람], 담즙gr. chole은 담즙질의 사람[화를 잘 내는 사람], 그리고 흑담즙gr. melas chole은 우울질의 사람[우울한 사람]을 의미했다. 특히 혈액이 우세하면 다정하고 유쾌한 기질을 가지고, 지나치게 많은 흑담즙은 우울한 성격을 낳는다고 생각하였다. 이처럼 물질적 성질의 의미를 갖던 유머는 점차적으로 지속적인 기질이나 잠정적인 기분과 관련된 심리적 기능을 갖는 의미로 변했다.

그렇지만 16세기에 이를 때까지 유머는 웃음과 즐거움을 낳는 원천으로서의 의미로는 사용되지 않았다. 16세기에 유머는 균형이 잡히지 않은 기질이나 특성을 의미하여 사회규범에 벗어난 행동을 지칭하는 데 사용되었다. 당시 균형이 잡히지 않은 기질이나 성격의 사람을 유머러스한 사람, 즉 유머리스트라고 불렀다. 이후 19세기에 들어와 유머리스트라는 용어는 다른 사람을 즐겁게 해주기 위해 유머를 만들어내는 사람을 일컫기에 이르렀다.

유머(박애)와 위트(조롱)

18세기 이전까지만 하여도 '웃기는 것'과 '조롱하는 것'과의 사이에 차이가 없어 작가들은 웃음을 부정적인 것으로 바라보았다. 이는 비웃음이 웃지 않는 것이 아니고 조롱하는 의미를 가지는 것으로 간주되어, 나라에 따라 웃음을 부정적인 시각으로 바라보기도 하였다. 가령 17세기 철학자 토머스 홉스Thomas Hobbes(1588~1679)는 웃음을 우월감이나 갑작스러운 승리감을 바탕으로 하여 상대방으로 하여금 열등감을 지각하도록 만드는 것으로 이해하였다.

그러나 시간이 흐르면서 웃음은 더 이상 멸시나 경멸 또는 우월감이나 공격성을 표현하는 것이 아니라, 상대방을 지적으로 놀라게 함으로써 자신의 영리함을 과시하는 수단으로 사용되었다. 그리하여 과거에 우월감을 표현하는 상징이었던 웃음은 기존의 관념과 일치하지 않는 부조화를 표현하는 것으로 바뀌었다. 이처럼 웃음이 우월감이나 공격성을 표현하는 수단에서 벗어나게 된 것은 박애, 친절, 정중함, 품위 있는 사람과 공감하는 태도를 중시하는 18세기 영국의 계몽주의 철학의 영향을 받았기 때문이다. 애덤 스미스Adam Smith(1723~1790)를 위시한 계몽주의 철학자들은 공격성보다는 인도주의에 바탕을 둔 웃음을 주창하기 시작했다. 그에 따라 웃음은 박애의 태도를 표현하는 새로운 단어로서의 의미를 일컫는 유머라는 용어로 쓰이게 되었다.

한편 위트는 조롱을 표현하여 웃음을 유발하는 행동을 지칭하는 데 사용되었다. 그에 따라 19세기에는 조롱이라는 의미의 위트와 박애라는 의미의 유머, 이 두 개의 대비되는 단어가 함께 사용되었다. 그러다가 20세기 들어와 위트와 유머 사이의 구분도 점차 사라지게 되었고, 유머가 우스꽝스러운 것을 지칭하는 보편적인 용어로 통용되기에 이르렀다.(27)

유머와 건강

유머의 의미와 웃음에 대한 사람들의 태도가 변함에 따라 유머감각도 가치가 변하여 근래 들어와 하나의 미덕으로 간주하기 시작하였다. 누군가가 유머감각을 가지고 있다는 것은 그 사람의 인품에 대해 긍정적인 인식을 갖는다는 것을 의미한다. 반대로 유머감각이 없다고 말하는 것은 그가 고지식하거나, 광신적이거나, 융통성이 없다거나, 비사교적인 성격의 소유자인 것을 의미한다. 대신 유머감각이 있다는 것은 탈규범적이고, 안정되고, 적응력이 뛰어나고, 스트레스에 대처할 능력이 있고, 자제심이 있고, 우호적이며, 대범하다는 것을 의미하는 것으로 받아들인다.

20세기가 끝날 무렵에는 유머와 웃음이 본질적으로 박애적일 뿐만 아니라 정신건강과 신체건강에 중요한 역할을 한다는 데까지 나아갔다. 이러한 생각은 정서와 면역계 사이에 관련이 있다는 신경과학의 연구에 의해 구체화되었다. 그에 따라 유머는 건강관리에 종사하는 많은 전문가, 예컨 대 의사, 간호사, 물리치료사, 재활치료사, 심리상담사, 사회복지사, 교육자 등의 관심을 끄는 주제가 되었을 뿐만 아니라, 오래전부터 우월감이나 공 격성을 표현하는 수단으로 이용되어왔던 연고이기도 하겠지만, 특히 경쟁 이 치열한 정치가들의 관심을 끄는 주제가 되었다.

> 1970년대 일본 최고의 SF작가 무라카미 다카시는 어느 날 돌연 SF작가를 그만두고 신문에 유머콩트를 연재하기 시작했다. 언론은 그가 돈 때문에 삼 류 유머작가로 전락했다고 비난했다. 그러나 사실은 그의 아내가 불치병에 걸려 한 달밖에 살지 못하는 시한부 판정을 받았기 때문에 그는 아내를 웃음 으로 살리기 위해 전국을 돌며 소재를 찾아다녔으며 매일 한 편의 유머콩트 를 아내에게 들려주었던 것이다.
> 아내는 유머 덕분에 하루하루 웃으며 생명을 연장하여 무려 5년간이나 더 살 수 있었다고 한다.(134)

요즘 텔레비전 방송의 드라마보다 「개그콘서트」가 안방의 인기를 독차 지하고 있는 것은 유머를 통해 심리적으로 시청자의 스트레스를 줄이는 효과도 있기 때문이라 생각한다.

제I부에서는 유머 이론을 검토하고 제II부에서는 유머의 사례, 특히 철 학자나 학자, 정치인이나 예술가, 문학가 그리고 기업가 등과 같은 유명 인 사들의 자서전이나 회고록, 그들에 대한 평전 및 문학전집에 나타난 유머 러스한 일화를 소개하고자 한다. 먼저 제2장에서는 이미 잘 알려진 유머의 전통이론들을 살펴본다. 그리고 제3장에서는 유머가 문화를 배반하고 본 능을 추구하는 자질이라는 유머의 문화배반이론에 관한 본인의 견해를 제 시해보고자 한다. 기존의 문화에서 일탈한 문장이나 말 또는 행동이 인간 에게 자연선택된 본능에 부합하면 할수록 수준 높은 유머와 웃음을 만든 다는 증거들을 보여주고자 한다.

그리하여 제II부의 사례에서는 그러한 문화와 본능의 불일치에서 유발되는 유머를 수록하고자 먼저 제4장에서는 인간의 생존 본능과 관련된 유머를 소개한다. 제5장에서는 인간의 성 본능과 관련된 유머를 살펴볼 것이다. 제6장에서는 인간의 사회적 본능과 관련된 유머를 알아보고, 제7장에서는 인간의 정치적 본능과 관련된 유머를 찾아본다. 끝으로 제8장에서는 인간이 갖는 이기적 심리성향과 관련된 경제지향의 유머를 추적하려고 한다.

유머는 문화를 배반하고 본능에 호소하는 이론으로 간주되는 까닭에 독자들은 책을 읽어 내려가며 만나는 여러 가지 유머 사례를 통해 상대방의 질문에 스스로 유머러스하게 대답할 수 있는 기회를 가졌으면 한다. 그렇게 될 수 있도록 나름대로 책을 편집하였지만 본인의 의도대로 될 수 있었을 것인지는 독자들의 몫이다. 그동안 유머 사례를 수집하느라 나름대로 노력했으나 미진한 부분이 많았다는 점도 아울러 밝혀 둔다. 기회가 닿는 대로 추가 자료를 수집하여 독자 여러분들에게 도움이 되는 건전하고 유익한 유머(문화의 배반자)를 들려주고자 한다.

제2장

유머의
전통이론

유머를 설명하는 전통이론에는 정신분석이론, 우월성/멸시이론, 각성이론, 불일치이론, 반전이론, 거짓경보이론, 이해-정교화이론 그리고 주관적 웃음이론 등이 있다. 그런데 각 이론은 유머의 전체 그림을 설명하기에는 미흡한 측면이 있다. 달리 말해 각 이론은 유머의 특징적인 측면이나 유형을 설명하지만, 유머에 대한 온전한 그림을 제공하지는 못한다. 그러므로 하나의 이론만으로는 유머가 갖는 성질을 설명하지 못하는 까닭에 유머에 대한 폭넓은 이해를 갖추려면 각 이론이 제공하는 특징들을 결합할 필요가 있다.

● ○ ○ ○ ○ ○ ○ ○

1. 프로이트의 정신분석이론

프로이트Sigmund Freud(1856~1939)는 사람의 신경계에 쌓인 에너지가 더 이상 필요하지 않을 때 방출되는 에너지의 한 형태가 웃음으로 발생하는 것으로 보았다. 프로이트에 따르면 농담 또는 위트는 초자아(superego)를 혼란시켜 원초아(id, 심층에 있는 짐승)에서 올라오는 무의식적인 공격 충동과 성적 충동이 짧게나마 표현되어 만족되도록 해주는 기능을 갖는다. 이러한 공격 및 성적 충동을 억압하는 데 필요한 에너지가 농담을 함으로써 순간적으로 넘쳐나게 되며, 웃음의 형식으로 방출되는 것이 바로 이 에너지라고 한다. 그에 의하면 사람들이 농담을 즐기는 이유는 원초적인 성적 충동과 공격 충동을 방출함으로써 이전까지 금지되어 왔던 즐거움을 잠시나마 경험할 수 있게 해주기 때문이라고 한다.(27) 프로이트가 이드를 유머의 주요한 요소로 삼은 까닭에 그의 주장을 유머의 정신분석이론(psychoanalytic theory of humor)이라고 일컫는다.

프로이트의 '이드'는 인간의 사회적 진화 단계의 산물인 파충류의 뇌에서 생겨난 것으로 추정된다. '슈퍼에고'는 느슨하게 말해 양심이라고 부를 수 있는데, 이는 보다 최근의 발명품이다. 슈퍼에고는 일반적으로 유익한 방식으로 이드를 억제하기 위해 디자인된 다양한 종류의 금지와 죄의식의 원천이다. 가령 슈퍼에고는 우리로 하여금 부모를 공경하거나 형제자매에게 해를 끼치지 못하도록 억압한다.(38)

프로이트는 우리 모두가 성적이고 공격적인 사고를 지니고 있지만 사회적 제약에 의해 이런 생각을 표출하지 못한다고 여겼다. 그 결과 그런 생각들은 무의식 속에 깊이 억압된 채 말 실수(失手정), 꿈, 심리분석을 통해서만 나타난다고 한다. 프로이트에 따르면 농담은 심리적 배출구로, 그런 억압이 감당할 수 없을 정도로 커지는 것을 막아준다. 다시 말해 농담은 사람의 불안감을 해결해주는 수단이기도 함과, 동시에 인간의 무의식을 드러낸다.(48)

중세 프랑스에서 있었던 일이다.
십자군의 일원으로 동방에 갔던 기사가 여러 해 만에 귀향하여 아내와 오랜만에 잠자리를 함께하였다. 반갑게 맞는 아름다운 아내와 아기자기한 쾌락에 도취했다가 함께 깊이 잠이 들었는데 공교롭게도 한밤중에 하녀가 급한 전갈이 왔다며 내외의 침실 문을 두드렸다. 그 소리에 깊은 잠에서 깨어난 아내가 몹시 놀라며 다급하게 속삭였다.
"맙소사! 남편이 돌아왔어요!"
잠결에 그 다급한 소리를 들은 남편이 벌떡 일어나, 벗어놓은 옷들을 둘둘 말아 장롱 속으로 급히 몸을 숨겼다.(144)

프로이트의 정신분석이론에 의하면 위의 농담에서 금지된 즐거움을 억압하기 위해 사용하는 초자아(양심)정신 에너지가 아내와 남편의 원초아적 행동을 통해 순간적으로 넘쳐남으로써 웃음이라는 에너지로 전환된다. 아내나 남편의 성 본능이 억눌려 있었지만 잠이라는 무의식의 세계에서 이

것이 표출되어 '잠꼬대'와 '줄행랑'의 형태로 나타난다.

프로이트는 농담이 효과적이기 위해서는 두 가지 중요한 조건이 충족되어야 한다고 강조하였다. 농담작업의 재치 있는 사용이 수반되어야 하며, 억압된 성적 충동이나 공격 충동이 표현되어야 한다. 물론 각각의 요소만으로도 즐거울 수 있겠지만 커다란 웃음을 터뜨리기에는 부족할 것이다. 그의 이론에서 아쉬운 점은 농담작업이 재치 있게 사용되어야 한다고 이야기하고 있을 뿐 구체적으로 어떤 것이 재치 있는 사용인지를 설명하지는 않았다. 비록 초자아를 혼란시키는 내용이어야 한다고 지적하였지만, 가령 문화를 혼란(배반)시키는 따위의 구체적인 언급을 추가하지는 않았다.

프로이트는 유머에 관한 광범위한 연구를 통해 웃음이 억압에 대한 '대응 기제(coping mechanism)'라는 사실을 밝혀냈다. 즉 유머란 억압된 감정을 표출하는 방법이다. 이것을 구체화하기 위해 그는 대부분의 유머가 본질적으로는 성(sex)에 근거하고 있다는 사실을 지적했다. 물론 많은 유머가 성 본능을 표출하기는 하지만 이 외에도 동물적(생존과 번식)·사회적·정치적·경제적 본능을 표출하는 소재도 유머의 상당 부분을 차지한다.

> 여러 해 동안 프로이트를 분석해온 전문가들은 그가 환자를 치료할 때 항상 소파 오른쪽에 앉는다는 사실을 중요하게 생각했다. 이에 대해 프로이트는 매우 놀라워하며 이런 코멘트를 남겼다.
> "오, 이런! 내 한쪽 귀가 난청이란 것을 사람들이 모르고 있었군!"(30)

여기에 성 본능이나 공격 본능에 근거를 둔 흔적을 찾을 수 없다. 프로이트는 자신의 이론을 너무 강조한 나머지 자신과 견해를 달리하는 수제자 아들러Alfred Adler(1870~1937)와 절교하기에 이른다.

> 프로이트는 변절한 그의 제자 알프레드 아들러가 스코틀랜드에서 죽자 그의 다른 제자 아르놀트 츠바이크Arnold Zweig에게 이렇게 밝혔다.

"아들러에 대한 당신의 연민을 이해할 수 없소. 빈의 변두리에서 태어난 유대인이 애버딘에서 죽은 것만 해도 엄청난 출세가 아니겠소?"(76)

상기의 농담에서 프로이트는 자신의 제자 아들러의 죽음을 오히려 출세로 몰아붙이는 문구를 통해 그에 대한 비방(공격 본능)을 표출하고 있다. 또 '죽음과 출세' 그리고 '빈 변두리와 애버딘'을 서로 대비시키는 재치 있는 언어를 사용하였다. 만약 "빈의 변두리에서 태어난 유대인이 죽었다."라고 말하거나, "유대인이 애버딘에서 죽은 건 출세야."라고 각각의 요소만 언급하였다면 재미있는 유머가 되지는 못하였을 것이다. '변두리 출신이 애버딘에서 죽은 것이 출세'라고 빈정대는 데서 공격 본능이라는 요소가 가미되어 그런대로 의미 있는 유머가 되었다.

찰스 다윈Charles Darwin(1809~1882)은 『종의 기원』(1859) 원고를 서둘러 끝내 1859년에 책으로 출간했다. 그리고 1년 뒤 이 저서를 두고 옥스퍼드에서 창조론을 주장하는 국교 측 신학자와 진화론을 주장하는 생물학자 사이에 유명한 논쟁이 벌어졌다.

영국 국교의 새뮤얼 윌버포스 주교는 다윈의 지지자인 동물학자 헉슬리에게 물었다.
"그럼 당신은 할아버지 쪽이 원숭이요, 아니면 할머니 쪽이 원숭이요?"
그러자 헉슬리는 이렇게 대답했다.
"이렇게 품위 없이 논증하는 학자와 원숭이 사이에서 조상을 골라야 한다면 원숭이를 택하겠소."(76)

할아버지 쪽과 할머니 쪽 가운데서 어느 쪽이 원숭이냐는 윌버포스Samuel Wilberforce 주교가 던진 질문에 참석자들은 아마 웃음을 터뜨렸을 것이다. 당시 창조론에 바탕을 둔 문화에서는 인간이 원숭이의 후손일 수도 있다는 것은 상상할 수도 없을 일이었을 거다. 이러한 믿음을 배반하고 인간을 원숭이의 후손으로 거론하는 주교의 질문은 재치 있는 것이었다. 그런데 원숭이를 자신의 조상으로 택하겠다는 헉슬리Thomas Henry Huxley(1825~1895)의 대답은 조상이 원숭이보다 학자(인간)에 더 가깝다는 사실을 배반하고 오히려 원숭이를 조상으로 삼아 품위를 잃지 않겠다는 빈정거림을 낳아 급기야 사람들에게 웃음을 선사한다. 만약 헉슬리가 "할머니 쪽이 원숭이였다."고 대답하거나 "할아버지 쪽이 원숭이였다."고 대답하였다면 유머가 되지 않았을 것이다. 왜냐하면 그것만으로는 원초적 자아에 해당하는 공격 본능을 불러일으킬 수 없을 것이기 때문이다. 품위 없는 인간보다 품위와는 거리가 먼 원숭이를 조상으로 택하겠다는 헉슬리의 공격 본능이 유머를 낳았다.

유머나 위트는 언어적인 것이지만, 프로이트는 코믹(comic)을 별도의 범주로 다루었다. 그에 의하면 코믹은 언어가 아닌 행동이나 모습 등이 웃음을 자아내게 하는 요소를 말한다. 흔히 바나나 껍질에 미끄러진 사람을 목격하거나, 우스꽝스러운 모습의 광대의 연출을 관람하거나, 과거 어린아이들이 장애인을 놀리면서 터뜨렸던 웃음이 전형적인 코믹의 예다. 요즘 TV에 유행하는 버라이어티 쇼에서 보여주는 개그는 개그맨들이 시청자들과 직접 대화하지 않으므로 언어가 아닌 행동이나 모습을 통해 시청자들로 하여금 웃음을 자아내게 하는 코믹에 속한다.

2. 토머스 홉스의 우월성 / 멸시이론

플라톤Plato(B. C. 428~348)은 웃음이 악한 의도에서 기원하는 것이라고 주장하였다. 그에 따르면 사람들은 타인의 우스꽝스러운 모습을 보면 웃고, 심지어 친구의 불행을 보는 때조차 고통보다는 즐거움을 느낀다고 말하였다. 아리스토텔레스Aristotle(B. C. 348~322)는 코미디를 평균 이하의 사람들을 흉내 내는 것으로 보았다. 또 홉스는 『인간 본성론』에서 "웃음의 감정은 타인의 결함이나 과거 자신의 결함에 비추어볼 때 현재 자신의 탁월성을 갑자기 깨달음으로써 발생하는 순간적인 찬양에 불과할 뿐"이라고 지적하였다.

따라서 유머는 타인을 멸시하거나 자신의 과거 실수나 어리석음으로부터 나오는 우월감에서 발생하는 것으로 간주된다. 홉스의 우월성/멸시이론(superiority/disparagement theory)은 인간의 경쟁 성향과 공격 성향이 그를 생존하고 번성할 수 있게 만들어준 일차적 특성이라고 간주하는 진화론적 견해에 바탕을 두고 있다. 그에 따라 웃음은 치열한 경쟁에 뒤따르는 승리의 포효(roar of triumph)에서 유래된 것이라고 주장한다.(209)

1933년 모스크바는 중국공산당을 지원하기 위해 상하이에 독일인 오토 브라운을 보내어 군사지도를 담당하게 했다. 그들은 그에게 리더李德라는 중국 이름도 주어주고, 아내도 구해주었다. 처음에 그를 거부한 아내는 당으로부터 다음과 같이 통보받았다.

"리더李德는 중국 혁명을 돕기 위해서 파견된 중요한 동지다. 그의 아내가 되는 것은 혁명을 위해서 필요한 일이다. 조직은 당신이 그와 결혼하도록 결정했다."

그녀는 마지못해 이 지시에 복종했다. 그러나 그들 부부는 금슬이 좋지 못했다. 두 번째 결혼인 그녀는 브라운에게 아들 하나를 낳아주었다. 그 아이의 피부는 가무잡잡했다. 백인보다는 중국인의 피부색에 더 가까웠다. 이것을 보고 마오쩌둥은 이런 농담을 했다.

"허, 독일 민족이 우월優越하다는 이론이 틀렸다는 걸 알 수 있군."(154)

마오쩌둥은 신생아의 얼굴색이 중국계처럼 까맣다고 하여 중국민족이 독일민족에게 비해 우성優性이라고 농담한다.

영국의 전설적인 보컬그룹 비틀즈의 멤버인 존 레논이 노동계급의 반골 기질을 드러낸 일화가 하나 있다. 1963년 11월, 프린스 오브 웨일스 극장에서 개최된 로열 버라이어티 쇼에서였다. 이 쇼는 엘리자베스 여왕과 마거릿 공주도 자리한 일종의 어전연주회였는데, 마지막 곡인 「트위스트 앤드 샤유트」를 소개하면서 레논은 "값싼 좌석에 앉으신 분들은 모두 손으로 박자를 맞춰주시기 바랍니다."라고 말한 뒤, 로열박스를 향해 꾸벅 인사한 다음 "그 밖의 분들은 몸에 차고 계신 보석을 짤랑짤랑 흔들어 주시기 바랍니다."라고 말했다.

레논의 말이 끝나자마자 공연장은 폭소와 박수갈채로 뒤덮였다. 시간이 한참 지난 뒤 그가 한 말의 진의를 곰곰이 생각해본 지체 높은 관객들은 불쾌해하였다. 뒤에 가서 어떻게 생각했든 지체 높은 관객들도 그 순간에는 실소할 수밖에 없었다.(94)

나중에 알려진 바에 의하면 레논John Winston Ono Lennon(1940~1980)은 원래 "×같은 보석을"이라고 말하려 했다고 한다. 주위의 만류와 본인의 자제로 그 수식어는 생략되었지만, 여왕과 공주를 멸시하는 '계급의식'을 드러낸 농담이었다. 아마 로열박스에 앉지 못한 보통사람들은 귀족을 빈정대는 레논의 유머에서 웃음을 터뜨렸을 것이다.

임어당에 따르면 우리 앞에 있는 사람이 난처해하거나 불행해하는 것을 보거나 아니면 우스꽝스러운 행동을 하는 것을 보면, 우리는 그 사람보다 한 단계 더 높다는 느낌을 갖게 되고, 그래서 웃는다고 한다. 남은 미끄러져 넘어졌지만 자신은 안전하게 서 있을 때 웃는다. 또 남은 명예와 이익을 좋아 안절부절못하고 있는데, 총명한 자신만은 여유만만하게 행동할 때도 웃는다. 사람들이 흔히 남 욕하는 글을 읽기 좋아하는 이유도 이와 같은 이치다.(148)

가까운 친구가 높은 자리로 승진하거나 돈을 번 모습을 보면 웃을 수 없을 것이다. 또 다른 사람의 집이 무너져서 그 화가 자기에게 미치려고 한다면, 이때도 놀라 당황하여 웃지 않을 것이다. 그러므로 생활 속에서 상대방에게 손해가 되는 일이 벌어졌으나, 자기 자신에게는 아무런 손해가 없음을 알고, 정신적으로 일종의 쾌감을 얻었을 때에야 비로소 웃을 수 있다.

통감부 시대에 조선미술협회가 창립되었다. 발회식에 이상재 선생은 물론 이토 히로부미伊藤博文(1841~1909)를 비롯하여 매국노 이완용李完用(1858~1926)과 송병준宋秉畯(1858~1925)도 참석했다.

> 이상재 선생이 마침 맞은편에 앉은 이완용과 송병준에게 "대감들도 동경으로 이사 가시지요." 하니, 이완용과 송병준이 그 뜻을 몰라서 "영감, 별안간 무슨 소리요?" 하고 놀란 표정을 지었다. 그러자 이상재 선생이 태연하게 말했다. "대감들은 망하게 꾸미는 데는 천재니까 동경에 가면 일본이 또 망할 게 아니오?"(8)

이와 유사한 유머를 미·소 간의 경제체제 경쟁에서 소련이 패한 사실을 빈정댄 유머다.

> 소련의 붉은 광장에서 노동절 행사가 거행되었을 때 탱크, 비행기, 대륙간 탄도미사일 등이 지나가는데 일단의 검은 옷을 입은 10여 명의 학자들도 대열을 지어 지나가고 있었다. 고르비Mikhail Sergeyevich Gorbachev가 "저들은 스파이들이냐?"고 옆에 서 있던 KGB 책임자에게 묻자, 그가 대답했다. "아니 경제학자들입니다. 저 사람들을 미국에 떨어뜨리기만 하면 미국은 끝장나는 겁니다."

인간의 경우 타인과 싸움하는 과정에 혈류를 통해 아드레날린이 공급되는 까닭에 상당한 정서 및 신체 에너지가 만들어지게 된다. 그런데 싸움이 갑자기 끝나게 되면 승자는 과도하게 긴장된 신체를 원상으로 회복하려고 웃음을 통해 긴장을 해소한다. 따라서 웃음은 상대방에 대한 승리를 나타내는 심리적 기능뿐만 아니라 신체의 항상성을 신속하게 회복시키는 생리적 기능도 담당한다. 반면에 패자는 슬픔으로 과도한 에너지를 방출한다.

공동사회에서 언어가 출현하게 되자, 사람들은 신체적 공격에 의존하기보다 언어를 사용하여 다른 사람을 멸시하거나 자신의 우월성을 표현할 수 있기에 이르렀고, 그것이 유머로 진화하였다.

영국의 수상을 역임한 디즈레일리Benjamin Disraeli(1804~1881)와 글래드스턴 William Gladstone(1809~1898)은 역사상 가장 유명한 정치적 적수였다.

> 어느 날 두 사람이 선거법 개정 문제로 첨예하게 싸우고 있을 때 한 기자가 디즈레일리에게 짓궂은 질문을 했다.
> "글래드스턴이 템스 강에 빠져 죽는다면 어떻겠습니까?"
> 그러자 디즈레일리가 대답했다.
> "우리 당에는 경사겠지만, 대영제국에게는 불행입니다. 그는 너무나도 뛰어난 사람이기 때문입니다."(174)

디즈레일리의 위트 있는 대답은 신문기자는 물론 독자들로 하여금 웃음을 터뜨리게 하였을 것이다. 보다 더 구체적인 디즈레일리의 유머를 살펴보자.

> 어느 날 디즈레일리가 의회에서 전날의 연설문 중에서 '재난(calamity)'이라는 단어를 '불행(misfortune)'이라는 단어로 대체하겠다고 제의했다. 회의가 끝나자 기자들이 단어를 바꾼 이유를 물었다.
> "불행과 재난의 차이를 어떻게 설명할 수 있을까요?"
> 그러자 디즈레일리가 대답했다.

"두 단어는 아주 다릅니다. 가령 존경하는 글래드스턴이 템스 강에 빠졌다면 그것은 '불행'이고요, 누군가가 그를 건져내 구해주었다면 그것은 '재난'인 거죠."(127)

앞에서 디즈레일리는 '경사'와 '불행'을 구별하는 유머를 말했지만 여기서는 '불행'과 '재난'을 구별한 재치 있는 유머를 보여주었다.

인간의 모든 행위를 공격적이라고 바라보는 견해, 달리 말해 공격성을 광범위하게 정의하는 우월성/멸시이론에 따른다면 유머만의 독특한 특성을 밝히는 데는 한계에 부딪친다. 왜냐하면 모든 유머를 공격적이라는 단일 범주로 인식함으로써 그렇지 않은 다른 유형의 유머가 존재할 수 있는 다양한 방식을 무시하고 있기 때문이다. 즉 공격적이지 않은 소재라도 얼마든지 유머일 수 있다. 단지 공격적인 유머는 인간의 생존 본능 내지 정치적 본능에 부합하는 소재에 불과하다. 이 외에 인간의 행위 중에는 성적 본능과 사회적 본능 및 경제적 본능에 의해 이루어지는 유머의 소재도 빼놓을 수 없다.

유머가 공격성에 토대를 둔 것이라는 극단적인 견해를 부정하더라도 상당수의 연구자들은 유머가 공격성을 표현하는 도구로 사용된다는 데 동의한다. 그리고 앞으로 나올 유머의 사례에서 볼 수 있겠지만, 대부분의 유머가 공격적이어서 상대방을 비하하거나 멸시하는 표현이 대종을 이룬다. 그 까닭은 문화를 배반하는 인간의 가장 원초적인 본능은 제한된 자원을 두고 다른 사람들과 다투는 생존경쟁에 바탕을 두고 있기 때문이다.

이 외에 유머의 공격성보다는 유머의 창의성에 초점을 맞추는 이론이 제안되었는데(216), 밀러G. Miller는 성 선택이 유머의 진화에서 일차적 역할을 담당하였다고 한다. 왜냐하면 재치 있는 유머감각은 언어기술이나 창의성과 마찬가지로 우월한 지능적 적성, 즉 자원을 성공적으로 획득하기 위한 경쟁에서 유리한 유전적 특질을 나타내는 지표가 될 수 있기 때문이다. 따라서 유머는 '양호한 유전자'를 가지고 있다는 신호이며, 잠재적 배우자로서 갖추어야 할 중요한 자질에 속한다. 이는 여성이 남성 배우자를 선택하는 데 유머가 주도적 역할을 차지한다는 데서 알 수 있다.(206)

> 1860년, 미국의 대통령 선거에서 민주당 후보인 스티븐 더글러스는 공개적으로 공화당 후보인 링컨을 모욕하고 나섰다.
> "나는 촌뜨기 링컨이 우리 귀족의 냄새를 맡게 할 것이다."(13)
> 그러자 자가용도 없어 대중교통을 이용하거나 친구가 빌려준 농경용 마차를 사용하고 있던 링컨은 대중 집회에서 다음과 같이 자기소개를 하였다.
> "누군가 저에게 편지로 재산이 얼마나 있느냐고 물었습니다. 저에게는 아내와 세 아들이 있는데, 이는 가치를 논할 수 없는 보물입니다. 그 밖에 사무실 하나를 임대해서 쓰고 있는데, 사무실에는 사무용 책상 하나와 의자 세 개가 있습니다. 책장에 있는 책들은 모두 한 번쯤 읽어볼 필요가 있는 것들입니다. 저는 보시다시피 가난하고 말랐으며, 얼굴도 기다란 게 복스럽지 못하게 생겼습니다. 저는 그야말로 의지할 데도 없습니다. 유일하게 의지할 데가 있다면 그것은 바로 여러분들입니다."(13)

창의적인 서민 출신의 가난한 링컨은 명문 출신에다가 부자였던 더글러스Stephen A. Douglas(1813~1861)를 물리치고 당당히 대통령에 당선되었다.

> 처칠이 수상으로 재임할 당시, 비서들이 '시거를 문 불독'으로 풍자한 정치 만평을 실은 신문을 보고서 이구동성으로 신문사를 비난하며 수상을 지나치게 폄훼하였으니 책임을 추궁해야 한다며 흥분하였다. 그러자 당사자인 처칠은 그 만평을 물끄러미 쳐다보더니 미소를 띠며 이렇게 말했다.
> "참, 기가 막히게 잘 그렸군. 저기 벽에 걸려 있는 초상화보다 이 그림이 오히려 나를 더 비슷하게 그렸단 말일세. 당장 저 초상화를 떼고 이 만화를 오려서 붙여놓게나."(131)

처칠이 비서들과 함께 흥분하여 공격적으로 신문사를 비난하는 말을 했다면 유머가 되지 않았을 것이다.

임어당이 1953년 싱가포르에 설립된 남양대학교의 총장으로 부임하게 되었는데, 현지의 일간지와 주간지들은 임어당을 중상모략하였다. 어느 신문사는 기발하게도 어디서 주워왔는지 남자 사진 한 장을 지면에 싣고서 이런 캡션을 달았다.

> '임어당의 아우, 아편중독자를 죽음으로 몰고 가는 원흉!'
> "저 사람들, 어쩌면 이따위 짓을 저지를 수 있어?"
> 신문을 보고 성난 딸이 발을 동동 굴렀다. 임어당은 유머감각을 잃지 않았다. 그는 신문지를 건네받아 훑어보더니 빙그레 웃었다.
> "딴은, 나를 좀 닮은 구석도 있구먼!"(53)

임어당은 사회법률이나 규정 따위를 모조리 도외시하고 일소에 붙여버리는 감각이야말로 유머리스트가 갖추어야 할 능력이라고 말한다. 그리하여 중국 문인들 가운데 이러한 감각을 가진 사람으로 소동파蘇東坡, 원자재 袁子才, 오치휘嗚稚暉를 든다. 이들은 독특한 견해를 가지고 세상과 우주의 온갖 정리를 꿰뚫어보면서 그것을 각박하지 않게 아주 너그러운 해학으로 표현했던 인물들이다. 그는 유머를 적절하게 표현하는 어휘로 학이불학譃 而不虐을 들었다. 즉 상대방을 조롱해도 각박하지 않게, 감정이 상하지 않을 정도로 한다는 의미다.(53)

누구나 알고 있는 유머이지만 그가 발표한 '어미 돼지 강 건너기'는 가식적인 사람들을 조롱함으로써 독자들로 하여금 회심의 미소를 짓게 한다.

> 어미 돼지가 새끼 아홉 마리를 데리고 나들이를 나갔는데 강을 건너기 전에는 자기까지 합쳐 10마리였는데 강을 건너고 나서 새끼 수가 9마리뿐이라서 속이 상하고 다급해서 울다울다 지쳐 죽었다고 한다.(53)

임어당은 양복 차림에 가죽구두를 신고 국산품애용 궐기대회에 나타나 외래품 안 쓰기 연설을 한다거나, 자동차를 타고 학교운동장에 가서 주빈석을 차지하고 천연덕스럽게 육상선수들을 격려한다거나, 감상문, 여행기,

수필 따위를 발표하면서 또 다른 사람의 수필, 여행기, 감상문에 실린 글을 공격하는 데 열중하는 인간들을 어미 돼지의 지혜밖에 되지 않는 사람이라고 비꼬았다. 대신 사서삼경을 뒤적거리는 이름난 기생, 술을 빚는 늙은 스님, 책방에 들락거리는 장군, 전마戰馬를 타는 딸깍발이 샌님 등이 어미 돼지보다 훨씬 더 지혜로운 사람이라고 지적한다.(53)

○ ○ ● ○ ○ ○ ○ ○

3. 불일치이론

학자들은 농담이 재미있게 여겨지는 이유를 부조화에서 찾는다. 어딘가 어색하기 때문에 웃게 된다는 의미다. 터무니없이 큰 신발을 신은 어릿광대, 코를 우뚝하게 세운 곡예사, 진실을 말하는(?) 정치인을 볼 때 웃음이 절로 나온다. 다시 말해 불일치이론은 우리의 예측이 빗나가는 일이 벌어질 때 웃음이 터져 나온다고 설명하는 이론이다.(48)

철학자이자 작가였던 제임스 비티James Beattie(1735~1803)는 "웃음은 동일한 집단에서 불일치하게 결합한 것들을 보는 것으로부터 일어나는 것처럼 보인다."라고 하였다.(197) 여기서 '동일한 집단에서 불일치하게 결합한 것들'이란 조화를 이루고 있는 자연적이거나 인위적이거나 유기적인 조직체가 통례적인 규범에서 일탈한 것으로 이해될 수 있다. 이를 유머의 불일치이론(incongruity theory)이라고 부른다.

철학자 쇼펜하우어Arthur Schopenhauer(1788~1869)는 "웃음의 원인은 단지 하나의 개념과 그 개념을 통해서 어떤 관계가 있다고 생각되는 실제 사물들 간의 불일치를 갑자기 지각하는 데 있으며, 웃음 자체는 불일치의 표출일 뿐"이라고 하였다.(27) 『웃음의 미학』을 지은 류종영 교수는 불일치의 사례를 작가 이문열의 작품 『황제를 위하여』에서 찾아 설명한다.

> 일본 헌병대를 공격하기 위해 황제의 군대는 매복해서 일본군이 오기를 기다리고 있다. 마침 일본 헌병들을 태운 트럭 한 대가 잠시 멈추어 서고, 일본 헌병들은 용변을 보기 위해 주변에 흩어진다. 이때 황제의 군대는 일본 헌병대를 공격할 수 있는 적기를 만났지만, 황제는 공격 명령을 내리지 않았다. "군자는 남의 위급을 틈타지 않는다 하였소."라며 황제는 적진이 갖추어지길 기다린 후 공격 명령을 내리지만, 황제의 군대는 결국 대패하고 만다.(45)

여기서 조화란 일본 헌병대에 대한 공격을 의미하며, 부조화란 황제의 잘못된 판단을 말한다. 또는 동일한 집단 내에서의 통일된 관계는 황제의 부하들이 일본 헌병대를 공격하자고 하는 의사가 일치된 의견이라면, 관계의 결여는 일본 헌병대를 공격하는 것이 군자 소행이 아니라고 황제 혼자 생각하여 그가 공격 명령을 내리지 않은 것을 의미한다. 즉 대원들의 생각과 황제의 생각 사이의 불일치가 독자들로 하여금 웃음을 자아내도록 만든다. 물론 황제와 유사한 생각을 가진 사람은 유머를 느끼지 못하고 황제의 군대가 대패한 사실에 대해 슬픔의 정서를 표출할 것이지만, 대부분의 유머감각을 가진 독자들은 황제의 행태에서 비웃음의 정서를 느낄 것이다.

이러한 황제의 행태는 중국의 역사서 『십팔사략十八史略』에 나오는 송양지인宋襄之仁의 유머를 떠올리게 하는데, 동시에 16세기 영국군과 대치하고 있던 프랑스군의 당데로슈 백작의 어리석은 양보심도 떠올리게 한다.

> 1745년 5월 11일, 루이 15세 휘하의 프랑스 군대가 벨기에의 퐁트노와에서 영국 군대와 대치하게 되었다. 양측의 군대가 밀집대형을 갖추어 서로 마주 보며 오다가 약 50보 정도의 거리에 다다랐을 때 영국군 부대장 로드 헤

어가 모자를 벗더니, "프랑스 근위병 여러분, 먼저 쏘십시오."라고 외쳤다. 그러자 프랑스군의 당데로슈 백작이 나와 큰소리로, "먼저 하십시오. 영국 군 여러분! 우리 프랑스 사람은 절대 먼지 쏘지 않습니다."라고 말했다.

그러자 영국군은 기다렸다는 듯이 일제히 사격을 가했으며 프랑스 군은 상당한 피해를 입었다.(142)

불일치이론이 특정한 유형의 농담에는 적용될 수 있지만, 모든 형식의 유머를 설명할 수 없다는 데 한계가 있다.(218) 불일치한 개념이 표출되었다 고 하여 반드시 유머를 낳는 것은 아니기 때문이다.

예를 들어 '길을 걸어가다가 차에 치었다'에서 길을 걷는 관념과 차에 치 이는 관념, 이 두 가지 불일치한 개념으로 구성되어 있으나 웃음을 주지는 못한다. 그러므로 불일치한 두 개념이 유머러스하게 만들어지기 위해서는 불일치 이외에 첫째, 결말이 예측될 수 없어야 하고 둘째, 도입부의 진술에 서 결말의 진술이 뒤따르는 인지적 규칙이 존재하여야 한다.(439) 따라서 결 말이 예측되는 도입부는 통상의 문장에 지나지 않으며, 도입부의 진술로부 터 결말의 진술이 뒤따르는 인지적 규칙이 존재하지 않으면 듣는 사람으로 하여금 오히려 혼란만 초래할 뿐이다. 이는 어려운 농담을 이해하는 능력 이 뒤떨어진 사람들이 인지적 규칙을 찾지 못하고 방황하다가 뒤늦게 이를 찾아 웃음을 터뜨리는 예에서 찾을 수 있다. 가령 다음 예를 살펴보자.

영국 성공회의 한 주교는 자신의 관할 교구 마을의 한 사제에게서 다음과 같은 편지를 받았다.

"주교님, 제 집사람의 사망소식을 알려드림을 안타깝게 생각합니다. 이번 주말에 대체 인물을 보내 주실 수 있을는지요?"(27)

농담 도입부에서 사제가 부인의 사망소식을 주교에게 전한다. 그러면 결 말부는 주교에게서 동정을 기대할 수 있는 사제의 글이 이어지기를 예측 하도록 만든다. 예를 들어 "이번 주에는 아내를 기리기 위해 쉬어야겠습니다."는 내용의 글을 기대할 수 있다. 그런데 뜻밖에 대체 인물을 보내달라는 결말부에 이르면 첫째, 당초 결말의 기대와는 다르기 때문에 웃음을 자아내도록 이끌고 둘째, 대체 인물을 다른 사제로 이해하는 인지적 규칙이 있을 수 있는가 하면 다른 한편으로 사망한 아내를 대신할 다른 여성을 보내달라는 인지적 규칙도 성립한다. 그 결과 편지에서 결말의 진술이 급기야 성 본능에 어울리도록 다른 여성을 보내달라는 호소로 이해되기에 이르면 웃음을 자아내게 된다.

○ ○ ○ ● ○ ○ ○

4. 반전이론

유머가 놀이에서 출발했다는 생각에서 놀이와 유머를 연계시켜 최근에 소개된 것이 반전이론(reversal theory)이다.(196) 앱터Michael Apter는 유머를 경험하려면 마음이 놀이상태에 놓여 있어야 한다고 주장하는데, 놀이는 사람에게 보호 틀을 제공한다. 여기서 보호 틀이란 실세계의 심각한 문제들로부터 우리 자신을 분리시키기 위해 만들어낸 '심리적 안전지대'라고 본다.

반전이론에 따르면 사람의 마음 상태는 심각한 행위에 바탕을 둔 목표 지향적인 상태(텔릭 상태)와 이와 구분되는 마음 놀이 틀의 활동 지향적인 상태(파라텔릭 상태)의 두 가지가 일상생활에서 오락가락 반전된다. 심각한 텔릭 상태에 놓이면 사람들은 일차적으로 중요한 목표를 달성하는 데 관심을 갖는 반면, 목표달성의 수단은 부차적인 것이 된다. 반면에 놀이의 파라텔릭 상태에서 사람들은 진행 중인 행위 자체를 즐기는 데 관심을 갖는 반면, 목표는 이차적인 가치만을 가지게 된다. 그런 측면에서 텔릭 상태는 미래

지향적인 반면에 파라텔릭 상태는 현재 지향적인 셈이다.

두 가지 모순되는 생각이나 개념이 동시에 마음에 떠오르는 인지과정을 시너지synergy라고 부르는데, 앱터의 주장에 의하면 유머는 불일치의 해소를 수반하기보다는 불일치하거나 모순된 견지를 동시에 인식할 것을 필요로 한다. 즉 농담에 등장하는 급소문구가 불일치 시너지를 해소시키는 것이 아니라 오히려 반대로 생성시키는 기능을 갖는다.

가령 유머와 예술 모두 인지적 시너지 또는 불일치를 수반하지만 유머가 주제를 평가절하하는 반면에 예술은 주제의 가치를 더 높인다는 데 차이가 있다. 그에 따라 유머에서 발생하는 불일치는 사람이나 대상, 행위 또는 상황을 처음 접할 때보다 덜 중요하고, 덜 고상하고, 덜 심각하고, 가치가 덜하고, 덜 존경할 만한 것으로 보도록 만든다. 그러나 반전이 신체적 안전이나 정신적 안정을 위협할 정도의 치명적 주제라면 웃음이 일어날 까닭이 없다. 새롭게 해석한 결과가 그다지 중요하지 않은 사소한 것일 때에야 비로소 웃음이 터진다. 다음 유머에서 마음 상태의 반전이 어떻게 일어났는가를 알아보자.

> 어떤 사람이 임종 직전에 이렇게 말했다.
> "여보, 죽기 전에 말해둘 것이 있소. 양복점 긴즈버그는 나에게 200달러를 빚졌고, 푸줏간 주인 모리스는 50달러를 빚졌고, 이웃집 클레인은 내게 300달러의 빚이 있소."
> 그러자 그의 아내가 자식들에게 고개를 돌리고 말했다.
> "자, 보거라. 너희 아버지는 얼마나 놀라운 양반이냐. 죽어가면서까지 누구에게 얼마를 받아야 하는지 기억할 수 있으니 말이다."
> 그는 계속해서 말했다.
> "그리고 여보, 지주에게 100달러를 갚아야 한다는 사실도 잊지 말기 바라오."
> 그 말에 아내가 소리쳤다.
> "오오, 너희 아버지가 드디어 헛소리를 시작하시는구나."(171)

도입부에서는 남편이 임종 직전에 하는 말을 수용하는 아내의 마음 상태가 결말 부분에서는 남편이 헛소리를 한다고 거부하는 반전이 극적으로 일어난다. 도입부에서 아내가 남편의 당부를 수용하는 근원이나 결말부에 거부하는 근원은 결국 인간의 이기적 본성이라는 인지적 규칙성과 부합하는 까닭에 유머러스한 이야기가 된다. 만약 결말 부분에서 아내가 "애들아, 아버지가 줄 빚도 까먹지 않았구나."라고 진술하였다면 인지적 규칙성이 결여되어 ── 도입부에서는 이기적이었다가 결말부에서 이타적이므로 ── 웃음을 낳지 못하였을 것이다.

반전이론은 앞에서 논의했던 유머이론에 비해 잘 알려지진 않았지만 앞서 설명한 이론들의 많은 장점을 포괄하고 있는 상당히 종합적인 이론이다.(27) 특히 유머의 스트레스 대처 역할에 관해서도 하나의 길잡이가 된다. 그래서 유머 작가들은 이 점에 주목해 심각한 상황에서 180도 반대 방향으로 이야기를 이끌어가는 반전 기법을 즐겨 사용한다.

> 여러분의 회계 담당자는 이런 보고를 할지도 모른다.
> "기뻐하십시오. 회계사들이 우리의 자금 문제에 대한 획기적인 해결책을 내놓았습니다. 그것은 바로 파산입니다!"(40)

극작가 우디 앨런Woody Allen은 반전 효과를 노린 성적 유머를 던지기로 유명하다.

> "자궁으로 다시 들어가고 싶은 강렬한 욕망을 느낍니다. 누구의 자궁이든 상관없습니다."(40)

미국의 작가 마크 트웨인Mark Twain(1835~1910)도 반전 효과를 노린 유머를 잘 구사하는 인물로 정평이 나 있다. 그는 「지난날의 의사들」(1897~1898)이라는 제목의 수필에서 병약했던 자신의 생명과 관련된 에피소드를 전한다.

나는 늘 병약하고 불안정하고 변덕스러운 아이라는 소리를 듣고 자랐으며, 내 생애의 첫 7년 동안은 민간요법에 의존해 살았다. 어머니가 연세가 드셨을 때(88세) 그 일에 대해 여쭤보았다.
　"그동안 저 때문에 쭉 걱정하셨겠어요?"
　"그래, 계속 그랬다."
　"제가 얼마 살지 못할까 봐서요?"
　어머니는 잠시 심사숙고한 후에 대답하였다.
　"아니, 네가 살아남을까 봐."(52)

　그 아들에 그 어머니답게 마크 트웨인은 유머가 넘치는 훌륭한 어머니를 두었다.
　영국의 코미디언 헨리 영맨Henry Youngman(1906~1998)은 반전 효과를 가진 성적 유머를 예로 든다.

　"밤에는 요부, 낮에는 정숙한 여성이 사는 집으로 들어간다는 것이 무슨 뜻인지 아세요?"
　"집을 잘못 찾아들어갔다는 거예요."(40)

　캘리포니아 의과대학 의예과 한 교수가 제자를 타이른다.

　"이봐, 자네 성적으로 의과대학에 진급할 수 있는 길은 단 한 가지뿐일세. …… 해부용 시체가 되는 길이지."

　코미디언들은 이것을 '기차 탈선 접근법'이라고 부른다. 농담을 시작할 때 청중은 기차에 오르는 셈이다. 기차는 달리기 시작한다. 청중이 기차의 목적지를 알았다고 확신하는 순간, 반전을 일으켜 다른 선로로 향하도록 기차를 탈선시킨다.
　미국의 시나리오 작가 시드니 셸던Sidney Sheldon(1917~2007)의 자서전에 나오는 이야기다.

유명한 작사가 새미 칸이 언젠가 이런 질문을 던진 적이 있었다.

"무엇이 먼저 온다고 생각하나요? 음악? 가사?"

그의 답은 이러했다.

"둘 다 아니라고 생각해요. 제일 먼저 와야 하는 것은 바로 전화예요."

마침 조 파스테닉이 전화를 걸어왔다.

"시드니, MGM이 막 「Billy Rose's Jumbo」를 사들였어요. 당신이 시나리오를 써주었으면 해요. 괜찮겠어요?"

빌리 로즈의 「점보」는 1935년, 브로드웨이에서 처음 선보였다.(92)

○ ○ ○ ○ ● ○ ○

5. 거짓경보이론

미국 캘리포니아 샌디에이고 대학의 신경학과 교수 라마찬드란(Vilayanur S. Ramachandran) 박사는 어떤 통각마비 환자에게 통증 자극을 가하자 일반인들처럼 아픈 표정을 짓는 것이 아니라 그냥 웃기만 하는 현상을 목격하고 나서 유머 거짓경보이론(false alarm theory)을 주장하게 되었다.(80)

앞의 불일치이론에서 살펴본 바와 같이 유머가 되기 위해서는 문장의 결말이 기대하지 않았던 것이어야 하며, 도입부와 결말부에 인지적 규칙이 성립하여야 한다. 그렇지만 갑작스러운 불일치의 출현 그 자체만으로는 웃음을 자아내기 어렵다. 만약 그렇지 않다면 자신의 이론이 새로운 패러다임의 위대한 과학적 발견에 의해 반박당할 사람조차도 박장대소할 것이다. 따라서 라마찬드란 박사는 유머가 되려면 결말이 하찮아야 하며, 결과도 사소한 것이어야 한다고 주장한다.(80)

예를 들어 풍채 당당한 신사가 길을 가다가 바나나 껍질을 밟고 넘어졌다고 하자. 머리가 깨지고 피가 흐르면 분명히 이를 바라본 사람들은 웃지 않을 것이다. 비록 불일치(넘어지지 않고 걸을 것이라 기대하였는데 넘어졌다)가 일어났더라도 웃음 대신에 그를 도우려는 조치를 강구할 것이다. 그러나 만약 그 신사가 얼굴에 묻은 흙을 닦으면서 주위를 둘러보며 그냥 일어난다면 목격자들은 웃음을 터뜨릴 것이다.

여기서 라마찬드란 박사는 웃음이 '그것은 잘못된 경보다'라고 알려주는 자연의 방식이라고 주장한다. 즉 홍적세 인간이 낯선 상대를 만났을 때 이빨을 드러내는 위협적인 표정을 지은 후, 적이 아님을 확인하고서는 표정을 반쯤 푸는 것을 미소의 기원으로 본다. 이와 같은 주장이 진화론적인 입장에서 유용한 이유는 리드미컬한 스타카토 같은 웃음소리가 우리의 유전자를 공유한 친족에게 '이와 같은 상황에 귀중한 자원을 낭비하지 말라. 그것은 잘못된 경보다'라는 신호를 알려주기 때문이라고 한다.(80)

한마디로 말해 웃음은 자연이 말해주는 안전통과 신호이다. 잘못된 정보를 웃음으로 해소하지 못하는 유전자를 가진 원시인은 안전통과 신호를 읽지 못하고 불필요한 반응을 일삼은 까닭에 자연선택되지 않았을 것이다.

> 파티에서 의사 둘이 대화를 나누고 있다.
> "자네, 저 남자가 아까부터 자네를 무서운 얼굴로 째려보고 있어. 혹시 오진을 하거나 의료사고를 일으킨 거 아냐?"
> "아니, 반대야. 수술은 대성공이었지. 저 남자 부인의 목을 내가 수술해줘서 부인이 다시 말하게 되었거든."(118)

이 유머에서 친구가 의료사고와 관련된 기억의 저장고(직접 경험하지 않더라도 책을 읽거나 보도를 통해 자신의 뇌 속에 저장된 것)의 출현을 기대하였으나, 부인이 다시 수다쟁이로 회복한 시나리오는 기억의 저장고에 마련되어 있지 않다. 만약 친구가 자신이 의료사고를 낸 고객이었다거나 전혀 모르는 사람이라고 대답하였다면 평범한 이야깃거리에 지나지 않았을 것이다. 그러나 아내와 기억의 저장고에서 기대하였던 의료사고가 아니고 아내의 회복이라는 새로운 정보에 접하면서 어림짐작했던 의료사고의 경보가 거짓이었으므로 이를 해제하는 심적 과정에서 웃음이 유발된다.

결국 거짓경보이론은 현재 지각된 위협에 대한 정보가 무해하다는 사실을 주위에 알리는 셈이다. 안전을 확인한 사람이 소리 내어 웃음으로써 다른 사람이 쓸데없이 에너지를 낭비하는 일을 막아준다. 이렇게 안전하다는 신호를 접한 이웃들은 웃음을 통해 서로에게 이득을 제공하면서 진화상 이득을 얻을 수 있었다. 웃음이 옆 사람에게, 또 그의 옆 사람에게 전염됨으로써 결국 현장의 모든 동료는 '우리는 한 배를 탄 친구'라는 확신을 갖게 된다. 웃음이 사회적 관계를 위한 집단 내 신호로 진화하였다.(137)

○ ○ ○ ○ ○ ● ○

6. 이해-정교화이론

유머를 해석하는 우월성/멸시이론이나 불일치이론 그리고 반전이론을 인지과학을 이용하여 설명하는 연구가 나타났는데, 인지심리학은 농담을 이해하거나 상황이나 사건을 재미있는 것으로 지각하는 심적 과정에 관심을 둔다. 지식이 마음에 표상되고 체제화되는 방식에 관한 수많은 연구가 이어졌다. 그 결과 정보가 스키마schema라고 부르는 지식구조로 체제화된다는 사실을 발견하게 되었다.

스키마란 세상에 대한 심적 모형을 구축하도록 해주는 심적 표상인데, 맨들러(J. M. Mandler)에 의하면 스키마는 대상이나 장면 또는 사건에 대한 과거 경험에 근거하여 형성되며, 대상들이 어떻게 보일 것이며 어떤 순서로 출현할 것인지에 대한 일련의 기대(일반적으로 무의식적이다)로 구성된다.(214) 스키마는 대상이나 사건의 보편적 특성에 특정한 값을 부여하는 변인變因들로 구성된다.

예를 들어 사람에 대한 스키마에는 머리, 다리, 손, 발 그리고 몸통의 유형 같은 변인으로 이루어지는데 개별적인 사람에 대한 변인들의 값은 서로 다르게 부여될 수 있다. 각 개인은 비록 보편적인 스키마에 적용되지만 (그렇지 않다면 개나 소의 변인들과 구분되지 않을 것이다), 각 변인들에 대한 값들은 서로 다르다. 그런 까닭에 인간은 사람마다 모습이 다른 것을 기억해낼 수 있다. 그러나 변인들은 대상이나 사건의 전형적인 특성을 대표하는 지정값을 가지게 되며, 특별한 정보가 주어지지 않는 이상 지정값을 그대로 가지고 있다고 기대하게 된다. 만약 다리에 물고기 꼬리가 달린 인어상의 그림을 목격하게 된다면 이것은 여성 스키마의 기댓값에 어울리지 않기 때문에 여성에 대한 인간의 심적 모형과 불일치하게 된다.

인지심리학자들은 스키마를 바탕으로 하는 유머에 대한 이해-정교화이론(comprehension-elaboration theory)을 제안하였다.(222) 유머는 동일한 상황이나 사건을 이해하는 두 가지 상이한 스키마를 동시에 활성화시킨다. 하지만 활성화되는 두 번째 스키마가 첫 번째 스키마의 해석과 비교하여 가치나 중요성에서 뒤떨어지는 해석이 수반되는 경우에만 유머로서 기능한다. 따라서 유머는 항상 행위나 상황에 대해 처음 해석하였던 것보다 덜 바람직하고 더 사소한 것으로 재해석되는 과정을 필요로 한다. 스키마를 찾아내는 것이 너무 어렵거나 쉽다면 유머의 재미가 떨어질 것이다. 그와 반대로 유머러스한 사건에 대해 정교화가 더 많이 요구될수록 보다 더 재미있는 유머로서 기능한다.

어느 날, 퀘이커 여성 신도 두 명이 남북전쟁에 대해 대화를 나누고 있었다. 한 여성 신도가 말했다.
"난 남부가 이길 거라고 봐. 남부의 임시 대통령인 제퍼슨 데이비스는 열심히 기도를 올리는 사람이니까."

그러자 다른 여성 신도가 말했다.

"열심히 기도를 올리는 건 링컨도 마찬가지인데."

남부의 승리를 점친 노파가 이렇게 받았다.

"그건 사실이야. 하지만 링컨이 기도를 올리면 주님께서는 링컨이 농담하는 것으로 여기실 걸."

링컨은 이 유머가 자신이 신문에서 읽은 것 중 최고였다고 말했다.(71)

링컨과 관련된 유머는 자신의 독창적인 것도 있지만, 우리나라에서 유행한 '최불암 시리즈' 유머처럼 다른 사람들의 것을 링컨의 이름을 빌려 전하거나, 링컨이 결코 입에 담지도 않은 이야기이지만 그를 음해하려는 의도에서 만들어진 것도 있다. 즉 링컨에게 불리하게 작용할 유머를 링컨의 것으로 만들어 그를 공격하는 소재로 사용하기도 하였다.

링컨은 유머를 만들어내는 데 독창적이었을 뿐만 아니라 유머를 좋아하기도 하였다고 전해진다. 위의 유머에서 제퍼슨 데이비스Jefferson Davis(1808~1889)나 에이브러햄 링컨 모두 기도하는 지도자라는 의미를 촉구하여 남부와 북부의 승리를 위해 기도할 것이라는 스키마를 활성화시킨다. 곧이어 두 번째로 링컨이 농담하는 줄 알 것이라는 스키마로 되돌아오자, 처음 해석하였던 기도보다 덜 바람직하고 더 사소한 유머로 해석되는 과정을 활성화시키면서 웃음을 낳는다.

○ ○ ○ ○ ○ ○ ●

7. 주관적 웃음이론

장 폴Jean Paul(1763~1825)은 객관적 유머는 존재할 수 없고 어디까지나 상황을 주관적으로 해석한 결과에서 유머가 생겨난다고 말한다. 그에 의하면 어떤 사물이나 사람이 희극적으로 보이는 데는 상황적인 요인이 매우 중요한 역할을 담당한다. 그에 의하면 웃음이란 상황을 듣거나 읽는 사람의 기존지식을 '빌려줌의 과정'에서 일어나는 현상이다.

장 폴에 의하면 어떤 사람이나 사물이 우스꽝스럽다고 생각되는 것은 그 사람이나 사물 자체가 우스꽝스러운 것이 아니라 '우리의 이해와 견해를 빌려주어서'이다. '우리의 이해와 견해를 빌려준다'는 말은 우리의 생각에 의해서, 다시 말하면 우스꽝스러운 대상을 바라보는 관찰자의 입장에서 우스꽝스럽다는 의미다. 그래서 장 폴은 "희극적인 것은 숭고한 것과 마찬가지로 결코 객체에 거주하는 것이 아니라, 주체에 거주하고 있다."고 주장한다.

목원대학교 류종영 교수는 장 폴의 '빌려줌' 이론을 '다듬잇돌은 지가 였는디유.'라는 한국의 고담을 통해 설명하고 있다.(45)

> 옛날, 가마 타고 시집가던 시절 충청도 어느 고을에서의 이야기다. 혼수로 갈 다듬잇돌을 깜빡 잊고 안 보내서 나중에 가마 속에 따로 넣어 보내게 되었다.
> 때는 마침 오뉴월 삼복더위인데다가 돌덩이까지 집어넣었으니 가마꾼들이 비지땀을 흘려가며 고생하고 있었다. 신부가 밖을 내다보니 가마꾼의 등 뒤가 축축이 젖어 있는 것에 몹시 미안한 마음이 들었다. 신부는 그들을 돕겠다는 심산으로 다듬잇돌을 번쩍 들어서 머리에 이었다.
> 그러나 가마꾼들은 어찌나 힘들던지 앞에 주막이 보이자 가마를 잠시 내

려놓고 한마디씩 했다.

"어이, 저기 가서 목들이나 축이고 가야겠어."

"허긴, 가마 메다 이렇게 무거운 건 첨이여. 제기랄, 신부가 얼마나 뚱뚱하면 이리 무거운거여?"

안에서 듣고 있던 신부가 억울하다는 듯이 참견했다.

"아니, 그래도 댁들 생각혀서 다듬잇돌은 지가 였는디유."(130)

장 폴에 의하면, 희극적인 것은 어떤 대상[다듬잇돌을 머리에 이고 가마를 타고 가는 신부] 자체에 있는 것이 아니라, 독자의 지식을 빌려줄 때의 더 나은 통찰력[가마 안에서 다듬잇돌을 머리에 이더라도 가마꾼의 힘을 덜어주지 못한다는 지식]이 희극적 효과의 전제조건이 된다고 주장한다.

상기의 유머에서 가마꾼과 신부 중 누구도 웃지 않았다. 독자들만 웃었다. 가마꾼도 신부도 문화를 배반하지 않았다. 다만 독자들만이 기존의 지식, 즉 가마 안의 다듬잇돌은 머리에 이었건 안 이었건 간에 가마꾼이 무게를 느끼는 데 하등의 영향을 미치지 않는다는 지식을 일탈한 사건을 목격하였을 따름이다. 즉 문화의 하나에 속하는 상식을 배반하는 상황에 부닥친 독자들이 유머를 느낀 것이다. 더구나 가마 안의 신부가 시집가려는 바쁜 마음에 가마꾼들의 힘을 덜어주려고 무거운 것도 아랑곳하지 않고 다듬잇돌을 자신의 머리에 이었다는 순진무구한 대화에서 독자들은 웃음을 터뜨린다.

프로이트는 『위트와 무의식과의 관계』(1905)에서 유머를 코믹한 것과 구분한다.(45) 그는 위트와 가장 가까운 코믹한 것으로서 천진난만한 주제를 거론한다. 그가 제시한 천진난만한 코믹의 예를 요약하여 소개하면 다음과 같다.

열두 살짜리 계집아이와 열 살짜리 사내아이 남매가 자신들이 짜 맞춘 극작품을 아저씨들과 아주머니들 앞에서 공연한다. 무대는 해변 가에 있는 한 오두막.

제1막. 가난한 어부[사내아이]와 행실이 좋은 그의 아내[계집애]가 삶의 고달픔과 시원찮은 벌이에 대해 하소연한다. 남편은 배를 타고 해외로 나가 다른 곳에서 돈을 벌기로 결심한다.

제2막. 몇 년 후, 어부가 큰 돈 보따리를 들고 되돌아와 오두막에서 자신을 기다리는 아내에게 울면서 행운을 잡은 경위를 이야기한다. 이때 아내 역시 그동안 열심히 살았다고 주장하고, 오두막 안에 누워 있는 열두 개의 큼직한 인형들을 보여준다. 바로 이 장면에서 관객의 큰 웃음소리로 연극은 중단된다.(45)

위 연극에서 천진난만함은 부부가 어떻게 하여 아이를 낳는다는 것을 아내의 역할을 맡은 계집아이가 모른다는 데 있다. 계집아이와 사내아이는 어떻게 하여야 아이를 낳을 수 있는지에 관한 지식을 가지고 있지 않다. 이들이 지식에서 일탈하지 않은 까닭에 그들은 연기하는 도중에 웃지도 않았다. 그렇지만 연극을 관람하는 관객 또는 스토리를 읽거나 전해 듣는 독자들은 간통으로 아이를 여럿 낳은 계집아이의 행동에서 자신의 지식을 배반하는 유머를 찾은 까닭에 웃음을 터뜨린다.

제3장

유머의
문화배반이론

● ○ ○ ○ ○ ○

1. 자연선택이론

이론이란?

학문마다 여러 가지 이론을 제시하는데 이론이란 '무엇이면 무엇이다'라고 설명하거나 '무엇이면 무엇일 것이다'라고 예측하는 관계식으로 구성된 문장을 말한다. 가령 물리학의 중력이론은 '물체이면 지구 중심으로 향한다'고 설명하거나 '물체를 던지면 지구 한가운데로[아래로 내려] 갈 것이다'라고 예측하는 문장이다.

인류 최초의 이론가라고 간주할 수 있는 소아시아 밀레투스 출신의 철학자 탈레스Thales(B.C. 624?~546?)의 경험을 더듬어보자. 기원전 7세기부터 6세기에 걸쳐 살았던 그는 투기와 관련된 유명한 에피소드를 남겼다.

> 한번은 깊은 생각에 잠겨 길을 걷고 있던 탈레스가 도랑에 빠지고 말았다. 그것을 보고 있던 사람들이 비웃었다. 철학자는 실제로 쓸모 있는 일은 아무것도 하지 못하는 인종이라고……
>
> 탈레스는 이 비판을 반증하기로 결심한다. 무엇인가를 토대로 계산한 결과 그해에는 올리브 수확량이 대폭 늘어난다고 예측할 수 있게 되었다. 그래서 탈레스는 밀레투스 주변의 착유장을 모조리 빌렸다. 올리브 생산자가 올리브유를 시장에 내다 팔고 싶어도 탈레스가 빌린 착유장에서 기름을 짜주지 않으면 시장에 내놓을 수 없도록 미리 독점체제를 갖춘 것이다. 이리하여 탈레스가 떼돈을 번 것은 말할 나위도 없다.(93)

이와 같이 투기는 고대에도 존재했는데, 영어로 투기를 의미하는 단어 'speculation'의 어원은 라틴어 낱말인 'speculatio'로, 즉 철학용어로 '심사숙고하다'라는 의미다.

그의 올리브 작황 이론은 '이런 기후라면 올리브 수확량이 늘어날 것이다'였고, 늘어난 수확량을 처분하는 데 필요로 하는 착유장搾油場을 독점하여 거금을 버는 바람에 투기자 및 철학자로서의 명성을 갖춘 셈이다. 그러므로 이론가란 미래에 일어날 일을 예측하는 점쟁이를 세련되게 표현한 것에 지나지 않는다.

> 처칠이 노벨상을 수상한 다음, 어느 신문기자가 그에게 물었다.
> "정치가가 되려는 꿈을 품고 있는 청년에게 요구되는 자격이 있다면 그건 어떤 것일까요?"
> "그건 내일, 내주, 내달 그리고 내년에 일어날 일들을 예언할 수 있는 재능일 것이오."
> 그는 일단 말을 끊었다가 곧 다시 말했다.
> "그리고 훗날 그 예언이 맞지 않았던 이유를 설명할 수 있는 재능까지 갖추고 있어야 하겠지요."
> 알듯 모를 듯한 그 말을 메모한 기자는 돌아가면서 한마디 내뱉었다.
> "뭐야, 앞날을 예측해서 말하라는 거야, 아니면 말라는 거야……."(91)(131)

처칠은 정치가란 이론가의 머리꼭대기에 앉아 있는 사람일 것을 요구한다. 위의 유머가 웃음을 유발하는 까닭은 정치가란 자신의 예언이 맞지 않으면 사과하는 일로 끝내는 일반화된 문화를 배반하고 유권자들이 쉽게 속아 넘어갈 수 있는 변명을 일삼는 자질을 갖추고 있어야 한다고 요구하기 때문이다.

자연선택

찰스 다윈은 유기체의 생존경쟁의 법칙을 보다 과학적으로 설명하기 위하여 『종의 기원』에서 동물세계를 지배하는 자연선택natural selection이론을 제시하였다. 다윈은 첫째 변이variation, 유전inheritance, 선택selection이라는 세 가지 요소로 구성된 자연선택이라는 개념을 통하여 생물이 진화하는 과정을 설명하였다.

그는 유기체가 체장, 골격, 세포구조, 공격능력, 방어능력, 사회적 기량 등의 측면에서 다양한 변이를 보여주고 있는데, 이런 다양한 변이야말로 진화가 작동하는 데 필수적인 요소라고 보았다. 둘째, 다양한 변이 중에서 일부가 유전되는데 유전된 변이만이 진화과정에서 역할 한다. 셋째, 유전된 변이 중에서 특정한 변이를 가진 유기체는 자연(환경)의 선택으로 보다 많은 자손을 남긴다. 이러한 과정이 세대를 거듭하다 보면 결국 새로운 종이 출현하게 된다.

다윈 이전에 프랑스 동물학자인 라마르크Lamarck, Jean Baptiste(1744~1828)는 기린의 목이 길어진 이유를 다음과 같이 설명한다. 원래 길지 않았던 목을 가진 기린이 키 큰 나뭇잎을 따먹기 위해 일생 동안 목을 계속해서 늘리다 보니, 어른이 되었을 때 어미의 목보다 더 길어지고, 이렇게 목이 길어지기를 수천 세대 거치면서 현재의 기린처럼 목이 길어졌다.

이에 반해 다윈은 기린의 목이 긴 까닭을 자연선택이론으로 설명한다. 즉 기린의 목은 원래는 길지 않았다. 그러나 같은 부모에게서 태어난 형제 중에도 키가 큰 사람과 키가 작은 사람이 있듯이, 기린의 형제에게도 목이 긴 기린과 그렇지 않은 기린이 태어났다. 기린은 키가 큰 나무의 잎사귀를 따먹고 살기 때문에 생활하는 데는 목이 긴 편이 유리하고, 목이 짧은 기린은 생존경쟁에 뒤처진 결과, 목이 긴 기린만이 살아남았다. 각 세대마다 목이 좀 더 긴 기린만이 세대를 이어져 내려오면서 몇 만 년이 지난 후에는 목이 긴 기린만이 남게 되었다고 한다. 자연은 목이 긴 기린을 생존하도록 선택하였다는 것이 글자 그대로 자연선택이론이다.(143)

얼마나 단순한 이야기인가? 다윈의 절친한 친구이자 그의 충실한 옹호자이며 진화론을 대중화시키는 데 혁혁한 공헌을 세운 토머스 헉슬리는 진화론을 접하자마자 "얼마나 멍청했으면 이것을 생각해내지 못했을까?" 하고 탄식하기까지 했다고 한다.

자연선택이론이 담고 있는 내용은 단순하다. 만약 한 종에 속하는 개체들이 보유한 유전적 속성에 차이가 있다면, 그리고 어떤 속성이 다른 것보다 생존과 번식에 있어 더 효율적이라면 그와 같은 속성은 집단 내에서 더 널리 퍼질 것이다. 그렇게 된다면 결국 그 종이 가진 유전적 속성의 총체적 집합은 달라질 것이다.

자연선택이론을 이론이 갖추어야 할 요소, 즉 '무엇이면 무엇이다'에 따라 기술한다면 '생존에 유리한 특성이라면 번식에 유리하다'이다. 이것이 자연선택이론이 담고 있는 메시지다.(38)

> 지옥과 천국을 방문한 어떤 사람을 그린 유대교의 고대 민간설화에 나오는 이야기다. 그는 먼저 지옥에서 모든 사람이 화려한 식탁보가 덮여 있고 아름다운 은 식기와 풍성한 음식이 놓인 기다란 식탁에 앉아 있는 것을 보고 놀랐다. 하지만 식사를 하는 사람은 아무도 없었고 모두가 소리 내어 울고 있었다. 그들을 자세히 보니 팔꿈치를 굽힐 수 있는 사람이 아무도 없었다. 그래서 그들은 음식을 집을 수는 있었지만 그것을 자신들의 입으로 가져갈 수는 없었던 것이다.
>
> 다음으로, 그는 천국을 방문했다. 천국의 장면은 앞서 방문한 지옥의 장면과 똑같았다. 즉, 그곳의 모든 사람도 식탁보가 덮여 있고 아름다운 은 식기와 풍성한 음식이 놓인 기다란 식탁에 앉아 있었다. 그리고 이들 역시 팔꿈치를 굽힐 수 없었다. 하지만 여기에선 아무도 소리 내어 울지 않았다. 모든 사람이 자기 옆에 앉은 사람에게 음식을 먹여주고 있기 때문이었다.(164)

유대교의 민간설화는 이기적 인간과 이타적 인간을 대비해 보여준다. 인간의 신체구조는 자연선택의 산물이기 때문에 인간이 이 이야기에 나오는 지옥에서의 모습과같이 진화하지는 않았을 것이다. 그래서는 번식은 물론 생존도 이루어질 수 없기 때문이다. 만약 인간의 신체구조가 자연선택되었다면 천국에서 벌어지는 소위 '다른 사람에게 밥 먹이기'가 자신의 생존에 이익이 되도록 진화하였을 것이다. 천국에서 사람들의 밥 먹는 모습은 비록 이타주의적인 것처럼 보이지만 결국은 자신의 이익(생존)을 위한 이기적인 행동이다.

인간의 팔꿈치에 대해 벤저민 프랭클린은 그 위치가 매우 적당하다는 점을 신기하게 여겼다. 그는 만약 지금의 위치가 아니었다면 포도주를 마시기 어려웠을 것이라면서 다음과 같이 재치 있게 말했다.

> "신이 팔꿈치를 팔의 아래쪽에 두었다면 팔을 굽혔을 때 손이 입까지 닿지 않았을 것입니다. 마찬가지로 팔꿈치가 너무 위에 있다면 손이 입을 지나쳐버리고 말았을 것입니다. 그러나 아주 적절한 위치 덕분에 우리는 편리하게 잔을 입가에 대고 포도주를 마실 수 있습니다. 그러니 손에 잔을 들고 이 은혜로운 지혜를 찬양합시다. 그리고 포도주를 들이킵시다!"(119)

자연선택된 육체

인간의 DNA 안에는 40억 년에 걸친 진화의 흔적을 지니고 있다.(24) 진화생물이론에 따르면 현존하는 모든 생물은 각자 처한 환경에 적응하여 자연선택된 산물이다. 인간도 마찬가지다. 인간의 생존이나 재생산이 직접 또는 간접적으로 성공할 수 있도록 특수한 문제를 해결하기 위해 진화한 해결책을 '적응'이라고 부르는데, 가령 땀샘은 체온을 조절하여 생존을 돕기 위한 적응이다.

가령 거친 땅에 맨발로 다니면 발바닥이 타이어처럼 마모되는 것이 아니라 굳은살이 돋아난다. 이러한 메커니즘이 현재 인체에 존재하는 까닭은 과거 마찰이 일어나면 피부가 단단해지도록 반응하는 유전자를 가진 인류가 그렇지 않은 인류에 비해 생존에 유리하게 작용하여 살아남았기 때문이다. 이러한 성공을 거둔 선조의 후손으로서 현 세대들은 모두 발바닥의 마찰을 굳은살로 반응하는 적응 메커니즘을 갖추도록 자연선택되었다. 재채기, 기침, 눈물, 가려움, 구토, 설사 등은 외부의 독이 인간의 기관 속에 들어와 순환하는 것을 막기 위해 진화한 적응이다.(123)

하나의 예를 들어보자. 인간의 체온 상승은 병원체와의 싸움에서 효과가 입증된 오래된 방책이다. 온도가 올라가면 박테리아가 잘 번식하지 못하거나 아예 번식이 불가능해진다. 그래서 병이 나면 물고기는 따뜻한 곳으로 헤엄쳐 가고, 도마뱀은 햇볕을 쬐며, 포유동물은 열이 난다. 열은 대개 식욕 상실을 수반하여 몸으로 하여금 모든 여력을 질병 퇴치에 집중하도록 하고 병균이 번식하는 데 필요로 하는 철분을 줄인다. 인간에게 열은 확실히 생존에 도움을 주는 메커니즘이다. 그렇지 않으면 이 방어 메커니즘은 자연선택되지 않고 진작 사라져 열이 나지 않는 인간들만 남게 되었을 것이다.

인간뿐만 아니라 대부분 포유동물들은 다양한 기생충을 포함하고 있는 배설물의 냄새를 역겨워하고 피한다. 인간은 오랜 세월 동안 기생충을 회피하기 위해 후각을 발달시켰는데, 이는 먹이를 찾기 위해서뿐만 아니라 기생충이라는 위험을 회피하기 위한 적응기제였다.(157)

새들은 짝짓기 이전에 구애의 춤을 추면서 항문을 노출한다. 이때 상대방의 항문 근처를 관찰하는데, 이는 기생충 감염의 증상을 확인하는 과정이다. 다른 여러 포유동물 역시 성기나 항문 근처의 냄새를 맡는다든가 눈으로 확인하는 행위를 한다. 그뿐만 아니라 포유동물들이 짝짓기 이전에 상대방의 성기 주변을 혀로 핥는 것은 주변에 혹시나 있을지 모르는 각종

기생충을 제거하기 위한 방편 중의 하나다.(157)

　1770년 모차르트는 이탈리아에서 '아마데우스Amadeus'라는 이름을 얻는다.
그래서 모차르트는 자신이 독일에서는 볼프강Wolfgang, 이탈리아에서는 아마
데우스라고 불린다고 편지에 썼다. 부친과 이탈리아를 여행하면서 모차르
트는 로마에서 이런 편지를 쓴다.
　"나는 지금 건강합니다. 그 점에 대해 신께 찬양과 감사를 드립니다. 엄마
의 두 손에 그리고 누이의 코에, 목에, 입술에, 얼굴에 입맞춤을 보냅니다. 그
리고 이런, 내 펜은 얼마나 심술궂은지요. 똥구멍이 깨끗하다면 거기에도 입
맞춤을 보냅니다."(188)

　모차르트Wolfgang Amadeus Mozart(1756~1791)는 청년 시절에 저속한 단어를 자
주 언급하는데, 이는 그보다 두 살 아래인 아우구스부르크의 사촌누이 마
리아 안나 테클라를 향한 언어였다고 한다. 또 아버지에게 보내는 편지에
볼프강은 아우구스부르크의 귀족들이 청중으로 참석한 연주회에 대해 이
렇게 묘사한다.

　"거기에는 똥구멍에 똥을 묻힌 공작부인, 오줌 잘 싸는 백작부인, 똥 냄새
　나는 공작부인, 똥배에 돼지 꼬리를 한 공작들이 참석했어요."(188)

　저속한 언어로 편지를 쓰는 모차르트의 손가락에서 천상의 아름다운 곡
이 작곡되었다는 사실이 믿기지 않는다. 아마 나 자신이 문화에 속박되어
인간의 마음속을 헤아릴 능력이 없어서 그런가 보다.
　진화적 맥락에서 유쾌와 불쾌 같은 정서가 존재하는 까닭도 명백하다.
이러한 정서가 유기체의 궁극적인 목표인 생존과 번식에 이로운 역할을
수행했기 때문에 오늘날 쾌락이나 공포가 존재하기에 이르렀다. 특정 환
경에서 한 개체가 자신의 생존이나 번식에 이득이 되도록 행동하여 생존
과 번식에 유리한 결과를 낳을 때 뇌가 주는 보상이 쾌락이다. 이와 반대로

자신의 생존과 번식에 불리한 행동을 할 때 뇌가 개체에게 주는 경고가 바로 공포다.

> 이탈리아의 화가이자 마네Claude Monet(1840~1926)의 친구였던 주세페 드 니티스Giuseppe de Nittis(1846~1884)는 마네가 매력적인 모델이나 성적 대상을 찾아 항상 다른 여자들을 살피고 다녔다는 충격적인 이야기를 전한다.
> 하루는 마네가 거리에서 날씬하고 예쁘고 애교 넘치는 젊은 여자를 쫓아가던 도중에 그의 아내 수잔 렌호프가 갑자기 나타나, "이번엔 딱 걸렸네."라고 웃으며 말한 적이 있다. 그 상황에서도 마네는 "어, 나는 저 여자가 당신인 줄 알았지 뭐야!"라고 재치 있게 둘러댔다고 한다.
> 성격이 좋았던 수잔은 마네의 잦은 외도를 다 참고 지냈다고 한다.(159)

인간은 침팬지와 달리 거짓말이나 거짓행동을 할 수 있도록 진화하였다. 그런 측면에서 거짓말하는 능력도 자연선택의 산물이다. 대부분의 인간이 그러하듯이, 마네는 넉살 좋은 표정으로 거짓말할 수 있도록 진화하였다. 그는 아내에 대한 신뢰를 배반하고 성 본능을 좇아 다른 여자들을 찾아 나섰다.

자연선택된 본능

다윈은 자연선택이론이 생물체의 신체뿐만 아니라 행동에도 그대로 적용된다고 내다보았다. 심리학에 대한 지식이 일천하였던 당시, 그는 이미 『종의 기원』에서 인간의 행동패턴을 연구하는 심리학이 자신이 주장하는 자연선택이론의 새로운 토대 위에서 만들어질 것이라고 전망하였다. 인간은 본능을 가지고 있는데, 심리학의 모든 이론은 그 존재를 바탕으로 하여 이룩된 것들이다. 심리학, 특히 진화심리학은 진화한 본능에 의해 생성되었을 것이라고 추측되는 인간의 행동 배경이 되는 마음(네)을 연구하는 학문분야다.

진화심리학자인 투비John Tooby와 코스미데스Leda Cosmides는 인간의 신체해부도 하나하나가 전 세계인 모두에게 똑같이 적용된다는 사실에 주목했다.(196) 그들은 이어서 "그렇다면 마음의 해부도 역시 다를 수 없지 않겠는가?"라고 자문했다. 진화심리학은 다양한 '정신 기관(mental organ)'이 인간의 마음을 구성한다고 본다. 그에 따라 서양인이나 동양인이나 그들의 마음속에는 동일한 모습의 설계도를 갖고 있다. 예를 들어 사람들로 하여금 자기 자식을 사랑하는 정신 기관은 동서양의 인류에게 공통된 현상이다.(38)

진화심리학을 좇아 인간의 마음도 진화의 산물로 바라보자. 그러면 인간의 마음은 미리 프로그램화되어 있으며, 자원을 두고 경쟁자와 다투거나, 배우자를 선택하거나, 안전한 음식을 선택하는 따위의 중요한 시점에 개인의 사고와 행동을 지배한다. 그에 따라 수백만 년의 진화를 거치며 생존과 번식에 도움을 준 본능이 인간의 뇌에 프로그램화되어 필요할 때마다 나타날 것이라고 기대할 수 있다.

과거 인간의 마음과 뇌(정신)는 별개의 존재인 것으로 알았으나 신경과학의 발달로 마음과 뇌는 동일한 것이라는 사실이 밝혀졌다. 뇌는 화학적이고 물리적인 법칙에 따라 관장되는 시스템이다. 사람의 생각이나 정서, 선택, 결정 등은 모두 최저 위치에너지의 지역적 법칙을 따르는 자연적 반응의 산물이다.(21)

신경과학에 따르면 인간은 하나가 아닌 세 개의 뇌를 가지고 있어 세 가지 본성이 나타난다. 세 가지 종류의 뇌란 파충류의 뇌[腦幹], 오래된 포유류의 뇌[邊緣系] 그리고 비교적 최근에 진화한 포유류의 뇌[新皮質]다. 파충류의 뇌에 해당하는 뇌간brain stem은 생존 본능과 영토 본능을 지배하고, 오래된 포유류의 변연계limbic system는 집단생활에 필수적인 희로애락의 감정을 느끼고 환경을 감지하며 위계질서와 같이 복잡한 환경에 대처하기 위해 관찰력을 정밀화시키는 따위의 중요한 역할을 관장한다. 끝으로 새로 진화한 포유류의 신피질neocortex은 인간의 상징적인 행동능력과 밀접한 관계가 있는 부위로 흔히 '이성의 뇌'라고도 불린다.

그런 의미에서 인간은 파충류의 생존 및 성 본능과 오래된 포유류의 사회적 및 정치적 본능, 최근에 진화한 포유류의 경제적 본능을 생물학적으로 물려받았다. 벤담Jeremy Bentham(1748~1832)은 『인간과 동물의 감정 표현』에서 포유동물이 두려움, 혐오, 배고픔, 분노 등을 표현할 때 인간과 비슷한 표정과 몸짓을 보인다고 하였다. 그의 이론에 따르면 인간은 진화 과정을 거치면서 파충류의 뇌와 포유류의 뇌를 버리지 않고 그 위에 새로운 층을 더한 셈이다. 따라서 사람의 행동양식을 이해하려면 대뇌의 사고작용뿐만아니라 그 밑에 자리 잡은 원시적인 뇌가 작동하는 방식에도 주의를 기울여야 한다.

○ ● ○ ○ ○ ○
2. 진화한 본능

마음의 진화

인간의 마음속에는 어떤 것들이 자연선택되어 자리 잡고 있을까? 진화심리학자들은 우리의 뇌가 현재에도 무리지어 사는 수렵채집인들의 것과 같은 내용으로 '회로화'되어 있다고 주장한다. 왜냐하면 농경문화가 시작된 1만 년이란 시간은 인간의 진화가 새로운 환경에 적응할 수 있는 유전적 형질을 만들어낼 수 있을 정도로 긴 시간이 아니기 때문이다. 그러므로 아프리카 사막에 살았던 수렵채집인들의 문화는 현대의 서울이나 뉴욕 시민의 문화와 비교해 역사와 환경의 차이에서는 뚜렷이 구분될지라도 이들 사이의 유전적 차이는 존재하지 않는다.

인간의 얼굴은 43개의 근육을 이용해서 1만 가지의 표정을 창조한다. 그중에서 3,000개 정도는 의미심장한 표정인데 그것은 어떤 문화에서도 동일하게 나타난다고 한다.(49) 가령 아프리카 사람의 웃는 표정과 아시아 사람의 웃는 표정은 같다. 다윈은 인간의 얼굴 표현방식이 동물의 그것과 우연히 닮게 된 것이 아니라, 오랜 자연선택에 의해 진화해온 결과라고 주장했다.

우리는 어떤 식으로 아직도 석기 시대에 갇혀 있을까? 다윈의 이론에 따르면 이성적 두뇌를 가진 인종은 자연선택되지 않았다. 달리 말해 뇌를 가동하는 데 들어가는 에너지를 과소비하는 합리적인 원시인 대신 뇌의 에너지를 절약하여 사용할 수 있는 원시인만이 생존을 유지하여 자손을 낳을 수 있었다. 그에 따라 현대인은 뇌의 에너지를 절약하는 방식으로, 달리 말해 자신에게 필요한 것만 지각하고 의사를 단순하게 결정하는 휴리스틱 heuristic한 의사결정 절차를 밟는 방식으로 진화하였다.

일부 과학자들은 진화심리학을 무시하고 있지만 그것은 이미 학문으로서 갖추어야 할 많은 증거들을 보여주고 있고, 많은 사람들에게 받아들여지고 있다. 게다가 유머를 본능에 호소하는 문화 배반의 산물로 바라보는 시각에서는 진화심리학이 가장 적합한 이론이다.

인간은 환경에서 오는 수많은 적응문제에 부닥치면서 마음(뇌)에도 수만 가지 이상의 구체적인 프로그램(모듈)이 자리 잡았다. 서로 다른 내용의 수많은 적응문제가 한두 가지의 모듈만으로는 해결될 수 없기 때문에 인간의 뇌는 수많은 진화된 모듈로 구성되어 있다. 인간에게 부닥치는 적응문제가 다양할 뿐만 아니라 그 수도 무수히 많지만 이들을 폭넓게 분류하여 대략 다음의 다섯 가지로 구분할 수 있다.

생존 본능

(1) 에너지를 섭취하려는 본능

온혈동물은 냉혈동물에 비해 서늘한 날씨에도 민첩하게 움직일 수 있는 이점을 갖는다. 이런 장점을 누리기 위해서는 다량의 에너지와 외부로부터의 보호가 뒷받침되어야 한다.

> 공자孔子(B.C. 551~479)가 남쪽 초楚나라로 향할 때의 일이다. 길가에 돼지 무리가 있었는데 언뜻 보니 새끼돼지들이 어미돼지 밑으로 몰려들어 열심히 젖을 빨고 있었다. 그런데 정신없이 젖을 빨고 있던 새끼돼지들이 어미돼지가 죽은 것을 알아채고는 젖꼭지에서 입을 떼고 모두 내빼는 것이 아닌가. 이로써 공자는 진정한 사랑이 무엇인지 생각하게 되었다. 새끼들이 어미를 사랑한 것은 어미의 모습이 아니었다. 모습을 지탱하던 어미의 마음이었다.(112)

(2) 포식동물을 피하려는 본능

수렵채집을 하던 원시인들은 포식성 곰, 날카로운 칼날 같은 이빨을 가진 고양이과 동물, 늑대들의 위협은 물론 언제든지 자신들을 습격할 수 있는 적들과 홍수·혹한·혹서 같은 날씨에 노출되어 있었다. 이러한 마당에서는 위험을 회피할 수 있는 훌륭한 본능만이 생명을 구했다.

인간 뇌 중 편도체는 인간에게 위협이 되는 뱀 같은 동물에 저절로 반응하거나 공포심을 유발하는 모든 현상에 재빨리 대응하여 인간의 생존을 돕는다. 뱀을 만나게 되면 편도체가 즉시 신호를 보내 혈관은 수축하고, 빨리 그곳을 벗어나야 한다는 생각에 심장은 더욱 빠르게 뛴다.(49) 또 편도체는 길을 건너기 전에 양쪽을 살펴보도록 이끌고, 높은 발코니에 설 때에는 우리로 하여금 난간을 붙잡도록 일깨워준다. 집이나 사무실에서 연기 냄새를 맡을 경우, 화재경보가 울리기 전에 먼저 심장이 뛰기 시작하고 두 발은 신속하게 움직인다.

생존 본능의 가장 강한 원동력은 서로 다른 종들끼리의 경쟁이 아니라 동종 개체들 간의 경쟁이다.

두 남자가 사자를 보고서는 바로 달아난다. 한 남자가 멈춰 서더니 운동화를 꺼내 신는다. 다른 남자가 말한다.

"네가 그래봤자 사자보다 빠르지 않잖아."

첫 번째 남자가 대답한다.

"하지만 너보다는 빨라!"

진화에서는 황새가 개구리를 이기는 것이 아니라 신중한 개구리가 부주의한 개구리를 이긴다.(24)

한국전쟁이 발발하기 전의 일이다. 서양인이 나귀를 타고 유유히 길을 가는 한국 신사와 조우했다. 나귀 뒤에는 짐을 지고 보퉁이를 머리에 인 부인이 헐레벌떡 따라붙고 있었다. 서양인이 비분강개하며 외쳤다.

"아니 여보쇼! 당신네 나라는 레이디 퍼스트도 모른단 말이오?"

한국 신사가 점잖게 대꾸했다.

"아, 내비둬유! 이게 우리 풍습이니께……."

세월이 흘러 그때 그 서양인이 다시 한국을 방문하게 되었다. 이번에는 거꾸로 한국 신사가 나귀 탄 부인을 앞장세우고 조심조심 걷고 있는 장면을 목격했다. 서양인이 득의만면해 소리쳤다.

"당신네 풍습도 엄청 바뀌었구려!"

그랬더니 한국 신사가 비웃듯이 말한다.

"모르시는 말씀 마슈! 전쟁 중에 괴뢰군 놈들이 어찌나 지뢰를 많이 심어 놨는지 어쩔 수 없이 이러고 있다오!"(89)

레이디 퍼스트 문화권에서 건너온 벽안의 외국인이 철저한 남성 중심 국가인 한국에서 겪은 문화 충격을 비판적으로 그린 대표적인 콩트다. 부부간의 사랑이라는 문화도 생존 본능에는 미치지 않는다.

성 본능

(1) 번식하려는 본능

동물의 수컷은 짝짓기 상대를 구하고, 유혹하고, 획득하여 재생산에 필요한 교미를 행하는 문제를 말한다. 배우자의 관심을 끌기 위한 동물들의 구애행동은 매우 다양하게 발전되어 왔는데 가령 새들은 아름다운 소리로 지저귀고, 나비는 매우 화려한 색채로 암컷을 유혹하고, 반딧불이는 매우 빠른 주기로 빛을 반짝인다. 곤충들은 저마다 가지고 있는 발음기관을 이용하여 사람은 알아들을 수 없는 구애의 소리를 낸다.

새의 경우 수컷이 둥지를 만들어 암컷을 유혹한다. 이 과정에서 암컷은 둥지가 마음에 들지 않으면 다른 수컷의 둥지를 찾아간다.

아는 체하는 기생이 있었다. 시골 선비 하나가 찾아오자 그를 깔보며 덤볐다.

"저, 소나무는 왜 오래 사는지 아시나요?"

"모르네."

"그럼, 학은 어째 잘 우는지 아시나요?"

"모르네."

"저런! 그럼, 길가의 나무가 턱 버티고 서 있는 이치도 모르세요?"

"그것도 모르네."

기생의 콧대는 점점 높아졌다.

"그럼, 제가 알려드리지요. 소나무가 오래 사는 것은 속이 단단한 까닭이고요. 학이 잘 우는 까닭은 목이 길어서입니다. 그리고 길가의 소나무가 턱 버티고 서 있는 것은 지나가는 사람들의 눈을 끌기 위해서죠. 아시겠어요?"

그 얘기에 시골 선비가 웃으며 물었다.

"하하~ 그래? 소나무가 속이 단단해서 오래 산다고 했는데 그럼 대나무는 속이 비어도 왜 사시장철 푸르기만 하지? 또 학은 목이 길어서 잘 운다고 했는데 목이 짧은 개구리도 잘만 울지 않는가? 그리고 조금 전 들어오면서 보니 자네 어머니가 문간에 서 있더군. 그것도 지나가는 사람들의 눈을 끌려고 그러는 거구먼?"(150)

기생의 말이 그럴듯하게 들리지만, 다른 생물에 비유하면 기생의 주장이 쉽사리 무너진다는 사실을 알 수 있다. 시골 선비의 재치 있는 비유에 기생은 대꾸도 하지 못하고 "잠자리에 빨리 들자."고 재촉했다.(150)

(2) 자식을 양육하는 본능

인간은 자식들이 재생산능력을 가질 때까지 생존하고 성장하도록 도운다. 남성은 정자의 수가 많고 자식에 대해 많이 투자할 필요가 없지만, 대신 여성은 난자의 수가 적어 자식에 대해 많은 투자(오랜 임신기간)를 필요로 한다. 그렇기 때문에 신분을 갈구하는 데 있어서도 남성과 여성은 모습을 다르게 보여준다. 남성의 우세한 지위는 그에게 두 가지 방향에서 성적 기회를 넓혀준다. 첫째, 여성은 자신과 자식을 보호할 수 있는 우세한 남성을 선호한다. 둘째, 동성 간의 성적 경쟁에서도 우세한 남성은 열세한 남성의 배우자를 뺏을 수 있다.

자손을 양육하는 일에 있어 여성이 남성보다 더 많이 투자하기 때문에 여성은 남성을 위한 재생산을 달성할 수 있는 한정된 자원이다. 남성은 자신의 생존도 중요하게 생각하지만 재생산을 위해 많이 투자하는 성적 대상을 확보하는 일도 중요하게 여긴다. 마찬가지로 여성은 성적 가치가 있는 남성을 선호한다.

전 세계적으로 성인들 가운데에서 어떤 종류의 폭력으로든 체포된 사람의 대다수는 주로 남성이라고 한다. 게다가 여성이 체포된 경우는 폭력범으로 체포되기보다는 재산범(위조, 사기, 절도)으로 체포된 경우가 대부분이라고 한다. 남자에 비해 여성이 비폭력적인 범죄를 더 많이 일으키는 것으로 조사되었다.(145)

로마의 하드리아누스Publius Aelius Hadrianus(76~138) 황제가 갈릴리의 티베리아스 부근 길을 걸어가다가 어느 노인이 무화과를 심기 위해 흙을 파고 있는 것을 보았다. 황제가 말했다.

"노인장, 당신이 젊었을 때 무화과를 심었다면 황혼에 접어든 지금 그렇게 일할 필요가 없지 않겠소?"

그 노인이 대답했다.

"전 젊었을 때도 무화과를 심었지요. 그리고 하나님을 기쁘게 해 드리는 일도 하나님과 함께했고 말입니다."

"당신의 나이가 얼마요?"

"100세입니다."

"100세인데 무화과를 심으려고 땅을 파고 있단 말이오?"

황제가 말을 이었다.

"당신이 그 나무의 열매를 먹을 수 있다고 생각하시오?"

"제가 그럴 가치가 있는 사람이라면 먹을 수 있겠지요."

노인이 말을 이었다.

"하지만 그렇지 않더라도 상관없습니다. 저희 아버님이 저를 위해 일하신 것처럼 전 제 아이들을 위해 일하는 것이니까요."(레위기 라바 25:5)(164)

사회적 본능

(1) 유전자 이기주의

인간은 자신의 유전자를 부분적으로 보유한 친족의 생존과 번식을 돕는 데 도운다. 어린 새끼를 돌보는 모든 동물은 자식의 보답을 기대할 수 없는 상황에서도 자식에게 도움을 주고자 애쓴다. 특히 인간은 다른 어떤 종보다도 자식에게 각별한 관심을 기울이는 동물로 알려져 있다. 진화론적 관점에서 자식이나 친족 그리고 낯선 사람의 이익을 위해 자신을 희생하는 이타주의적 행동은 수수께끼였다. 왜 새나 다람쥐 및 일부 원숭이가 포식자의 위협으로부터 자신의 희생을 무릅쓰면서까지 동료에게 신호를 보내는지가 의문이었다. 이러한 의문을 풀기 위해 포괄적 적응도이론(theory of inclusive fitness)이 탄생하였다.

이타주의는 자신에게는 비용을, 타인에게는 이득을 주는 행위인데, 이러한 행동이 개체에게 존재하는 배경을 포괄적 적응도를 극대화시키려는 유전자의 행동에서 찾는다. 이 이론에 따르면, 모든 동물은 자신은 물론 자신의 유전자를 부분적으로 보유한 인척의 생존과 번식에 유리하도록 행동한다.

중국 진晉나라 상서령尙書令 악광樂廣의 딸이 대장군인 성도왕成都王 사마영司馬穎(사마염의 열아홉째 아들)에게 시집갔다. 사마영의 형 장사왕長沙王 사마예司馬乂(사마염의 열일곱째 아들)가 낙양洛陽에서 권세를 잡고 사마영과 대치하게 되었다. 간신들이 사마예에게 조정에서 명망이 있고 성도왕 사마영과 인척관계에 있는 악광을 참소했다. 장사왕이 한번은 악광에게 그 일에 관해서 묻자 악광은 태연한 안색을 지으며 천천히 대답하길, "어찌 다섯 남자를 한 여자와 바꾸겠습니까?"라고 했다.(126)

악광에게는 세 명의 아들이 있었다고 한다. 그러므로 아들 세 명과 딸 한 명을 바꾸지 않는다는 의미는 사돈지간의 사마영을 도우면 딸이 살지만, 반대로 사마예를 도우면 낙양에 있는 아들 세 명이 역적으로 몰려 죽는 것을 피할 수 있다. 유전자 이기주의에 의하면 유전자의 수가 많은 쪽이 적은 쪽보다 관심이 더 가기 마련이다. 세 개의 유전자와 한 개의 유전자를 바꿀 리가 있겠는가?

(2) 상호 이타주의

인간은 자신과 똑같은 유전자를 갖지 않은 다른 사람에게 도움의 손길을 내민다. 이타적인 행위가 친족들, 특히 부모와 자식 사이에 두드러지게 나타나지만 그럼에도 이타주의는 친족이 아닌 개체에까지도 확장될 수 있다. 인간은 자신에게 도움을 베푼 사람에게, 받은 만큼 되돌려줄 수 있는 사회적 본능을 갖추고 태어났다.

제2차 세계대전 중 독일군의 포격으로 영국의 버킹검 궁의 벽 일부가 무너진 일이 있었다. 엘리자베스 여왕은 대국민 담화를 통해 이렇게 말했다.

"국민 여러분, 안심하십시오! 독일군의 포격 덕분에 왕실과 국민 사이를 가로막고 있던 장벽이 사라졌습니다. 이제 여러분의 얼굴을 잘 볼 수 있고, 여러분의 말을 더 잘 들을 수 있게 되어 다행입니다. 우리는 이제 더 단합된 모습으로 전쟁을 이길 수 있습니다."(64)

벽은 보호를 위한 장막일 수 있지만 반대로 장애물이 될 수도 있다. 왕실을 보호하였던, 의사소통의 장애물이기도 하였던 벽이 파괴되자 엘리자베스 여왕의 대화는 국민의 사회적 본능에 호소한다.

상호성은 사람들 사이의 협조를 촉진하기 위하여 생성되었다. 내가 상대방을 위해 선심을 쓰면 언젠가는 상대방도 나에게 선심을 쓸 것이라는 믿음이 우리로 하여금 자발적으로 상대방을 돕게 하였다. 그리하여 상호성의 법칙은 궁극적으로 오늘날의 성숙한 사회를 건설하는 데 크게 공헌하였다. 프랑스의 저명한 인류학자 마르셀 모스Marcel Mauss가 인류사회의 선물을 주고받는 과정에 관여하는 사회적 관행의 영향력을 강조하였다.

"인류사회의 선물을 주고받는 과정에는 세 가지 종류의 의무가 있는데, 선물을 주어야 하는 의무, 선물을 받아야 하는 의무 그리고 받은 선물에 언젠가는 보답해야 할 의무를 말한다."(55)

받은 것에 대한 심리적 부담을 떨쳐버리기 위하여 상호성이라는 이름 아래 받은 것보다 더 크게 되갚는 것이 인간의 본능이다. 실험에 의하면 자신의 비용을 남자 쪽에 부담시킨 여자는 호의를 베푼 남자에게 성적으로 이용당할 가능성이 높다고 알려져 있다.

(3) 무리 짓는 본능

무리를 지어 집단을 만들고 내부적으로 단결하고 외부 사람들을 의심하는 성향이 발현된다. 고도의 애국주의, 충성심, 용기와 동점심 등이 생존에 도움을 주었기 때문에 자연선택되어 본능으로 자리 잡았다.

집단 내부에 있는 사람들이 하는 대로 따라 하면 종종 위험을 피할 수 있다. 예를 들어, '바다오리'라 불리는 북극바닷새들은 깎아지른 듯한 절벽에 둥지를 친다. 그 뒤에 새끼들이 부등깃이 나면 떼를 지어 절벽에서 뛰어내린다. 만일 몇 마리의 새끼들만 뛰어내린다면 그 녀석들은 포식자들인 갈매기들에게 모두 잡아먹혀버릴 것이다. 하지만 한꺼번에 뛰어들면 일부가 잡아먹힌다고 하더라도 갈매기들의 시선이 분산되어 상당수의 새끼들은 살아남는다. 생물학자들은 이것을 '적에게 친구를 바치는 전략'이라고 이름 붙였다.

중국의 문인 위화余華가 지은 『인생人生』에 보면 주인공이 시골 마을의 민요를 수집하러 다니면서 사람들의 생활을 기록한 장면이 나온다.

> 어떤 노인이 소를 몰고 밭을 갈면서 "얼시! 유칭! 게으름 피워선 안돼. 자전! 펑샤! 잘하는구나. 쿠건! 너도 잘한다."라고 읊조리는 것이었다.
> 소는 한 마리인데 왜 여러 소의 이름을 거명하느냐고 주인공이 물으니 노인의 말이, "소가 자기만 밭을 가는 줄 알까 봐 이름을 열 개 정도 불러서 속이는 거지. 다른 소도 밭을 갈고 있는 줄 알면 기분이 좋을 테니 신 나게 갈지 않겠나?"라고 대답한다.(121)

정치적 본능

(1) 우두머리가 되려는 본능

자원을 풍부하게 확보하기 위해 서열상의 상위단계로 올라가는 데 도움을 주는 본능을 말한다. 집단화가 이루어지면서 생존과 재생산에 필요한 자원을 두고 경쟁할 수밖에 없는데 이러한 문제를 해결하도록 적응이 일어났다.

유럽의 한 왕세자가 불쑥 네이선 로스차일드를 찾아왔다. 당시 네이선은 장부를 한창 정리하는 중이었다. 유대인은 철저히 계획을 세우고 일을 처리하는 스타일이라 미리 약속하지 않고 찾아오는 손님을 가장 싫어했다.

네이선은 왕세자가 당당하게 걸어 들어오는 모습을 보고 그에게 의자를 가리키며 자리를 권하고서는 다시금 장부정리에 몰두했다. 기다리다 지친 왕세자는 책상에 자신의 금박 명함을 던지고는 씩씩대며 말했다.

"자네, 내가 누군지 아나?"

네이선은 명함을 슬쩍 보고는 왕세자에게 말했다.

"그럼 의자 두 개를 쓰시지요!"

말을 끝낸 그는 다시 장부정리를 계속했다.(46)

왕세자는 당시의 문화적 규범에 따라 로스차일드Nathan Meyer Rothschild(1808 ~1879)를 지배하려고 하지만, 로스차일드는 자금을 빌리러 온 게 뻔한 왕세자에게 의자 두 개를 쓰라고 자신의 정치적 본능을 드러내며 빈정댄다.

스탈린Iosif Vissarionovich Stalin(1879~1953) 소련 수상은 유머감각이 없는 인물이었는데, 회담문서에 서명하는 순서를 두고 나온 유머가 있다.

1945년 8월 2일, 포츠담 회담이 거의 끝나 미국, 영국, 소련 3국의 거두가 모여 코뮤니케 초안을 발표할 날이었다. 그런데 소련은 또다시 서명 순위에 관한 문제를 제기하였다. 그는 지난 2차에 걸친 3거두회담에서 영국 수상과 미국 대통령이 각각 먼저 서명했다고 지적했다. 스탈린은 윤번순에 따라 이번의 포츠담 회담 문서에서는 자기가 먼저 서명해야 할 것으로 생각한다고 말했다.

트루먼Harry S. Truman(1884~1972) 미 대통령은 "하고 싶다면 언제든지 먼저 서명하십시오. 나는 누가 먼저 서명하든 상관없습니다."라고 양보하였다. 영국의 애틀리Clement R. Attlee(1883~1967) 수상은 알파벳순으로 하기를 바랐다. 그러자 요세프 스탈린이 "그래요? 주코프Georgy Konstantinovich Zhukov(1896~1974) 원수元帥보다 내가 앞설 수 있겠군." 하고 농담했다.(179)

(2) 순종하려는 본능

모든 인간은 집단을 꾸려 살아간다. 집단에서 추방당하지 않고 계속 남아 있을 수 있는 정치적 적응문제를 해결하였다. 자신감에 찬 지도자들을 추종하고, 위상관계의 사슬에서 안전을 추구하려는 욕망은 원시사회를 살아가는 사람들의 뚜렷한 특징이었다. 이러한 특성은 현대인에게도 뚜렷이 남아 있다.

『삼국지三國志』의 주인공 조조曹操(155~220)의 아들 조식曹植(192~232)이 자신을 죽이려고 하는 친형 조비曹丕(187~226)에게 시를 지어 목숨을 지킨 위트를 한번 살펴보자. 중국 남조南朝 송宋나라 유의경劉義慶(403~444)이 편집한 『세설신어世說新語』에 나오는 일화다.

> 조조曹操에겐 스무 명이 넘는 아들이 있었다. 첫 부인 유劉씨에게 조앙曹昂이라는 아들이 있었으나, 전투하는 도중에 부친을 구하고 대신 목숨을 잃는 바람에 217년 10월 둘째부인 변卞씨의 첫아들 조비曹丕가 태자로 책봉된다.
> 조비[文帝]는 자신의 동생 조식이 문예에 밝고 뭇 사람의 존경을 받아 그를 눈엣가시처럼 생각했다. 조비는 자신이 일곱 걸음을 걷는 동안에 시를 짓도록 조식에게 명했는데, 만약 완성하지 못하면 죽이겠다고 위협했다. 조식은 말이 끝나기가 무섭게 시 한 수를 지었다. 칠보시七步詩라고 알려져 있다.

> 煮豆燃豆萁　콩을 삶음에 콩깍지를 태우니
> 豆在釜中泣　가마솥 안의 콩은 뜨거워 눈물짓는다.
> 本是同根生　본시 한 뿌리에서 나왔건만
> 根煎何太急　어쩜 이리도 급히 볶아대나.(144, 260)

변 부인은 기생 출신이었다. 기생은 당시에도 매우 저급하고 비천한 직업이었다. 변 부인은 출신은 나빴지만 인품이 매우 훌륭했고, 사람됨과 처세도 매우 조심스러웠다. 『삼국지』 후비전에 의하면, 조비가 태자가 된 후 주변 사람들이 농담으로 그녀에게 한턱내라고 하자, 변 부인은 "내가 아이를 잘못 가르치지 않았다는 것만으로 만족할 뿐이오."라고 대답했다고 한다. 배송지가 인용한 『위서魏書』에 따르면, 조조가 노획한 보물 중에서 한두 가지 패물을 고르게 하면 그녀는 매번 중간 정도의 것을 골랐다고 한다. 조조가 변 부인에게 까닭을 묻자, 변 부인은 이렇게 대답했다.

"가장 좋은 것을 고르면 탐욕스럽고, 가장 나쁜 것을 고르면 위선적이므로 중간 것을 골랐습니다."(141)

'꽃은 반쯤 피어야 하고 술은 반쯤 취해야 한다'는 말처럼 꽃이 만개하면 사람 손에 꺾이거나 시들어버린다. 술에 만취하면 이성을 잃는다. 인생도 이와 다르지 않다.(115)

조비도 아비를 닮아서인지 시를 짓는 재능이 동생 조식에 못지않았다. 중국에서는 자고로 훌륭한 인격, 불멸의 업적, 위대한 작품을 '세 가지 영생'으로 꼽았다. 이를 두고 세월이 지나도 썩지 않는 세 가지라 하여 '삼불후三不朽'라고 하는데 조비는 인격이야 천성이 하는 일이라 어쩔 수 없지만, 그래도 불멸의 업적과 작품을 남기려고 애썼다. 그가 남긴 시를 한번 보자.

> 태어나 일곱 척의 육신
> 죽으면 그저 관 하나의 흙일 뿐
> 위대한 업적을 성취하여 이름을 남기는 것이
> 영원히 살아남는 유일한 길일세.
> 이것이 안 된다면
> 훌륭한 저서를 남기는 것이
> 그다음의 선택이라.(138)

경제적 본능

(1) 절약하려는 본능

생물은 생존을 위해 에너지를 필요로 하는데, 무언가를 선택해서 얻는 에너지의 양과 그렇게 해서 잃는 에너지의 양을 비교할 수 있도록 적응하였다. 그에 따라 인간의 감각기관은 가급적이면 에너지를 절약하면서 외부대상을 인지한다.

> 러시아와 일본 사이의 경제협력 과정에서 일어난 실화다. 러일 경제협력에 대한 협의석상에서 러시아 측은 이렇게 말했다.
> "이번 ○○○강에 걸릴 철교 건설 프로젝트에서도 대등한 호혜원칙으로 나갑시다. 일본은 저 강에 걸릴 철교를 제공해주셨으면 합니다. 러시아는 강을 제공하겠습니다."(118)

러시아 측은 손도 안 대고 코풀기 하듯 자연적으로 주어진 강을 제공하겠다고 나선다. 상호 대등한 대가의 가치를 교환하지 않고 자신의 잇속만을 챙기려고 드는 러시아 측의 제의가 유머러스하게 들린다.

미국의 신경과학자 가자니거Michael Gazzaniga는 "당신이 어떤 것에 더욱 숙달되거나 친해짐에 따라 뇌의 반응 활동은 줄어든다. 이런 변화는 뇌에 가해지는 신진대사의 부담을 줄인다."고 말한다. 잠재적인 위험이 더 친숙해지고 위험이 감소함에 따라 뇌의 뉴런들은 반응 속도를 늦추고, 초당 신호전달의 횟수를 줄임으로써 에너지를 보존한다.(158)

런던 대학의 명예교수인 생물학자 루이스 월퍼트Lewis Wolpert는 진화심리학을 바탕으로 저술한 책에서, "신을 믿는 사람이 생존경쟁에서 살아남는다."고 강조한다.(42) 그는 또 "신앙은 진화의 산물이지만 믿음을 채택한 개체에게 막대한 이익을 준다."며, 생물 발생 분야의 대가답게 "신앙 활동은 심적 스트레스를 줄이고 행복감과 낙관론을 고취시킴으로써 심장 부담 같은 신체상의 스트레스를 경감시키는 데 일조한다."라면서 "과학이 눈부시게 발전한 25세기에도 교회와 절은 동네마다 안존할 것"이라고 전망했다.(3)

(2) 교환하려는 본능

인간이 다른 사람과 음식을 나누어 갖는 행위는 동물에서 볼 수 없는 매우 강한 사회적 특성의 하나인 본능으로 자라났고, 그 결과 인간만이 경제를 갖게 되었다.

박쥐나 침팬지는 자발적으로 음식을 나누는 일이, 드물기는 하지만, 관계와 사회적 압력, 차후의 보답, 상호 간의 의무 등 다각적인 연계망의 토대 위에서 이루어진다.(102) 수렵채집인들은 무리를 지어 살았으며, 집단 내의 사람들과 협력하려는 성향이 매우 발달했다. 생존과 번영을 누리며 자신의 유전자를 후세에 남긴 인간은 평화로운 협력과 교환에 적응된 사람이었던 셈이다.

교환을 촉진하는 노동의 분화는 이미 석기 시대부터 등장했던 것으로 보인다. 그때에도 한 사람이 창을 만들면 다른 사람은 사냥감을 쫓는 법을 알고 있었고, 또 다른 사람은 창을 던지는 기술에 능숙했다. 이 가설은 현대의 수렵채집인들을 통해서도 증명된다. 예를 들어 아직도 수렵인으로 살고 있는 파라과이의 아체족(Aches)의 경우 몇몇 사람은 굴속에서 아르마딜로(두더지처럼 생긴 동물)를 찾는 데 전문이고, 다른 사람들은 굴을 파서 그것을 꺼내는 데 전문이다.

다이애나 왕세자비가 칼럼니스트 폴 존슨Paul Johnson 기자에게 찰스 왕자의 행동에 대해 털어놓은 이야기다.

"한번은 그이가 드레싱 룸에서 셔츠를 놓고 불평했어요. 종자(從者)가 골라 입으라고 세 벌의 셔츠를 놓아두었는데, 마음에 드는 게 없다는 거예요. 제가 보기에는 세 벌 다 정말 괜찮았는데 말이죠. 어쨌거나 그이는 종을 울렸죠. 그리고 달려온 종자에게 이렇게 말하더군요. '이 셔츠들은 다 마음에 안

들어.' 그래서 종자는 다시 가서 선반에서 두서너 벌을 더 골라왔죠. 종자가 간 뒤에 제가 말했어요. '여보, 왜 또 종을 울려서 사람을 오게 만드는 거예요? 당신이 직접 가서 마음에 드는 셔츠를 골라오면 간단하잖아요. 왜 굳이 그를 시키는 거죠?' 그러자 아주 신경질적으로 그가 대꾸하더군요. '저 사람은 그런 일을 하라고 고용된 사람이라고!'"(181)

결혼 후 다이애나Diana Spence(1961~1997) 왕세자비와 찰스Charles 왕자 사이에 틈이 벌어졌다는 것은 이미 널리 알려진 사실이지만, 찰스는 왕자와 종자 사이에 엄연히 분업이 존재한다는 사실을 강조한다. 만약 찰스 왕자가 직접 마음에 드는 셔츠를 고른다면 종자는 직업을 잃어버릴 것이다. 그는 종자의 직장 유지를 위해 하는 수 없이 남이 골라주는 셔츠를 입을 수밖에 없었다.

『논어論語』 자로 편子路 篇에 나오는 글이다. 제자인 번지樊遲가 공자에게 농사짓는 법 배우기를 청하니, 공자는 "나는 늙은 농부만 같지 못하다(吾不如老農)."라고 대답했고, 채소 가꾸는 법을 배우기를 청하니, "나는 채소 가꾸는 늙은 농부만 같지 못하다(吾不如老圃)."라고 대답하였다. 사람은 각자 맡은 역할이 있다고 공자는 자신의 능력에 빗대어 이야기한다.

고대 로마에는 평민과 귀족의 두 계급이 있었다. 귀족계급이 정치적 권력을 독점하여 평민은 원로원이 될 수 없었고 귀족을 상대로 소송을 제기할 수도 없었다. 평민이 유일하게 특권을 가질 수 있는 길은 군에 입대해 로마를 위해 전쟁터에 나가는 것뿐이었다. 기원전 494년 평민계급은 종군을 거부하는 파업을 일으키는 데 성공하였다. 다급하게 집정관 발레리우스Valerius로부터 파업의 책임을 묻지 않는다는 약속을 얻어낸 그들은 다시 군에 복귀해 아에키족과 볼스키족 그리고 사빈족을 차례로 물리치고 로마로 귀환하였다.

은혜를 모르는 원로원이 평민에게 제시한 발레리우스의 약속을 번복하자, 분노한 평민은 로마 외곽의 산에 캠프를 치고 공격 대오를 갖췄다. 원로원은 협상을 위해 현자 메네니우스 아그리파Menenius Agrippa를 파견했는데,

그는 평민들에게 아래와 같은 페니키아의 우화를 들려주었다.

> 언젠가 몸의 구성원들이 모여 자기들은 뼈 빠지게 일하는데, 위는 하는 일 없이 게으르게 자기들의 노동 결과를 즐기고 있다고 불평했다. 그래서 손과 입과 이빨은 위를 굶겨 굴복시키기로 뜻을 모았다. 그러나 위를 굶길수록 자신들도 점점 허약해졌다. 위가 하는 일은 받아들인 음식을 소화시키고 재분배해서 다른 구성원들을 살찌게 하는 것이었다. 위도 자기의 역할을 다하고 있는 셈이었다.(61)

부패한 정치가들을 위해 이와 같은 궁색한 변명을 해줌으로써 아그리파는 반란을 진정시켰다. 평민계급에서 호민관 두 명을 선출할 것과 귀족의 평민에 대한 사적 형벌을 거부할 수 있는 권리를 약속받고 평민이 해산함으로써 가까스로 질서가 회복되었다.

협력, 전문화, 교환에는 모두 친밀성을 필요로 한다. 석기 시대에는 좋은 친구가 우선이었다. 사교 기술, 정보교환 성향, 호의를 베풀거나 교환하는 등의 성향은 정도의 차이는 있을지 몰라도 우리의 내부에 깊이 뿌리내려져 있는 본성이다. 즉 협력하고, 서로에게 헌신하고, 고객과 협력자를 친밀하게 대하도록 뇌에 이미 프로그램화되어 있다.

○ ○ ● ○ ○

3. 문화란 무엇인가?

문화의 의의

문화란 용어는 학문에 따라 다양한 의미로 사용되는 까닭에 문화의 개념에 대한 정의가 400 가지가 넘는다고 한다. 여기서는 편의상 에드워드 홀 Edward Hall의 정의에 따라 문화는 인간의 연장물extensions에 해당하는 언어, 도구, 제도를 말한다.(353) 즉 인간의 생물학적 본능 이외에 자신의 생존에 유리하도록 만들어낸 발명품(연장물)을 말한다. 이것들은 생물학적 유전에 의해 승계되지 않고 학습을 통해 인간의 뇌에 자리 잡는다는 데서 본능과 차이가 있다.

언어

에드워드 홀은 물질과 문화의 나머지 부분이 서로 밀접하게 맞물려 있기 때문에 인간의 물질 사용과 언어 사용이 동시에 일어난 사건으로 보고 있다. 이렇게 언어와 물질문화의 밀접한 관계로 미루어보아 언어를 통한 의사소통은 도구 제작과 같은 시기, 즉 50만 년에서 200만 년 전 무렵부터 이뤄지기 시작했을 것으로 추측한다.(106)

언어의 출현에 대한 다른 이론으로, 영국의 심리학자 로빈 던바Robin Dunbar는 인간이 잡담하기 위해 언어가 만들어졌다는 가설을 제시하였다.(203) 그의 견해에 따르면 다른 사람에 대한 험담이나 비방을 바라보는 남녀의 차이는 선사 시대부터 시작되었다. 그 시대의 남자들은 사냥하기 위해 서로 협력했다. 하지만 사냥할 때를 제외하고는 그들은 항상 경쟁관계에 있었다. 그들은 육체적 힘이나 싸움, 사냥능력 등에서 서로 경쟁했고 사냥감을 통해 자신의 능력을 평가받았다.

한편 여자들은 자신이 필요한 것들을 획득하고 자식의 생존을 위해 남들과 맞서 싸울 수 있는 강력한 도구를 필요로 하였다. 마침 험담은 다른 여자들과 맞서 싸울 수 있는 효과적인 수단이었을 것으로 추측한다. 여자들은 누군가를 험담할 때 다른 사람들에게 그 말을 믿게 하려고 동맹관계를 형성한다. 동맹을 맺은 여자들은 자기들끼리 정보를 공유하고 자신의 경쟁 상대들을 비방하여 그들의 평판과 사회적 지위를 손상시킴으로써 경쟁에서 이길 수 있었다. 그렇게 해서 여자들은 '험담'이라는 강력한 무기를 가지게 되었다.

단어는 인간의 뇌에 무작위로 저장되는 것이 아니라 나름대로의 질서를 갖추어 저장된다. 인간의 뇌는 에너지 소모를 줄이려고 의미보다 소리를 통해 유사한 단어를 저장한다. 이는 뇌가 단어의 의미를 검색하여 연상하는 것보다 비슷한 소리로 검색하여 연상하기를 바란다는 것을 의미한다. 흔히 여러 가지 의미를 가진 동음이의어同音異議語에서 웃음을 유발하는 사례를 발견할 수 있는데, 이는 설정된 상황과 급소가 되는 문구 사이에 모순이 존재하기 때문이다.

> 탱크(수조)에 물고기 두 마리가 들어 있었다. 한 마리가 다른 물고기에게 묻는다.
> "자네 이 탱크를 어떻게 모는지 아나?"(48)

이 농담을 읽으면 우리는 처음에 수조에 든 두 마리의 물고기만을 생각한다. 그러나 갑자기 핵심이 되는 문구(탱크)가 우리의 허를 찌르면서 언어(수조)를 배반하자, 사람들로 하여금 웃음을 터뜨리도록 한다. 여기서는 비록 본능에 부합하지 않더라도 웃음을 낳는다. 물론 본능에 부합하는 대화였거나 문장이었다면 더 커다란 웃음을 낳았을 것이다.

말장난은 주로 동음이의어(pun)나 비슷한 발음의 단어들을 활용하면서 일어난다. 이 말장난이 재미있는 까닭은 부조화를 해소시켜주기 때문이다. 뭔가 예측이 빗나갔지만 결국 새로운 해석으로 재미를 얻도록 해준다. 그런 까닭에 흔히 사용되는 유머는 대부분 동음이의어의 말장난이다. 사람들은 상대방의 말을 반대로 뒤집거나 유사한 언어를 사용하거나 언어를 확장 또는 축소시켜 유머를 만들어낸다. 이러한 사례들은 뒤에서 언어를 배반한 유머를 통해 자주 접하게 될 것이다.

동음이의어를 약간 변형한 하나의 사례로 문방사우文房四友에 해당하는 먹[墨], 붓[筆], 벼루[硯], 종이[紙]를 주제로 한 다음의 옛 시에 잘 나타나 있다.(45)

好酒逢當墨　　술을 좋아하여 만나면 마땅히 먹[墨]고,
美人見卽筆　　미인을 보면 곧 붙[筆]더라.
平生此事硯　　평생에 이 일을 벼르[硯]더니
今日兩得紙　　오늘 둘 다 얻으니 좋의[紙].(15)

이 시에서 우스꽝스러운 점은 문방사우를 뜻하는 '묵(먹)', '필(붓)', '연(벼루)', '지(종이)'의 글자들을 발음이 비슷한 우리말[동음이의어의 변형]의 '먹고', '붙고', '벼르고', '좋의'로 옮겼다는 데 있다.

주한 외국인 존슨 씨는 한국말은 물론 한국 속담도 잘 아는 서양인이다. '번데기 앞에서 주름 잡는다' 같은 속담을 한국말 대화 중에 자유자재로 사용하는 정도의 수준이다. 어느 날 존슨 씨가 심각한 얼굴로 한국인 친구를 만났다.
"자네 무슨 걱정이 있나?"
"실은 한국 속담 하나를 들었는데 며칠을 고민해도 이해가 안 된다네."
"무슨 속담인데?"

"'고추를 만지면서 자란 친구가 진짜 오래간다'는 속담이야."
"그건 어릴 적부터의 친구 사이를 말하는 걸세."
"그건 나도 알아. 그런데 왜 야채를 만져야 친구가 되는 거냐고?"(134)

고추를 'pepper'로 번역하여 들은 존슨 씨가 'penis'와 같은 의미인 것을 알 까닭이 없다. 영어의 'pepper'는 종 모양처럼 생긴 야채를 말한다. 우리의 고추는 모양새가 'chilly pepper'와 비슷하게 생겼으므로 만약 그가 남미 사람이었다면 그런대로 유머를 공유하였을 것으로 추정된다.

여기서 알 수 있는 사실은 언어는 유전되지 않고 학습을 통해 습득되는 문화인 까닭에 동일한 언어권에 속하지 않는 이상, 언어를 통한 유머는 유머로서의 자질을 갖지 못한다는 점이다. 그리고 똑같은 유머를 반복해서 들으면 처음 들었을 때만큼 웃음을 낳지 못한다. 이는 기대하지 않았던 유머일수록 유머의 가치도 높아진다는 것을 뜻한다.

1942년 4월, 중국 공산당의 전담 취재기자였던 에드거 스노Edgar Snow(1905~1972)가 C-47 경비행기로 아프리카를 비행하는 도중에 누군가가 "비행기 사고가 났을 때 침착해지는presence of mind 것보다 더 좋은 게 뭘까?" 하고 물었다. 아무도 대답하지 않자, 함께 탔던 조지 웨어링 감독관은 "현장에 없는absence of body 거지."라고 대답했다.(101)

영어에서도 운을 유지하면서 웃음을 자아내는 언어 배반이 종종 보인다. 앞에서 'presence of mind'는 'absence of body'와 대조를 이룬다. 그리고 조지 웨어링은 비행기 사고를 당했는데 그 자리에 없었으면 하는 바람을 유머러스하게 표현하였다.

언어는 상대방에게 전달되는 과정에서 유머가 아닌 경우에도 왜곡되는 일이 흔히 일어난다.

중국 송宋나라에 정씨 성을 가진 농민이 있었다. 그런데 이 농부의 집에는 우물이 없었다. 그래서 밭에다 물을 댈 때면 늘 한 사람이 밖에 가서 물을 길러 와야 했다. 그는 궁리 끝에 자기 집에 우물을 파놓고서는 동네 사람들에게 말했다.

"우린 우물을 파고 한 사람을 얻었소."

어떤 사람이 이 말을 듣고서 이렇게 소문을 퍼뜨렸다.

"정씨네 우물에서 사람을 파냈대."

성 안의 사람들이 이 일을 옮기다 보니 소문이 왕에게까지 들어가 왕이 신하를 파견하여 조사하도록 하였다. 그러자 정씨는 조사 나온 관리에게 이렇게 말했다.

"저는 노동력 한 사람을 얻은 셈이라고 말했지, 우물에서 한 사람을 파냈다고 하지는 않았습니다."(82)

도구

인간은 신체의 연장물을 정교하게 만들어왔다는 사실이 다른 동물과 구별된다. 인간은 연장물 중의 하나인 도구를 발전시킴으로써 자신의 부족한 약점을 보완하였다. 예컨대 컴퓨터는 두뇌의 연장물이고, 전화는 입과 귀를, 바퀴는 다리와 발을, 망원경은 눈을, 마이크는 성대를 각각 연장시킨 도구이며 기록은 언어의 연장이다. 인간은 신체 외부에 연장물을 만들어내는 방법으로 자신을 생존에 유리하도록 전문화시켰다. 가령 인간은 털을 없애 의복으로 연장시켰고, 껍질을 없애 집으로 연장시켰다.

인간은 몸으로 해야 했던 실제의 모든 일을 대신할 연장물들을 발달시켰다. 공격무기의 진화는 치아와 주먹에서 시작되어 미사일과 원자폭탄에 이르렀다. 옷과 집은 인간의 온도조절기제의 연장물이고, 가구는 땅에 웅크리거나 앉거나 서 있는 것을 대신한다. 시간과 공간을 가로질러 목소리를 전달하는 책 등은 물질적 연장물의 예다. 또한 돈은 노동을 확장하고 비축하는 도구다. 인간이 만든 도구는 모두 일찍이 인간의 몸이나 몸의 특수화된 부분이 하던 일을 대신하려고 탄생했다. 이처럼 인간이 자신의 몸에 필요한 부분을 대신하는 수많은 연장물을 만들어내기에 이른 것이야말로 인류 진화의 비밀이라고 할 수 있다.

> 어느 날 미켈란젤로는 고미술품을 복제하려는 마음에서 한 늙은 목신牧神을 제작했다.
> 마침 정원을 구경하러 온 로렌조는 그 작품을 보고 감탄하다가 한 가지 이상한 점을 발견했다. 그는 마치 어린아이처럼 미켈란젤로와 농담을 나누며 말했다.
> "아, 자네는 이 늙은 목신의 이를 모두 남겨놓았군. 그 나이가 되면 이가 몇 개밖에 없다는 거 모르나?"(97)

메디치가의 거부 로렌조Lorenzo de Medici(1449~1503)는 미켈란젤로Michelangelo Buonarroti(1475~1564)의 목신이 노인상을 배반한 비현실적인 작품이라고 꼬집었는데, 여기서 천재 조각가 미켈란젤로의 실수에 사람들은 실소를 금치 못할 것이다.

미국의 코미디언 빌 코스비Bill Cosby는 자신이 출연한 쇼에서 낡은 낚시용 모자를 쓰고는 "이 모자는 정말 쓰기 싫지만 보관해온 시간이 아까워 버릴 수 없었습니다."(41)라는 농담을 던졌다. 모자는 분명히 닳아 없어지는 물품인데도 마치 포도주처럼 시간이 지날수록 가치가 더해진 것처럼 모자를 보관해온 시간이 아까워 쓰고 다닌다고 유머러스하게 말한다. 코스비는 모자가 닳아 없어지는 물품이라는 사실을 배반하여 웃음을 선사했다.

제도

1960년대만 해도 제도라고 하면 여러 가지 유형의 법적 조직 또는 기구를 가리키는 용어로 인식하였다. 그러나 학술적 의미에서 제도란 '사회적 동물인 인간이 상호작용을 위해 고안한 제약'을 일컫는다.(201) 제도는 사회에 인센티브의 골격을 제공하고, 그 결과 조직의 성과를 결정하는 토대를 형성하는 역할을 담당한다.

제도는 ① 헌법, 법률, 규율처럼 공식적인 법칙formal rules, ② 관습, 행위규범, 행동준칙처럼 비공식적인 제약요소informal constraints, 그리고 ③ 이들 법칙과 제약요소가 집행되는 효력effectiveness of enforcement으로 구성된다. 이런 측면에서 제도란 인류고고학자들이 주장하는 협의의 문화culture와 유사한 개념이다.(202)

당초 제도는 과거의 경험, 금기사항, 행동준칙 및 관습에 바탕을 두었다. 그러다가 시간이 지나면서 종교나 이상, 이데올로기가 관습에 영향을 미치게 되었고, 근대국가가 형성되면서 사회에 계승되어 내려온 관습의 대부분이 법률이나 명령으로 대체되기에 이르렀다.

진화생물학자들은 종교를 인간의 생물학적 본성이 낳은 산물로 간주한다.(184) 말하자면 종교는 인간의 공포, 희망 그리고 소망 등의 산물이라고 본다. 원시 시대에 번식과 식량의 획득 그리고 유사시에 부닥치는 적들, 추위와 같은 험악한 자연재해로부터의 방호에 적응한 해결책이었을 것으로 추측한다.

인간의 의례儀禮는 공동체의 도덕적 가치를 나타낼 뿐만 아니라 그것을 재확인하고 부활시키는 기능을 담당한다. 서유럽의 동굴에서 발견된 후기 구석기 시대의 그림은 원시인들이 사냥하는 모습을 담고 있는데, 거기에는 사냥한 동물의 몸에 창과 화살이 꽂혀 있는 장면들이 많이 나온다. 그림에서 일어나는 일들이 현실화되기를 바라는 마음에서 의례화되어 나타났다.

인간은 자신의 유전자를 다음 세대에 전달하는 데 도움이 되는 도덕률을 받아들이는 경향이 있다. 이렇게 도덕률은 유전자가 자신의 이익을 놓고 경쟁하는 과정에서 비공식적으로 타협한 결과로 생겨난 것이고, 유전자는 도덕률을 자신의 목적에 부합하게끔 지렛대를 자기 쪽으로 돌려놓으려고 한다. 아름답고 예쁘장한 딸을 둔 부모는 (남성이 부양투자를 할 수 있게끔 매력적인 목표물로 남아 있게 하려고) 딸이 남성에게 빠지지 않도록 충고하고, 이를 새겨들은 딸은 자신의 가치를 간직함으로써 조건 좋은 배필을 맞아들이는데, 이때 도덕에 어긋나지 않는 방식으로 비천한 구혼자를 물리쳐 자기 이해를 도모한다.

> '머리가 좀 모자라면 어때? 예쁘기만 하면 되지……'라고 생각한 남자가 IQ는 70밖에 안 되지만 몸매가 섹시하고 늘씬한 아가씨에게 프러포즈를 했다. 남자는 당연히 오케이 할 것이라고 생각했는데 여자가 한참을 심각하게 고민하더니 말했다.
> "미안하지만 그럴 수는 없어요."
> 자존심이 상한 남자가 이유가 뭐냐고 따지자 여자가 말했다.
> "그건 곤란해요. 왜냐하면 우리 집 전통은 집안사람끼리만 결혼하거든요. 할아버지는 할머니와, 아빠는 엄마와, 외삼촌은 외숙모와, 그리고 고모부는 고모와……."(134)

아가씨는 가족이 결혼하기 전에는 남남이었다는 사실을 인지하지 못하고 결혼을 거부한다. 아가씨의 유머러스한 거부 이유에 웃지 않을 수 없다.

진화심리학자 데일리Martin Daly와 윌슨Margo Wilson은 "도덕은 유난히 인식 능력이 복잡하고, 유난히 복잡한 사회에서 자신의 이익을 추구하는 동물들의 고안물이다."라고 말한다.(38)

4. 문화배반이론

본능으로의 회귀

도량형의 단위가 인치에서 미터로 바뀌었다고 하여 웃음을 자아내지는 않는다. 차량의 운전대가 좌측에 자리 잡고 있는 차량을 이용하는 나라(우리나라와 미국 등)의 도로에 우측에 운전대가 있는 나라(영국과 일본 등)의 자동차가 다닌다고 웃음을 터뜨리지는 않는다. 다만 이상한 광경이 벌어졌구나 하는 표정을 지을 뿐이다.

그렇다면 언제 유머가 탄생하는가? 사람들의 행동이 기존의 문화에서 벗어나 본능에 부합할수록 유머를 낳을 가능성은 높아진다. 언어가 가진 원래의 의미에서 벗어나(배반하고) 본능에 어울리는 언어를 사용하면 유머를 낳는다. 도구가 가진 원래의 용도에 벗어나 본능에 적합하도록 사용된다면 유머를 낳는다. 기존의 도덕이나 관습에서 벗어나 본능에 호소할수록 유머러스한 정도가 깊어진다. 그러나 언어, 도구, 제도가 원래의 의미를 배반하더라도 본능에 부합하지 않는다면 유머를 낳지 않는다.

최근에 진보적 성향을 가진 한 국회의원의 "애국가는 국가가 아니다."라는 대담 내용이 한국 사회에 큰 파장을 일으키면서 논란거리가 되었다. 왜 그의 이야기가 유머가 될 수 없는가? 분명히 대한민국의 사회적 규범을 배반한 까닭에 문화를 배반하였음에는 틀림없다. 하지만 그의 발언은 북한의 문화규범에 가까운 발언이기는 하지만, 본능에 부합한 발언이 아니었던 까닭에 유머가 되지 않았다. 이처럼 유머가 되기 위해서는 본능에 부합하는 발언이어야 한다.

모든 범죄는 사회의 규범을 배반하는 짓이다. 게다가 범죄자는 자신의 생존 본능 내지 성 본능, 심지어 경제적 본능을 충족하려고 범하는 행위이므로 의당 유머가 되어야 하지 않을까 하는 의문이 생긴다. 앞서 제2장 유머의 반전이론에서 설명한 바와 같이 유머가 되기 위해서는 배반의 대상이 되는 행위 또는 대화가 덜 심각한 것이어야 한다. 따라서 신체적 안전이나 정신적 안정을 위협할 정도의 파괴적인 주제는 웃음을 낳지 못한다. 그러므로 사회규범을 파괴하는 범죄는 유머의 대상이 되지 못한다. 예를 들어 전쟁이야말로 얼마나 친본능적이고 반문화적인 행동인가? 그러나 사람들은 전쟁행위로부터 웃음은커녕 유머도 느끼지 못한다. 왜냐하면 전쟁은 신체를 손상시키는 파괴적인 행동이기 때문이다.

1960년대 일어난 중국의 문화대혁명과 진시황제의 분서갱유사건은 기존의 문화를 파괴하는 문화 배반의 전형적인 사례다. 그렇지만 거기에서도 유머를 느끼지는 못한다. 비록 문화를 배반하였지만 본능으로 회귀하는 것이 아니라 배반해야 할 또 하나의 문화로 회귀하였기 때문이다. 홍위병들은 자본주의 문화를 배격하는 대신 사회주의 문화를 지지하였고, 진시황은 전래되어온 고전과 유학자를 배격하고 전제정치의 문화로 회귀하였기 때문이다.

노魯나라 대부大夫 양화陽貨가 공자孔子를 만나려 했으나 공자는 만나주지 않았다. 그러자 양화는 돼지고기를 예물로 드리고 돌아갔다. 공자는 양화가 집에 없는 때를 골라 찾아가 답례했다. 하지만 돌아오는 길에 공교롭게도 그와 마주치고 말았다. 양화가 공자에게 물었다.

"자, 이리 오십시오. 선생님께 들려줄 이야기가 있습니다. 보물을 품에 지니고 있으면서 어지러운 나라를 그냥 내버려둔다면 그것을 인仁이라 할 수 있겠습니까?"

"할 수 없겠지요."

"정치하기를 바라면서 자주 그 기회를 놓치고 있다면 지혜롭다 할 수 있겠습니까?"

"없지요."

"날이 가고 달이 가고, 세월은 우리를 기다려주지 않습니다."
그러자 공자가 대답했다.
"알았소. 내 한 자리 하리다."(148)

얼마나 문화적 덩어리로 단련된 공자인가? 그러나 동시에 공자야말로 세속에 한 자리 차지하고 싶은 본능에 의지하는 인간이 아닌가? 임어당의 해석에 의하면 공자가 양화의 제의를 마음속으로 고맙게 받아들여야 하겠지만 체면이 있어 그렇게 하지 못하고 심적으로 끙끙 앓는다. 그런 공자를 독자들은 웃음을 머금고 바라본다. 그가 "알았소, 내 한 자리 하리다."라는 대목을 곰곰이 음미해보면, 공자가 양화의 권고에 못 이기는 척하고 받아들인다. 공자가 끝까지 감투를 거절했다면 아무런 (비)웃음감이 되지 않았을 것이다. 그러나 공자가 정치에 물들지 않는다는 문화를 배반하고 본능을 쫓아 한 자리 하겠다는 이야기에 사람들은 '공자! 너마저도'라는 정경을 떠올리면서 웃기에 이른다.

다시 한 번 강조하고자 하는 점은 일반적 지식에 지나지 않는 문화적 메시지는 웃음을 낳지 않지만, 본능에 부합하는 메시지는 웃음을 낳는다. 예를 들어보자. "오늘 뉴욕 날씨가 너무 춥다. 사람들은 에스키모인처럼 옷을 두껍게 입었다." 분명히 이 말은 과장이지만, 웃음을 낳지는 않는다. 그러나 다음과 같은 유머는 웃음을 낳는다.

오늘 뉴욕 날씨가 너무 추워서 월스트리트 변호사들이 호주머니에 손을 넣었다.(40)

변호사는 날씨까지 이용하여 이기적인 본능에 걸맞게 다른 사람의 호주머니에서 돈을 갈취하는 사람으로 그려져 있는 까닭에 변호사를 비웃는 사람들에게 훌륭한 웃을 기회를 제공한다.

안자晏子(晏嬰, ?~B.C. 500)는 임금을 따라 죽지 않는 신하가 충신이라고 하였다. 제후齊侯가 안자에게 물었다.

"충신이 임금을 섬기는 것은 어떠해야 합니까?"

이에 안자가 대답했다.

"난難을 만나도 임금을 따라 죽지 않고, 임금이 쫓겨 도망갈 때는 배웅도 하지 말아야지요."

임금이 의아히 여겨 물었다.

"땅을 떼어 그에게 주고 작위를 나누어 귀하게 해주었는데, 난에는 따라 죽지 않고 쫓겨 갈 때는 배웅조차 하지 말아야 한다니, 그것을 충성이라 할 수 있습니까?"

그러자 안자가 이렇게 설명했다.

"직언해서 그것이 쓰인다면 죽을 때까지 난이 없을 터인데 신하로서 어찌 죽을 일이 있겠습니까? 또 간언을 해서 그것이 받아들여진다면 죽을 때까지 도망가야 할 일이 없을 텐데 신하로서 어찌 임금을 보낼 일이 있겠습니까? 그러므로 충신이란 선을 다하여 임금을 도울 수는 있어도 난에 빠지게 할 수는 없는 것입니다."(129)

'임금을 따라 죽는 신하야말로 충신이다'라는 것이 기존의 도덕률이다. 그런데 안자는 기존의 도덕률(문화)을 배반하여 '따라 죽지 않는 신하가 충신'이라고 지적한다. 그의 말에 임금이 섭섭한 마음으로 까닭을 묻지만 안자의 대답을 들은 독자들은 안도의 웃음을 지을 것이다.

임어당에 따르면 유머는 사람의 정서를 가볍게 건드리는 것으로, 마치 가려운 데를 긁는 것과 같다. 가려운 곳을 긁는다는 것은 인생의 큰 즐거움이다. 가려운 데를 긁고 나면 말할 수 없이 시원하고 상쾌해진다. 그 상쾌함 때문에 자신도 모르는 사이에 계속 긁게 되는데, 이것이야말로 유머의 특성에 가장 가깝다.(148) 임어당의 주장에 따르면 문화에 젖어 있는 정서이건, 아니면 본능에 젖어 있는 정서이건 어느 것이든 가려운 데를 긁어 시원해지기만 하면 유머다. 그러나 수많은 정서 중에서도 본능을 찌르는 행동과 대화야말로 독자들의 공감을 통한 감정이입으로 사람들을 상쾌하게 웃도록 만든다.

　　중국 송나라 신종神宗 시기의 관료 정이程頤(1033~1107)는 경연經筵(임금을 교육시
키기 위한 신하들의 토론회)할 때면 옛 예법을 굳이 고집했다. 소동파는 인간적인 정
을 느끼지 못하는 그런 태도를 무척이나 싫어해 늘 비꼬곤 했다.
　　대신大臣 사마광司馬光(1019~1086)이 죽었을 때, 마침 황제가 주관하는 궁중의
연회가 있었다. 동료 신하들은 이 행사에 참가한 다음, 사마광에게 조문을
가려고 했다. 그런데 정이가 나서서 안 된다며, "조문하여 곡한 날 노래를 부
를 수는 없다고 했지."라고 말했다.
　　좌객 중 누군가가 난처해하며, "공자께서는 곡한 날 노래 부르지 않는다고
하셨지 노래 부른 날 곡하지 않는다는 말씀은 하지 않으셨지."라고 했다. 그
러자 소동파가 이 말을 받아, "그게 바로 억울하게 죽은 숙손통叔孫通이 제정
한 예법인가 보지."라고 말했다. 이 말에 모두 박장대소했고, 이 일 때문에
정이와 소동파는 사이가 벌어지고 말았다.(148)

　숙손통은 한고조 유방劉邦(Liu Pang, B.C. 256~195)의 모사로 융통성 있는 정책
을 제안하여 한나라를 세우는 데 기여하였다. 유방이 황제로 등극하였으
나 신하들에게 황제를 존경하는 모습이 보이지 않았다. 유방으로서는 자
신이 황제 자리에 있는 것이 당연한 것으로 수용되는 질서를 확립해야 했
다. 그 방법으로 유방은 숙손통에게 새로운 의례를 만들 것을 지시하고, 이
의례에 의해 새로운 신분질서를 형성하려고 하였다. 이것이 바로 숙손통
이 유가儒家에서 빌려온 의례儀禮였다. 그리고 이 의례를 법法으로 만들어서
강제로 시행하게 했다.(5)
　위의 유머는 동료들이 사마광에게 조문 가서 곡을 할 참인데, 마침 황제
의 궁중연회로 노래하는 날이기도 하여 곡과 노래를 함께할 수 없는 상황
을 그려주고 있다. 공자가 곡한 날 노래 부르지 않는 예법을 정했으나, 노
래한 날 곡하지 않는다고는 가르치지 않았으므로 궁중연회 후 문상 가는
것은 괜찮지 않느냐고 말한다. 또 그게 융통성 있는 숙손통의 예법이 아니

겠냐고 하면서 편협한 공자의 예법(도덕)을 빈정댄다.

인간의 사회적 본능은 상호 이타주의를 바탕으로 한다. 동료 신하는 내심으로 사마광의 장례에 조문을 가기를 바란다. 그런데 황제의 궁중연회에 참석한 까닭에 동료 신하들은 조문을 가지 못하고 속을 태우고 있다. 그런데 마침 예법을 잘 해석하여, 곡하고 노래 부르는 것(사마광을 보고 황제를 만나는 것)은 금지되지만 노래 부르고 곡하러 가는 것(황제를 만나고 사마광을 보는 것)은 가능하다는 해석이 나오자 모두 안도의 웃음을 터뜨린다. 물론 노래 부르고 곡하는 것도 결국에는 곡하는 날 노래를 부른 게 되어 공자의 예법을 위반하게 된다. 따라서 소동파는 사회적 본능을 막아버리는 공자의 편협한 예법을 농담을 통해 빈정댄 것이다.

우리나라 사람들은 자녀의 혼인날짜가 잡히면 상갓집에 조문 가지 않는 문화 속에 살아간다. 상갓집에 조문 가려는 욕구는 인간적 정리情理를 좇아 일어나는 일이다. 그러나 공자의 예법은 이러한 정리가 발현되기를 인정하지 않는다. 공자의 예법이 없었던 시대에는 상갓집 가고 혼인하건 혼인하고 상갓집 가건, 노래하고 곡하건 곡하고 노래하건 하등 문제가 되지 않았을 것이다. 그러나 공자 이후 만들어진 의례문화가 인간의 정리를 억제하게 되었다. 다행히 정리가 유머를 통해 문화를 배반하고 기어나오자, 사람들은 즐거운 마음으로 웃기에 이른다. 문화의 배반자로서의 유머가 돋보이는 까닭이 바로 여기에 있다.

바이올리니스트이자 작곡가였던 크라이슬러가 회교 국가의 군주인 술탄 앞에서 연주하게 되었다. 한 곡의 연주가 끝나자, 술탄은 박수를 쳤다. 크라이슬러는 매우 기분이 좋아 다음 곡을 연주했다. 술탄은 더욱 크게 박수를 쳤다. 이에 고무된 크라이슬러가 다시 세 번째 곡을 연주하려고 바이올린을 고쳐 쥐자, 신하 한 사람이 그에게 다가와 귓속말을 하였다.
"당신은 목이 달아나도 좋아요? 술탄이 박수를 치는 걸 당신도 봤잖소?"
"……그래서요?"

"그건 당신더러 연주를 그만두라는 신호란 말이에요."(14)

크라이슬러Frits Kreisler(1875~1962)는 박수를 칭찬으로 인식하여 계속 연주를 해야 하는 문화에서 자란 사람이다. 그러나 회교문화에서 박수는 그만 연주하라는 의미로 쓰인다. 회교 국가에서 회교문화를 배반하고 유럽문화를 따라 자신이 연주에 재능 있는 것처럼 주제파악도 하지 못하고 계속 연주를 해대는 크라이슬러의 우스꽝스러운 정경은 독자들로 하여금 문화의 배반이 유머를 자아내는 길임을 알게 해준다. 동시에 연주에 탁월한 크라이슬러가 웃음거리가 되는 궁색한 모습에서 독자들은 우월감을 느끼면서 희열을 맛볼 것이다.

> 1981년, 레이건Ronald Reagan(1911~2004) 미국 대통령이 존 힝클리John Hinckley 라는 정신병자의 저격을 받고 가슴에 총상을 입은 채, 병원에서 수술을 성공적으로 끝낸 뒤 아내 낸시 여사에게 씽긋 웃으며 말했다.
> "여보, 총알이 날아올 때 영화에서처럼 납작 엎드려야 한다는 걸 깜빡했단 말이야!"(64)
> ……힝클리에게 저격당한 지 4주가 지나 레이건이 기력을 회복해 국회의사당에 등단했다. 레이건의 연설 첫 문장은 이렇게 시작했다.
> "여러분은 내가 저격당하는 것을 다시 보여주길 원치는 않겠죠?"(66)

이 유머 한마디로 레이건은 국민의 큰 관심을 얻어 83%까지 지지율을 상승시켰다고 한다. 레이건이 엎드려야 한다는 걸 잊었다는 이야기는 생존 본능을 건드린다. 의사당에서 의원들은 "그동안 몸이 아파 만나보지 못해 미안하다." 또는 "쾌유를 빌어준 의원님들에게 감사드립니다."로 시작하는 레이건의 연설을 기대하였으나 이러한 기대를 배반하였던 까닭에 그의 연설은 유머가 되었다.

레이건의 오랜 정치적 동반자였던 특별보좌관 마이클 디버Michael Deaver (1938~2007)의 회고록에서도 일화가 전해진다.

1981년 3월 31일, 레이건이 가슴에 총을 맞고 병원으로 이송되었다. 며칠 후 수술을 무사히 끝낸 레이건에게 베이커James Baker, 미즈Edwin Meese 그리고 디버가 병실로 찾아갔을 때 레이건은 침대에 앉아 양치질을 하고 있었다. 레이건은 "참모회의를 취소하는 건지 알고 싶네."라고 말했다. 디버가 그의 부재 중에도 백악관이 기름을 친 것처럼 잘 돌아간다고 보고하자, "내가 그런 말을 들으면 좋아할 것 같아?" 하고 쏘아붙였다.(57)

사회적 동물에게 소외당하는 일만큼 기분 나쁜 일은 없다. 레이건이 소외당하지 않으려는 무리 본능이 표출된 유머다. "당신이 없으니까 더 잘 돌아간다."라고 빈정대는 농담에 일반인들은 대개 "너희들끼리 잘해봐라."라거나, "내가 그렇게 방해물이었느냐?" 따위로 대답할 것을 기대한다. 그러나 레이건 대통령은 일반적인 기대를 배반하고 사회적 본능에 굴복하여 "기분 나쁘다."고 솔직하게 표현한다.

지위가 높은 사람은 지위가 낮은 사람에게 농담을 던져 웃음을 유발하지만, 이것도 어디까지나 자신의 지위를 과시하기 위한 수단이다. 마찬가지로 지위가 낮은 사람은 지위가 높은 사람의 관심을 끌기 위해 아첨 형태의 유머를 사용하기도 한다. 아첨은 상대방 띄우기, 자기비하 등과 같은 행동을 말하는데 높은 지위의 사람으로부터 호의를 얻어내기 위해 사용된다.

처칠이 연설한다는 소식을 듣고 청중이 구름처럼 모여들자 그의 아내 클레멘타인이 감격하여 소리쳤다.
"저 엄청난 군중 좀 보세요! 당신의 웅변이 뛰어나다는 증거지 뭐예요!"
그러자 처칠이 흥분한 아내에게 속삭였다.
"이건 새 발의 피야! 나를 교수형에 처한다면 이보다 몇 배나 더 많은 사람이 모일 거라고!"(64)

처칠은 일찌감치 정치를 하면서 남이 잘못되기를 바라는 군중의 정치적 본능을 터득한 까닭에 스스로 이런 자기비하의 유머를 던져 독자들에게 웃음을 선사한다.

문화의 역할

농담을 들어보면 그 민족이 어떤 민족인지, 어떻게 사는지 등을 알 수 있다고 한다. 제2차 세계대전 중에 영국인, 미국인 그리고 독일인(전쟁을 피해 고국을 떠난 사람들)에게 유머만화를 보게 하여 조사한 연구(204)에 의하면 동일한 농담일지라도 미국인들이 가장 재미있어 했고, 국적별로 재미있어 하는 농담이 달랐다고 한다. 본능은 동일하더라도 문화가 다르면 유머도 달라진다는 필연적인 결과다.

리처드 와이즈먼의 '웃음 실험실'의 사이트를 방문한 사람의 55%가 재미있어 했던 농담을 한번 검토해보자.

> 사냥꾼 둘이 숲 속을 헤매고 있었다. 그런데 갑자기 사냥꾼 한 명이 맥없이 쓰러졌다. 쓰러진 사냥꾼의 두 눈은 흐릿했고 숨도 쉬지 않는 것 같았다. 또 다른 사냥꾼이 핸드폰을 꺼내더니 응급구조대에 전화를 걸었다. 그가 숨을 헐떡이며 말했다.
> "제 친구가 죽었나 봐요! 어떡해요?"
> 교환원이 말했다.
> "침착하세요. 제가 도와드리죠. 우선, 정말 죽었는지 확인하세요."
> 침묵이 흐르다가 갑자기 총소리가 났다. 사냥꾼이 다시 전화기에 대고 말했다.
> "됐어요. 이제 어쩌죠?"(48)

한국인으로서는 위의 농담이 높은 점수를 받았다는 것에 수긍이 가지 않을 것이다. 그런데도 재미있다고 높은 점수를 받은 까닭은 영국문화가 한국문화와 다르기 때문일 것으로 여겨진다. 유럽국가의 국민성에 관한 유명한 농담이 있다.

천국은 바로 이런 곳이다. 천국에서 프랑스 사람은 요리를 하고, 독일 사람은 기계를 수리하고, 이탈리아 사람은 사랑을 나누고, 그 모든 것을 스위스 사람이 관리할 것이다.

반면에 영국 사람이 요리를 담당하고, 프랑스 사람이 기계를 수리하고, 독일 사람이 정치를 하고, 스위스 사람이 연인이 되고, 그 모든 것을 이탈리아 사람이 관리하는 곳이 바로 지옥일 것이다.(84)

일본의 번역가 나고시 겐로名越健郎가 번역한 러시아 재담집『독재자들에게!!』에 이와 유사한 유럽의 국민성을 비교한 짧은 재담이 나온다.

이상적인 사람이란 영국인처럼 요리를 잘하고, 프랑스인처럼 외국인을 존경하고, 독일인처럼 유머가 뛰어나고, 스페인인처럼 일 잘하고, 이탈리아인처럼 자제력이 뛰어나고, 미국인처럼 외국어를 잘하고, 중국인처럼 월급을 많이 받고, 일본인처럼 개성이 풍부하고, 러시아인처럼 술을 삼가는 사람을 말합니다.(117)

사람마다 유머를 받아들이는 정도가 다르듯이 사람마다 선호하는 유머의 소재도 다르다. 젊은 사람은 나이 든 사람에 비해 건망증이나 치매와 관련된 농담을 재미있어 하지 않는다. 노년층은 걱정거리를 농담으로 승화시키기를 바라지만 젊은 층은 건망증처럼 자신이 직접 경험해보지 않은 것이나 학습해보지 않은 사건에 대해 재미있어 할 처지가 되지 못한다. 그런 측면에서 문화가 농담을 유발하는 데 중요한 역할을 차지한다는 사실을 알 수 있다.(48)

유태계 독일 배우 프리츠 코르트너Fritz Kortner(1849~1919)는 "당신처럼 나이 많은 사람들의 문제들을 이해할 수 없다."고 의아해하는 젊은이들에게 이렇게 대답했다.

"난 자네들의 지금 모습처럼 젊었을 때가 있었던 반면, 자네들은 나처럼 늙은 적이 한 번도 없었기 때문이지."(164)

늙은이는 젊은이를 경험해보았기 때문에 그를 이해하나, 젊은이는 늙은이를 경험해보지 않았기 때문에 늙은이를 이해할 수 없다고 코르트너는 지적한다.

루이지애나 주 상원의원이었던 롱R. Long 의원이 65세로 은퇴하는 자리에 레이건 대통령이 참석했다. 레이건은 그 자리에서 "왜 젊은 사람이 은퇴하는지 의아하다."고 했다. 그러고는 한 노부부에 관해 이야기했다.

노부부가 잠자리에 들려고 하는데 할머니가 "아이스크림이 먹고 싶은데 집에 없다."고 했다. 할아버지가 가게에 가서 사오겠다고 하니까, 할머니는 "초콜릿을 입힌 바닐라예요."라 했고, 할아버지는 할머니의 주문을 복창했다. 할머니가 "체리와 크림도 넣어주세요." 하자, 할아버지는 이번에도 따라했다.

할아버지가 돌아왔을 때 할머니는 누워 있었다. 할아버지가 할머니에게 종이박스를 건넸다. 할머니가 박스를 열어보니 햄 샌드위치가 들어 있었다. 할머니는 실망했다.

"그러기에 내가 뭐라고 그랬어요. 받아 적으라고 그랬잖아요. 보세요! 겨자를 빠뜨렸잖아요."(66)

할아버지도 기억의 배반자이지만 할머니의 기억 배반(치매)은 그 정도가 한 술 더 뜬다. 레이건은 자신처럼 나이가 들면 정치하기가 어렵다는 것을 빗대려고 노부부의 이야기를 농담으로 끄집어내었다. 그는 자신이 나이가 들어가는데도 치매와 관련된 유머를 자신감 있게 꺼냈다. 동시에 할머니가 필요로 하는 겨자를 자신이 제공할 수 있다는 농담까지 덧붙이는 일도 빼놓지 않았다.

5. 웃음과 정서

웃음의 근원

웃음의 진화적 기원은 대략 6,000만 년 전의 초기 포유류 조상들로까지 거슬러 올라간다. 웃음이 놀이에서 기원한 것으로 보인다 하더라도 600만 년 전에 우리와 가장 가까웠던 침팬지와 분기된 이래 상당한 진화적 변화를 밟아온 것으로 추정한다. 진화생물학자에 의하면 인간의 웃음 형태는 두 발 걷기가 가능해진 후에야 비로소 시작되었을 것으로 본다. 왜냐하면 두 발 걷기가 네 발 걷기보다 흉부를 자유롭게 해주어 웃음(언어도 마찬가지)에 필요한 호흡을 잘 제어할 수 있게 해주기 때문이다.

웃음은 뇌의 여러 영역이 관여하는 것으로 알려져 있다. 웃는 행위를 직접 조절하는 것은 '뇌간'이라고 한다. 인간은 웃을 때 숨을 들이켜고 내쉬는 동시에 성대를 사용하여 숨을 짧게 끊는다. 이러한 활동은 거의 무의식적이고 자율적으로 발생하는데, 운동신경에 명령을 내려 가로막과 갈비뼈의 근육을 움직여 웃게 만드는 부위가 바로 뇌간이기 때문이다. 요컨대 뇌간은 웃음에 관련된 육체적 움직임을 제어하는 역할을 담당한다. 그렇지만 뇌간에게 웃으라고 명령을 내리는 곳은 신피질이다. 유머를 이해한 신피질이 뇌간에 명령을 내리는데, 이때 웃음은 상황의 판단인 동시에 감정의 영역에 속해 있으므로 변연계도 개입한다. 특히 변연계에 속한 시상하부의 중심 부분은 조절할 수 없을 정도의 큰 웃음을 만드는 데 중요한 역할을 담당한다고 한다.

이처럼 웃음을 만들어내는 데는 뇌의 여러 부위가 관여한다. 가령 공포는 특정 부위에 국한된 경우가 많아, 뇌를 다쳐도 그 부위가 손상되지 않으면 보존된다. 그러나 웃음은 뇌의 어느 한 부분만이라도 손상을 입으면 치명적인 영향을 받는다. 이러한 사실은 웃음이 뇌의 여러 영역에 걸쳐 종합적으로 작용한다는 것을 뒷받침한다.

최근에는 기능 기공명영상을 활용하여 농담으로 웃음을 터뜨릴 때 뇌 안에서 어떤 일이 벌어지는지를 조사하는 기법이 개발되었다. 가령 동음이의어를 포함하는 농담 몇 편 들려주어 뇌에 어떤 변화가 일어나는지를 관찰하였다. 그 결과 좌뇌가 농담을 받아들일 때 중요한 역할을 수행하고(탱크에 물고기 두 마리가 들어 있었다), 반면에 우뇌는 기대하였던 상황을 완전히 다르게 해석하는(자네 이 탱크를 어떻게 모는지 아나?) 역할을 담당한다는 사실이 밝혀졌다.

연구에 의하면 우뇌가 손상된 사람은 유머를 잘 이해하지 못하는 것으로 알려졌다.(198) 우뇌가 손상된 사람은 위의 농담에서 탱크를 계속 수조로 생각하여 웃지 않고, 대신 "물고기가 어떻게 자기의 집을 몰고 갈 수 있느냐?"고 오히려 반문할 것으로 기대된다.

웃음과 관련하여 궁금한 사항은 진정한 웃음과 거짓된 웃음을 어떻게 구별하는가이다. 최근에 미소와 쓴웃음을 구분 짓는 결정적 차이는 '타이밍'이라는 연구결과가 나왔다. 2012년 5월 '국제전기전자기술자협회(IEEE)' 저널에 발표된 논문에 의하면 행복한 미소는 천천히 생겨나는 데 비해 좌절의 쓴웃음은 빠르게 생겨났다가 짧은 시간 안에 사라진다고 한다. 미국 MIT 연구팀은 "자신의 미소가 진정이라는 인상을 주고 싶다면 타이밍을 제대로 맞추는 것이 결정적으로 중요하다."고 말했다.(168)

웃음의 기능

웃음에 관한 유머 우월론에서는 유머가 타인을 깎아내림으로써 자신은 안전하고 정상이라는 정서표현의 한 형태로 웃음이 이어진다고 해석한다.

인간은 자신의 육체적 상태, 예컨대 건강, 외모, 지적 능력 등을 비롯한 사회경제적 지위가 미약함을 인식할 때 상대를 깎아내림으로써 자신의 안전함 또는 뛰어남을 확인하려고 유머를 구사한다. 이는 자신이 뒤처진 사람이 아니라는 것을 확인함으로써 얻는 위로가 웃음으로 표출된다는 의미다.

웃음은 다른 정서와 마찬가지로 자율신경계와 내분비계(호르몬)를 통해서 신체 여러 부분에 변화를 초래하는 것으로 알려져 있다. 웃음을 통해 자율신경계의 한 부분인 교감신경계의 활동 증가는 투쟁-도피 반응에서도 일어나는데, 이렇게 유머로 인해 증가하는 분비물의 양은 공포나 분노를 유발하는 영화에서 발견되는 결과에 상응한다고 한다.(212)

웃음은 카테콜아민 분비를 촉진함으로써 엔도르핀을 증가시키고 그 결과 우리 몸에서 스트레스에 관련된 화학물질들, 예컨대 플라스마, 코르티솔, 에피네프린 등을 감소시킨다. 그래서 스트레스에는 웃음이 최고의 치유책이라고 알려져 있다. 스트레스에 유머로 대처하는 사람은 건강한 면역체계를 갖고 있어 심장마비나 뇌졸중으로 고통 받을 가능성이 40%로 줄어든다고 한다.(137)

제II부

사
례
편

제4장

생존 본능

● ○ ○ ○ ○ ○

1. 에너지 섭취

채집 가설

원시시대 인류의 조상은 수많은 생존의 위협에 부닥쳤다. 인간은 다윈이 꼽은 자연의 악의적인 힘(기후, 날씨, 식량부족, 독극물, 질병, 기생충, 포식자, 타인)에 대항하고자 생존에 유리한 본능을 진화시켰다. 예를 들어 식물은 생존하기 위해 독극물을 함유하도록 적응하였는데, 초창기의 인간에게는 어떤 것을 먹고 어떤 것을 먹지 말아야 할 것인지를 결정하는 일이 자신의 생존을 위해 커다란 관심사였다. 그에 따라 인간은 도처에 깔린 식물 가운데 생명에 지장이 없는 식물을 찾고, 확인하고, 채집하고, 처리하고, 소비할 수 있도록 적응하였다.

인간은 채집시대에 독성이 있는 식물을 섭취하지 않기 위해 맛을 보고 뱉거나, 구역질을 하거나, 토할 수 있도록 적응하였다. 현대를 살아가는 사람에게조차 이는 생존에 유리한 메커니즘으로 계속 작동하고 있다. 임산부의 임신 초기에 나타나는 입덧은 식물성·세균성 독소로부터 태아를 보호하여 유산과 기형의 위험을 줄이기 위해 적응한 메커니즘이다.(24)

여성은 식물을 채집하는 활동을 통해 여러 가지 적응 메커니즘을 진화시켰다. 사냥은 남성이, 채집과 자식 돌보기는 여성이 분담하여 담당하였다. 왜냐하면 여성은 임신이나 자식을 돌보는 일 때문에 사냥하기에 적합하지 않았기 때문이다. 현재 존재하고 있는 거의 대부분의 수렵·채집사회에서 남자들은 주로 사냥하는 일을 책임지고, 여자들은 주로 채집하는 일을 담당한다. 남자들은 일정한 조직체제로 집단을 구성하여 큰 사냥감을 찾아 야영지에서 멀리 떨어진 곳으로 돌아다니고, 여자들은 식물을 채집하면서 단지 작은 동물을 잡는 데 참여한 것으로 알려져 있다. 비록 남자들이 고단백질의 식량을 집으로 가져온다고는 하지만, 그래도 일반 칼로리의 대부분은 여자들이 공급한다.

어느 날 빌헬름Wilhelm Ⅱ(1859~1941) 황제가 재상 비스마르크를 식탁에 불러들였을 때의 일이다. 황제가 비스마르크에게 샴페인을 권했다. 비스마르크는 곁눈질로 샴페인의 상표를 보려 했으나, 냅킨에 가려져 있어 보지 못했다. 결국 비스마르크는 샴페인의 품종에 대해 정중히 물었다. 그러자 마치 기다렸다는 듯 황제가 자랑스레 떠벌렸다.

"나는 식사 중에는 독일산 샴페인만 마십니다. 아시는 바와 같이 대가족을 거느리는 관계로 절약하기 위해 그리고 무엇보다 애국심으로 애음하고 있소."

비스마르크는 미소를 짓고는 황제를 쳐다보며 능청스레 말했다.

"폐하, 제게는 애국심이 위胃보다는 조금 못 미치지요."(1)

국가에 대한 충성심을 배반하고 위의 비위를 맞추는 재상 비스마르크Otto Eduard Leopold von Bismarck(1815~1898)의 자신감 넘치는 모습에서 그의 유머감각을 엿볼 수 있다.

사냥 가설

인간은 단순한 식물채집에서 벗어나 동물을 사냥하는 방법을 통해 생존을 유리하게 유지하는 방식을 해결하였다. 인간은 사냥을 통해 효율적인 에너지를 조달하여 자신은 물론 자식, 친족, 친구가 섭취할 수 있도록 진화시켰는데, 이를 '사냥 가설(hunting hypothesis)'이라고 부른다. 남성의 신체는 멀리 떨어진 먹이에 물체를 정확하게 던질 수 있도록 진화하여 사냥하기에 적합한 신체구조를 가졌다.

사냥은 원시인으로 하여금 석기를 사용하도록 도왔다. 현재 석기는 사냥감의 뼈가 유적으로 남아 있는 곳에서 함께 발견되는데, 당시 석기는 먹잇감을 죽이고 뼈에서 살을 잘라내는 데 이용되었다. 사냥으로 인하여 석기가 탄생하였고, 인간이 이것을 세련되게 만드는 기술을 인위적으로 진화시켜 지금에 와서 생존보전에 적합한 수많은 도구(문화)를 만들어내기에 이르렀다. 물론 석기는 땅을 파거나 식물을 수집하는 데에도 이용되었다.

맥아더 장군의 초청으로 일본을 방문하게 된 이승만 대통령이 일본 수상과 자리를 같이하게 되었다. 일본 수상이 한국을 비하하기 위해 이승만에게 "한국에는 아직도 호랑이가 있나요?"라고 물었다. 한국이 아직 미개국임을 넌지시 암시하는 의미를 간파한 이승만이 대답했다. "아! 한국에는 그동안 호랑이가 많았는데 임진왜란 때 일본 장군들이 모두 잡아먹어서 지금은 씨가 말랐어!"(10)

이승만李承晩(1875~1965)은 호랑이가 없는 배경을 임진왜란의 탓으로 돌린다. 도요토미 히데요시豊臣秀吉(1537~1598)가 후계자(히데요리)를 낳으려고 조선에서 잡은 호랑이 고기를 보약으로 들었다고 전해진다.

○ ● ○ ○ ○

2. 포식자 피하기

사바나 가설

원시인은 맹수나 악천후의 위협으로부터 자신을 보호하고자 은신처를 확보하는 일에 열중하였다. 거주지에 대한 이러한 선호를 은신처 또는 '사바나 가설(savanna hypothesis)'이라고 부른다. 이 가설에 의하면 인간은 생존을 지탱시켜주는 데 필요한 자원이 풍부함과 동시에 자연의 위협으로부터 자신을 보호할 수 있는 환경에 정착하도록 적응하였다.

　　어느 절의 뜰을 걷던 선비가 불상의 머리 위에 참새 똥이 떨어진 것을 보고 곁에 서 있는 스님에게 물었다.
　　"참새에게는 불성佛性이 없는 모양이지요?"
　　스님이 참새에게도 불성이 있다고 대답하자, 선비는 어떻게 부처의 머리 위에 똥을 쌀 수 있느냐고 물었다. 그러자 스님이 말했다.
　　"부처가 자비로워서 살생을 하지 않기 때문입니다. 참새가 솔개 머리에 똥 싸는 것을 보셨습니까?"(59)

　송나라 때 도원道源이라는 승려가 지은 불교경전 『경덕전등록景德傳燈錄』에 나오는 이야기다. 훌륭한 물건에 더러운 것을 덧붙이는 것을 비유적으로 불두착분佛頭着糞이라고 한다. 참새는 자비로운 부처보다 자신을 잡아먹으려는 솔개를 두려워한다. 스님의 재치 있는 비유가 유머러스하게 들린다.
　사바나지역은 다른 열대우림보다 먹잇감이 풍부하고 뜯어먹을 수 있는 풀이 풍부하게 자라고 있기 때문에 지금도 수많은 종류의 동물들이 살아간다. 또한 나무는 태양 볕을 차단하는 까닭에 아주 적합한 보호공간을 제공한다. 대다수의 사람이 선호하는 거주지는 근처에 강이 있고, 초원의 공원지대가 내려다보이는 언덕이었을 것으로 추측한다. 권력가와 재력가의 주거지, 왕릉, 사원, 의사당 그리고 종족의 영광을 기리는 기념물 등은 이미 유적을 통해 확인되었듯이 거의 이러한 장소에 자리 잡고 있다. 모든 동물 종은 안전성과 먹이 확보가 잘 조화된 곳을 서식지로 택하였다.

　　말년의 어느 날, 기자가 버나드 쇼에게 물었다.
　　"어째서 여생을 플로렌스에서 보내면 좋겠다고 말씀하셨습니까?"

그러자 그는 아주 담담한 어조로 대답했다.

"몇 해 전에 이 지방을 방문한 적이 있습니다. 산책하는 길에 동네의 공동 묘지를 둘러본 일이 있는데, 어떤 묘비에 이런 글귀가 쓰여 있더군요. '메리 사우스, 1816년 출생, 1895년 사망, 그녀의 인생은 너무나 짧았다.' 나는 그것으로 충분했습니다. 80년의 생애가 이 마을 사람들에게 짧은 것이라면 이곳 플로렌스야말로 내가 여생을 보내기에 가장 적합한 곳이라고 생각했던 것입니다."

그가 죽은 다음 그의 서재에서 나온 유서에는 이렇게 적혀 있었다.

"내가 죽거든 내 뼈와 아내의 뼈를 함께 태워 재로 만든 다음, 그것을 뒤섞어서 정원에 뿌려주길 바란다. 또 무덤의 묘비는 십자가나 그 외의 어떠한 피의 희생을 상징하는 심벌의 형태가 되지 않도록 해주길 바란다."

그러면서 그는 이런 자필 묘비명을 남겼다.

"내 우물쭈물하다가 이렇게 될 줄 알았다!"(67)

조지 버나드 쇼는 80년이라는 긴 삶을 살았던 한 여자의 묘비명에서 생애가 짧았다는 기록에 끌려 플로렌스로 이주하였다. 그리고 장장 95년이나 살아온 자신을 일생 동안 우물쭈물 시간을 보낸 사람이라고 묘비명에 담았다.

공격 본능

인간은 다른 동물과 비슷한 이유로, 상대방의 위협으로부터 자신을 방어할 목적으로, 자신의 우월성을 과시할 목적으로 또는 친족과 집단을 보호할 목적으로 자신보다 약한 개체를 공격한다. 모든 포유동물이 그러하듯이 인간은 무리를 지음과 동시에 지위나 위계의 지배구조를 갖고 살아간다. 학교사회에서이건, 직장사회에서이건 또는 정치권에서이건, 종교계에서 이건 간에 동물세계의 치열한 순위 다툼과 마찬가지로 치열한 권력투쟁이 벌어진다.

> 의사와 건축가, 철학자, 정치가 네 사람이 서로 자신의 직업이 가장 오래
> 되었다며 입씨름을 벌이고 있었다. 먼저 의사가 자신의 주장을 폈다.
> "저는 제 직업이 다른 어느 직업보다 앞서 시작되었다고 생각합니다. 최
> 초의 인간인 아담의 갈비뼈 하나를 들어내고, 그것으로 이브를 만든 일. 그
> 것이 바로 의료행위가 아니겠습니까?"
> 그러자 건축가가 반박하며 나섰다.
> "하지만 아담이 태어나기 전에 우주를 창조하고 유기적으로 조직하기 위
> 한 직업이 있었습니다. 그 작업이 곧 건축행위가 아니겠습니까?"
> 건축가의 말을 듣고 이번에는 철학자가 나섰다.
> "뭘 오해하고 계신 듯합니다. 우주를 창조하기에 앞서 하느님께서는 대혼
> 돈을 앞에 놓고 먼저 구체적이고 치밀한 사유를 펼치지 않을 수 없었을 것입
> 니다."
> 세 사람의 주장을 듣던 정치가가 빙그레 웃으며 반문하였다.
> "그렇다면 세 분께서는 도대체 누가 그 대혼돈을 창조했다고 생각하십니
> 까?"(144)

정치가는 자신의 직업을 세상에 혼돈만을 창조하는 일에 비유하여 자신
의 직업이 가장 오래된 것이라고 재치 있는 유머를 남겼다.

중학교에서는 학기 초에 반 편성이 끝나면 으레 한바탕 싸움판이 벌어
지는데, 그것은 학생들 간에 권력순위를 결정짓기 위한 것이라고 한다.(145)
인간의 공격 본능은 국가 간은 물론, 국가 내의 정당 또는 당파 간, 기업과
조직 내의 부서 간, 심지어 두 사람 간의 대화에서도 작동한다. 유머는 이
러한 공격 본능이 물리력이 아닌 대화를 통해 이루어지는 한 형태에 지나
지 않는다.

영화배우 오손 웰즈George Orson Welles(1915~1985)는 갈등이 적절한 역할을 하
는 사례를 영화 「제3의 사나이」에서 다음과 같이 언급하고 있다.

"이탈리아에서는 보르지아Cesare Borgia(1475~1507) 가문이 통치하던 30년 동안 전쟁과 테러, 살인과 유혈충돌이 일어났다. 하지만 미켈란젤로와 레오나르도 다빈치 등의 르네상스 걸작들이 바로 그때 탄생했다. 스위스에서는 사람들이 서로를 매우 존중했고 500년 동안 민주주의 체제와 평화를 유지했다. 그런데 그들이 만들어낸 것은 뭔가? 기껏 시계에 불과하지 않은가!"(49)

○ ○ ● ○ ○

3. 언어의 배반

지금까지 인간의 생존에 유리한 본능이 자연선택된 배경을 살펴보았다. 다음으로는 생존 본능을 추구하려고 문화를 배반하는 과정에서 웃음을 자아낸 유머의 사례들을 찾아보자.

먼저 문화의 하나인 언어를 배반하여 유머를 낳은 사례들이다. 유머는 상대방과 대화하는 과정에서 언어를 통해 만들어진다. 가장 사용하기 쉬운 유머는 상대방이 사용한 언어가 갖는 원래의 의미를 정반대로 사용하거나, 유사하게 사용하거나, 비유하여 사용하거나, 다른 언어로 대체하여 사용한 대화다. 상대방이 말하는 언어를 가장 가까이에서 듣고 가장 짧은 시간에 응답할 수밖에 없는 대화의 성질상 언어를 배반한 유머가 유머 소재의 기본을 이룬다.

반대어

상대방과 대화하는 과정에서 유머를 만들 때 가장 사용하기 쉬운 언어의 배반은 상대방이 언급하는 문장 중에서 특정 언어를 정반대되는 의미로 되돌려주는 방법이다.

1897년, 해군사관학교를 방문한 테오도르 루스벨트Theodore Roosevelt(1858~1919) 미 대통령은 조지 워싱턴George Washington(1732~1799)이 1790년 1월 8일 연방의회 연두교서에서 발표한 말을 상기시키면서 "전쟁에 대한 대비는 평화를 가장 확실하게 보장하는 길"이라고 연설했다. 이미 4세기경 로마의 군사이론가 레나투스Flavius Vegetius Renatus는 『군사학』에서 "진정으로 평화를 원하는 자는 전쟁에 대비해야 한다."고 썼다.

전쟁은 평화와 연결되는 반대 언어의 대표적인 사례다. 비록 언어를 배반하여 반대어법을 사용하였지만, 본능에 부합하는 반대어를 끄집어내지 않는 이상 재미있는 웃음을 제공하지는 않았다. 여러 유명 인사들이 반대어를 사용하여 웃음을 주었거나 지혜를 제공한 사례들을 살펴보자.

소설가 조지 오웰George Orwell(1903~1950)은 『동물농장』에서 "모든 동물은 평등하다. 그러나 몇몇 동물은 다른 동물들보다 더 평등하다."(166)라고 말함으로써 '다른'과 '평등'이라는 모순된 언어를 함께 사용하고 있다.

제임스 터버James Thurber(1894~1961)의 "예외 없는 규칙은 없다는 규칙에는 예외가 없다."라든가, 스콧 피츠제럴드F. Scott Fitzgerald(1896~1940)의 "한번 실패와 영원한 실패를 혼동하지 말라!"라든지, 조지 버나드 쇼의 "사람들이 경험을 통해 배우는 게 아무것도 없다는 사실을 우리는 경험에서 배운다."라든가, 오스카 와일드Oscar Wilde(1854~1900)의 "자연스러움은 지속하기 어려운 자세다."(54)는 모두 반대어를 사용한 명언들이다. 세계 최고의 지성이라고 일컬어지는 아인슈타인Albert Einstein(1879~1955)은 "과학은 경이로운 것이다. 생계가 걸려 있지만 않으면 말이다."라고 말했을 때의 의미는 순수과학도 현실적인 생계를 뒷받침해주지 않으면 발전하지 못한다는 사실을 강조하기 위해서였다.

1972년에 중국을 방문한 닉슨 미국 대통령은 "마오쩌둥이 없었다면 중국의 혁명은 결코 불붙지 않았을 것이다. 하지만 저우언라이가 없었다면 그 불길은 다 타서 재가 되고 말았을 것이다."(51)라고 말하였다. 불이 계속 붙고 있는 것과 그 반대가 되는 재를 대비시켜 혁명의 과정에서 저우언라이의 힘들었던 역할을 지적한다.

1940~60년대 미국의 야구선수였던 요기 베라Lawrence Peter Berra는 "장례식에는 꼭 참석하라. 그렇지 않으면 그 사람도 당신의 장례식에 오지 않을 것이다."(98)라고 말하였다. 얼마나 모순된 말장난인가? 또 오스카 와일드는 "노년의 비극은 그가 늙었다는 것이 아니라, 젊다는 것이다"(114)라고 하였는데 이는 나이가 들어서도 설쳐대는 노욕을 경계한 지적일 것이다.

스콧 피츠제럴드는 "지식인들이 모순되는 어법을 사용하는 유머를 선호하는 까닭은 두 가지 상반되는 개념을 한꺼번에 머릿속에 넣고 작용시킬 수 있을 만큼 자신이 지성적으로 비칠 수 있기 때문"이라고 말하였다.

> 로마의 정치가 카토Marcus Porcius Cato Uticensis(B. C. 95~46)는 주변사람으로부터 "왜 당신의 동상은 없지요?"라는 말을 듣자, 그는 "왜 저 사람의 동상을 세웠느냐고 묻는 사람보다는 차라리 당신처럼 묻는 사람이 많기를 바라기 때문이지요."라고 대답했다.(60)

이처럼 자신의 동상이 없는 것과 있는 것 사이의 반대되는 언어, 동상의 존재를 묻는 사람과 부재를 묻는 사람의 반대되는 언어를 대비시켜 기대하지 않았던 상황을 유발하여 웃음을 자아내게 하였다.

> 카토는 80세가 되었을 때 그리스어를 배우기 시작했다. 그러자 그의 친구들은 카토를 놀리며 말했다.
> "아니, 그 나이에 왜 그렇게 어려운 그리스어를 배우나?"
> 그러자 카토가 대답했다.
> "응. 오늘이 내게 남은 날 중에서 가장 젊은 날이라서 시작했네."(174)

그리스 아테네의 하모디우스 집안은 독재자 히파이아스Hippias를 물리친 공로로 존경받는 집안이었다. 이 가문의 한 사람이 자신의 정적인 이피크라테스 장군을 천한 구두장이 집안의 아들 주제에 까분다고 모욕하자, 이피크라테스는 이렇게 쏘아댔다.

"당신과 나의 차이는 출신성분이 아니라 내 가문은 나로부터 시작되지만 당신의 가문은 당신에게서 끝난다는 것이다."(60)

가문의 시작과 끝이라는 정반대되는 언어를 사용하여 유머를 낳았다.

송나라 재상 이방언李邦彦의 아버지는 은광에서 돌을 캐던 노동자였다. 어떤 사람이 아버지의 직업을 가지고 이방언을 조롱하자 이방언은 부끄러워 낯을 들지 못하겠다며 어머니에게 말했다.

그러자 어머니는 이렇게 말했다.

"재상집의 자식이 광부가 되었다면 자랑스러운 일이 아니겠지만 광부 출신의 아버지한테 재상이 된 아들이 있다면 그건 아주 영광스러운 일이 아니냐? 부끄러울 것이 뭐 있느냐? 부끄러울 것이 하나도 없다."(183)

송나라 재상 이방언의 모친은 재상의 자식이 광부가 되는 것과 광부가 재상이란 아들을 두는 정반대되는 개념을 사용하여 독자들로 하여금 공감을 느끼게 하는 유머를 낳았다.

링컨은 독학으로 변호사가 되었고 이후 하원의원으로 출마했다. 하루는 경쟁자와 토론을 하게 되었는데 경쟁자가 말했다.

"저희 집안은 대단합니다. 아버지는 주지사이고, 삼촌은 상원의원이며, 할아버지는 장군이었습니다."

그러자 링컨이 조용하게 받아쳤다.

"여러분, 저희 집안도 저분의 집안처럼 훌륭합니다. 저는 훌륭한 결혼생활을 꾸려온 그 조상들의 후손입니다."(174)

상대방이 주로 직업으로 집안자랑을 하는 것과는 반대로 링컨은 누구나 갖는 평범한 결혼생활로 집안자랑을 하여 상대방을 누른다.

로마에서 내전이 벌어질 당시에 카이사르의 유머감각을 알려주는 유명한 일화가 있다. 기원전 47년, 그가 아프리카 땅에 내렸을 때 실수로 발이 꼬여 그만 땅바닥에 쓰러졌다. 순간 그는 위험을 인식했다. 그는 넘어진 채로 흙을 움켜쥐고 일어나서는 소리쳤다.

"아프리카여, 내가 드디어 너를 붙잡았구나!"(76)

카이사르Gaius Julius Caesar(B.C. 100~44)는 이후에도 계속 실패의 불길한 징조를 승리의 예언으로 탈바꿈시키는 노력을 기울였다. 넘어진 사실을 배반하고 아프리카를 붙잡았다고 말할 수 있을 만큼 영민한 카이사르는 심지어 불운까지도 행운으로 바꾸었다.

1066년, 도버 해협을 건너 잉글랜드를 정복한 윌리엄 1세William I(Guillaume de Normandie, 1028~1087)가 영국 알온에 상륙하였을 때, 자갈밭에서 발을 헛디디는 바람에 양손으로 땅을 짚고 엎어졌다.

"상륙하자마자 땅에 엎어지다니! 아무래도 불길한 징조야."

이 광경을 목격한 부하들은 대경실색하며 수군거렸다. 당황해하는 부하들 사이에서 천천히 일어선 윌리엄 1세는 태연한 표정으로 말했다.

"하느님의 은총으로 나는 이 영국을 두 손으로 붙들었다. 이제 영국은 나의 것이다. 나의 것은 즉, 제군의 것이다!"

윌리엄 1세의 신념에 찬 이 한마디의 말에 잠시 흉조로 여겼던 일이 일순에 길조로 바뀌자 부하들은 일제히 환호성을 질렀다.(142)

윌리엄 1세도 불길한 징조를 상서로운 징조로 바꾸는 재치 있는 유머를 선사하였다.

케네디 대통령이 우주비행사 공로메달(훈장)을 수여할 때였다. 그런데 아뿔

싸! 실수로 훈장을 떨어뜨리고 말았다. '쨍' 소리와 동시에 주변은 찬물을 끼얹은 듯 조용해졌다. 하지만 케네디는 태연하게 훈장을 주워들고 말했다.

"하늘의 용사에게 땅으로부터 이 영광을 건넵니다."(174)

케네디John Fitzgerald Kennedy(1917~1963)의 이 말 한마디에 참석자 모두 뜨거운 박수를 보냈다고 한다. 그는 땅바닥에 떨어진 훈장을 영광의 훈장으로 탈바꿈시키는 데 성공하였다.

1984년, 미국 대선후보의 텔레비전 토론회에서 먼데일 후보가 경쟁자인 73세의 레이건의 고령문제를 물고 늘어졌다.

"대통령의 나이를 어떻게 생각합니까?"

레이건이 대답했다.

"나는 이번 선거에서 나이를 문제 삼지 않겠습니다."

"그게 무슨 뜻이지요?"

먼데일이 되묻자, 레이건이 대답했다.

"당신 같은 애송이를 여성들이 싫어하는 이유는 경험이 부족하기 때문입니다. 하지만 나는 그러한 당신의 약점을 정치적으로 이용하지 않겠다는 겁니다."(64)

두 번째 텔레비전 대담에서 레이건은 「볼티모어 선」지의 헨리 트리위트 기자의 질문에 답하면서 나이에 대한 의문을 일거에 잠재워버렸다. 트리위트는 레이건에게 국가적 위기가 임박하면 밤을 새우면서 일할 수 있는지에 대해 물었다.

"당신은 그와 같은 상황에서 직분을 다할 수 있다고 스스로 의심하지는 않습니까?"

레이건은 침착하게 진지한 어조로 답변했다.

"전혀 의심하지 않습니다. 내가 이번 선거과정에서 연령 문제를 이슈화하지 않겠다는 것을 당신이 알아주시기 바랍니다. 나는 또한 내 상대방의 젊음과 경험부족을 정치적 목적으로 부당하게 이용하지 않을 것입니다."

먼데일을 포함한 모든 사람이 갑자기 웃기 시작했다. 그때 이후 연령문제는 선거의 주요 관심사에서 사라졌다.(57)

레이건은 자신의 육체적 노년에서 오는 단점을 젊은 경쟁 상대 먼데일 Walter Mondale 후보의 경험부족에서 오는 단점으로 대체시킨 결과, 노년의 단점이 반대로 장점으로 전환되면서 상대방을 공격하는 데 성공하였다.

> 레이건이 대통령 후보로는 가장 나이가 많은 사람이라는 점 때문에 먼데일과의 텔레비전 토론 이외에도 무수한 논란이 있었다. 레이건은 이를 극복하려고 젊은 시절에 있었던 일화를 상기시키곤 했다.
> "기자들이 젊은 나에게 '잔꾀를 그만두라'로 소리치면서 달려들곤 했소. 그런데 나는 늙은이에 대해 알고 있는 것보다 젊은이에 대해서 분명히 더 많이 알고 있소."(57)

이와 비슷한 사례가 있다. 1987년 미테랑François Mitterrand(1916~1996) 프랑스 대통령이 두 번째로 대통령 출마를 결심하였을 때 그의 나이가 걸림돌이었다. 그는 상대방이 당시의 나이(72세)를 정면에서 공격할 것에 대비하여 답변을 준비했다.

> "그들은 내가 늙었다고 합니다. 틀린 것은 아닙니다. 하지만 나는 살아오면서 백치 같은 젊은이들을 많이 만났습니다. 내가 알고 있는 것 한 가지는 사람은 그가 하려는 계획의 나이를 갖는다는 것입니다."(152)

1981년 11월 1일, 개선문에서 열린 제1차 세계대전 전승기념행사였다. 미테랑 대통령의 거동에 지장이 있다는 소문이 돌기 시작했다. 신문들은 그의 안색을 언급했다. 그의 피로한 기색을 문제 삼았다. 그가 암에 걸렸다고 귓속말로 전했다. 주교단회의 의장인 빌네 추기경을 맞이하며 대통령 자신이 그 이야기를 꺼냈다.

> "추기경님, 보시다시피 내 암이 건재합니다!"(152)

얼마나 여유 있는 유머인가! 미테랑 대통령은 죽어가면서도 유머를 잃지 않았던 인물이다.

유사어

상대방과 대화하는 과정에서 상대가 사용한 언어와 유사한 언어로 대화를 되돌려줌으로써 유머를 낳을 수 있다.

> 1948년, 트루먼 미국 대통령이 4년의 새 임기를 위해 선거에 나섰다. 트루먼은 이런 논평으로 청중을 웃기곤 했다.
> "제너럴 모터스, 제너럴 일렉트릭, 제너럴 푸드 그리고 제너럴 맥아더……, 제가 아는 모든 제너럴이 다 공화당 명단에 들어가 있습니다. 그런데 제너럴 웰페어(공공복지)가 빠졌군요."(60)

민주당 소속의 트루먼은 공화당을 지지하는 맥아더 장군Douglas MacArthur(1880~1964)을 빈정대고자 사람들에게 익숙해져 있는 '장군'이라는 의미의 언어 사용을 배반하고 '일반 공공'이란 의미의 제너럴로 둔갑시켰다.

> 소련연방이 해체되고 나서 레흐 바웬사 폴란드 대통령은 자기 나라를 나토에 가입시키려고 열심이었다. 그는 러시아를 의심했으며 폴란드가 가급적이면 빨리 나토에 가입할 수 있기를 바랐다. 바르샤바를 방문한 클린턴 미국 대통령에게 미국이 폴란드에 더 많이 투자해주기를 기대하였다. 그는 폴란드의 미래에는 미국의 장군들이 더 많이 필요하니 클린턴에게, "우선 제너럴 모터스와 제너럴 일렉트릭부터 보내달라."고 농담했다.(79)

제너럴 명칭이 들어간 회사를 장군으로 빗댄 바웬사Lech Walesa는 언어를 배반한 유머리스트이다. 물론 그 배경에는 자신과 폴란드의 생존 본능에 충실한 호소였기에 멋진 유머로 남을 수 있었다.

　존 F. 케네디의 부친 조지프 케네디Joseph Patrick Kennedy(1888~1969)는 아들의 선
거 때마다 뒷돈을 댔다. 잭 케네디가 1958년 상원의원에 당선되고 나서 부
친 조지프는 잭에게 이런 말을 했다.
　"너는 네가 옳다고 생각하는 일을 하려무나. 정치인들은 우리가 맡을 테
니까……."
　해리 트루먼 전 미국 대통령도 친지들에게 넌지시 조지프 케네디에 대한
우려를 이렇게 나타냈다.
　"내가 무서워하는 것은 교황(pope)이 아니라 아빠(pop)일세."(37)

　케네디가 대통령 선거운동 시절 위스콘신 농촌 지역의 어느 선술집에서
겪었던 일이다. 맥주를 마시고 있는 두 사람에게 잭이 다가가서 자기소개를
했다.
　"존 케네디입니다. 제가 대통령(president)에 출마해 뛰고 있습니다."
　그러자 한 사람이 물었다.
　"어디 회장(president)인데요?"(37)

　프랭클린 루스벨트Franklin Delano Roosevelt(1882~1945) 대통령은 1931년 그의 나
이 39세 때 소아마비성 척추염을 앓기 시작하고 나서부터 휠체어에 의지
하는 몸이 되었다. 언젠가 한 친구가 루스벨트 대통령의 부인 엘리너Eleanor
Roosevelt(1884~1962)에게 물었다.
　"프랭클린이 병에 걸리지 않았더라도 대통령이 되었겠습니까?"
　그러자 엘리너는 이렇게 대답했다.
　"분명히 프레지던트는 되었을 것이지만, 다른 종류의 프레지던트가 되었
을 겁니다."(20)

　트루먼은 교황(pope)이라는 언어를 배반하였고, 시골의 유권자와 루스벨
트 부인은 대통령이라는 의미의 프레지던트를 배반하였다. 프레지던트는
대통령이기도 하고 기업체의 회장이나 조직의 대표를 의미하기도 한다.

독자들은 언어를 배반하여 던진 이들의 새로운 의미의 대화에서 유머를 느낀다.

> 캘빈 쿨리지가 미국 부통령이었던 시절, 가족과 함께 워싱턴의 뉴 윌러드 호텔New Willard Hotel에 살았다. 하루는 호텔에서 작은 화재가 발생하자 안전을 위해 모든 투숙객을 대피시켰다. 불이 진화되고 나서 쿨리지가 방으로 되돌아가는데 무뚝뚝한 소방대원이 길을 막았다. 쿨리지에게 "누구요?" 하고 퉁명스럽게 물었다. 쿨리지가 "바이스 프레지전트요."라고 답하자, 소방대원이 "올라가도 좋소."라고 했다.
> 잠시 후 소방대원이 무슨 생각이 났는지 다시 물었다.
> "당신, 어디의 바이스 프레지던트요?"
> 쿨리지가 답했다.
> "미국의 바이스 프레지던트요."
> 그러자 소방대원이 클리지를 잡아챘다.
> "이리 내려오시오. 나는 당신이 이 호텔의 바이스 프레지던트인 줄 알았소."(66)

쿨리지John Calvin Coolidge(1872~1933)는 이 이야기를 사람들에게 가끔 반복해 들려주곤 했다고 전해진다. 소방대원은 호텔 측의 지시를 철저하게 지켰다. 대통령에 대한 사회적 지위를 무시(배반)하고 안전을 위해 맡은 바 소임을 다한 당당한 소방대원의 처사가 유머러스하지 않은가?

> 백사白沙 이항복李恒福(1556~1618)의 해학은 유명한 것으로 알려져 있다. 조선 선조宣祖 당시 국법에 관직을 삭탈당한 자는 비록 대신이라 할지라도 빗대어서 '급제及第'라고 호칭하였다. 한음漢陰 이덕형李德馨(1561~1613)이 영의정으로 있다가 삭직되어 급제라고 칭해졌고, 백사 또한 그때 좌의정으로 있으면서 역적을 도왔다는 혐의를 받게 되자 말하였다.
> "나의 동창은 이미 급제하였는데 나는 어느 때나 급제하려나."(136)
> 또 한 번은 동쪽 교외에 나가 살고 있을 때 어떤 백성이 찾아와 알현한 뒤 그에게 말했다.

"소인은 호역戶役(집집마다 부과되는 부역) 때문에 도저히 살 수 없는 지경입니다요!"

그러자 백사가 말했다.

"나 역시 호역護逆(역적을 도운 행위) 때문에 살 수 없을 지경이네!"(136)

백사는 '급제'라는 단어가 가진 두 가지 전혀 다른 의미, 즉 과거에 급제하는 일과 관직을 삭탈당하는 서로 정반대되는 언어를 사용했다. 또 자신이 호역護逆했다는 혐의로 탄핵받고 있는 상태에서 호역戶役으로 생활이 어려운 백성에게 다급한 자신의 생존 본능을 토로하는 그의 해학에서 뛰어난 유머감각을 느낄 수 있다.

비유어

상대방이 던지는 언어의 의미를 배반하고 그에 비유되면서 동시에 본능에 부합하는 문장은 유머로서의 가치를 가진다.

말년에 미켈란젤로가 말했다.

"생명이 우리에게 바람직한 것이라면 죽음 또한 우리에게 불쾌한 것일 리가 없지 않은가? 왜냐하면 죽음이란 생명을 창조한 거장의 똑같은 손으로 만들어진 것이기 때문에……."(87)

미켈란젤로는 생명과 죽음을 비교하고, 이것들이 모두 창조주의 뜻에 의해 이루어지는 한 사람의 작품이라는 훌륭한 유머를 남겼다.

중국 진晉나라 때 어떤 사람이 은호殷浩에게 묻기를, "어찌하여 장차 직위를 얻게 될 땐 관棺의 꿈을 꾸고, 장차 재물을 얻게 될 땐 분뇨糞尿의 꿈을 꾸는 것일까?"라고 하자, 은호가 대답하길, "관棺은 원래 썩어서 악취가 나기

때문에 장차 그것을 얻게 될 땐 관棺과 시체의 꿈을 꾸고, 재물은 본래 분토糞
土(썩은 흙)이기 때문에 장차 그것을 얻게 될 땐 오물의 꿈을 꾸는 것이오."라고
했다.

당시 사람들은 그의 말을 탁월한 해석이라고 생각했다.(126)

은호殷浩**는 꿈속의 관**棺**을 현실의 관직**官職**에 비유하고, 꿈속의 '똥'을 현
실의 '재물'에 비유한 탁월한 해석으로 유머를 낳았다.**

프랜시스 베이컨Francis Bacon(1561~1626) 경은 철학자로서 유머감각을 가진 법
률가였다. 한번은 호그라는 흉악범이 고소당해 사형을 면치 못하게 됐으니
베이컨 경에게 생명만은 구해달라고 탄원했다. 그 까닭인즉슨 베이컨(beacon,
베이컨)과 호그(hog, 돼지)는 친척같은 처지가 아니냐는 것이었다. 그것을 들은 베
이컨 경이 말했다.

"유감이지만 그대가 교수형에 처해지지 않으면 우리는 친척이 될 수 없다
네. 즉 돼지는 죽어야 비로소 베이컨이 되는 것이니까⋯⋯."(149)

피카소는 제2차 세계대전이 끝나고 나서 프랑스 공산당에 입당했다. 갑자
기 사망한 스탈린을 특집으로 다루기 위해 「프랑스의 편지」의 편집장 아라
공은 피카소에게 스탈린의 초상화를 부탁했고, 피카소는 스탈린의 초상을
목탄화로 그려 보냈다. 하지만 2차 대전 이후 소련의 우상화 작업으로 만들
어진 '민중의 작은 아버지' 같은 반(半)성자다운 모습이 아니라, 1917년 10월
혁명 당시의 모습을 떠올려 주는 초상화인 것이 문제를 일으켰다.

초상화 사건은 정치적인 사건으로 비화되었고, 언론은 도식적인 사회적
리얼리즘을 근거로 예술가의 창작의 자유에 이의를 제기했다. 피카소도 파
리에서 몰려온 기자들에게 그 소식을 듣고 있었다. 피카소의 질책이 브로샤
이Gyula Halasz Brassaï(1899~1984)에게 쏟아졌다. 그리고 당지부장인 장 폴 코미티에
게도 분노를 폭발시켰다. 피카소는 신랄한 어조로 코미티에게 쏘아붙였다.

"내가 바보인 줄 아나? 나는 스탈린에게 경의를 표하는 마음으로 초상화
를 그렸어. 그런데 내 엉덩이에 발길질을 해!"

나중에 피카소에게 이 이야기를 전해 들었다는 피에르 데의 말에 따르면,

피카소가 그에게 이렇게 덧붙였다고 한다.

"내 생각대로 그리지 않은 게 천만다행이야. 나는 스탈린을 영웅으로 표현하고 싶었거든. 모든 영웅은 발가벗은 채 구름을 타고 있지 않나? 아이고, 내가 그렇게 그렸더라면……."(77)

피카소Pablo Picasso(1881~1973)는 스탈린을 혁명가로 그렸지만 당초 그를 그리스 신화에 나오는 영웅의 모습으로 그려주려고 하였다. 혁명가로 그려진 초상화도 비난받는데 당초 자신이 의도한 대로 영웅처럼 벌거벗은 모습의 초상화를 그렸다면 더 커다란 소동이 일어났을 법하다. 그런데 그렇게 하지 않았던 것을 천만다행이라고 말하는 그의 코믹한 왕방울 눈동자가 눈에 선하게 그려진다.

미 대륙회의는 각 주에 똑같이 한 표를 부여하는 시스템을 채택하기로 결정했다. 또 다른 문제로 과세 대상의 평가와 관련하여 노예를 국민 인구에 포함하여 계산해야 하는지의 여부가 논란거리로 대두하였다.

사우스캐롤라이나의 한 대표는 "노예는 국민이 아니라 재산"이라고 주장했다. 그는 노예가 사람보다는 양에 가깝다고 말했다. 프랭클린은 이러한 견해를 다음과 같이 반박했다.

"노예와 양은 확실히 다르다. 양은 반란을 일으키는 법이 없다."(119)

벤저민 프랭클린은 반란을 일으키는 노예(사람)와 반란을 일으키지 않는 양(재산)을 비교하는 유머를 만들었다. 그는 노예를 국민으로 간주하지 않으려는 사우스캐롤라이나 대표의 주장을 유머를 통해 반박하며 비웃는다.

미국의 17대 대통령 앤드루 존슨Andrew Johnson(1808~1875)은 세 살 때 아버지를 여의고 너무도 가난하여 학교 문턱에도 가보지 못했다. 그리고 구두수선공의 딸과 결혼한 후에야 겨우 읽고 쓰는 법을 배웠다. 그런 그가 대통령 후보에 출마했을 때, 상대편 후보가 합동유세장의 많은 사람 앞에서 그를 가리키며 말했다.

"유권자 여러분, 앤드루 존슨은 학교 문 앞에도 가보지 못한 양복쟁이 주제에 나라를 이끌어갈 대통령이 될 수 있겠습니까?"

그러자 뒤이어 등단한 존슨은 침착하게 대답했다.

"그렇습니다, 유권자 여러분. 앞의 후보 말씀대로 저는 학교라고는 가본 적이 없습니다. 하지만 예수님도 학교에 다녔다는 기록은 아무 데도 없습니다. 대신 예수님은 목수 일을 하였습니다."(131)

앤드루 존슨 대통령은 자신의 학력을 예수님의 학력과 비교하여 상대방의 비난을 잠재웠다. 존슨이 상대방의 공격에 유머로 대하지 않고 독설로 응대하였다면 대통령에 당선되지 못했을 것이다.

케네디가 대통령에 출마하자 민주당 대통령을 지냈던 트루먼까지도 반대하는 합창에 가세하고 나섰다. 국제적으로 중대 위기 국면에는 '가급적 최대한 많은 경험을 쌓아서 최고로 원숙한 경지에 이른' 사람이 필요하다고 강조했다. 케네디는 여기에 공개적으로 응수했다.

"트루먼 식의 원숙도 시험을 거쳐야 한다면 토머스 제퍼슨이 독립선언문을 쓰는 일도 없었을 것이고, 조지 워싱턴이 대륙군 총사령관을 맡는 일도 없었을 것이며, 제임스 매디슨이 '미국 헌법의 아버지' 노릇을 하는 일도 없었을 것입니다."(37)

케네디는 토머스 제퍼슨Thomas Jefferson(1743~1826)과 조지 워싱턴 및 제임스 매디슨James Madison(1751~1836)의 젊은 나이 때의 공적을 비유로 내세우면서 자신의 경험 일천을 비난하는 트루먼 전 대통령을 공격하였다.

1998년, 외환위기를 극복하려고 국민의 정부에 들어와 금 모으기 운동을 벌였다. 김수환 추기경은 추기경 취임 때 받은 십자가를 쾌척했다고 한다. 그 귀한 것을 어떻게 내놓으시냐고 주위에서 아까워하자, "예수님은 몸을 버리셨는데 이것은 아무것도 아니다."라고 말했다.(7)

김수환金壽煥(1922~2009) 추기경은 십자가의 상실을 그리스도가 몸을 희생하는 것에 비유하였다.

모차르트가 어느 날 음악 애호가의 집을 방문하였다. 그 집의 열두 살 난 아들은 피아노를 매우 잘 쳤다. 소년은 모차르트를 보자 얼른 그에게 질문하였다.

"저는 작곡이 무척 하고 싶습니다. 무엇부터 시작해야 하는지 가르쳐 주십시오."

그러나 신동이라는 말을 듣기 싫어했던 모차르트는 이를 거절하며 대답했다.

"너는 너무 어리다. 난 그 말밖에 할 수 없다."

그러자 소년은 매우 불만스럽게 말했다.

"하지만 선생님께서는 더 어려서부터 작곡을 하시지 않았습니까?"

모차르트가 천연스럽게 대답했다.

"하지만 나는 어떻게 해야 좋을지 누구에게 묻지 않았지. 난 혼자 했어."

(64)

레이건 미 대통령은 미하일 고르바초프 소련 대통령이 자신에게 전해준 우스갯소리를 주위 사람들에게 즐겨 들려주었다.

모스크바의 식료품 가게 밖에 끝이 안 보일 정도로 줄이 늘어서 있었다. 이른 아침부터 줄을 섰던 사람들도 가게 입구에 조금도 더 다가선 것 같지 않아 보였다. 마침내 한 모스크바 시민이 폭발했다.

"이게 다 고르바초프 잘못이다. 가서 고르바초프를 죽이겠어."라고 그가 외쳤다. 그리고 그는 서둘러 떠났다. 24시간이 지난 후 그가 의기소침한 기색으로 되돌아 왔다.

"그래, 고르바초프를 죽였습니까?" 하고 누군가가 물었다. 그러자 그는 "아뇨, 그 줄은 두 배나 더 길더라고요."라고 대답했다.(71)

고르바초프는 서기장이 되자마자, 소비에트 사회에서 바로잡아야 할 첫 번째 병폐를 애주가와 알코올중독자라고 보았다. 당시 도시를 떠돌아다니는 술주정뱅이가 930만 명으로 집계되었다고 한다. 직장의 잦은 결근, 범죄, 질병 등으로 인한 사회적 손실을 더 이상 방치하기 힘들 지경에 이르렀다.

1985년 4월, 정치국회의에서 '술주정뱅이와 알코올중독자의 억제방안'이 심의되어 절주령이 발표되었다. 그러나 도시에서는 알코올을 사기 위한 끝없는 행렬, 보드카를 판매하는 매점, 밀주의 성행 등으로 역효과만 나타났다. 게다가 설탕이 밀주의 원료로 전환되자 일반 가정용 설탕의 품귀현상까지 일어나 설탕 배급제도까지 실시하기에 이르렀다.

> 절주령이 시행된 후 러시아에서는 이혼이 급격이 증가했다. 거의 10년 만에 맨 정신으로 아내의 얼굴을 보고 충격 받은 남편들이 많아서라는 우스갯소리다.
> "이 세상에 추녀는 없다. 다만 보드카가 모자랄 뿐이다."(117)

러시아 주재 일본 외교관의 딸이었던 요네하라 마리米原萬里(1950~2006)는 보드카와 관련하여 당시 러시아 사회에 돌던 이야기를 유머러스하게 들려준다.

> 아테나이오스Athenaios는 저서 『현자들의 저녁식사』에서 술과 관련된 일화를 소개한다. 술집에서 어떤 사람이 아나카르시스Anacharsis에게 "당신은 얼굴이 추한 아내를 얻었구려!"라고 말하자, "그래, 그렇다네. 나도 동의하네. 주인장, 여기 아주 독한 술 한 잔만 가져다주시오. 아내의 얼굴이 아름답게 보이도록 만들어주지."라고 응수했다.(108)

러시아에서 절주령이 시행되고 3년이 지나 고르바초프는 손을 들고 말았다. 원상태로 돌아가는 결정(1988. 10)이 내려졌는데 이는 사회여론을 고려하지 않은 채 수용하기 어려운 '절주령'을 내세운 지나친 '관료주의적 조치'가 결국 탈선의 길로 접어들게 한다는 법칙을 보여준 사건이었다.(75)

영국의 처칠 수상은 90세까지 장수했는데, 말년에 기자와 인터뷰하면서
이런 농담을 건넸다.

"마트에서 남편이 아내에게 3만 원짜리 맥주 한 박스를 사자고 했지. 그런
데 아내는 맥주는 사지 않고 10만 원짜리 화장품을 사는 게 아니오? 마음이
상한 남편이 아내에게 이렇게 말했다지. '당신이 아무리 좋은 화장품을 사서
바르는 것보다 차라리 내가 맥주를 마시면 당신이 더 예뻐 보일 거야!'"(65)

**술과 관련해서는 처칠도 예외가 아니다. 처칠은 화장품보다 더 효과를
보는 것이 맥주라는 어느 남편의 일화를 유머러스하게 들려준다.**

백악관 회견장에서 워터게이트 사건으로 궁지에 몰린 닉슨 대통령에게
CBS의 앵커맨 댄 래더Dan Rather가 질문했다.

"대통령님, 당신을 신뢰했던 사람들이 마지못해 이런 말을 합니다. 대통
령님이 사임하거나 아니면 탄핵되어야 한다는 말입니다. 이런 얘기에 대해
어떻게 생각하시는지 말씀해주십시오."

닉슨이 대답했다.

"이 방에서 표결에 부치지 않는 게 다행이군요."(66)

**정곡을 찌르는 기자의 질문에 닉슨은 여유로운 모습으로 기자들이 표결
에 부치지 않은 게 다행이라고 동문서답의 답변으로 대응한다. 기자의 기
대를 배반한 그의 발언이 현장의 곤궁에서 벗어날 수 있는 지혜로운 유머
가 되었다. 아마 정치가들이 갖추어야 할 무기가 아닐까?**

미국의 레이건 대통령이 사다트Anwar al-Sadat(1918~1981) 이집트 대통령을 위한
백악관 만찬에서 환영사를 하는 도중에 갑자기 창 밖에서 사이렌 소리가 요
란스럽게 나는 바람에 연설이 중단되었다. 잠시 후 소란이 가라앉자 레이건
이 주위를 둘러보며 말했다.

"국회가 휴회 중이 아니었던가요?"

귀빈들은 박장대소했고, 레이건은 웃음이 그치자 편안하게 연설을 계속
했다.(127)

레이건은 국회의 요란한 다툼을 사이렌 소리에 비유하였다. 휴회 중이었으면 시끄러운 소리를 내지 않았을 것이라고 유머를 던졌다.

빌 클린턴이 미국 대통령으로 재임하던 시절에 일어난 이야기다. 당시 국회의 공화당 다수파는 클린턴이 요구한 법률, 즉 고용주들에게 새로운 부담을 주는 법령에 반대했다. 그 무렵 한 청년이 클린턴에게 다가오더니 재미있는 이야기를 해주겠다고 했다. 청년의 말대로 '대통령이 되고 나서는 사람들 앞에서 해줄 농담을 찾기가 어려웠기' 때문에 클린턴은 반갑게 청년의 이야기에 귀를 기울였다. 그 청년의 농담은 이런 것이었다.
"이 국회와 함께 대통령 일을 하는 것은 공동묘지 한가운데 서 있는 것과 같다. 밑에 많은 사람이 있지만, 아무도 이야기를 들어주지 않는다."
클린턴은 아주 똑똑한 청년이었다고 술회하였다.(79)

클린턴 대통령의 지지자는 클린턴의 호소에 무반응을 보이는 국회의원들을 무덤에 누워 있는 주검들에 비유하여 유머러스한 정경을 연출할 수 있는 기회를 클린턴에게 제공하였다.

부시가 주지사였던 시절, 10억 달러의 세출삭감 계획안을 주 의회에 제출한 상태에서 공원묘지 개장식에 참석하였다. 참석한 인사 중에서 벤 점보 아트웰 의원이 살아 있으면서도 이미 묘지를 구입하여 거기에 묘비명을 새겨 놓았다.
부시는 묘지 개장식 축하연설에서 이렇게 말했다.
"서남쪽 외진 곳에 특별히 인상적인 묘비명이 있습니다. 그 묘비명에는 '변호사였고 의원이었으며 조세법을 완성하였음'이라고 쓰여 있습니다. 오늘 이 자리에 모이신 여러분은 묘비에 이렇게 새겨지기를 더 원할 것입니다. '감세법안 완성하였음'으로."
그러자 불록 텍사스 주 의회 민주당 상원의원이 부시에게 다가가, "그런데 지사님, 아트웰은 당신의 세금계획안보다는 죽음에 덜 임박해 있습니다."라고 말해, 부시의 지출삭감계획안이 부결되기를 바란다는 투의 어조로 농담했다.(167)

부시George W. Bush는 '조세법을 완성하였음'을 배반하고 '감세법안을 완성하였음'이라는 묘비명을 비교하는 방식으로 거론하여 웃음을 낳게 한다. 이보다 더 유머러스한 정경은 불록 의원이 부시가 제안한 세금계획안의 죽음이 아트웰 의원의 죽음보다 앞선다고 부시의 감세법안을 빈정대는 모습이다.

> 로댕의 아버지는 아들의 천부적인 재능을 알고서 미술공부를 허락했다. 프랑스 미술청은 1880년 로댕에게서 「청동시대」를 구매한 후 미술관을 위한 기념비적인 현관문을 디자인해달라고 주문하였다. 그는 단테의 『신곡』에서 영감을 얻어 작품명을 「지옥의 문」으로 정했다.
> 로댕은 여러 해 동안 「지옥의 문」 작업에 매달렸으나 그의 생전에 완성되지 못했다. 미술청에서는 현관문 디자인이 어떻게 되어 가는지 계속 물었다. 그러다가 미술관에 대한 계획이 무기한 연기되자 재촉하던 일도 중단됐다. 로댕은 말했다.
> "대성당들은 어떤데요? 언제 완공되는 거 봤어요?"
> 로댕은 자기만의 장소에서 일했고, 스케줄에 맞추어 작품을 완성해달라고 요구하는 사람에게는 무조건 화를 냈다. 예를 들어 「발자크」 상은 예상보다 훨씬 더 오래 걸렸다. 1891년 문인협회가 의뢰한 이 작품은 1893년 5월까지 완성하도록 되어 있었다. 1894년 10월, 기다리다 지친 문인협회 사람들은 작품을 24시간 내에 대령하라고 요구했다. 그러자 로댕은 이렇게 대답했다.
> "위대한 예술은 배달일자를 지키지 않는다는 걸 모르오?"
> 그는 1898년까지 작품을 전시하지 않았다.
> 로댕의 「생각하는 사람」은 얼마 지나지 않아 풍자의 대상이 되었다. 1998년에 발표된 만화에서는 한 남자가 침대 가장자리에서 그 유명한 「생각하는 사람」의 자세로 등을 굽히고 앉아 있다. 그 옆에서 그의 발가벗은 파트너가 일어나 앉으며 이렇게 말한다.
> "날 좀 믿어줘. 넌 항상 생각을 너무 오래 해서 탈이야."(109)

로댕Auguste Rodin(1840~1917)은 단테의 「지옥의 문」이나 「발자크 상」의 납기가 당초 약속된 날짜에 이루어지지 못한 까닭을 위대한 예술품의 완성기간과 과거 대성당의 오랜 건축기간에 비유하여 변명한다.

　타이완의 작가, 화가, 시인, 문학청년들이 타이페이로 옮긴 임어당을 위한 '유머의 밤'에 초대되었다. 120여 명이 모인 이 자리에서 주빈이 된 그는 자신이 임林 씨라는 것을 자랑하며 역사상 유명 인사들을 자신의 친척이라고 호기를 부렸다. 아편전쟁을 일으켜 중국인의 기백을 보인 청나라 흠차대신 임칙서林則徐는 물론이요 소설 『홍루몽』의 여주인공 임대옥林黛玉, 하다못해 미국 16대 대통령 링컨[중국어 표기가 린컨林肯이다]까지 끌어들여 청중의 폭소를 자아냈다.(53)

　추석 연휴 첫날 이명박 대통령과 영부인 김윤옥 여사가 텔레비전 토크쇼에 출연하였다. 영부인이 재미나는 에피소드를 하나 소개했다. 유치원에 다니는 손자 이야기였다. 평소 손자에게 "어디 가서든지 할아버지가 대통령이라는 말을 하지 말거라!"라고 다짐하곤 했다고 한다.
　그런데 하루는 유치원 어린이들이 자기 집안 자랑을 하게 되었다고 한다.
　"우리 엄마는 학교 선생님이다."
　"우리 아빠는 경찰관이시다."
　"우리 누나는 텔레비전에 나오는 모델이다."
　"우리 할아버지는 별 3개짜리 장군이시다."
　이 말을 들은 아이들은 탄성을 울렸다.
　"와! 별이 3개씩이나!"
　그 말을 듣고 더 이상 견디다 못한 손자가, "우리 할아버지는 대통령이시다."라고 말했다고 한다. 그랬더니 옆에 있던 아이가, "야 임마! 너희 할아버지가 대통령이면, 우리 아빠는 오바마다."라고 외쳤다고 한다.

　어린아이들의 순진한 유머가 멋지지 않은가? 어린아이들은 부모의 지위나 재산을 자랑하기 마련인데 이 대통령 손자의 자랑에 지지 않겠다는 듯이 미국 대통령 오바마Barack Hussein Obama Ⅱ를 자신의 아버지라고 비유하여 말하는 어린아이의 재치가 천진난만하게 돋보인다.

대체어

상대방이 제시하는 언어의 일부분을 다른 언어로 간단히 대체하여 되돌려줌으로써 유머를 만드는 일이 종종 일어난다.

누구보다 끈질긴 공직 희망자 중 한 사람이 어느 날 관세청 책임자가 방금 숨졌다는 뉴스를 듣고 링컨을 찾아왔다. 혹시나 자신이 그 자리를 대체할 수 있을까 하고서…….링컨이 말했다.

"장의사만 상관없다면 저는 괜찮습니다."(71)

링컨은 직위로서의 관세청장 자리를 배반하고, 대신에 장례용 관 속의 자리로 대체하여 응답함으로써 유머를 낳았다.

미켈란젤로가 어느 화가의 그림을 보고 있는데, 한 친구가 말했다.

"어째서 이 친구는 다른 그림은 엉터리로 그리면서, 소 그림은 제대로 그리는지 영 알 수 없단 말이야."

그러자 미켈란젤로가 중얼거리듯이 한마디 했다.

"화가란 자기 자신을 가장 잘 그리거든……."(14)

미켈란젤로는 화가를 소로 대체시켜 그의 부족한 재능을 빈정댔다.

네델란드 화가 고흐가 신학교 학생이었던 시절, 프랑스어 시간에 있었던 일이다. 교사가 고흐에게 물었다.

"고흐군, 프랑스어로 '깎아지른 낭떠러지'란 말을 설명해보세요."

그러자 고흐는 이렇게 대답했다.

"선생님, 제가 그걸 칠판에 그리면 안 될까요?"

고흐는 불과 1년 만에 신학교에서 퇴학당하고 말았다.(14)

빈센트 반 고흐Vincent van Gogh(1835~1890)와 관련된 유머는 별로 보이지 않는다. 아마도 각박한 삶을 살아가는 과정에서 여유 있는 유머가 나왔을 여지가 없었기 때문으로 보인다. 그가 신학교 학생 시절 프랑스어 단어(깎아지른 낭떠러지)를 그림으로 대신하려 했다는 일화가 하나의 유머로 남았다.

> 오스트리아의 지휘자 샬크Franz Shalk(1863~1931)가 빈의 콘체르트하우스에서 '현대음악'을 듣고 있었다. 샬크는 자기도 모르게 눈을 감았다. 이를 보고 옆에 앉아 있던 친구가 나지막하게 속삭였다.
> "눈을 감는 건 '현대미술'을 볼 때나 그러는 거야. '현대음악'을 들을 때는 귀를 막아야지!"(14)

이해하기 난해한 현대미술을 눈을 감고 감상하나 뜨고 감상하나 마찬가지이듯이, 현대음악도 난해한 까닭에 귀를 열고 듣건 막고 듣건 마찬가지라는 의미 있는 유머다.

스페인 내전을 그린 피카소의 「게르니카」가 1939년 5월 1일 미국 뉴욕으로 떠났다. 「게르니카」는 1937년 스페인의 독재자 프랑코를 지원하는 독일 폭격기가 게르니카의 민간인 천여 명의 목숨을 앗아간 비극적 사건을 웅장한 화폭에 담은 작품이다. 피카소를 배척하는 유럽에 이 그림을 두기보다는 미국에 두는 것이 안전하다고 생각한 피카소는 회고전을 뉴욕 현대미술관에서 열면서 박물관에 임대해주는 방식으로 그림을 보관하도록 하였다. 피카소는 스페인에 진정한 공화정이 회복되면 그림을 돌려보내겠다고 살아생전에 약속하였다.

피카소가 사망한 지 2년 후인 1975년에 사망한 프랑코는 후안 카를로스를 후계자로 지명하였다. 후안 카를로스는 1981년에 「게르니카」를 돌려받아 임시로 프라도 미술관에 전시해오다가 1992년 마드리드 소피아 왕립미술관이 완공되자 「게르니카」는 영원히 이곳에 보금자리를 틀게 되었다.(190)

> 피카소의 친구 롤랜드 펜로즈는 다음과 같은 이야기를 전해준다.

"제2차 대전 중 독일이 프랑스를 점령했던 기간에 파리 그랑토귀스탱 가에 살던 피카소에게 어느 날 나치 대사 오토 아베초가 방문했다. 그는 피카소에게 게르니카의 사진을 요구했다. 피카소는 그에게 사진을 보여주었다. 독일인들은 사진을 보고 깜짝 놀라 한동안 말없이 있다가, '이걸 당신이 했소?' 하고 물었다. 그러자 피카소는, '아니, 당신네가 했잖소!'라고 대답했다."(153)

피카소는 「게르니카」를 자신이 그린 것이 아니고 독일인들이 파괴했다고 나치 대사 아베초를 빈정댄 대답이 통쾌한 유머가 되었다.

어느 날 마크 트웨인이 책을 빌리러 이웃집을 찾아가 어렵게 부탁했다.
"읽고 싶은 책이 있는데 며칠만 빌려주시겠습니까?"
"그럼, 빌려주고말고. 얼마든지 보거라. 그러나 한 가지 기억할 것은 여기서만 봐야 한다는 거야. 내 책은 서재 밖으로 절대로 내보내지 않기로 했거든."
이웃은 책을 빌려주기 싫다는 뜻으로 이렇게 말했다. 그는 허탕을 치고 집으로 돌아왔다.
며칠 후 이웃집에서 마크 트웨인에게 잔디 깎는 기계를 빌리러 왔다. 마크 트웨인은 상냥하게 웃으며 말했다.
"암요, 빌려드리고 말고요. 얼마든지 쓰십시오. 그러나 한 가지 부탁드리고 싶은 것은 잔디 깎는 기계는 반드시 여기서 쓰시라는 겁니다. 절대로 집 밖으로 그걸 내보내지 않기로 했거든요."(131)

마크 트웨인은 이웃의 부탁을 며칠 전 이웃이 자신에게 대했던 그대로 받아서, 달리 말해 언어를 대체시켜 되돌려 주었다.

미국 애리조나 주의 툼스톤Tombstone 교외에 부트힐Boot Hill이라는 유명한 공동묘지가 있다. 주로 총잡이들의 주검이 묻혀 있는 곳이다. 그곳에 초라한 나무로 만든 묘비에 이런 글이 쓰여 있었다.
"여기 비치가 묻히다. 우리는 그를 생매장했다. 그는 쏘는 것은 빨랐지만 뽑는 것은 느렸다."(67)

'빠른' 것과 '느린' 것을 대비시켜놓은 익살맞은 묘비명이다.

『삼국지三國志』에 등장하는 유표劉表(142~208)가 하루는 식사 초대를 받았다. 식탁에 생선을 차려놓았는데 보아하니 주인 것이 자기 것보다 훨씬 컸다. 기분이 상한 유표가 넌지시 수작을 걸었다.

"여보 주인장, 소주蘇州의 소蘇 자는 어떻게 쓰지요?"

"초두 밑에 왼쪽에 고기 어魚, 오른쪽에 곡식 화禾 자를 쓰지요."

"고기 魚 자를 오른쪽 곡식 禾 자와 맞바꾸어도 맞는 건가요?"

주인은 유식한 체 뽐내며 말했다.

"아! 그렇습니다. 魚 자가 좌우 어느 곳으로 가도 상관이 없지요."

유표는 생선을 자기 앞에다 가져다 놓고는 말했다.

"그러니까 이렇게 바꿔놓아도 괜찮다는 거죠?"(150)

중국 사람들은 '魚禾'를 '禾魚'로 맞바꾸어 대체하여 쓰기도 한다. 한자를 이용하여 자신의 생존 본능을 유리하게 이끈 유표의 유머가 재치 있어 보인다.

○ ○ ○ ● ○

4. 도구의 배반

인간은 자연적으로 태어나는 본능 이외에 태어난 이후 물품, 직업, 재산, 작품 등과 같은 연장물을 만들어 자신의 생존을 유리하게 이끈다. 언어 이외의 도구가 바로 그것이다. 여기서는 도구를 배반하고 본능에 부합하려고 애쓴 사람들이 만들어낸 유머들을 살펴본다.

물품

벤저민 프랭클린의 명성이 높은 탓인지 그가 1776년 12월 21일 파리에 입성하는 모습을 보려고 수많은 사람이 거리에 줄을 섰다. 세련된 파리 사람들은 한동안 그의 온화한 얼굴이 들어 있는 물건이라면 사족을 못 썼다. 여러 가지 크기로 메달이 주조되고, 집집마다 그의 조각상이나 초상화가 놓였으며, 코담배갑과 도장으로 쓰이는 반지에도 그의 얼굴이 등장했다.

프랑스 국왕은 이런 유행을 언짢게 여기고는 유별나게 대응했다. 국왕은 특히 프랭클린을 극구 칭찬했던 폴리냐크 가家의 디안 공작부인에게 세브르산 도자기로 만든 요강을 하사했다. 요강의 안쪽 면에는 프랭클린의 얼굴이 새겨져 있었다.(119)

우주 비행사 닐 암스트롱에게 어떤 기자가 아폴로 11호가 달에 접근할 때 무슨 생각을 했는지 물어본 적이 있다. 그는 우스갯소리로 대꾸했다.

"정부로부터 최저 가격으로 낙찰 받은 업체가 만든 200만 개 부품 덩어리 꼭대기에 앉아 있다면 당신은 어떤 생각이 들겠습니까?"(41)

우주 비행사 닐 암스트롱Neil Armstrong의 재치 있는 대답이었다. 200만 개의 부품 중 한 가지라도 불량이면 커다란 사고를 일으킬지도 모르는 우주비행을 우려한 그의 생존 본능에 부합하는 걱정이 되레 웃음을 자아낸다.

직업

진晉나라 사람 이충李充은 관직을 얻지 못해 항상 탄식했다. 은호殷浩가 그의 집안이 가난하다는 것을 알고서 묻기를, "그대는 사방 백 리쯤 되는 땅의 현령이라면 뜻을 굽히겠는가?"라고 하자, 이충은 대답했다.

"숲을 헤매는 곤궁에 처한 원숭이가 어찌 마음에 드는 나무를 가릴 겨를이 있겠습니까?"(126)

국회의원 재보궐 선거에서 노무현 부총재가 종로에서 당선되었다. 그는 3당 합당을 거부했고 부산에서 국회의원과 시장 선거에 출마하여 거푸 낙선했다. 예고된 옥쇄였지만 피하지 않았다. 국민의 정부가 출범한 뒤 그는 김대중 대통령 앞에서 말했다.

"계장이든 과장이든 개혁을 위해서라면 시키는 대로 하겠습니다."(7)

이충은 자신의 처지를 원숭이에 비유하였고, 노무현盧武鉉(1946~2009) 부총재는 자신을 과장이나 계장에 비유했다. 자신을 비하하는 유머는 독자들로 하여금 연민의 웃음을 짓게 한다.

염라국에 기생, 의원, 도둑 세 사람이 끌려와 재판을 받는데, 염라대왕이 기생에게 "세상에 있을 적에 무엇을 했느냐?"고 묻자, 기생이 "저는 얼굴에 분 바르고 아름다운 옷을 걸쳐 입고 부잣집 자제들을 위로해주었습니다."라고 대답하자, 염라대왕이 판결하였다.

"해롭지 않다. 젊은 사람들을 위해 그처럼 좋은 일을 했으니 마땅히 세상에 돌아가서 더 살다 오너라."

염라대왕이 다음으로는 도둑에게 "넌 무엇하고 살았냐?"고 묻자, 도둑이 "네, 소인은 밤이슬 맞아가면서 부잣집에 들어가 물건을 훔쳐내고 쓰다 남으면 가난한 집에 나눠주곤 하였습니다."라고 대답했다. 염라대왕이 판결을 내렸다.

"그것도 해로운 일은 아니다. 서로 공평하게 잘사는 길을 열었으니 너도 세상에 나가 잘살다 오너라."

마지막으로 의원에게 물으니, 의원이 "네, 소인은 말똥, 소 오줌, 나무껍질, 풀뿌리를 캐어두었다가 마을에 병자가 있으면 즉각 약을 써서 목숨을 살렸습니다."라고 하소연하였다. 그러자 염라대왕이 노기를 띠면서 판결하였다.

"저놈을 당장 지옥의 기름 가마에 쳐넣어라. 내가 병든 인간에게 고지서를 보냈는데도 번번이 거역하고 안 나타나기에 무슨 일인가 했더니 저 늙은 여우같은 놈이 뒤에서 수작을 부렸구나."

이에 의원은 다시 세상으로 돌아가는 도둑과 기생에게 당부하였다.

"여보게, 세상으로 돌아가거들랑 마누라더러는 기생 하라고 하고 자식들

에겐 도둑놈 돼서 제발 나 같은 사람이 되어 고통당하지 않도록 하라고 일러
주게나."

이 이야기는 의사 박문하朴文夏 씨가 지은 오래된 수필집 『배꼽 없는 여
인』에 나오는 글이다. 의원은 자신의 처지가 기생이나 도둑보다 못하다고
자신의 직업을 비하하는 유머로 사람들에게 웃음을 던졌다. 어쩌면 의사
들의 직업에 대한 일반인들의 질투심이 한 의사로 하여금 자조적으로 이
런 유머를 만들어내게 하였을지도 모른다.

재산

두 남자가 포노베츠Ponovezh의 랍비 모세 이츠차크를 찾아갔다. 그들은 함
께 공동묘지의 부지를 구입했는데, 두 남자 모두 더 나은 부지를 원했다. 이
들이 얼마 동안 옥신각신 논쟁을 벌이자, 랍비 모세 이츠차크가 둘에게 자신
의 의견을 내놓았다.
"누구라도 먼저 죽는 사람이 더 나은 부지를 차지하시오."
두 사람은 더 이상 이 문제로 논쟁을 벌이지 않았다.(181)

○ ○ ○ ○ ●

5. 제도의 배반

협의의 문화에 해당하는 제도란 헌법, 법률, 규율처럼 공식적인 법령 그
리고 신앙, 윤리, 관습, 규범, 도덕처럼 비공식적인 제약, 이러한 공식적인

법령과 비공식적인 제약이 집행되는 사회질서의 수준으로 구성된다. 여기서는 제도를 배반하고 생존 본능을 좇아가는 과정에서 쏟아진 유머들을 찾아보자.

신앙

종교적 근본주의는 유머와 상충하는 것으로 알려져 있다.(220) 유머를 즐기려면 대화하는 과정에 기존의 신념이나 신앙을 배반하여야 하고, 짓궂은 장난을 좋아해야 하고, 모순을 받아들일 수 있어야 한다. 그런데 유머는 권위에 도전하거나 성적으로 노골적인 게 많다. 반대로 종교적 신앙을 안내하는 성경이나 불경 등은 인간의 본능을 가급적이면 억제하도록 권장하는 말씀들로 가득 차 있다. 게다가 웃음은 자기통제와 자기규제를 상실하게 만드는 결과, 신앙인으로서의 바른 몸가짐으로부터 벗어나게 만든다. 이러한 여러 가지 이유로 인해 유머는 종교적 근본주의와 어울리지 않는다.(48)

> 중국 위진남북조 시대 대부분의 사람들은 사람이 죽더라도 영혼이 있다고 생각했으나, 진晉나라 사람 완수阮脩만 귀신이 없다고 했다.
> "유령을 본 사람은 살아생전의 의복을 입고 있다고 했는데, 만약 사람이 죽더라도 영혼이 있다고 한다면 의복에도 역시 영혼이 있단 말인가?"(126)

완수는 유령이 살아생전의 의복을 갖춘 모습으로 나타났다고 한다면, 의복에도 영혼이 있어 유령과 함께 나타날 수 있기에 보일 수 있는 것이 아닌가 하고 유령의 존재에 의문을 제기한다.

> 벤저민 프랭클린은 죽음의 문턱에 선 한 프랑스 장교가 꾼 꿈 이야기를 들

려준다. 꿈에서 그는 천국 문 앞에 있다. 성 베드로가 문 앞에 서서 사람들에게 종교가 뭐냐고 질문하고 있었다. 첫 번째 사람은 '가톨릭'이라고 대답했다. 그러자 성 베드로가 말한다.

"가톨릭교도들이 있는 곳에 자리를 잡으시오."

그는 영국 국교도와 퀘이커 교도에 대해서도 마찬가지로 말했다. 장교의 차례가 되었을 때 그는 종교가 없다고 고백했다. 그러자 성 베드로는 관대하게 다음과 같이 말했다.

"어쨌든 들어가시오. 어디든지 원하는 곳에 자리를 잡으시오."(119)

천당 문지기 베드로를 둘러싼 유머는 상당수 알려져 있는데, 아마 벤저민 프랭클린에서부터 시작했던 모양이다. 배타적인 교회 분위기를 혐오했던 프랭클린은 일찍부터 무신론자가 되었다. 그는 천상의 베드로가 무신론자에게도 관용을 베풀어 천당에 들어가도록 하는 마당에 지상의 기독교 근본주의자들은 무신론자들이 천당에 들어가지 못하도록 교리를 편협하게 해석하고 있다고 당시의 교회 분위기를 빈정댄다.

조선시대를 배경으로 한 유머 중에 '호탕한 양녕대군' 이야기가 나온다. 태종太宗(1367~1422)의 장남인 양녕대군讓寧大君(1394~1462)은 방탕한 행동을 일삼았으며, 태자 자리를 잃고도 주색과 사냥 이외에는 하는 일이 없었다.

하루는 불교에 깊이 빠져 있는 아우 효령대군孝寧大君(1396~1486)이 절에서 불공을 드리는 행사에 형님 양녕대군을 초청했다. 이날 양녕대군은 사냥개를 데리고 사냥꾼과 함께 산에 가서 몇 마리 토끼와 여우를 잡아서 효령대군이 재를 올리는 절로 갔다. 양녕대군은 절 앞 냇가에 자리를 잡고 앉아, 막 예불이 시작될 무렵에 가져온 고기를 불 위에 굽게 하고 술을 부어 올리게 했다.

절에 모인 사람들이 부처님께 절할 무렵 양녕대군이 버젓이 술과 고기를 먹고 있는 모습을 본 효령대군은 난처해하면서 정색을 하고 말했다.

"형님, 오늘만이라도 좀 참아주실 수 없겠습니까? 이 아우의 체면을 봐서라도 어찌 이러실 수 있습니까?"

이 말에 양녕대군이 웃으면서 다음과 같이 대답했다.

"나는 평생에 하늘로부터 복을 많이 받았으니 고생할 필요가 없는 사람일

세. 이렇게 살아 있을 때는 세종世宗(1397~1450) 임금의 형이고, 또 죽어 저세상에서는 부처가 되어 있을 효령 너의 형이 되니 사나 죽으나 무슨 걱정이 있겠는가?"(18)

종교를 배반한 양녕대군의 호탕한 모습이 신앙에 충실한 효령대군과 대비되어 유머를 낳았다.

> 조선시대 석간石磵 조운흘趙云仡이 서해도西海道 관찰사로 있을 때, 새벽에 일어나면 반드시 아미타불을 외웠다. 어느 날 백천白川 고을에 갔는데, 새벽에 일어나니 창 밖에서 조운흘을 외우는 소리가 들려왔다. 물어보았더니 그는 바로 백천의 군수郡守 박희문朴熙文이었다. 까닭을 물었더니 그가 말했다.
> "관찰사께서 아미타불을 외우는 것은 부처가 되려고 함이요, 제가 조운흘을 외우는 것은 관찰사가 되려고 함입니다."(43)

조운흘을 기원하는 군수 박희문은 부처를 기원하는 관찰사 조운흘의 종교적 신앙을 잘못 이해하고 있는 까닭에 그의 왜곡된 믿음이 독자들로부터 비웃음을 산다.

윤리

> 진晉나라 사람 종육鍾毓과 종회鍾會 두 형제가 부친이 낮잠 자는 틈을 타서 함께 약주를 훔쳐 먹었다. 아버지는 깨어 있었지만 잠든 척하고 이를 지켜보았다. 형 종육은 배례한 후에 마셨지만 동생 종회는 마시면서도 배례하지 않았다.
> 나중에 아버지가 종육에게 "왜 배례했느냐?"라고 묻자, 종육은 "술을 마시는 것은 그것으로써 예가 되기 때문에 감히 배례하지 않을 수 없었습니다."라고 대답했다. 또 종회에게 묻길, "왜 배례하지 않았느냐?"고 하자, 종회가 대답했다. "훔치는 것은 본래 예가 아니어서 배례하지 않았습니다."(126)

배례하지 않았다는 부친의 꾸중에 아들 종회는 훔치는 데 무슨 예의를 찾고 말고 할 게 있느냐고 응답한다. 당시의 윤리를 배반한 종회의 태도에서 유머가 읽힌다.

> 조선조 태조太祖 이성계李成桂(1335~1408)가 등극한 후, 신하들에게 잔치를 베풀었는데, 그 자리에 모인 사람들은 거의 고려조에서 벼슬을 한 신하들이었다. 그런데 이 자리에는 고려 말 송도에서 이름을 떨치던 기생 설중매雪中梅도 불려와 있었다. 잔치가 무르익자, 술자리에서 한 정승이 취해 설중매를 붙들고 희롱했다.
> "들어보니 너는 아침에는 동쪽 집에서 밥을 먹고 저녁에는 서쪽 집에서 잠을 잔다 하니, 오늘밤은 이 늙은이와 함께 하룻밤을 지내는 것이 어떠냐?"
> 그러자 설중매는 서슴지 않고 대답했다.
> "지당한 말씀이시옵니다. 동쪽에서 밥을 먹고 서쪽에서 잠을 자는 기생이 왕 씨도 섬기고 이 씨도 섬기는 정승과 어울리는 짝이 아니겠소이까?"(14)

설중매의 이야기에 늙은 정승이 무안해졌을 당시의 모습이 눈에 선하게 떠오른다.

> 린든 존슨 미 대통령이 대공황 시기에 취직을 위해 노력하는 가난한 교사의 이야기를 들려주었다. 그 교사는 인상도 좋고 말도 잘했다. 교육감이 그런 점을 높이 평가하면서 덧붙였다.
> "지리에 관해 우리 지역 공동체에서는 좀 다른 의견이 있습니다. 당신은 어느 편입니까? 당신은 세계가 둥글다고 가르치십니까, 아니면 평평하다고 가르치십니까?"
> 지원자가 대답했다. "어느 쪽으로도 가르칠 수 있습니다."(71)

취업난에 허덕이는 사람에게 이것저것 따질 겨를이 있겠는가! 교사가 진리에 대한 자신의 주관(윤리)을 배반하고 호구지책으로 어느 것이든 가르칠 수 있다는 대답에 독자들은 웃음을 터뜨릴 뿐만 아니라 동정심까지 느낄 것이다. 이 유머의 배경에는 존슨Lyndon B. Johnson(1908~1973) 대통령이 한쪽 방향에 치우치지 않고 정책을 집행해나가겠다는 메시지를 담고 있다.

> 2000년을 맞이하여 MBC 오락 프로그램에 김대중 대통령과 이휘호 여사가 함께 출연했다. 사회자가 김 대통령에게 아내에게 서운한 게 없느냐고 묻자, 김 대통령이 대답했다.
>
> "1980년대 사형수로 감옥에 있을 때 아내가 내 앞에서 '김대중을 살려 달라'고 기도하는 것이 아니라 하느님의 뜻에 따르겠다고 기도하는 것을 보고 가장 섭섭했습니다."(7)

부부간의 혼인의무에 의지하기보다 하느님의 뜻에 따르려는 이휘호 여사의 윤리관에 대해 섭섭함을 토로하는 김대중金大中(1924~2009) 대통령은 본능을 쫓아 생존을 보장받으려는 인간의 참모습을 드러내어 사람들로 하여금 웃음을 자아내도록 한다.

고정관념

> 하루는 링컨 대통령이 백악관 뒤뜰에서 10년 동안 신어온 구두를 손수 닦고 있었다. 그때 백악관 출입기자 한 명이 이를 지켜보고 있다가 링컨에게 다가와서는 이렇게 물었다.
>
> "아니, 대통령이 직접 자기 구두를 닦는다는 것이 대체 말이나 된다고 생각하십니까?"
>
> 그러자 링컨이 일어나 웃으며 말했다.
>
> "아니, 그럼 미국 대통령은 남의 구두만 닦아주어야 합니까?"(131)

상대방은 링컨의 구두를 다른 사람이 닦아줄 것이라는 고정관념을 가지고 있는데, 링컨은 그의 기대에 배반하는 대답으로 유머를 낳았다.

1910년 10월 31일, 톨스토이가 가출하여 기차여행을 하다가 폐렴에 걸렸다. 안식을 취하게 하려고 주치의 마코비츠키가 근사한 집에 도움을 요청했으나 거절당했다. 그래서 톨스토이는 아스타포보 역 구내에 딸린 작은 방에 눕게 되었다.

철도청 소속 의사 스토코프스키가 환자의 신상기록부를 작성하다가 '지위'란 앞에서 머뭇거리자, 톨스토이가 미소를 띠며 대답했다.

"무슨 차이가 있겠습니까? 12번 열차 승객이라고 적으십시오. 우리 모두는 이 세상에서 승객이 아닙니까? 다만 어떤 이들은 지금 막 자신의 기차에 오른 반면에 나 같은 이들은 내리는 것일 뿐입니다."

'이름: 톨스토이, L. N.

나이: 82세

지위: 백작, 12번 열차의 승객

병명: 폐렴

1910년 10월 31일'(88)

자신의 지위를 12번 열차 승객이라고 불렀던 레프 니콜라예비치 톨스토이Lev Nikolayevich Tolstoy(1828~1910)의 생전의 마지막 언급은 고정관념에서 벗어난 삶을 살아온 유머러스한 사람처럼 보인다. 고정관념을 빈정댄 그의 유머보다 그의 위대한 처신이 돋보인다.

베토벤Ludwig van Beethoven(1770~1827)의 열광적인 팬이었던 프랑스 출신의 베를리오즈는 베토벤의 작품을 들을 때마다 감정을 주체하지 못했다. 한번은 베토벤 연주회에서 베를리오즈의 옆자리에 앉은 사람이 베를리오즈가 흐느껴 우는 것을 보고 그에게 말했다.

"벌써 많이 감동하셨나 보군요. 잠깐 나가 계시는 게 좋지 않을까요?"

이에 베를리오즈가 대답했다.

"전 여기 울려고 온 겁니다."(110)

베를리오즈Hector Berlioz(1803~1869)는 음악연주회에서는 조용히 있어야 한다는 일반적인 관념을 배반하고 울기를 선택했다. 그것만이 아니라 울려

고 음악회에 왔다는 그의 읍소가 독자들로 하여금 공감을 자아내어 울도
록 이끄는 것이 아니라 웃도록 만든다.

파가니니 이후 스페인의 천재적인 바이올리니스트 사라사테가 젊은 시절
좋은 연주로 호평을 받았는데, 나이가 들수록 완벽한 연주솜씨를 보이자 한
평론가가 그를 "금세기 최고의 음악 천재"라고 평했다. 그러자 그는 이렇게
대꾸했다.
"천재라고? 나처럼 37년 동안 하루도 빼놓지 않고 14시간씩 연습한다면
누구라도 천재가 될 수 있지."(60)

세계적인 자동차회사인 미국 GM의 최고 엔지니어 케터링은 빈틈없는 기
술을 가지고 있어 업계는 물론 사회적으로도 널리 알려져 있었다. 어느 날
한 모임에서 사회자가 그의 '신화의 손'을 높이 들며 물었다.
"케터링 씨, 이 손으로 한 일 중에서 가장 중요한 일은 무엇이었습니까?"
사회자는 물론 모임에 참석한 사람들은 모두 '자동차의 혁신'이라고 말할
것이라고 예상했다. 그러나 그는 이렇게 말했다.
"이 손으로 한 일 중 가장 중요한 일은 두 손 모아 기도하는 일이었습니
다."(65)

파가니니가 자신의 재능을 으시대며 자랑하였거나 케터링Charles Kettering
(1876~1958)이 자신의 업적을 장황하게 거론하였다면 문화(고정관념)를 배반하
지 않은 까닭에 유머가 되지 않았을 것이다.

클린턴 대통령이 클리블랜드에 갔을 때, 초등학교를 방문한 적이 있다. 여
섯 살짜리 꼬마가 클린턴에게 물었다.
"정말 대통령 맞아요?"
클린턴이 그렇다고 하자, 아이가 대꾸했다.
"그런데 아직 안 죽었네요!"
그 꼬마가 아는 대통령이란 조지 워싱턴과 에이브러햄 링컨뿐이었다.(79)

죽은 대통령의 사진과 이야기만 보고 듣고 자란 어린아이들은 살아 있는 대통령을 믿지 않는다. 더구나 살아 있는 클린턴 앞에서 그가 죽기라도 바란다는 듯 죽지 않았다고 소리치는 초등학생의 고정관념을 배반한 유머에서 웃음이 절로 난다.

지식

진晉나라 무제武帝 사마염司馬炎(236~290)이 처음 등극했을 때 시초점蓍草占(톱
풀을 이용하여 치는 점)을 쳐서 '일(一)'을 얻었다. 관례로 왕위가 존속되는 세대수가
이것의 많고 적음에 달렸다.

무제가 불쾌하게 여기자, 신하들은 아연실색하여 나서서 말하길 꺼렸다.
그런데 시중侍中 배해裴楷가 나아가 아뢰길, "신이 듣자오니 하늘은 '일'을 얻
어 맑아지고, 땅은 '일'을 얻어 평안해지고, 왕후는 '일'을 얻어 천하의 귀표
가 된다고 하옵니다."라고 하자, 무제는 크게 기뻐하였고 다른 신하들도 탄
복하였다.(126)

이 유머는 『도덕경道德經』 제39장에 나오는 '天得一以淸, 地得一以寧, 神
得一以靈, 谷得一以盈, 萬物得一以生(하늘은 하나를 얻어 맑고, 땅은 하나를 얻어 편안하
고, 신은 하나를 얻어 영묘하고, 골짜기는 하나를 얻어 가득하고, 온갖 것 하나를 얻어 자라난다)'는 글
을 배해가 긍정적인 비유를 만들려고 무제에게 아첨하며 인용한 글이다.
일(一)이라는 글자를 둘러싼 미신이 진리를 배반하여 오히려 유머가 되었다.

다른 사람의 그림을 귀신이 곡할 노릇으로 잘 모사하는 중국 송대 화가 미
불米芾(1051~1107)에 얽힌 일화다. 그는 남의 소장품을 빌려 베끼고서는 원화
대신에 모작을 넘겨주는데 대부분의 수장가들은 속아 넘어갔다. 그런데 소
그림을 잘 그렸던 8세기 당나라 때 화가 대숭戴嵩의 그림에는 당할 수가 없
었다.

다음날 그림을 되받으러 온 수장가에게 미불은 늘 하던 대로 자신만만하

게 모작을 내놓았다. 그러자 반나절이 지나 되돌아온 수장가가 "이 경을 칠 사기꾼아"라면서 대들자, 미불은 마지못해 원화를 내놓으며 "아니, 이 소나 저 소나 터럭 하나 다른 게 없는데 어찌 알았소?"라고 물었다.

수장가가 분을 삭이며 하는 말, "대숭이 그린 이 소 눈동자를 한번 봐라. 그 속에는 소를 끌고 가는 목동이 비쳐 있는 걸 못 봤지? 탄식하던 미불도 그림을 찬찬히 뜯어보더니 경악한다. "아니 목동 눈동자에도 소가 있네……."(195)

소의 눈동자를 담고 있는 지식을 배반하고 모사한 미불米芾에게 비웃음이 지어지는 대목이다.

루소Jean-Jacques Rousseau(1712~1778)의 별장에 친구 디드로가 찾아왔다. 두 사람은 이야기를 나눈 후 별장 옆에 있는 연못가를 거닐었다. 연못가를 거닐며 루소가 말했다.

"나는 이 연못에서 스무 번이나 투신자살하려고 했다오."

"그렇다면 왜 뛰어들지 않으셨소?"

"아 글쎄, 뛰어들기 전에 물속에 손을 넣어보았더니 물이 너무 차가워서 견딜 수가 있어야지. 그래서 지금까지 연못이 따뜻해지기를 기다리고 있는 중이라오."(131)

차가운 물보다 죽음을 더 싫어하는 일반적인 지식을 배반하고 죽음보다 더 싫은 게 차가운 물이라고 친구 디드로Denis Diderot(1713~1784)에게 변명해 대는 루소의 유머에 독자들은 인간의 생존 본능에 공감하며 웃을 것이다.

1911년 '타이타닉호' 건조에 들어갔을 때 로스차일드 가문의 로열 앤 선 보험회사만은 타이타닉호의 보험가입을 거절했다. 1912년 4월 타이타닉호는 의기양양하게 런던에서 뉴욕까지의 첫 항해를 시작했고, 결국 빙산과 충돌해 침몰하고 말았다. 이 사고로 1,500여 명의 승객이 차가운 대서양 한가운데서 익사했다.

이후 업계 종사자들은 당시 어떻게 그런 결정을 내리게 되었는지 네티 로스차일드에게 물었고, 그때마다 그는 에둘러 넘어가거나 대충 이렇게 대답했다.

"당시 내가 생각하기에 그 배는 너무 커서 물에 뜰 것 같지가 않았습니다."(46)

네티 로스차일드Natty Rothschild(1840~1915)는 배가 너무 커서 부력에 의해서도 뜨지 않을 것이라고 믿었던 까닭에 타이타닉호의 보험가입을 거절했다. 자신의 감각적 지식을 바탕으로 보험가입을 거절하였지만 동시에 타이타닉호의 침몰은 그에게 오히려 행운을 가져다주었다.

> 마크 트웨인이 남긴 유머 가운데 하나다. 어느 박물관에 크리스토퍼 콜럼버스의 두개골 두 개가 아주 소중하게 진열되어 있었다. 하나는 그의 어릴 적 두개골이고 또 하나는 어른이 된 뒤의 것으로 추정된다고…….(192)

어릴 적의 두개골과 컸을 적의 두개골이 동시에 진열될 수 없다는 지식을 배반하자 재미있는 유머가 되었다.

제5장

성 본능

여기서는 인간이 습득한 문화를 배반하는 대신 자손을 번식하려고 인간의 성 본능에 부합하려는 유머로 웃음을 지어낸 사례들을 살펴보고자 한다.

● ○ ○ ○ ○

1. 번식 본능

성 선택

거의 대부분의 동물은 양성을 통한 번식이 일어나는데, 그 까닭은 다양한 유전자를 가진 자손을 퍼뜨리는 데는 양성에 의한 유전자 결합이 단성에 의한 유전자 결합에 비해 자식의 생존 가능성을 높일 수 있기 때문이다.(221) 같은 유전자를 가진 단성의 자손은 조상과 동일한 선호를 가지기 때문에 주어진 자원을 동일하게 소모하게 되어 생태적 틈새를 넓히지 못하고, 결국 자신의 생존 가능성까지 떨어뜨린다.

다윈은 수컷 간의 투쟁과 암컷의 수컷에 대한 분별을 '성 선택sexual selection' 이라고 불렀다. 성 선택이론은 자연선택이론으로서는 잘 설명되지 않는 현상, 예를 들어 공작새가 포식자에게 "날 잡아 잡수시오."라고 말하는 것 같이 유난히도 화려하고 커다란 깃털을 펼치는 행동 따위를 잘 설명해준다. 단순히 싸움을 위해서라고 보기에는 지나치게 정교해 보이는 수사슴의 뿔도 같은 논리로 설명될 수 있다. 수컷의 몸치장은 일상생활을 영위하는 데 편리하기 때문에 진화한 것이 아니다. 수컷의 몸치장은 그로 인한 생존 가능성의 상실이라는 부담을 상쇄할 수 있을 정도로 암컷을 매혹시킬 수 있었기 때문에 진화했다.

피츠버그 출신의 메리 커샛Mary Cassatt(1844~1926)은 부유한 사업가의 딸이었다. 1877년, 드가는 커샛과 만나자마자 친밀한 사이로 발전했고, 함께 판화를 제작하거나 작업실에서 그녀를 모델로 하여 스케치를 했다. 두 사람이 단순한 친구관계는 아니었지만, 커샛이 화가의 정부가 되기에는 도덕적으로 너무 까다롭고 자의식이 강한 여자라는 소문이 돌았다. 드가는 친구에게 이렇게 말한 적이 있다.

"메리랑 결혼할 수는 있었겠지. 하지만 난 절대 메리랑 잘 수 없을 거야."

메리 커샛과의 오랜 우정을 제외하면 드가는 여자들과는 어떤 특별한 연애관계를 맺지 않았다. 드가는 자신이 결혼하지 않는 이유를 간단하게 설명했다.

"나한테 아내가 왜 필요하지? 하루 종일 화실에서 녹초가 되도록 그림을 그렸는데 누군가가 옆에서 '참 좋은 그림이네요, 여보'라고 말한다고 상상해봐."(109)

결혼과 섹스를 분리하고, 여성에 대해 무관심했던 드가의 사연을 살펴볼 수 있다. 그러나 드가는 다음과 같은 말을 던진 적도 있다.

결혼은 좋은 것 같네. 착한 아이도 낳고, 아내가 아닌 다른 여성들에게 친절하게 대해줄 필요도 없을 테니까. 정말, 한번 생각해봐야 할 일이라고 할 수는 있겠지.(159)

드가는 남성이 결혼하면 다른 여성들에게 한눈을 파는 일이 없어지므로 결혼하기를 권한다. 여러 여성을 유혹하느라 애를 많이 썼던 모양이다. 결혼이 번식을 위한 성 본능과 절약을 위한 경제적 본능을 실현시키려는 데 있다는 그의 지론이 유머를 자아낸다.

피카소는 1973년 4월 8일 울혈성 심부전증으로 사망했다. 알아들을 수 있는 마지막 말은 아마도 그의 심장병 의사에게 하는 말인 듯했다.

"자네가 결혼을 안 한 것은 잘못이야. 하는 게 여러모로 좋다네."(156)

수많은 작품을 내놓고 여러 곳에서 뭇 여성들과 애정행각을 벌였던 피카소도 결혼은 만들어야만 하는 작품이라고 미혼인 자신의 주치의에게 충고한다.

안톤 체호프Anton Chekhov(1860~1904)의 『귀여운 여인』에 나오는 글은 남성과 여성의 행동 차이를 수탉과 암탉의 행동차이로 설명한다. 가난한 연극 무대감독 쿠킨(이반 페트로비치)과 결혼한 귀여운 여인 올렌카는 남편의 일을 도우며 행복하게 살아간다.

> 하루는 남편이 극단 출연교섭 차 모스크바로 떠난 뒤 밤에 잠도 못 이루고 창가에 별을 바라보며 지냈다. 그리고 자신이 암탉과 다르지 않다고 생각했다. 암탉은 닭장에 수탉이 없으면 불안을 느껴 밤에 잠을 자지 못하기 때문이다.

진화심리학자인 데이비드 버스David Bus는 전 세계 37개 문화권을 탐방하여 배우자 선호도에 대한 연구를 수행했다. 그의 연구에 따르면, 여성이 남성에 비해 배우자감의 경제적 잠재력에 큰 비중을 두는 것은 범汎세계적 현상이라고 한다.

뽐내기 가설

남아메리카 파라과이 동부에 거주하는 아체Ache족의 수렵 행위를 조사한 연구결과(145)에 의하면 아체족은 위험을 최소화하기 위해 사냥으로 얻은 육류를 구성원 모두가 나눠먹는다. 반면 열매나 과일 같은 채집물은 개인의 소유권이 인정돼 가족끼리만 나눠먹는다. 이는 오랜 세월 동안 형성된 관습이라고 한다. 자신이 사냥해온 고기를 타인과 나눠먹음으로써 다음 사냥에서 빈손으로 돌아와도 타인이 잡아온 고기를 얻어먹을 가능성을 높일 수 있다. 이런 식으로 고기를 나눠먹는 것은 사냥에 실패할 위험(리스크)을 사회 전체적으로 분산시키는 순기능의 역할을 떠맡는다.

원시인들의 생활모습에서 식량을 배분한다는 이타주의 성향이 보이지만, 이는 어디까지나 자기 자신의 이익을 위해 위험을 서로 나눠가진다는 것에 지나지 않는다. 사냥감은 덩치가 크고 가변성이 높다. 하루에 여러 마리를 잡는가 하면, 이후 일주일 내내 한 마리도 잡지 못하는 일이 일어난다.

육고기를 나눠먹는 것에서 뽐내기 가설(showoff hypothesis)이 제시되었다. 여성은 육고기를 나눠주면서 뽐내는 남성과 이웃하기를 바라고, 그에 따라 자신의 식량부족에서 벗어날 수 있었다. 남성은 사냥이 위험한 활동이지만 식량을 미끼로 번식의 기회를 높이도록 적응하였다.

> 중국의 수상 저우언라이의 조카들은 북경에서 그를 만날 때마다 저우와 그의 부인 덩잉차오鄧穎超(1904~1992)와 함께 사진을 찍어 영원한 기념으로 간직하고자 하였다. 노부부는 그들의 그러한 마음을 잘 이해했으므로 그들의 소원인 기념촬영에 최대한 따르고자 했다. 하지만 사진을 현상하면 저우는 그들에게 딱 한 장만 주면서 이렇게 당부하곤 했다.
>
> "만약 많이 주면 너희들은 그것을 다른 사람에게 주어 모르는 사이에 자신을 과시하게 될 것이니, 딱 한 장만 보낸다."(51)

중앙아프리카의 아카 피그미족에게는 수장이나 지도자가 없으나 부족의 의사 결정에 은근하면서도 강력한 영향력을 행사하는 '콤베티'라는 지위를 가진 사람이 있다. 콤베티 직은 사냥에서 무용을 발휘한 사람들이 차지하는데 그는 맛난 음식을 차지하며, 예쁜 아내를 얻고, 따라서 건강한 자녀를 낳을 수 있는 기회도 더 많은 것으로 알려졌다.(38)

> 풍자 작가 리히텐베르크는 언젠가 이렇게 말했다.
> "왕들은 자신의 장군과 제독들이 그렇게 열심히 싸우는 것은 우국충정과 개인적 명예욕의 발로라고 생각한다. 하지만 그런 위대한 행위의 진정한 동

기는 신문을 읽고 있을 한 여자일 때가 훨씬 더 많다."(76)

　장군이나 제독일지라도 자신들의 귀중한 명예를 배반하고 성 본능에 따라 여성을 상대로 하여 뽐내기에 바쁠 것이라는 리히텐베르크Georg Lichtenberg(1742~1799)의 지적은 독자들로 하여금 공감을 자아낸다.

배우자 선택

　남성은 여성이 자신의 유전자를 보유한 자식을 수태하였는지를 알 수 없기 때문에 혼인으로 적응문제를 해결하였다. 게다가 남성은 결혼 전에 여성의 순결을 요구함과 동시에 결혼 후에 아내의 정절을 요구한다. 그래서 유대류, 박쥐, 고슴도치, 쥐를 포함한 포유류 그리고 많은 종류의 곤충(나비류와 물방개)들은 교미의 매개 역할을 하는 베시큐라제vesiculase라는 응고액이 교미와 동시에 방출되어 다른 수컷의 정자가 자신의 배우자에게 들어오는 것을 막아, 종족번식에 유리한 고지를 점령한다.(102)

> 『돈키호테』에 나오는 대목이다. 카멜라가 남편 친구의 유혹에 넘어가 그에게 몸을 간단하게 맡겨 상대방이 시답잖게 여길 것이라고 후회하자, 그녀의 하녀(레오넬라)가 위로한다.
> "급하게 몸을 내맡겼다고 사람을 낮게 평가하고 말고가 어디 있습니까? 사실 말씀이지 물건만 좋으면야 그것만으로도 대단한 값어치를 받고도 남는 답니다. 속담에 빨리 내주는 자는 두 번 주는 거나 마찬가지라는 말도 있거든요."
> "그렇지만 이런 속담도 있단다. '힘을 조금 들인 것은 값도 신통찮다'라는."(85)

　『돈키호테』의 저자 세르반테스Miguel de Cervantes(1547~1616)는 배우자를 선택하는 여성의 전략을 유머러스하게 언급한다. 즉 여성은 남성으로 하여금 힘을 많이 쏟아 붓도록 하여 자신의 몸값을 높인다.

남성은 자신의 유전자를 복제할 수 있는 여성의 번식능력을 육체적 외관(입술, 살결, 피부, 눈, 머리칼, 근육의 탄력성, 지방의 분포 등)과 행동(생동감 있는 안면 표현, 활기찬 걸음, 에너지 등)을 통해 관찰한다. 또한 대칭적인 모양의 신체구조를 선호하는데, 그 까닭은 대칭이 아닌 외형은 기생충 등의 감염이 생겼을 가능성이 높다고 본능이 가르쳐주기 때문이다.

남자들에게 여러 여자의 사진을 보여준 후 가장 매력적인 이성을 선택해보라는 실험을 했다. 사진 속의 여자들 절반은 동공이 확대된 사진이고, 나머지 절반은 아니었다. 그들은 하나같이 동공이 확대된 여자들을 선호했는데, 왜 그랬는지는 대답하지 못했다고 한다. 그러나 뇌는 여자의 확대된 동공이 성적인 흥분과 연관이 있음을 간파했다. 즉 피험자들의 뇌는 알았지만, 실험에 참여한 남자들은 알지 못했다. 남성에게 '미'와 '매력'이라는 개념은 뇌에 깊이 새겨져 있으며, 남성들은 수백만 년 동안 자연선택으로 빚어진 프로그램에 의해 조정된다는 사실을 알지 못했다. 가장 매력적인 여자를 고른 게 자신이 아니라, 뇌 회로에 내장된 프로그램임을 알아차리지 못한 것이다.(21)

금주법 시대(1920~1933), 허버트 후버Herbert Clark Hoover(1874~1964) 미국 대통령은 아내 루Lou가 포도주 창고를 깨끗이 치워버렸을 때 항의하지 않았다. 캘리포니아 최고의 포트와인을 자랑하던 창고였다. 후버가 말했다.
"제가 미 국민과 함께 살아야 할 필요는 없습니다. 하지만 루와는 함께 살아가야 합니다."(71)

포유류에겐 일부다처제가 일반적이나, 일부일처제(조류는 대개 일부일처제다)를 유지하는 동물로는 수달, 여우, 명주원숭이, 긴팔원숭이, 줄코박쥐 등이 있다고 한다. 단지 성비의 불균형으로 일부다처제가 전략적으로 선택되기도 한다.

가령 무함마드Muhammad(570~632)가 전쟁으로 남편이 사망한 아낙네들을 후처로 받아들인 것을 계기로 이슬람 문화권에서 그동안 일부다처제가 오랫동안 유지되어온 배경은 전략적 선택이었다. 유대인의 계율 『탈무드』는 일부다처제를 계속 허용했지만(유대 율법은 서기 1000년경에 공식적으로 일부다처제를 금지했다), 『탈무드』가 인용한 거의 2천 명에 달하는 랍비 중 어느 누구도 두 명 이상의 아내를 둔 이가 없었다고 한다. 그러므로 일부다처제는 일시적인 현상에 지나지 않는 혼인제도라고 할 수 있다.

> 학식이 높은 현자인 랍비 아이작은 지나치게 나이가 어린 여자를 두 번째 아내로 맞이하는 사람의 문제점을 꼬집었다.
> 한 남자가 한 명은 젊고, 한 명은 늙은 두 아내를 두었는데, 젊은 아내는 남자의 흰머리를 뽑았고, 늙은 아내는 남자의 검은 머리를 뽑았다. 결국 이 가련한 남자에겐 머리카락이 하나도 남지 않았다.(164)

문집이 많기로 유명한 연암燕巖 박지원朴趾源(1737~1805)의 『연암집燕巖集』 마장전馬駔傳에 나오는 이야기다.

> 옛날에 병을 앓는 사람이 의원에게 약을 지어 와서 본처인 아내에게 약을 달이도록 부탁하였는데, 달여 온 약의 양이 늘 일정치가 못했다. 그는 본처에게 성의가 부족하다고 나무란 뒤에 약을 첩에게 달이라고 요청하였다. 그랬더니 첩이 달여 온 약은 늘 그 분량이 똑같았다. 그는 매우 고맙게 생각하며 첩이 약을 어떻게 달이는지 살며시 살펴보았다. 첩은 약을 달인 뒤에 약의 분량을 살펴보고 그것이 많을 때에는 일부를 쏟아버리고 모자라면 물을 더 보태는 것이었다.(68)

'아내는 덕을 보아야 하고, 첩은 인물을 보아야 한다'는 속담이 있듯이 아내의 관심과 첩의 관심은 다를 수밖에 없다. 서양에는 "젊은 과학자는 있을 수 있어도 젊은 정치가는 있을 수 없다"는 속담도 있다.(32) 아내와 첩이 다르듯이, 젊음과 노령이 국민의 삶을 꾸려가는 정치에서 마음씀씀이가 다르기 때문일까?

> 초楚나라 사람으로 아내를 둘 거느린 사람이 있었다. 어떤 사람이 그중 나이 많은 여자를 꾀려고 했더니, 그녀는 욕을 마구 퍼부었다. 그래서 이번엔 젊은 여자에게 말을 걸었는데 금세 솔깃해했다. 얼마 후 여자들은 영감이 죽었기 때문에 떳떳이 시집을 갈 수 있게 됐다. 그래서 지난번 욕심을 부리던 사람에게, "이젠 마음대로 골라잡을 수 있게 되었네. 나이 많은 편을 취하려나, 적은 편을 취하려나?" 하고 물어보았다. 그랬더니 그는, "나이 많은 편을 얻고 싶네." 하는 것이었다.
> "나이 많은 여자는 자네를 욕했고, 젊은 쪽은 자네를 좋아하지 않았나? 그런데 어째서 나이 많은 편을 얻으려 하는가?"
> "남의 손에 있는 동안엔 내게 끌리는 여자를 얻을 수밖에 없지만, 이제 내 아내가 될 바엔 나를 위해 남을 꾸짖어주는 쪽이 바람직해서 하는 이야기일세."(진秦 · 혜문군 편惠文君篇)(17)

자신의 아내에게는 정절을 요구하고 남의 부인에게는 방종을 바라는 수컷의 성 본능을 유감없이 지적한 성적 유머다.

『세설신어』에 어느 처녀의 이야기가 실려 있다.

> 누군가가 물었다.
> "동쪽 집은 가난하다. 그런데 그 집 아들은 인물도 좋고 품행도 단정하다지. 서쪽 집은 부유하다. 그런데 그 집 아들은 못생겼고 바보라지. 처자는 어느 집에 며느리로 들어가고 싶은가?"
> 처녀가 대답했다.
> "동쪽 집에서 살되, 밥은 서쪽 집에서 먹으렵니다(東家宿 西家食)."(138)

밥을 같이 먹는 대상과 잠자리를 함께하는 대상을 자신에게 유리하도록 달리하겠다는 처녀의 이야기는 혼인의 윤리를 배반하고 자신의 생존과 종족 보존에 유리하게 하려는 의도에서 나온 유머다.

> 오스트리아 극작가 그릴파르처Franz Grillparzer(1791~1872)는 청소년기의 여자
> 친구 카티 프뢸리히Kathi Fröhlich와 51년 동안 '약혼 상태'로만 지냈다. 그렇게
> 50년이 지난 뒤 마침내 결혼 신청을 하자, 이제는 여자가 거부했다. "다 늙어
> 서 부엌데기 노릇을 하기는 싫다."는 것이었다.(76)

암컷은 수컷의 영토와 결혼하는 것이지, 수컷과 결혼하는 것이 아니다.
하물며 늙어서 뒤치다꺼리를 해줄 상대를 선택할 까닭이 있겠는가?

> 금발에다가 육체미가 풍부한 젊은 여자가 길에서 만난 의사에게 윙크를
> 하면서 인사했다. 의사의 아내는 화가 나서 남편의 팔꿈치를 잡아당기면서
> 물었다.
> "당신, 저 여자를 어떻게 아는 거예요?"
> 아무렇지도 않다는 어조로 의사가 대꾸했다.
> "그야 직업상 아는 여자지."
> 그의 아내가 날카롭게 쏘아붙였다.
> "직업상이라니요? 당신의 직업상? 아니면 저 여자의 직업상?"(133)

의사가 아내의 질문에 환자로서 아는 젊은 여자라고 대답했다면 유머가
되지 않았을 것이지만, 그냥 직업상 아는 여자라는 이야기에 의사 아내에
게 의심을 품도록 만든다. '저 여자의 직업상'이냐는 아내의 추궁은 매춘업
이라는 성 본능을 자극하고, 그리하여 유머를 낳았다.

> "어이, 너 왜 이렇게 기운이 없어? 무슨 일 있어?"
> "아니, 오늘이 결혼기념일인데 완전히 잊고 있었거든. 아내한테 실컷 잔
> 소리를 들었지."
> "신경 쓰지 마. 원래 결혼기념일이라는 건 여자는 아주 잘 기억하지만 남
> 자는 싹 잊어버리는 법이야."

"왜?"

"너, 이 낚시터에서 네가 처음으로 물고기를 낚은 날이 언제인지 기억해?"

"그거야 잊을 리가 없지."

"그렇지? 하지만 낚인 물고기는 잊어버린다고."(116)

인간 세상에서 남성은 여성이 수태할 수 있는 능력을 간접적인 방식으로 확인하는데, 번식능력(향후 번식할 수 있을 것으로 기대되는 자식의 수)이 높다고 관찰되는, 예컨대 보다 젊은 여성이나 건강한 여성을 선호한다.

중국 소주蘇州지방에서 있었던 일이다. 한 남자가 외지로 장사하러 떠난 이후, 아내는 집에서 닭 몇 마리를 기르며 남편이 돌아오기를 기다렸다. 몇 년 뒤에 남편이 돌아오자, 아내는 기쁜 마음으로 자기가 정성껏 기른 닭을 잡아 상을 차렸다. 그런데 남편이 닭고기를 먹다가 밥상에 엎어져 죽었다. 이웃 사람들은 그 아내에게 정부가 생겨서 남편을 독살한 것이라고 의심하고는 관가에 고발했다.

소주의 태수太守 요공姚公이 아내를 소상히 심문했지만 아무런 혐의점을 발견하지 못했다. 태수는 그 집에서 기른 닭을 한 마리 가져와 푹 삶게 한 뒤, 사형수 두 명에게 먹였다. 그러자 사형수 두 명이 모두 즉사했다. 결국 아내는 누명을 벗게 되었다.

닭고기를 먹은 사람들이 죽은 원인은 이랬다. 닭은 지네 같은 독충을 즐겨 먹는다. 늙은 닭일수록 지네의 독이 몸 안에 많이 축적되어 있고 고기에도 지네 독이 배어 있다. 그래서 그 아내가 몇 년간 기른 닭을 먹은 사람들이 모두 죽은 것이었다. 이 때문에 닭을 기르는 농가에서는 늙은 닭[老鷄]은 절대 먹지 않고, 여름에도 닭을 먹지 않는다고 한다.(182)

남성들이 걸핏하면 농담조로 영계(軟鷄)를 찾는 이유가 여기서 비롯된 게 아닐까?

율리우스 카이사르는 폼페이아Pompeia와 이혼했다. 결혼 기간 대부분을 함께 지냈지만 그들에게는 아이도 없었다. 아내가 간통을 저지르지 않았다고 생각한다면 대체 왜 이혼했느냐는 질문을 받자 카이사르는 잘 알려진 답변으로 응수했다.

"카이사르의 아내라면 의심조차 받아선 안 된다."(107)

두더지(鼹鼠)가 자식을 훌륭한 곳에 혼인시키려고 생각했다. 처음에는 하늘이 최고로 높다 하여 하늘을 찾아가 청혼했다. 하늘이 말했다.

"내 비록 만물을 포용하고 있으나 해와 달이 아니면 나의 위덕이 드러나지 않는다. 해와 달을 찾도록 하라."

두더지는 해와 달을 찾았다. 해와 달이 말했다.

"하늘의 말과 같이 하늘의 위덕은 내가 있음으로 빛이 나는 것은 사실이다. 허나 내 아무리 하늘을 위하여 빛을 밝히려 해도 구름이 한번 내 빛을 가려놓으면 방법이 없다. 나의 힘은 구름보다 못하다."

두더지는 할 수 없이 구름을 찾았다. 구름이 말했다.

"나의 능력으로 해와 달이 빛을 잃는 것은 사실이다. 그러나 바람이 한 번 불면 아무리 움직이지 않으려 해도 불가능하다. 바람은 나보다 위다."

두더지는 그렇다 싶어 그 길로 바람을 찾았다. 바람이 말했다.

"구름의 이야기는 사실이지! 제까짓 것이 나의 힘을 당할 수 있나. 하지만 나도 석불石佛은 당할 수 없단 말이야. 아무리 힘을 모아 세게 불어도 넘어지지 않는단 말이야. 아무래도 석불은 나보다 위에 있는 걸."

두더지는 머리를 끄덕이고 석불을 찾았다. 석불이 말했다.

"바람이 나를 알아보기는 하는군. 여부가 있나. 바람이 아무리 센들 나는 끄떡도 않거든! 그런데 말이야. 두더지가 내 발 밑을 들쑤셔놓으면 넘어지지 않을 수 없단 말이야. 나에게는 두더지가 참으로 두려운 존재이거든! 두더지를 찾아가 보도록 하게."

두더지는 만족스러웠다.

"하늘, 해, 달, 구름, 바람, 석불보다 더 높은 것이 우리 두더지란 말이지! 짧은 꼬리, 길쭉한 주둥이는 우리의 매력이거든."

두더지는 두더지 세계에서 상대를 구해 자식을 혼인시켰다.(194)

조선시대 학자 홍만종洪萬宗(1643~1725)이 지은 『순오지旬伍志』에 나오는

'언서지혼鼹鼠之婚'의 이야기다. 남성이나 여성이나 모두 상대방의 품질이 높은 것을 선호하는 까닭에 결국은 유사한 지위의 남녀가 혼인으로 연결되기에 이른다. 가급적이면 지위가 높거나 신체가 양호한 계층의 상대방과 혼인하려고 하나, 결국 같은 부류의 배우자와 맺어짐을 일컫는데 이를 두고 두더지의 혼인(鼹鼠之婚)이란 말이 생기게 되었다.

미국의 영화배우 그레이스 켈리Grace Kelly(1929~1982)는 1956년 4월 모나코의 레니에 3세Rainier Ⅲ de Monaco(1923~2005)와 결혼을 했다. 당시 할리우드의 배우가 왕에게 시집간 것을 두고 사람들은 신데렐라가 된 그레이스 켈리를 부러워했다. 그러나 사실은 모나코가 그레이스 켈리를 왕비로 선택하여 이득을 본 결혼이었다. 당시 나라 살림살이가 쪼들리던 모나코가 부유해지기 위해서는 많은 관광객을 유치할 필요가 있었고, 모나코 곳곳에 투자한 그리스의 선박왕 오나시스Aristotle Socrates Onassis(1906~1975)로서도 모나코의 경제를 회복시키는 것이야말로 시급한 과제였다.

오나시스의 중매로 1954년 화보잡지 촬영차 모나코를 방문한 그레이스 켈리에게 레니에 3세가 12캐럿짜리 다이아몬드 반지를 건네며 청혼한다. 결혼 후 레니에 3세보다 그레이스 켈리의 나라를 관광하러 온 손님들로 모나코는 부유해지게 되었다. 오나시스는 아내와 이혼하고 재클린 케네디 Jacqueline Kennedy(1929~1994)와 결혼하여 배우자 선택의 천부적인 자질을 발휘하여 자신의 유명세를 올리기도 했던 인물이다.

○ ● ○ ○ ○ ○

2. 부모의 자식양육

부모(부양) 투자 가설

일반적으로 동물은 자식을 둥지나 자신의 몸속에서 기르며, 자식에게 먹을 것을 공급하기 위해 막대한 희생도 감수하고, 천적으로부터 자식을 보호하기 위해 어떠한 위험도 무릅쓴다. 어느 문화에서나 아버지는 자기 자식을 사랑한다. 부성애는 자기 자식을 먹이고 보호할 뿐만 아니라 그들에게 유용한 지식을 전수하도록 한다. 달리 말해 언제부터인가 인간 수컷은 '부양투자(parental investment)'를 하도록 진화하였다.

남성이 자손에 대해 염려하고, 그들을 보호하고, 그들에게 먹을 것을 제공하고, 그들을 교육하도록 하는 까닭은 자식들의 취약성 때문이다.(38) 만약 자식이 포식자에게 쉽게 잡아먹힌다고 한다면 전형적인 남성의 번식 전략, 즉 여기저기 돌아다니다가 여성을 유혹한 후 내팽개쳐 버리는 전략 — 여성이 하는 수 없이 자식들을 양육하더라도 — 을 따르는 것이 남성의 유전자 복제에 별다른 도움이 되지 않을 것이다. 바로 이것이 상당히 많은 조류가 일부일처제나 그와 유사한 형태의 가족제도를 취하는 이유 중하나다.

> 부유한 상인 사무엘 베른슈타인Samuel Bernstein은 몇 년 동안 아들의 사회주의적 정치경력 때문에 분을 참지 못하고 속을 썩이다가 마침내 스스로 그에 대한 해답을 찾아냈다.
> "내 자식이 모세나 다빈치일 거라는 기대를 버려야 한다."(76)

자식에 대한 기대가 높은 것은 어느 시기에서나 어느 곳에서나 똑같이 나타나는 현상이다.

처칠이 쓰라린 패배를 맛보았던 해인 1914년에 태어난 그의 딸 사라는 빅 올리버라는 스탠드업 코미디언과 결혼했는데, 사실 처칠은 올리버를 보는 순간부터 싫어하기 시작해 급기야는 증오하기에 이르렀다.

맥밀런Maurice Harold Macmillan(1894~1986) 전 영국 수상의 말에 따르면, 카이로 회 담 중 어느 날 처칠은 이상할 정도로 침통한 표정이었다. 당시 무솔리니Benito Mussolini(883~1945)는 권좌를 잃은 상태였고, 더욱이 자신의 딸 에다와 결혼한 사위이자 자신이 직접 외무장관으로 임명한 갈레아초 치아노를 처형한 지 얼마 안 되었을 무렵이었다. 이에 맥밀런이 말했다.

"무솔리니를 보십시오. 얼마나 절망스러운 만신창이 속이겠습니까. 누가 그 사람 속을 알겠습니까?"

그러자 처칠은 상을 찡그리며 이렇게 대답했다.

"적어도 속 시원히 사위를 죽이지 않았나."(181)

혼인에 의한 자식 부양

여성은 자신을 부양하는 일에 책임을 지는 상대를 선호하는 까닭에 의무 를 소홀히 하고 여기저기 씨만 뿌리는 남성을 선택할 가능성을 좁혔다. 또 남성은 한 곳에 머물지 않고 여기저기 돌아다니며 번식하게 되면 상당한 비용을 부담하여야 한다. 그 결과 자식을 양육하는 데는 장기적인 혼인관 계를 통한 번식 전략이 산발적으로 씨 뿌리는 전략보다 비용이 덜 들었기 때문에 혼인이 적응문제를 해결하도록 탄생하였다.

1962년 1월, 케네디 대통령은 한 기자로부터 동생 테드Edward Moore Kennedy (1932~2009)가 매사추세츠에서 의원으로 출마하는 것에 대한 소견을 말해달라 는 질문을 받자, 이렇게 대답했다.

"글쎄요, 그도 출마할 수 있는 어른이고, 그 문제를 고려할 만한 것 같습니다."

테드는 어느 기자가, "이 케네디, 저 케네디 너무 많다." 며 투덜거리자, 이런 농담으로 받아넘겼다.

"그거라면 우리 어머니, 아버지하고 해결을 보셨어야죠."(37)

아일랜드 작가 조지 무어George Edward Moore(1873~1958)는 인상주의 화가들을 지지했는데, 그중에서도 마네의 작품을 좋아했다. 마네가 무어에게 「조지 무어의 초상화」(1879)를 그려주었는데, 인물묘사가 '방금 물에서 건져 낸 남자' 그림으로 통용되기까지 하였다.

마네가 초상화를 그려줄 당시 무어는 자신의 초상화에 대한 푸념을 늘어놓으며 마무리 작업을 더 해줄 것을 부탁했다. 그 부탁을 거절한 마네는 또한 친구인 프루스트에게 무어의 얼굴에 대해 충격적인 말을 했다.

"무어가 찾아와서는 여기 조금 바꾸고, 저기도 조금 다르게 해달라면서 나를 귀찮게 하고 있네. 그렇지만 그의 초상화에서는 단 획도 바꾸지 않을 걸세. 무어가 찌그러진 달걀처럼 보이고 그의 얼굴이 한쪽으로 기울어져 보이는 게 어디 내 잘못인가?"(159)

앞서 테드 케네디가 자식들에 대해서는 부모에게 책임이 있다고 유머러스하게 말했듯이 마네는 친구 프루스트에게 무어의 얼굴 생김새가 찌그러진 것은 그의 부모 탓이라고 유머러스하게 전한다.

조선시대 유머에 '남편 외도에 스님이 되려 한 아내'의 이야기가 나온다. 선비 김효성金孝誠은 많은 첩을 거느리고 있었는데 아내는 질투가 매우 심한 편이었다. 하루는 김효성이 외출했다가 집으로 돌아오니 아내가 검정색으로 곱게 물들인 모시를 한 필 준비해놓고 대청마루 한가운데에 동그마니 앉아 있었다. 남편이 까닭을 물으니 아내가 이렇게 대답했다.

"여보, 당신이 첩에만 빠져 있어 아내인 나를 돌보지 않으니 더 이상 견딜 수 없어 내가 지금 머리를 깎고 저 검정 모시로 스님 옷을 지어 입은 다음에 절을 찾아 떠날 테니 당신은 첩들과 행복하게 잘사시오."

아내의 불평을 들은 김효성은 깜짝 놀라면서, "여보! 나는 여자를 좋아해 지금까지 기생妓生, 의녀醫女 그리고 양갓집 부인과 미천한 계집종들과 잠자리를 하였지만 아직까지 여승과는 잠자리를 한 적이 없어 한스럽게 여기던 차에 오늘 당신이 여승이 된다고 하니 내 소원을 풀 기회가 왔는가 보오. 어서 방으로 들어갑시다." 하며 웃고는 아내의 팔을 끌며 방으로 들어가려고 했다.

남편의 천연스러운 행동에 아내는 아무 말도 하지 못하고 준비했던 검정 모시를 마당에다 던져버리고는 힘없이 털썩 주저앉아 버리더라.(18)

생존 본능과 번식 본능 사이에 어떤 것을 선택할 것인가를 둘러싼 갈등과 관련하여 이토 히로부미伊藤博文(1841~1909)에게 다음과 같은 에피소드가 전해진다.

당시는 정부 유력자가 지방으로 출장을 가면 현 지사 등이 연회를 베풀고, 연회에 나온 게이샤 중 마음에 드는 여인을 데리고 자는 것이 관례화되어 있었다. 조선시대 관기官妓가 수청을 드는 것과 마찬가지였던 셈이다. 이때 이토가 고른 게이샤는 대부분 일류가 아니고 이류, 삼류 게이샤였다. 일류 게이샤들은 지방 유력자와 반드시 관계를 맺고 있었다고 생각한 것이다. 이토가 자신의 쾌락 때문에 일류 게이샤를 취할 경우 그 지역 유력자들의 원한을 사게돼 가는 곳마다 정적을 만들게 되므로 이를 피하기 위해서였다.

이토가 죽은 뒤 일본 정부의 고용 의사로 와 있던 독일인 베르츠 박사는, "이토는 술과 여자와 담배를 사랑했고, 더구나 이를 감추려 하지 않았다."고 회상했다. 이토는 생전에 늘, "자네들은 도대체 나한데 무엇을 기대하는가? 하루 종일 나랏일에 시달려 머리가 지끈지끈해서 제복 차림의 급사보다는 아리따운 게이샤의 손이 술을 마실 때 얼마나 위로가 되는지 모른다."고 말했던 것으로 전해진다.(140)

어떤 기생을 선택할 것인가를 두고 생존 본능과 번식 본능 사이에 갈등하는 이토 히로부미는 번식 본능보다 생존 본능을 택했다. 얼마나 본능지향적인 인간이었던가?

3. 언어의 배반

제4장의 생존 본능에서는 언어가 갖는 원래의 의미를 다르게 사용하여 만들어낸 유머들을 살펴보았다. 여기서도 언어가 원래 갖고 있던 의미를 다른 의미로 사용하여 유머를 낳은 사례들을 찾아보자. 물론 성 본능을 추구하면서 언어를 배반한 유머가 사람들에게 웃음을 선사한다.

이미 이야기한 바와 같이 유머란 문화를 배반하는 데서 만들어지므로 독자들이 유머를 구사하는 데 능숙해지려면 이 책의 문장을 그냥 읽기보다는 언어를 배반하는 자신 스스로의 언어를 끄집어내어 유머를 만들어보는 기회를 갖는 것이 도움이 될 것이다.

반대어

아일랜드 극작가 브렌던 비안Brendan Francis Behan(1923~1964)은 "돈을 주고 하는 섹스와 돈을 주지 않고 하는 섹스와의 차이는 돈을 주고 하는 섹스가 오히려 돈이 덜 든다."라고 말했는데, 그는 서로 반대되는 언어들을 나열하여 성 본능에 접근하는 유머를 만들어내었다. "별장과 애인은 생기는 날부터 고생길로 들어서도록 한다"라는 유머도 이상과 현실의 서로 반대되는 이미지를 사용하여 생존 본능과 성 본능을 드러내는 유머다.

로마의 아우구스투스Gaius Julius Caesar Octavianus(B.C. 63~A.D. 14) 황제는 평소 농담을 잘하기도 하였지만 다른 사람들의 농담에도 관대하였다. 시인 베르길리우스Publius Maro Vergilius(B.C. 70?~19)에게 빵을 하사한 후, 그에게서 '빵집주인'이라는 별명을 얻기도 하였지만, 더 후한 선물을 보냈다고 한다.

그가 처음 즉위한 직후, 로마 시내에는 괴이한 소문이 퍼져나갔다. 황제와 쌍둥이처럼 닮은 청년 하나가 나타났다는 것이다. 그 소문이 황제의 귀에도 들어가 그를 불러 물었다.

"말해보게. 혹시 그대의 모친께서 전에 이 도시에 머무신 적이 있는가?"
황제의 농담조 질문의 뜻을 간파한 청년이 아뢰었다.

"폐하, 저희 어머님께서는 평생 궁색한 향리를 벗어나신 적이 없습니다. 이 도시에 어찌 한번만이라도 오실 수 있었겠습니까? 하지만 성품이 호쾌하신 제 아버님께서는 이곳에 자주 오셨다는 말씀을 들었나이다."(144)

유서 깊은 성에 살고 있는 귀족이 관광객에게 성의 이 구석 저 구석을 구경시켜주고 있었다. 그런데 관광객 중 한 남자가 귀족의 시선을 끌었다. 유심히 살펴보니 자신과 닮은 것을 발견한 귀족이 다가가 슬그머니 물었다.

"혹시 제 가문의 내력에 대해 무슨 얘기를 들으신 적이 있습니까?"
"……예, 조금은 알고 있습니다."
"아! 이제 짐작하겠습니다. 모친께서 젊은 시절 이 성에서 침실 시녀로 일하셨지요?"
"그렇지 않습니다. 실은 제 아버님께서 이 성의 정원사이셨습니다."(144)

위의 두 가지 사례 모두 어머니보다 아버지가 바람둥이였기 때문에 그의 자손들이 서로 닮은 얼굴을 하고 있을 가능성이 있다는 유머다. 아무래도 암컷보다 수컷이 바람을 피울 확률이 높다. 게다가 자식을 낳고 줄행랑치는 게 수컷의 뛰어난 장기가 아닌가?

비스마르크가 러시아 상트페테르부르크에서 대사로 지내던 시절 한 숙녀가 비스마르크에게 알랑거리듯 말했다.

"사람들은 외교관들을 신뢰할 수 없어요. 외교관이 '예'라고 말하면 그건 '아마'라는 뜻일 테죠. '아마'라고 말하면 '아니요'라는 의미이고, '아니요'라고 말하면…… 그는 외교관이 아니에요."
숙녀의 말을 다 듣고 나서 비스마르크가 미소 지으며 대꾸했다.
"그렇습니다. 그러나 여성들의 경우는 정반대겠지요. 숙녀가 '아니요'라고 말하면 '아마'라고 생각한 것일 테죠. '아마'라고 말하면 '예'라는 의미일 테고, 그리고 '예'라고 말하면 ……그녀는 숙녀가 아니겠지요."(1)

외교관은 무슨 일이든 겉으로 과대평가(낙관)하는 경향이 있지만 숙녀는 겉으로 과소평가(겨젤)하는 경향이 있다.

중국 수상 저우언라이는 톈진의 난카이 중학 시절 연극반에서 활동했다. 인상과 용모에서 저우는 출중한 주연배우감이었지만 그는 여자 배역도 맡았다. 당시 연극은 남학생들만 하는 것이었다.

저우언라이가 총리 시절, 어느 연회장에서 여배우가 총리에게 다가왔다. 그 여배우는 가까이서 본 저우 총리의 용모에 한 번 더 감탄했다.

"총리님. 총리님께서 배우가 되셨더라면 우리나라 남자 배우들은 모두 다 그만둘 처지가 되었겠습니다."

"아니요. 내가 배우가 되었더라면 우리나라 여자 배우들이 보따리를 쌌을 거요."

저우가 대답한 말에 모두 웃음을 터뜨렸다.(147)

러시아의 유머 모음집 『독재자들에게!!』에 나오는 이야기다. 브레즈네프 Leonid Il'ich Brezhnev(1906~1982) 소련 서기장이 죽어 지옥에 떨어졌다. 입구에 있던 지옥 문지기가 기다리고 있다가 주의를 준다.

"브레즈네프 씨, 지옥에 온 이상 반드시 벌을 받아야 해요. 서기장이라고 봐드릴 수 없단 말이죠. 하지만 어떤 벌을 받을지 선택할 자유는 있어요. 직접 보고 고르세요."

이렇게 하여 브레즈네프는 지옥견학을 나섰다. 둘러보니 레닌Vladimir Il'ich Lenin(1870~1924)은 바늘더미에서 몸부림치고 있고, 스탈린은 부글부글 끓는 가마솥 안에서 버둥대고 있는 게 아닌가. 브레즈네프는 저도 모르게 몸서리를 쳤다. 그런데 어? 메릴린 먼로Marilyn Monroe(1926~1962)와 껴안고 있는 건 흐루시초프Nikita Khrushchov(1894~1971)가 아닌가. 그래, 이거다!

"나도 흐루시초프 동지와 같은 벌을 받게 해주십쇼."

그러자 지옥 문지기가 말했다.

"무슨 말씀을! 저건 흐루시초프가 아니라 메릴린 먼로가 받고 있는 벌이랍니다."(118)

이 유머는 반대어는 아니지만 대상을 반대로 표현하여 웃음을 낳게 한다. 물론 성 본능을 자극하는 까닭에 더 유머러스하게 들린다. 이처럼 반대되는 언어 이외에 반대되는 상황으로 이야기를 전개하여 유머를 낳을 수도 있는데, 무리가 따르지만 이것도 언어의 배반에 속하는 유머라고 간주할 수 있다.

유사어

정통 아카데미 데생의 옹호자이던 호우브라켄Arnold Houbraken은 1718년에 렘브란트의 작업실에서 조직적으로 행해진 실물 데생의 비非아카데미적 성향을 암시해주는 일화 하나를 소개했다. 나신裸身의 모델을 데생하기 위한 개인용 작업실을 제자들에게 마련해주기 위해서 렘브란트는 창고를 임대해 여러 칸으로 만들었다.

어느 뜨거운 여름날, 여성 모델을 데생하던 한 학생이 갑자기 옷을 훌렁 벗고 여성 모델을 껴안고 뒹굴기 시작했다. 흥분한 다른 학생들이 그 장면을 몰래 훔쳐본 것은 당연했다. 평소처럼 제자들을 둘러보러 창고를 찾은 렘브란트는 두 남녀가 "우리 둘이 이렇게 발가벗고 있으니 여기가 아담과 이브가 살던 파라다이스가 아니겠어?"라고 소곤대는 소리를 엿듣게 되었다. 이때 그는 지팡이로 문을 두드리며, 그들에게 큰소리로 "발가벗고 있다니. 자네들이 파라다이스를 떠나주어야겠네!"라고 소리쳤다.(56)

렘브란트Rem'brandt(1606~1669)는 신성한 교육장을 더럽힌 두 죄인에게 옷을 추스를 시간조차 주지 않고 내쫓았다. 이 일화는 렘브란트의 유머감각을 보여주기도 하지만, 한편으로는 렘브란트 작업실의 엄격한 분위기를 보여준다.

이탈리아의 작곡가 파이지엘로는 이불을 뒤집어쓰고 작곡하는 묘한 버릇이 있었다. 한번은 친구가 방문하여 하인에게, "주인 계시냐?"고 묻자, 하인이 "침대에 들어 계시는뎁쇼."라고 답했다.

친구는 오늘도 이불을 뒤집어쓰고 작곡하고 있을 것으로 생각하고 방문을 열고 들어가자, 순간 비명소리와 함께 갈색 머리가 이불 속으로 들어갔다. 친구가 크게 웃으며 말했다.

"이봐, 파이지엘로! 이번에는 어떤 작품을 보여줄 텐가?"

파이지엘로가 답했다.

"음……, 열 달 후에 다시 물어봐주게."(14)

주인나리가 여느 때보다 일찍 돌아와 보니 참 기가 막힌다. 아, 글쎄 뜻밖에도 머슴 녀석과 마누라가 벌거숭이가 되어 한창 그렇고 그런 짓을 벌이고 있지 않은가? 성이 상투 꼭대기까지 뻗친 주인나리가 호통을 쳤다.

"이 죽일 년놈아, 뭘 하고 있는 거냐?"

그런데 머슴 녀석은 태연하다.

"나리, 무슨 일이나 마님께서 분부하시는 대로 하라고 이르셨기에 지금 그 분부대로 하는 중이올습니다."(160)

마님의 분부를 따르라고 주인나리가 당부한 대로 하인이 일을 처리하는 중인데 바깥나리가 자신에게 욕을 지르니 하인은 난감해한다. 이 유머는 하인이 '분부대로'라는 언어를 확대 해석하여 간통이 금기시되는 문화를 배반하여 웃음을 터뜨리도록 하지만, 특히 문화를 배반한 실체가 마님이라는 점에서 인간의 성 본능을 자극하여 더 한층 웃도록 만든다.

사투리가 엄청나게 심한 YS가 국회의원 선거를 맞이하여 당 총재로 강원도에 들러 지원유세를 하는데……

"친애하는 도민 여러분…… 우리 당이 압도적으로 승리하면 강원도를 앞으로 강간도시로 만들겠습니다. ……그리고 곳곳에 좁은 길도 모두 다 간통시키겠습니다. ……저희 후보를 밀어주십시오……!!"

이에 질세라 그다음 후보가 인신공격을 하는데……. 그 후보는 외무장관 출신이었다.

"발음도 제대로 하지 못하는 후보가 무슨 당 총재를 합니까? 강간도시가
뭡니까 관광도시지…… 그리고 간통이 뭡니까 관통이지……."

가만히 듣고 있던 YS가 단상에 올라서더니 "여보세요……!! 애무장관 출
신이면 애무나 잘할 일이지 무슨 국회의원입니까……!!"(125)

YS(김영삼)가 발음이 정확하지 못해 관광, 관통, 외무를 각각 유사한 단어
에 해당하는 강간, 간통, 애무 등으로 발음하여 웃음을 자아내는데, 특히
단어들이 모두 성 본능을 자극하는 단어들이어서 보다 더 유머러스하게
들린다.

비유어

소크라테스의 아내 크산티페Xanthippe는 잔소리가 많고 다혈질에 성미가
몹시 사나운 여자였다. 어느 날 안티스테네스Antisthenes가 소크라테스에게 물
었다.

"사부님, 왜 하필이면 크산티페를 아내로 맞이하였습니까?"

그러자 소크라테스는 이렇게 대답했다.

"훌륭한 말 조련사가 되려는 사람은 유순한 말 대신 겁이 많아 잘 놀라며
날뛰는 말을 구입하는 법이지. 그러한 말을 길들이는 데 성공하면 다른 말을
길들이기는 아주 쉽지 않겠는가? 나는 일찍이 다른 사람들과 어울려 사는
법을 배우기로 뜻을 세웠고, 그리하여 크산티페를 아내로 맞이하였다네. 내
가 그녀를 감당해낸다면 어떠한 성격을 가진 사람과도 사귈 수 있으리라 확
신했기 때문이지."(144)

소크라테스Socrates(B. C. 469?~399)는 배우자로서의 아내를 배반하고 대신 그
녀를 말에 비유하여 유머러스하게 화답하였다.

어느 날 소크라테스는 제자 알키비아데스Alkibiades와 한가하게 대화를 나누고 있었다. 두 사제 간의 각별한 정을 항상 못마땅하게 여기던 크산티페는 온갖 욕설을 퍼부었지만 소크라테스는 들은 체도 하지 않았다. 그러자 머리 끝까지 화가 난 크산티페가 두 사람의 머리 위로 더러운 구정물을 쏟아 부었다. 몹시 민망스러워 어쩔 줄 모르는 알키비아데스에게 소크라테스는 태연히 이렇게 말했다.

"천둥이 치고 폭풍우가 일면 폭우가 쏟아질 것에 대비해야 하는데, 그것을 예상하지 못한 우리 두 사람의 잘못이지!"(144)

소크라테스는 아내의 잔소리를 천둥치는 소리에, 구정물을 폭우에 비유하는 언어의 배반을 통해 제자에게 유머러스한 대화를 들려주었다.

『실낙원失樂園』의 저자 존 밀턴이 장님이 된 후에 맞이한 후처는 성질이 지나치게 괄괄한 여자였다. 그의 아내를 본 버킹검 공작은 "굉장한 미인이야. 마치 장미와 같이 아름답다니까."라고 말하자 밀턴이 대꾸했다.

"나에게는 보이지 않기 때문에 색은 알 수 없으나 틀림없이 장미인가 봅니다. 매일 쿡쿡 찌르거나 딱딱거리는 것이 있으니까요."(149)

밀턴John Milton(1608~1674)은 아내를 보고 장미 같다는 공작의 이야기에 아내의 성깔을 장미의 가시에 비유하여 대꾸한다.

러시아 재담집 『독재자들에게!!』에 나오는 재담이다. 금주령이 내린 시절에 공장장이 불륜 상대인 비서에게 말했다.

"이봐, 슬슬 문을 닫아야 하지 않을까?"

"안 돼요, 공장장님. 보드카 마시고 있다고 오해받을걸요."(117)

보드카 마시는 일도 사랑을 나누는 일과 마찬가지로 남이 보지 않는 곳에서 벌여야 한다. 섹스가 이루어질 것이라고 기대하는 공장장(독자도 마찬가지다)의 의도를 배반하고 보드카를 마신다고 사람들이 의심할 것이라는 비서의 이야기는 성 본능을 간접적으로 자극하는 유머여서 웃음을 선사한다.

링컨은 어릴 때부터 이야기 경진대회에 나가 두각을 나타내었는데, 변호사가 되고 나서도 법정에서 배심원들의 마음을 읽어내는 데도 유명하였다. 유머감각이 뛰어난 링컨이 한번은 법정에서 검사의 장황한 논고가 끝난 후 배심원들 앞에서 "학식이 높은 저 검사가 여러분에게 사실을 말했지만 잘못된 결론에 도달했습니다."라고 이야기하였다. 이 말에 배심원들은 모두 웃었다.

검사가 소송에 패하고 나서 링컨에게 어떻게 배심원들의 마음을 돌려놓았냐고 물었다. 그러자 링컨은 법정이 휴정하는 중에 카페에 들러 배심원들과 대화하면서 시골 농부에 얽힌 이야기를 그들에게 들려주었다고 대답하였다.

"한 시골 농부가 담장을 보수하고 있는데 열 살 먹은 아들 녀석이 달려와 '아버지, 누나가 헛간의 짚단 위로 남자 일꾼과 함께 올라갔는데 남자 일꾼은 바지를 내리고 누나는 스커트를 올리고서는 하루 종일 오줌을 누고 있나 봐요.'라고 이야기하자, 농부가 아들에게, '넌 사실을 제대로 보았지만 잘못된 결론을 내렸구나.'"(35)

링컨은 재판에서 변호를 유리하게 진행하려고 검사의 심문이 잘못된 결론에 도달한 것으로 이해될 수 있도록 배심원들에게 시골 농부의 이야기를 미리 들려주었다. 변호사 링컨은 검사의 논고를 소변보는 것에 비유하여, 결국 그가 성행위라는 진실을 논고하지 못한 점을 배심원들 앞에서 부각시키는 데 성공한다.

크리스토퍼 C. 브라운은 윌리엄 헌든에게 이렇게 말했다.

"제 결혼식 다음 날 아침에 링컨이 저를 만나 말했습니다. '브라운, 여자와 오크 술통의 공통점이 뭔지 알아?' 저는 대답하지 못했지요. 그러자 링컨이 말했습니다. '머리를 집어넣기 전에 먼저 치마 속 후프를 들어 올려야 한다는 거야.'"(185)

여성의 후프와 술통을 비유하여 동일한 방법으로 다루어야 한다는 링컨의 이야기는 성적 메시지를 담고 있는 유머다.

> 공금 40달러를 횡령한 한 관리가 자기는 30달러밖에 횡령하지 않았으니까 정상을 참작해달라고 탄원하자, 링컨은 인디애나 주에서 일어났던 소담笑談으로 정상참작을 거절했다.
> 인디애나 주에서 어떤 사람이, 이웃집 딸이 사생아를 셋이나 낳았다고 소문을 내자 집안 망신을 덮으려던 이웃집 딸의 아버지는, "그건 거짓말이오. 증거가 확실한데, 내 딸이 낳은 사생아는 둘밖에 없소."라고 말했다는 것이다.(58)

셋이나 둘이나 사생아를 낳았기는 마찬가진데 어리석은 딸의 아버지는 둘을 셋과 비유하는 바람에 웃음거리가 되었다.

> 앙리 마티스는 말년에 갈수록 유산으로 남길 만한 기념비를 창조하고 싶었다. 그는 아무도 자기에게 박물관이나 주청사, 다른 중요한 건축물을 디자인해달라고 요청하지 않는 것에 깊이 상심했다. 따라서 로제르 예배당을 디자인해달라는 부탁을 받자 얼른 제안을 받아들였다. 친구들은 매우 놀랐다. 마티스가 일평생 무신론자였다는 점을 잘 알고 있는 피카소가 물었다.
> "마티스, 차라리 사창가에다가 그림을 그리지?"
> 그러자 마티스가 이렇게 대꾸했다.
> "누가 부탁을 해줘야 말이지."(109)

예배당과 사창가를 비교하는 피카소에 대해 마티스Henri Matisse(1869~1954)는 그림 주문이 있는 예배당과 그림 주문이 없는 사창가를 비교하여 자신의 곤란한 입장을 변명한다. 피카소가 마티스의 예배당 작업을 빈정대자, 마티스는 마치 사창가에서 주문이라도 해주었으면 하고 사람들의 성 본능을 자극하여 웃음짓게 만든다.

1936년 10월, 마오쩌둥은 덩샤오핑으로 하여금 저우언라이를 수행하여 막 대장정을 마치고 오는 제2야전군과 제4야전군을 환영하게 했다. 두 사람의 출발에 앞서 마오는 그들을 자신의 동굴 숙소로 불렀다. 임무에 대해 몇 가지 지시를 내린 마오는 느닷없이 덩과 저우의 프랑스 시절로 말머리를 돌렸다.

"그래, 두 사람은 프랑스에서 뭘 배웠지?"

덩은 겸손하게 대답했다.

"전 일을 배웠습니다. 5년 동안 공장을 전전하며 노동을 했습니다."

마오는 그의 말에 만족해하는 것 같더니, 약간 신이 난 듯 물었다.

"프랑스 여자들이 그렇게 예쁘다던데, 어땠나?"

저우가 마오의 짓궂은 농담에 어떻게 답할지 몰라 어리둥절하고 있을 때 덩이 대답했다.

"별로 대단치 않습니다. 여자란 다 똑같지요. 특히 어두운 데서는 말입니다."

마오와 덩은 너털웃음을 터뜨렸고, 저우는 어색하게 싱긋 웃었다.(74)

동양 여성과 서양 여성의 차이를 알고자 했던 마오에게 덩샤오핑鄧小平(Deng Xiaoping, 1904~1997)은 여성을 비교하기를 거부한다. 대신 덩샤오핑은 어두운 공간에서는 이들을 비교하기가 불가능하다는 점을 부각시켜 성 본능을 자극하는 유머를 만들어내었다.

영국 노동당의 애틀리가 1945년 총선에서 승리하여 영국 수상이 되면서 많은 기업을 국유화할 때의 일화다. 국회에서 연설을 하는 애틀리를 피해 처칠이 화장실에서 소변을 보고 있는데, 마침 애틀리가 화장실에 들어왔다. 처칠이 애틀리를 피해 소변을 보자 애틀리가 왜 피하느냐고 물었다. 그러자 처칠이 대답했다.

"당신은 큰 것만 보면 자꾸 국유화를 하려고 해서……."(33)

처칠은 자신의 성기를 배반하고 이를 기업에 비유하여 유머를 쏟았다. 더구나 비유의 대상이 성 본능의 매개물이어서 독자들에게 웃음을 선사한다.

윈스턴 처칠에 의하면 당시 노동당이 집권한 영국에서 어떤 이는 기업을 쏘아 죽여야 하는 살해 대상으로 생각하고, 어떤 이는 우유를 짜내듯 쥐어 짜야 하는 젖소쯤으로 여겼다고 한다. 그는 기업을 묵묵히 수레를 끄는 말로 보는 사람이 극히 드물다고 꼬집으면서 노동당의 철학을 비판했다.

처칠이 정계은퇴 후, 어느 파티에 초청 받았다. 화장실에 들러 볼일을 본 뒤 바지 지퍼 올리는 것을 깜빡했다. 그러고는 남대문을 열어 제치고 대중 앞에 나타났다. 그가 연설을 하기 위해 단상에 오르는 순간, 어느 부인이 큰 소리로 외쳤다.
"수상님! 남대문이 열려 있어요!"
순간 장내는 웃음바다가 되었다. 그제야 사태를 파악한 처칠은 천천히 바지 지퍼를 올리며 이렇게 말했다.
"제 바지가 열려 있다고 해서 부인께서 걱정할 필요는 조금도 없습니다. 이미 죽은 새는 새장 문이 열려 있다 해도 밖으로 나올 수 없으니까요."(64)

미국 클린턴 정부 시절의 일이다. 행정부의 루빈Robert Rubin 장관의 사임으로 재무장관에 천거된 서머스Lawrence Summers에 대해 「월스트리트 저널」이 그의 잘난 척하는 모습을 바람둥이 여가수 마돈나Madonna에 견주어 비유했다.
"서머스와 겸손의 관계는 마돈나와 순결의 관계와 같다."(128)

서머스가 겸손한 남성이 아니라는 사실을 마돈나가 순결하지 않은 사실에 비유하여 서머스 장관 내정자를 빈정댄다. 특히 비유를 마돈나의 성적 문란을 거론하는 바람에 성 본능에 부합하는 유머가 되어 재미를 더한다.

클린턴과 힐러리Hillary R. Clinton가 고향 알칸사스로 자가용을 몰고 가다가 한 주유소에 들렀는데 주인이 힐러리의 고등학교 때 애인이었다. 주인과 인사를 나눈 클린턴 부부가 주유소를 떠나 고향으로 가는데 클린턴이 힐러리에게 말한다.
"당신이 저 친구와 계속 사귀었으면 주유소 사장의 마누라가 됐을 뻔했소."

그러자 힐러리가 대꾸하였다.

"저 사람과 계속 사귀었으면 저 사람이 미국 대통령이 되었을 걸요!"(210)

지어낸 유머이긴 하지만, 주유소 주인을 클린턴에 비유하는 언어의 배반이 일어났고, 특히 배우자 선택의 성 본능을 자극하여 멋진 유머가 되었다.

진사댁 젊은 서방님이 살짝살짝 종년의 방을 출입하다가 종의 남편에게 그만 꼬리가 밟히고 말았다. 그러나 종은 서방님이 제 상전이라 감히 큰소리는 하지 못하고 기회를 살피다가 어느 날 호젓한 틈을 타서 젊은 서방님을 보고 따졌다.

"서방님!"

"뭐냐?"

"서방님은 사람의 욕심 중에서 색(色)하고 식(食)하고 어느 것이 중하다고 생각하십니까?"

"그야 물론 식욕이 중요하지."

"식욕이라뇨? 색욕이 중할 테지요."

"어째서 하는 말이냐?"

종년의 서방은 들어보란 듯이 고개를 옆으로 가져가면서, "아무리 식욕이 제일 중요하다고 하더라도 서방님은 남이 먹던 찌꺼기까지 먹을 리야 없겠지요. 이를테면 소인이 먹던 찌꺼기 같은 걸 말입니다."

"에이 듣기만 해도 구역질난다. 누가 그런 더러운 걸 먹겠느냐?"

"그렇다면 서방님께선 거짓말을 하시는군요. 소인이 먹던 찌꺼기는 안 먹겠다면서 소인의 처는 더럽단 소리 한마디 없이 좋아하시지 않아요…… 그래도 식욕이 제일인가요?"(160)

종은 색色을 식食과 비교하여 자신의 불편한 심기를 드러내어 사람들로 하여금 웃음 짓게 한다.

대체어

1866년, 프로이센과 오스트리아와의 전쟁에서 승리를 거둔 비스마르크는 오스트리아 니콜스부르크 성에서 강화조약을 체결한 후 귀국하던 길이었다. 개선행렬이 괴어리츠에 이르렀을 때 젊은 여자들이 몰려와 국왕에게 환호를 보내며 월계관을 바쳤다. 뒤이어 왕자들과 몰트케 그리고 비스마르크에게도 월계관을 건네주었다.

그러나 비스마르크는 단호히 거절했다.

"나는 그리 존경받을 만하지 않소. 전투병도 아니었고, 승리를 거둔 전투에 직접 참여한 적도 없었소."

비스마르크에게 월계관을 전하기로 했던 소녀가 조금 당혹해하며 무슨 말을 해야 할지 몰라 머뭇거리더니 다시 한 번 월계관을 바치면서 재치 있게 답했다.

"그러나 수상님, 당신께서 바로 그 전쟁을 시작하셨습니다."

그러자 비스마르크는 웃으면서 월계관을 받아들고는 어린 숙녀에게 친절하게 악수를 청했다.(1)

어린 숙녀는 비스마르크 수상이 전쟁을 시작한 것을 전투에 참여한 것으로 대체시켜 그에게 유머러스한 대화를 던졌다.

루스벨트는 39세 때 갑자기 소아마비에 걸려 걷는 것이 불가능해졌다. 절망에 빠진 그를 안타깝게 지켜보던 부인 엘리너 여사가 남편을 태운 휠체어를 밀며 정원으로 산책을 나갔다.

루스벨트의 기분을 살펴본 엘리너 여사는 다정스럽게 말을 걸었다.

"비가 온 뒤에는 반드시 이렇게 맑은 날이 오지 않아요? 당신도 지금은 좀 불편해졌지만, 그렇다고 달라진 것은 아무것도 없어요."

아내의 말을 들은 루스벨트는 한숨을 쉬며 탄식했다.

"이제 나는 영원히 불구자가 됐군요. 그래서 당신이 몇 갑절 더 고생이 심할 텐데, 그래도 당신은 나를 사랑하겠소?"

루스벨트의 목소리가 너무도 쓸쓸하게 들렸다.

"무슨 그런 서운한 말씀을 하세요? 그럼 내가 지금까지 당신의 두 다리만을 사랑했단 말인가요?"(131)

엘리너 여사는 다리를 상대방으로 대체하여 성 본능에 부합하는 유머를 만들어내었다.

프랑스의 화가 오귀스트 르누아르는 말기에 두 손이 관절염으로 심하게 망가진 상태였다. 그때 인터뷰하는 기자가 진심으로 궁금하여, "선생님께서는 그런 손을 가지고 도대체 어떻게 그림을 그리십니까?" 하고 묻자 르누아르는 "나의 거시기로 그리지요."라고 대답했다.(189)

그 말에 웃는 사람은 아무도 없었다고 르누아르Auguste Renoir(1841~1919)의 아들 장Jean이 그 순간을 회상하며 말했다고 하는데, 의심이 가는 대목이다. 남성의 성기를 붓으로 대체하여 사용하겠다고 말하니 웃을 일이 아닌가?

뉴욕에 사는 어떤 귀부인이 윈스턴 처칠에게 저녁 식사를 대접하고 있었다. 식탁에 오른 먹음직스러운 닭고기를 보고 처칠이 말했다.
"난 가슴breast살을 주십시오."
그러자 귀부인이 웃으며 말했다.
"여기서는 '가슴'이라고 하지 않고 흰 고기white meat라고 한답니다."
다음날 처칠이 가슴에 달 꽃을 귀부인 앞에 보내며 쪽지를 보냈다. 거기에는 이렇게 씌어 있었다.
'당신 흰 고기white meat에 달아주시면 감사하겠습니다.'(142)

처칠은 귀부인에게 성적 용어를 사용하여 닭의 (젖)가슴을 달라고 이야기하였지만 잘못을 지적받고 난 이후 귀부인의 가슴을 '흰 고기'라고 표현하여 통쾌하게 복수한다.

처칠 영국 수상이 여러 가지 정치문제로 회의를 하다가 급한 김에 화장실을 찾아갔다. 그런데 그만 여자 화장실로 들어가고 말았다. 안에 있던 여자가 바지 지퍼를 내리는 처칠을 보고, "아니 여기는 여성 전용이란 말이에요."라고 소리를 질렀다. 그러자 처칠은 태연하게 "It's for lady."라고 하면서 바지 지퍼를 올리고 나갔다.(125)

처칠은 당황스러운 순간에도 '여성용 화장실'을 '여성을 위한 것'으로 대체하여 성 본능을 자극하는 유머를 만들어내는 기지를 발휘하였다.

임어당은 타이완에서 유명인사가 되어 각계 기관으로부터 초청받아 연설하는 일이 잦았다. 행사에 참석하여 강연이나 축사를 하는 것은 별문제가 아니지만, 그에게 가장 커다란 골칫거리는 집회 때마다 장황하기 그지없는 다른 명사들의 연설을 들어야 한다는 점이었다.

한번은 어느 대학 졸업식장에 갔는데, 거기서도 또 한 차례 지겹도록 긴 장광설을 들어야 했다. 이윽고 그의 차례가 되자, 임어당은 단상에 올라 이렇게 말문을 열었다.

"여러분, 축사나 연설은 여성의 스커트처럼 길이가 짧을수록 좋습니다. ……."

문교장관을 비롯한 내빈과 학생들의 폭소가 터진 가운데 그는 다시 몇 마디로 압축된 격려사를 마쳤다.(53)

외국어

조선시대 유머에 '남자를 평가한 기생'의 이야기가 나온다. 기생이 집에서 손님을 맞이하는데 한 선비가 들어와 있었다. 얼마 있다가 두 선비가 들어오자, 기생이 "마장군馬將軍과 여초관呂哨官이 오셨구먼."이라고 말하며 웃었다. 얼마 후에 또 두 사람의 손님이 들어오니까 기생은 이렇게 말했다.

"우별감禹別監과 최서방崔書房, 어서 오세요."

미리 와 있던 선비가 네 사람의 선비와 통성을 나누고 술을 함께 마시고 나니 기생이 불렀던 성과는 전혀 다른 성씨의 사람들이었다. 그래서 손님이 물러간 후, 기생에게 물으니 기생은 이렇게 대답했다.

"서방님, 오랫동안 사귄 사람들의 성씨를 모를 수가 있겠습니까? 처음 사람은 몸이 크고 연장 또한 말처럼 커서 '마(馬: 말 마)장군'이라고 불렸지요. 둘째 사람은 몸은 큰데 연장이 작아서 당나귀의 그것과 같으므로 '여(驢: 나귀 려)초관'이라고 불렸는데 음이 같은 여呂라고 부른 것이지요. 세 번째 사람은 나와 잠자리를 하면서 배 위에 올라가자마자 바로 물을 쏟아버리고 내려오니, 소를 닮았으므로(소는 교합과 동시에 사정이 일어남) '우(牛: 소 우)별감'이라고 했는데 역시 음이 같은 우禹씨로 해주었답니다. 그리고 마지막 사람은 나와 잠자리를 할 때 내 배 위를 오르락내리락하면서 조급해하므로, 참새를 닮았다 하여 '작(雀: 참새 작)서방'인데 우리나라엔 그런 성이 없으므로 글자꼴이 비슷한 최崔 씨로 한 것입니다."

선비가 기생을 바라보면서 궁금한 듯이 자신은 무슨 성씨냐고 묻자, 기생은 다음과 같이 말해주었다.

"서방님은 연장이 작고 힘도 없어서 실속이 전혀 없는데도 날마다 와서 보채기만 하니, 제가 아래서 힘써 주지 않으면 애만 태우다가 허송세월하지 않겠습니까? 그러니 당연히 허생원許生員이지요. 허許와 허噓 자가 음이 같으니까요."

기생의 말에 선비는 기생 위에 엎드려 있다가 벌떡 일어나 앉았다.(18)

이 유머를 한자권이 아닌 영어권 지역에서 끄집어내어 이야기한다면 유머가 되지 않을 것이다.

서울 덕수궁의 정문은 원래 대안문大安門이었다. 그런데 배정자裵貞子가 양장에 모자를 쓰고 빈번히 출입하자, 이를 밉게 본 신하가 상주했다.

"동방의 비결을 보니, 갓 쓴 여자가 '갓 쓴 여자 문'을 출입하면 나라가 망한다고 했습니다. 하오니 원컨대 배정자를……."

이에 고종은 배정자의 출입을 금하고, 대안문을 대한문大漢門으로 고쳐 부르게 했다. '안安' 자가 '갓 쓴 여자'이기 때문이었다.(14)

한자를 사용하지 않는 문화권에서는 '대안문'을 배반하고 '대한문'으로 바뀐 것을 설명해주어도 이해가 가지 않을 것이다.

한자어에 대한 배반의 한 예를 한국 민담 '며느리 문자 세배하기'에서 알아보자.

> 마음씨가 고약한 셋째며느리를 골려주기 위해 시아버지와 며느리들이 짜고 문안인사를 한자의 뜻풀이로 하기로 정했다.
> 첫째며느리는 큰 갓을 쓰고 와서 '편안할 안安' 자로 글자 문안을 올렸다.
> 둘째며느리는 아들을 안고 와서 좋을 '호好' 자로 글자 문안을 올렸다.
> 셋째며느리는 생각하다가 옷을 홀딱 벗고 '여呂' 자로 글자 문안을 올렸다.(45)

이상의 유머에서 첫째나 둘째며느리가 올린 글자 문안에서 웃음을 느끼지는 않는다. 다만 셋째며느리가 올린 글자 문안의 방법에서 독자들은 커다란 웃음을 터뜨린다. 셋째며느리가 올린 글자 문안의 방법은 글을 읽는 사람들의 기대규범(문화)을 배반하고 성 본능을 추구하는 표현의 문안 인사이어서 웃음을 터뜨리게 한다.

이 이야기는 현재에도 한국 사회의 문화규범에서 벗어난 표현이다. 성性의 표현이 금기시禁忌視되는 사회에서는 금기를 깨뜨린다는 점이 바로 웃음을 자아내게 한다.

> 1946년, 파리에서 드골이 정부 수반 직을 막 사임한 상태에서 영국대사관 직원들과 만찬을 하는 자리였다. 드골 부인은 검은 옷차림의 엄격한 모습으로 식사하는 중이었다. 누군가가 드골 부인에게 영어로 남편이 이제 짐스러운 책임을 벗었으니 가장 고대되는 일이 무엇이냐고 물었다. 그녀의 대답은 좌중을 깜짝 놀라게 했다.
> "페니스요(A penis)."
> 순간 침묵이 이어졌고, 그 침묵을 깨며 드골이 말했다.
> "여보(ma chérie), 발음이 틀렸소. 애피니스('appiness, 행복)라고 말해야 했소."(181)

영어를 모르는 드골Charles De Gaulle(1890~1970)의 부인이 애피니스(행복)를 배반하고 하필이면 남성의 성기를 의미하는 페니스란 단어를 사용하여 웃음을 자아냈다. 영어를 사용하지 않는 문화권 — 문화에 대한 배반이 일어날 까닭도 없으므로 — 에서는 이러한 발언이 유머가 될 수 없을 것이다.

○ ○ ○ ● ○

4. 도구의 배반

장식

「최후의 심판」에 등장하는 인물들은 모두 나체다. 나폴리의 카포디몬테 미술관에 보관되어 있는 1549년에 만들어진 판화를 보면 성모 마리아와 그리스도를 포함한 모든 인물이 알몸으로 등장한다. 미켈란젤로는 이러한 당돌함에 화형을 당할 수도 있었다. 하지만 그는 당당한 육체의 부활을 옹호했을 뿐만 아니라 비방자들에 대한 답변으로 친구에게 이렇게 말했다.

"인간의 발이 신발보다 고귀하고, 육체가 옷보다 고귀하다는 사실을 인정하지 않으려는 미개한 것들이 무슨 지식인인가? 인간의 아름다움은 신의 위대함이 낳은 열매다. 인간에게 옷을 입히는 것은 인간의 육체보다 새끼염소 가죽이나 양털이 더 우월하다고 널리 알리는 행위와 같다."

수세기 동안 옷을 입힐 것인지, 알몸 그대로 둘 것인지를 결정하지 못했다. 마지막에 가서 바티칸은 알몸의 인물에 팬티를 입히기로 결정했다.(153)

미켈란젤로는 놀지 않고 부지런히 「최후의 심판」을 그렸다. 그는 89세라는 긴 수명을 누렸다. 장수한 것만이 아니라 죽는 날까지 손에서 망치와 끌을 놓지 않았다. 간혹 제자들이 좀 쉬면서 일하자고 하면 "저승에 가서 쉬

어라. 그곳에서는 할 일이 없을 테니까."라고 대꾸했다고 한다.(153)

　　엘리자베스가 프랑스의 비라 메디티나 공작에게, "당신 애인의 초상화를
　　하나 주실 수 없겠습니까?" 하고 은근히 청하자, 공작은 대답 대신에 곧 그
　　녀에게 거울 하나를 보냈다.(14)

메디티나 공작은 엘리자베스가 자신의 애인이라는 의미로 그녀에게 거
울을 보냈다. 그가 애인의 초상화를 보내지 않고 거울을 보낸 것은 그야말
로 뛰어난 재치다. 초상화란 도구를 배반하고 실물을 그대로 담는 거울을
보냈으니 유머러스하지 않은가?

　　미국 CBS 방송의 사회자 앤디 루니Andy Rooney의 유머를 들어보자.
　　"최근 수년간 알츠하이머병 연구에 쓰인 돈보다 훨씬 많은 돈이 가슴확대
　　와 비아그라 구입비용에 들어갔습니다. 이제 한 30년쯤 뒤에는 거대한 가슴
　　과 서 있는 물건을 가진 사람들이 온 거리를 헤매고 다닐 것입니다. 그것들
　　이 어디에 사용되는지 잊어버린 채로 말입니다."(134)

가슴확대나 비아그라는 성 본능을 고양시키는 도구다. 이러한 도구의 당
초 용도를 배반하고 사람들은 사용용도를 잊어버린 채 거리를 돌아다닐
거라는 그의 유머가 우습지 않은가?

물품

　　사랑의 도피행각으로 유명했던 탓인지 리스트 앞에는 그의 사생아라고 주
　　장하는 사람들이 줄을 섰다. 그중 하나가 프란츠 세르바이스라는 피아니스
　　트였다. 그를 아느냐는 질문에 리스트는 이렇게 대답했다.
　　"그 청년의 어머니와는 편지만 주고받는 사이였지요. 편지로 육체관계를

맺을 수 있나요?"(110)

　편지라는 도구는 성적 매체가 될 수 없다. 편지가 의사소통의 도구로서의 역할을 배반하고 육체적 소통의 도구로 사용되었겠느냐고 말하는 리스트Franz Liszt(1811~1886)의 항변은 성 본능을 자극하는 유머로 남았다.

　　「최후의 심판」에서 이브를 유혹하는 뱀의 피부는 붉은색, 주황색, 노란색, 녹색이 번갈아 화려하게 반짝이면서 사탄의 유혹을 나타낸다. 이렇게 변하는 색깔은 주로 예언자와 무녀, 그리스도의 조상들이 입은 옷에서도 곧잘 발견된다.
　　교황 율리우스Julius Ⅱ(1443~1513)는 미켈란젤로가 그리는 「최후의 심판」의 인물상에 금색을 칠할 것을 요구하였다. 교황을 상대하는 데 이골이 난 터이므로 미켈란젤로는 "이분들이 옛날에 금칠한 옷을 입으셨는지 모르겠네요." 라고 응수했다. 교황이 "초라해 보일 거야."라고 말하자, 미켈란젤로는 "여기 그려진 분들은 원래 초라한 형색이었잖아요."라고 재차 응수했다. 금색을 칠하는 일은 그렇게 농담으로 유야무야되고 말았다.(97)

　미켈란젤로는 「최후의 심판」에 출현하는 인물들이 원래 초라한 형색이었으므로 그림에서 금색으로 치장하여 그리는 것은 원래의 모습을 반하게 된다고 꼬집으며 유머러스하게 응수했다.

○ ○ ○ ○ ●

5. 제도의 배반

성적 금기

문화적으로 성 본능이 억압되어 있는 까닭에 겉으로 표출되지 않았을 뿐, 사람들은 성행위에 관련된 사건을 관찰하거나, 듣거나, 이와 관련된 행동을 상상함으로써 성적 만족을 느낀다.

> 로마로 개선하는 카이사르의 병사들을 그린 모습이다. 행진하는 병사들은 가장 좋은 옷과 장비를 갖추고 훈장과 각종 장식물을 부착했다. 오랜 전통으로 병사들은 그들이 한 일과 지휘관에 대한 외설적인 노래를 부를 수 있는 권리를 허용했다. 개선식이 열리는 날에는 병사들도 긴장을 풀고 다소 자유로운 행동을 할 수 있었던 것이다.
> 고참 병사들은 갈리아에 있는 카이사르의 애인들에 대한 노래를 불렀다.
> "카이사르는 공화국의 재산을 갈리아 여자들에게 탕진했다."
> "로마인 여러분, 마누라를 숨기시오. '대머리 바람둥이'가 나타났소."
> 또 병사들은 이렇게 농담했다.
> "범죄를 저지른 사람은 처벌을 받는데, 원로원에 도전한 카이사르는 로마의 지배자가 되었다."(107)

카이사르는 개선식이 끝나자 병사들에게 1인당 5,000데나리우스를 주었다고 한다. 이는 16년간의 군무를 마치고 전역하는 군단병의 봉급 총액보다도 많은 액수였다. 그는 일반 시민에게도 아낌없는 혜택을 베풀었다. 도시 빈민을 포함한 모든 시민에게 100데나리우스와 함께 밀과 올리브유가 배급되었다고 전해진다.(107)

링컨은 천성이 착하고 인정이 많은 사람이었다. 남북전쟁 중 군법회의에서 사형선고를 받은 탈영병이나 도망병 같은 군법 위반자들의 부모로부터 자식의 구명을 탄원 받고서는 특사로 그들을 풀어주었다. 그래서 대통령이 군기를 망친다고 군 지휘관들이 불평을 해오던 터였다.

어느 날 국무회의에서 링컨 대통령은 국방장관으로부터 똑같은 불평을 듣게 되었다.

"남의 부탁을 매정하게 거절하지 못하는 단점이 있다는 것을 나도 잘 알고 있소. 그나마 내가 남자로 태어난 것이 천만다행이지. 만약 여자로 태어났다면 무슨 일이 일어날지 뻔한 노릇 아닌가?"

그의 말에 긴장되었던 국무회의는 순식간에 부드러운 분위기로 바뀌었다.(131)

이 유머는 뒷부분에 링컨 자신이 여성이었다면 남성의 성적 요구를 거절하지 못하였을 것이라는 의미로 이해되자, 인간의 성 본능을 자극하는 유머로 변한다. 링컨의 변명은 여성의 방종을 거부하는 문화를 배반하는 유머인 까닭에 사람들로 하여금 웃음을 선사한다.

윈스턴 처칠의 부친 랜돌프 처칠Randolph Churchill(1849~1895)은 정치가였다. 선거운동 때, 부인이 가두에 나서서 깨끗한 한 표를 부탁하고 있었다. 이때 한 노동자가 말했다.

"깨끗한 한 표라고요? 천만에! 점심시간이 될 때까지 잠자리에서 일어나지도 않는 게으름뱅이에게 누가 표를 주겠소?"

억울한 소리를 들은 부인은, "그것은 얼토당토않은 거짓말입니다. 저는 바로 그 사람의 아내입니다. 그러니 누구보다도 확실한 증인이 될 수 있지 않겠어요?" 하고 항변했다. 그러자 노동자는 빙그레 웃으며, "그래요? 몰라뵈어서 죄송합니다. 나도 만일 댁이 내 아내라면 언제까지나 일어나고 싶지 않을 것 같은데요."(14)

노동자가 윈스턴 처칠 모친의 성적 매력을 언급함으로써 그의 부친의 게으른 행동을 상쇄할 수 있을 만큼 두 사람 사이의 잠자리 시간을 은연중에

드러내어 웃음을 자아낸다.

처칠이 보수당을 탈당하고 자유당에 입당하였을 때, 그의 팬이었던 많은 사람이 노발대발했다. 한 젊은 여성이 그에게 이렇게 말했다.

"당신에게는 내 마음에 들지 않는 점이 두 가지가 있습니다."

"호오, 그래요? 그게 무엇입니까?"

"당신의 새로운 정책과 수염입니다."

그녀가 말하자 처칠이 차가운 표정으로 말했다.

"당신은 그 두 가지를 절대로 쉽사리 가까이할 수 없을 것입니다."

그리고 노발대발 분노하는 사람들을 향해 소리질렀다.

"영국의 배는 파도에 휩쓸리지 않고 방향키를 제대로 잡고 향해 중입니다."(149)

코밑수염을 혐오한다는 젊은 여성의 항의에 처칠은 신체접촉을 통해 터득하여야 비로소 알 수 있는 콧수염을 우연중에 성행위의 도구로 떠올리는 유머로 응수하여 웃도록 만들었다.

파리에서 미술 공부를 하던 시절, 모네는 잘생긴 외모에 레이스 소매를 소화할 만큼 뛰어난 패션 감각으로 여자 모델들을 감탄시켰다. 자신을 유혹하는 여자들에게 그는 이렇게 말하곤 했다.

"미안해요. 저는 공작부인 아니면 하녀하고만 잡니다. 가장 선호하는 쪽은 공작부인의 하녀죠."(109)

모파상의 단편소설 『비곗덩어리』에는 등장인물들의 성 본능을 드러내는 장면이 나온다. 독일과 프랑스가 전쟁을 벌이는 과정에 독일 군을 피해 피난 길에 오른 프랑스 부인들은 일행 중 이야기의 주인공인 창녀 불 드 쉬프(비곗덩어리)가 독일군 장교의 동침요구를 거절하는 바람에 여관에 억류되어 떠나지 못하는 신세가 된다. 백작부인과 사업가 부인은 창녀가 독일군 장교의 동침에 응할 수 있도록 다음과 같은 이야기로 분위기를 띄운다.

클레오파트라가 적의 장군들을 차례로 침실에 끌어들여 전부 노예처럼 길들였다는 이야기에서 시작하여 로마의 여성들이 카푸아로 몰려가서 정복자인 한니발과 부하 장병들을 농락하였다는 황당무계한 역사 이야기가 터져 나왔다. 그뿐인가. 영국 명문 출신의 여자가 보나파르트(나폴레옹)에게 옮길 작정으로 제 몸에 무서운 전염병을 접종시켰으나, 잠자리에 든 순간 보나파르트가 갑자기 발기부전이 되는 바람에 위기를 모면하였다는 따위의 저질스러운 이야기가 나왔다.(63)

모파상Guy de Maupassant(1850~1893)은 소설을 통해 자신들의 목숨을 구하려고 애꿎은 창녀 불 드 쉬프(비곗덩어리)에게 몸을 팔라고 강요하는 귀족들의 행태를 빈정댄다. 모파상은 파리 에펠탑 안에 있는 식당에서 매일 점심을 먹었다고 하는데 파리 시내에서 그가 혐오하는 시설이 보이지 않는 유일한 곳이기 때문이었다고 한다.

> 『흥부전』의 박을 타는 장면에서 흥부 내외가 한 개의 박을 타니 아름다운 월궁 선녀가 나와 흥부의 측실이 되겠다고 하니, 흥부 아내가 질투하여 말한다.
> "내가 처음부터 그 박은 타지 말랬지."(12)

억제되어야 할 질투를 배반하고 자신의 성 본능에 충실하리만큼 측실을 질투하는 흥부 아내의 모습에 독자들은 공감을 느낄 것이다.

> 클린턴이 조깅하다가 창녀를 만났다. 클린턴이 창녀를 지나치면서 "20달러면 어때(20 bucks)?"라고 말하자, 창녀가 "어림없어요."라고 대답한다. 다음날 클린턴이 힐러리와 조깅하다가 또다시 그 창녀를 만났다. 그 창녀 왈, "20달러 가지고 살 수 있는 여자란 어떤 여자인지 이제 아시겠죠?"(210)

지어낸 이야기이긴 하지만, 클린턴의 성적 일탈을 빈정대는 유머다. 창녀가 힐러리의 가치를 배반하고 20달러짜리 창녀라고 빈정대는 지적이 성 본능을 건드려 유머러스한 이야기가 되었다.

유네스코 세계문화유산으로 지정된 루마니아 북부지방의 '사푼타 묘지'에는 자신의 인생을 솔직하게 고백한 묘비명이 있는 것으로 알려져 있다. 그곳에 이렇게 새겨져 있는 묘비명이 있다.

"내 생전에 미남자들을 좋아해 은밀한 시간도 많이 가졌지. 하지만 내 남편, 당신은 나만 생각해야 해요."

"바람만 피우다 죽은 나의 남편. 당신은 떠났지만 그래도 용서 못함."(67)

혼인

오스트리아 출신의 프란츠 요제프 하이든이 영국 런던을 방문하여 20회나 되는 연주를 하면서 귀족들의 생활모습을 알게 되었다. 영주들은 술과 여자에 빠져 있고 정부情婦를 두기 위해 막대한 빚을 지고있었다. 영국 여성에 대한 인상이 안 좋았던지 그는 영국에서 지낸 소감을 다음과 같이 술회하였다.

"프랑스 여자는 처녀시절에는 정결하지만 부인이 되면 방종한다. 네덜란드에서는 처녀 시절에 방종하더라도 그 후에는 정결해진다. 영국 여인들은 평생을 통해 방종한다."(26)

음악가 하이든Frantz Joseph Haydn(1732~1809)은 당시 유럽에서 가장 발전한 영국, 네덜란드, 프랑스의 여성상을 비교하여 설명하고 있다. 특히 영국 여성들은 일생 동안 성적으로 방종한 생활을 보낸다면서 영국의 혼인문화를 빈정댄다.

1958년, 테드 케네디가 결혼할 때 그의 형 잭 케네디가 동생 테드에게 속삭였던 귓속말이 녹음테이프에 잡혀 이렇게 전해진다.

"결혼한다는 게 절대 마누라 말고 다른 여자한테 한눈팔지 말아야 한다는 얘기는 아니다."(37)

케네디가 혼인의 문화를 배반하고 동생 테드에게 외도를 추구하도록 권하는 발언이 성 본능을 건드리는 유머가 되었다.

> 1961년 8월, 케네디 대통령은 한 보좌관으로부터 그가 백악관에 들어온 뒤로 백만 번째 방문객이 오리라는 말을 듣고 이렇게 말했다.
> "그가 공산주의자냐, 자유주의자냐, 아니면 여자냐?"(78)

케네디는 정치체제를 신봉하는 지지자를 찾기보다 여성을 선호한다는 성 본능에 집착하는 유머를 던져 재미있는 일화를 만들어내었다.

명성

> 레오나르도 다빈치가 자신의 노트에 남긴 몇 안되는 진한 농담 중의 하나다.
> 한 여인이 빨래를 하고 있었다. 여인의 발은 추위로 빨갛게 얼어 있었다. 그곳을 지나가던 성직자가 여인의 발을 보고 깜짝 놀라, 왜 그렇게 빨간지 물었다. 여인은 자기 발밑에 불이 훨훨 타오르고 있어서 그렇다고 대답했다. 그러자 성직자는 자신의 신체 일부를 꺼내 여인에게 가까이 대면서 자기 양초에 불을 켜줄 수 있겠느냐고 공손하게 물었다.(170)

성직자가 종교적 명성을 저버리고 성 본능을 추구하려는 모습은 다빈치가 상상하여 지어낸 이야기가 아닐까?

> 교황 요한 바오로 23세(교황재위 1958~1963))가 교황청 대사로 파리에 왔을 때 그는 만찬장에서 최고의 인기를 누렸다. 당시 그가 했던 얘기는 이렇다.
> "어떤 숙녀분이 지나치게 파인 옷을 입고(trop décolletée) 만찬에 오면 모든 사람의 눈이 그 숙녀분한테 향할 거라고 생각하겠지오. 천만에요!(Mais non!) 사람들은 교황청 대사의 눈이 어디를 바라보는가 하고 숙녀분보다 저를 바라보는 걸요!(Ils regardent le Nonce!)"(181)

교황청 대사가 명성을 배반하고, 가슴이 훤히 들여다보이는 옷을 입은 숙녀를 바라볼 것이라고, 성 본능에 부합하는 교황 자신의 이야기에 유머가 깃들어 있다.

　　젊은 시절 잭 케네디의 이야기다. 그는 팜비치나 하이애니스포트 별장을 찾아와 묵고 갈 여자들에게 이렇게 당부하곤 했다. 짓궂은 미소와 함께, "주무실 때 침실 문을 꼭꼭 걸어 잠그세요. 우리 대사(잭의 부친 조지프 패트릭 케네디)께서는 밤늦게 어슬렁어슬렁 돌아다니시는 습성이 있습니다."(37)

　짓궂은 장난이건 아니건, 근엄한 부친의 이미지를 배반하고 밤늦은 시각 성적 행각에 몰두하는 지도층 인사가 케네디 부친이라는 이야기가 유머러스하게 들린다. 금주령의 시기에 마피아의 보호 아래 술 밀매로 치부하여 은행가를 거치면서 영국 주재 미국대사까지 지낸 분일지라도 일반 사람들과 다름없다는 아들 케네디의 짓궂은 장난에 웃음이 절로 난다.

윤리

　　루이 15세의 특별비서관 브레는 왕태자비 마리 앙투아네트가 스트라스불에 도착한 사실을 국왕에게 보고했다.
　　"미인이던가?"
　　"천사와 같으신 분이옵니다."
　　"눈은 아름답던가? 살빛은 희던가?"
　　"이 세상 사람 같지 않사옵니다."
　　"가슴은 어떻던가?"
　　"황송하오나 폐하, 신하의 몸으로 그러한 곳까지 시선을 보내는 무례한 행동은 할 수가 없었사옵니다."
　　"그대는 좀 모자라는 것 같소. 만사는 거기에서부터 시작되는 거란 말이오."(149)

링컨이 변호사로 일하던 당시 제이크라는 사람의 조카딸이 링컨의 집에서 일하게 되었는데, 일을 시작한 지 며칠 만에 링컨의 아내 메리 토드와 한바탕 싸움을 하게 되었다. 그러자 그녀는 앞치마를 집어 던지고 짐을 싸서 그대로 뛰쳐나갔다.

그날 오후 제이크가 노새를 끌고 링컨의 집으로 와서 조카의 짐을 가져가겠다고 하자, 메리 토드Mary Todd (1818~1882)가 화를 내면서 그와 그의 조카에게 욕설을 퍼부었다. 분노를 참지 못한 제이크는 시내에 있는 링컨의 사무실로 달려가 부인의 사과를 받아내지 못한다면 참을 수 없을 것 같다고 말했다. 잠자코 이야기를 듣고 있던 링컨은 처량한 어조로 이렇게 말했다.

"무척 안타깝게 생각합니다. 하지만, 제가 15년 동안 매일같이 겪어온 것을 잠시만 참아주시면 안 되겠습니까?"

이 말에 롱 제이크는 링컨에게 오히려 미안하다고 사과하고서는 그곳을 떠났다.(23)

링컨의 무기력한 가장으로서의 역할도 문화반란이지만, 링컨이 기가 센 아내의 치마폭에 싸여 살아가는 모습이 더더욱 웃음을 자아낸다.

영국을 방문한 벤저민 프랭클린은 알렉산더 딕 경의 저택에 묵었다. 거기서 애덤 스미스, 데이비드 흄, 케인스 경 등 스코틀랜드 계몽주의의 거장들을 만났다.

프랭클린은 식사하는 자리에서 그가 즐겨 사용하는 문학적인 패러디를 화제로 삼아 좌중을 즐겁게 만들었다. 프랭클린은 성경을 이용해 만든, 일명 '홀대에 관한 우화'를 소개했다.

아브라함은 198세나 된 나그네에게 음식과 쉴 곳을 제공했는데, 나그네가 자신은 아브라함의 신을 믿지 않는다고 말하자, 아브라함은 그를 내쫓았다.

한밤중에 신이 아브라함을 불러 말씀하셨다. "아브라함아, 나그네는 어디 있느냐?" 아브라함이 대답했다. "주여, 그는 당신을 섬기지도 않고 당신의 이름을 부르지도 않았습니다. 그래서 제가 직접 황야로 내쫓아 버렸습니다." 그러자 신이 말씀하셨다. "그가 비록 나를 대적했지만, 나는 198년 동안

그를 참아주면서 먹이고 입혔는데, 네 스스로도 죄인인 너는 단 하룻밤도 그를 참을 수 없었더냐?"(119)

아브라함은 신을 믿지 않는 나그네를 홀대하였다. 그렇지만 나그네를 198년 동안 기다렸던 하느님은 하룻밤도 참아내지 못한 아브라함을 나무란다. 윤리를 배반한 아브라함의 행동을 나무라는 신의 모습에서 유머가 느껴지지 않는가?

고정관념

독일의 작곡가 바흐는 사촌누이인 마리아 바르바르와 결혼했다. 바흐의 결혼생활은 아내의 죽음으로 13년밖에 계속되지 못했다. 사랑했던 아내의 죽음에 충격을 받고 장례식을 마친 며칠 후, 방문을 열고 살짝 들어온 장의사가 장례비 청구서를 내밀었다. 바흐는 장의사에게 건성으로 이렇게 말했다.
"집사람에게 물어봐 주세요."(14)

전적으로 아내가 생활을 꾸려가는 결혼생활을 보낸 바흐Johann Sebastian Bach(1685~1750)는 습관적으로 아내가 죽은 후에도 집사람에게 의지한다.

그림 작업이 한창 진행 중이던 빈센트 반 고흐에게 가끔 모델이 되어주던 가톨릭교도 시골 처녀 고르디나 데 흐로트가 임신하는 일이 벌어졌다. 그녀는 카톨릭 신자였다. 아이의 아버지는 신교도이자 농민의 옷을 입고 다니는 부르주아지인 빈센트 반 고흐라는 소문이 퍼졌다. 그는 펄쩍 뛰며 부인했지만 지역 성직자들은 그에게, "지체가 낮은 사람들과 너무 친하게 지내지 말라."고 경고했다. 성직자들은 또한 가톨릭신자들에게 반 고흐의 모델이 되어주지 말라고 강요했으며, 심지어 모델 서는 일을 거부하면 돈을 주겠다는 약속까지 했다. 1885년 9월, 반 고흐는 다음과 같이 불평했다.
"요즘에는 아무도 밭에서 모델이 되어주는 사람이 없다."(169)

모델이면 화가와의 불륜관계를 피할 수 없다는 고정관념에 틀어박힌 사회를 살아간 불쌍한 반 고흐의 처지가 유머러스하게 들리기보다 오히려 처량하게 들린다.

세르반테스의 『돈키호테』 후편(제44장)에 주인공 산초가 인구 1천 명의 바라타리아 섬의 총독으로 부임하여 겁탈 관련 사건을 현명하게 재판하여 마을 사람들이 감탄하는 이야기가 나온다.

한 여자가 한 남자(양돈업자)를 끌고 와 자신을 겁탈한 사람이라고 주장한다. 사나이는 여자의 진술이 새빨간 거짓말이라고 항변한다. 산초는 사나이에게 은화를 그 여인에게 주라고 말한다. 남자는 은화 20냥이 들어 있는 지갑을 여인에게 준다. 여인이 나가자 눈물을 흘리고 있던 남자에게 산초는 그 여인의 지갑을 빼앗으라고 말한다. 남자는 길거리에서 여인의 치마 안무릎에 있는 돈 지갑을 빼앗으려고 애썼지만 빼앗지 못한다.

산초는 재판정으로 되돌아온 여인에게 지갑을 잠깐 보자면서 받은 뒤에 이를 남자에게 주면서 여인을 꾸짖는다.

"이 지갑을 지키기 위해 힘쓴 억센기운을 절반만이라도 네 몸을 지키는 데 힘썼다면 그 힘센 헤라클레스조차 너를 겁탈하지 못하고 물러났을 것이다. 이 자리에서 썩 꺼져라! 이 섬 어느 곳에도 머물지 말라. 들어섰다간 곧장 2백 대를 맞을 줄 알라. 이 뻔뻔스럽게 낯가죽이 두꺼운 사기꾼아!"

그리고 남자를 향해 말한다.

"자, 이제 돈을 가지고 집으로 돌아가라. 그리고 앞으로 돈을 잃고 싶지 않거든 기분이 내키는 대로 아무하고나 엉클어져서 기분을 내지 않도록 조심하라."(85)

산초가 현명하게 재판하여 가려낸 헤픈 여자가 빈정거림의 대상이 되어 독자들에게 웃음을 선사한다.

언젠가 처칠이 런던에서 열린 공식적인 연회에 참석했을 때, 몇몇 손님이 물었다.

"당신이 만약 지금의 당신이 아니라면 어떤 사람이 되고 싶습니까?"

처칠은 잠시 생각에 잠겼다. 사람들은 당연히 나폴레옹이나 그의 아버지 또는 선조 말보로 공 1세라는 대답이 나오리라고 예상하고 있었다. 그러나 이윽고 처칠이 대답했다.

"내가 지금의 내가 아니라면……,"

그는 아내 클레멘타인의 손을 잡으며 말했다.

"무엇보다 처칠 부인의 두 번째 남편이 되고 싶군요."(91)

사람들의 기대, 즉 부친이나 선조 말보로 공작이 되겠다는 기대를 배반하고 아내의 두 번째 남편이 되겠다는 처칠의 언급은 성 본능에 어울리는 재치 있는 유머가 되었다. 처칠이 클레멘타인 호지어Clementine Hozier와 결혼한 것이 1908년이었는데, 그가 훗날 기록하였듯이 두 사람의 결혼은 '그후 언제나 행복'하였다고 전해진다.(47)

인지

멕시코 태생의 화가 디에고 리베라는 아내 프리다 칼로에게 자신의 불륜관계를 자세히 알렸다. 그녀 또한 라이벌들에 대한 혐오감을 전혀 숨기지 않았다. 한번은 남편이 좋아하는 여자를 두고 칼로가 '커다랗고 못생긴 젖통'을 가진 여자라고 빈정댔다. 리베라는 그 여자의 가슴이 그다지 크지 않다고 하자 칼로는 날카롭게 쏘아붙였다.

"그건 당신이 그 여자가 누워 있을 때만 봐서 그래!"(109)

칼로Frida Kahlo(1907~1954)는 남편 리베라Diego Rivera(1886~1957)가 애인의 젖가슴을 누워서 바라보았다고 강조하여 은연중에 남편의 간통사실을 지적한다. 한편 성적 경험이 있는 남자들은 칼로의 지적에 공감하면서 웃음을 터뜨릴 것이다.

1504년 「다비드」 상은 나무틀과 롤러로 작업장에서 설치될 장소까지 운반되었다. 1킬로미터도 안 되는 짧은 거리였지만 운반하는 데 이틀이나 걸렸다. 「다비드」상은 광장(베키오 궁전)에 설치되기에는 적절치 않았다. 원래 올려보도록 설계되었으므로 수평보다 약간 높게 바라볼 경우에는 과도하게 큰 머리와 손이 너무 두드러져 보였다.

오늘날 조각상을 촬영한 사진 ─ 특히 비계를 타고 조각상의 얼굴과 똑같은 높이에서 찍은 사진 ─ 을 보면 아래에서 볼 때의 결의에 찬 표정으로 보였던 얼굴이 실은 상당히 찌푸린 얼굴임을 알 수 있다. 따라서 다비드를 정면으로 바라보는 것은 당초 계산에 없었음이 분명하다. 실제로 「다비드」상을 위에 올라가서 얼굴을 맞대고 바라보면 얼굴에 결의가 찬 모습이 전혀 나타나지 않는다고 한다. 보는 위치에 따라 「다비드」상의 모습도 달라진다.(97)

1886년 5월, 충청도 홍성. 1미터 85센티미터가 넘는 큰 키의 스님이 성큼성큼 걸어갔다. 바랑을 진 젊은 탁발승이 뒤를 따르며 투덜댔다.

"스님, 좀 천천히 가시죠. 다리도 아프고, 짐도 무겁고, 도저히 따라갈 수가 없습니다."

그러나 스님은 아랑곳없이 걸었다.

"아이고, 스님. 바랑이 무거워서 걷기가 힘듭니다."

그러자 스님은 대답했다.

"저기, 마을 우물가에 가면 내가 무겁지 않게 해줄 테니 어서 가자."

두 사람은 우물가에 도착했다. 시골 아낙네가 머리에 물동이를 이고 걸어왔다. 스님이 말했다.

"잠깐, 실례하겠소이다."

아낙네가 돌아보는 순간, 스님은 여인의 얼굴을 감싸고 입을 맞추었다.

"아이고, 이 무슨 망측한 짓이오!"

물동이가 떨어져 박살이 났다. 이걸 본 동네 남정네들이 몽둥이를 들고 달려왔다. 두 사람은 줄행랑을 쳤다. 동네 사람들을 완전히 따돌린 다음에야 둘은 숨을 돌렸다. 젊은 탁발승이 따졌다.

"아니, 스님. 이게 무슨 짓입니까?"

스님이 답했다.

"자네, 죽어라 하고 도망칠 때도 짊어진 바랑이 무겁던가?"

일화 속의 주인공이 경허鏡虛(1849~1912)선사다. 뒤를 따르던 탁발승은 만공滿空(1871~1946)스님이고.(중앙일보, 2012.4.7)

"바랑이 무겁다는 생각도 사람의 마음이 만든다. 마음이 모든 걸 짓고, 모든 걸 부순다."는 설법을 경허선사가 직접 행동으로 보여준 일화다.

제6장

사회적 본능

여기서는 인간이 문화를 배반하고 사회적 동물로서의 본능을 좇아가는 과정에서 웃음을 터뜨리게 한 유머의 사례들을 살펴보고자 한다.

● ○ ○ ○ ○

1. 유전자 이기주의

영국의 생물학자 도킨스Richard Dawkins는 자연선택의 기본단위는 종種도 아니고, 집단도 아니고, 개체도 아니고, 오로지 '유전자'라고 하였다. 미국의 생물학자 윌슨Edward Wilson은 생물이란 DNA를 만들기 위한 수단에 불과하다고 주장하였다. 그러므로 이들의 이론에 따르면 개체의 행동을 결정하는 일관된 기준은 그 소속집단이나 가족의 이익이 아니며, 더구나 그 개체 자신의 이익도 아니다. 유기체는 오로지 이기적 유전자의 운반도구vehicle에 지나지 않는다. 모순된 이야기처럼 들릴지 모르지만 유전자 이기주의의 입장에서 보면 오히려 인간이 사회적 본능에 충실해질 수밖에 없는 이유가 제시된다.

친족관계의 정도는 자신의 유전자를 공유하고 있을 확률을 말한다. 영국의 유전학자 라이트Sewall Wright는 이 개념을 나타내기 위해 '혈연도'라고 일컫는 친족관계 계수를 소개하였는데, 이 계수는 우리가 사용하는 촌수의 횟수와 같다.

우리가 사용하는 촌수는 혈통 관계가 이루어지기 위해 유전자의 결합(성교 횟수)이 몇 회나 일어났는지를 나타내는 횟수다. 가령 형제와 자매 사이의 관계라면 형을 위한 유전자 결합 1회, 아우를 위한 유전자 결합 1회, 전체 2회의 공통 유전자의 결합을 필요로 하는 까닭에 형제자매는 2촌지간이다. 사촌은 최소한 네 번의 유전자 결합이 있어야만 출현하는 친족관계의 정도를 나타낸다.

그래서 유전자 이기주의를 신봉하는 학자는 4촌 두 명이나 2촌 한 명이나 동일한 값어치를 가진다고 주장한다. 가령 물에 빠진 아들(1촌) 한 명을 포기하고 사촌 다섯 명을 구할 수 있으면 유전자는 그렇게 하라고 지시한다는데 과연 그럴까? 아무래도 자신이 서지 않는다.

기원전 48년, 카이사르가 폼페이우스Gnaeus Pompeius Magnus(B.C. 106~48)를 쫓아 이집트로 왔을 때 폼페이우스는 이미 로마병사 셉티무스에 의해 살해된 뒤였다. 카이사르는 클레오파트라Cleopatra(B.C. 69~30)를 왕으로 세운 뒤 폼페이우스에 호의적이었던 그리스를 침공하였다. 카이사르는 여러 도시가 폼페이우스 편에 선 죄를 묻지 않았다. 다만 아테네 시민에게는 딱 한마디 빈정거리는 것을 잊지 않았다.

"여러분은 죽어 마땅한 죄를 되풀이해서 짓는 것으로도 유명하지만, 그때마다 눈부신 업적을 남긴 조상 덕택에 용서받는 것으로도 유명합니다."(93)

현재 살고 있는 유기체(아테네 시민)는 밉지만 그들의 몸속에 존재하는 유전자는 훌륭한 선조들이 남긴 유산(유전자)이 아닌가?

서기 698년 봄, 중국 당唐나라 무측천則天武后(624~705)이 여황제로 군림하고 있을 때, 후계자를 자신의 아들(李씨)로 삼느냐 아니면 자신의 조카(武씨)로 삼느냐를 두고 고민할 때의 이야기다.

무측천武則天의 조카 무승사武承嗣와 무삼사武三思는 황태자 문제로 여러 차례 사람을 보내 무측천에게 고했다.

"자고로 천자는 다른 성으로 후계자를 삼은 예가 없습니다. 제위를 무씨에게 넘겨 주십시오."

그러나 재상 적인걸狄仁傑(Di Ren Jie, 630~700)은 반대했다.

"고모와 조카, 모자 중에서 누가 더 가깝습니까? 폐하가 자식을 세우면 오

랜 시간이 흐른 뒤에 태묘를 세워 그 승계가 무궁할 것입니다. 조카가 천자
가 되어 고모의 묘를 세웠다는 말은 아직 들어보지 못했습니다."

그러자 무측천이 "이는 집안일이니 네가 미리 알려 하지 말라."고 하였다.
적인걸은 "왕은 천하를 일가로 하니 누가 가족이 아니라 하겠습니까? 무엇
이 폐하만의 집안일입니까! 군주는 머리이며 신하는 수족입니다. 뜻은 하나
인데 하물며 신은 재상으로서 어찌 알면 안 됩니까?"라고 말하였다.

다른 날 무측천이 적인걸에게 꿈 이야기를 했다.

"짐이 꿈속에서 큰 앵무새의 두 날개가 꺾이는 것을 보았다. 어찌 된 일인
가?" 하고 물으니 대답하기를, "앵무鸚鵡의 무武 자는 폐하의 성씨이고, 두 날
개는 두 자식입니다. 폐하가 두 자식을 세우면 두 날개가 떨쳐진다는 뜻입니
다."라고 하였다. 무측천은 이후로 자신의 조카 무승사와 무삼사를 세우려
는 뜻을 접었다.(163)

자식이 조카보다 촌수가 가깝다. 무측천은 두 아들 이현과 이단 중에서
적장자에게 황제자리를 물려준다. "아버지는 아들이 잘났다고 하면 기뻐
하고, 형은 아우가 더 낫다고 하면 노한다"는 우리 속담 처럼 1촌(아버지와 아
들의 촌수)과 2촌(형과 아우의 촌수) 사이에는 커다란 차이가 있다.

셰익스피어의 『리어왕』에서도 이 같은 사례를 찾아볼 수 있다. 효심이
없는 딸이 남편과 결탁해 아버지를 파멸로 이르게 한 것은 그녀가 과거 유
전자(부모)의 이해관계보다는 미래의 유전자(자식)의 이해관계에 충실했기
때문이다. 부녀지간이나 모자지간은 다 같은 1촌 사이다. 그러나 유전자
이기주의의 측면에서는 낡은 유전자 운반도구(부모)보다 젊은 유전자 운반
도구(자식)에 관심을 두는 것이 본능에 부합하는 행동일 수밖에……

부모는 사위가 부엌일을 하는 것은 받아들이지만 정작 자신의 아들이 며
느리를 위해 부엌일 돕는 것을 탐탁찮게 생각한다. 어찌 자신의 50%의 유
전자를 가진 아들을 0%의 유전자를 가진 사위나 며느리와 비교할 수 있겠
는가? 그 대신 25%의 유전자를 가진 손주 — 외손주이건 친손주이건 —
를 사위나 며느리보다 애지중지하는 성향을 보이는 것도 지극히 자연스러

운, 환언하여 유전자 이기주의에 부합하는 현상이다.

　　1578년, 일본 전국시대의 명장 우에스기 겐신上杉謙信(1530~1578)이 사망하자, 동쪽지역의 경쟁자가 사라진 틈을 이용하여 오다 노부나가織田信長(1534~1582)는 도요토미 히데요시에게 서쪽의 모리 데루모토毛利輝元(1553~1625)를 치도록 명하였다. 이때 모리 측의 다이묘인 비젠肥前의 우키타 나오이에宇喜多直家는 노부나가 편에 서겠다고 은밀하게 히데요시에게 통고한다. 나오이에는 네 명의 중신을 불러 히데요시에게 항복문제를 상의했다.

　　"히데요시 경을 보건대 접전의 방식이며 나라를 지휘하고 단속하는 방식 등 하는 일이 가운을 일으키고 충혼을 세운 자들의 공로에 보답하고 만민을 보살피려고 하는데 어떻게들 생각하나?"며 은밀히 평하게 했다. 네 명의 중신들이, "말씀은 지당하오나 소중한 자제분이 데루모토에게 인질로 가 있습니다. 어떻게 안심하실 수 있겠습니까?"라고 하자, 나오이에는 "나 또한 그 일이 가슴 아파서 뼈에 사무치도록 생각하고 도모해보았으나 지금 서쪽에 있는 인질은 5명이고 양국에 있는 부모형제를 세어보건대 100명에 달한다. 5명을 버리고 100명을 구하는 것이 나랏일일 것인즉 귀신 또한 기뻐할 것이다."라고 하자, 이에 모두 나오이에와 뜻을 같이하였다.(99)

　　우리 조상들이 만들어낸 속담에도 "고슴도치도 제 새끼는 함함하다고 한다", "배 썩은 것은 딸을 주고, 밤 썩은 것은 며느리 준다", "봄볕은 며느리 쬐이고, 가을볕은 딸 쬐인다", "외손자를 보아주느니 피밭을 매지" 등등 혈연 선택을 중요시한 선조들의 본능이 엿보인다. "새끼는 제 새끼가 고와 보이고, 색시는 남의 색시가 고와 보인다"라는 속담은 혈연 선택과 성 본능에 집착한 선조들의 삶의 모습을 보여주는 속담이다. 흔히 정성 없이 되는 대로 하는 행동을 두고서는 '처삼촌 산소 벌초하듯'이라고 빗대는데, 이는 낮은 혈연도에 대한 무관심을 결부시킨 속담이다. "자식은 내 자식이 커 보이고, 벼는 남의 벼가 커 보인다"라는 속담도 우리 조상이 가진 혈연 선택의 심리상태를 잘 드러낸다.

　　인간사회의 상속문제만 하더라도 죽기 전에 모든 부를 탕진하거나 자선기관에 기부하여 생면부지의 사람들에게 줄 바에야 후손에게 물려주려고 한다. 유산을 물려주는 행위가 개체 자신에게는 전혀 이익이 되지 않는데도 한사코 자식에게 재산을 물려주려고 하는 까닭은 유전자 이기주의가 본성으로 자리 잡고 있기 때문이다. 유전자의 입장에서 보면 상속재산은 비록 개체를 떠나지만 낡은 운반도구를 갈아탄 바로 그 유전자를 위해 다시 봉사한다.

> 1891년 5월, 뉴욕 카네기홀이 지어졌을 때 카네기는 "이 건물은 세상이 다할 때까지 생명력을 잃지 않았으면 합니다. 우리 미국 역사에 길이 남을 만큼 가치 있게 쓰이길 바랍니다."라고 말했다.
> 또 카네기는 아내 루이스와 딸 마거릿이 걱정 없이 살 수 있도록 재산을 유언으로 남겨주었다. 그러나 대부분의 유산은 사회에 기증하였다. 딸에게는 어머니의 사랑이 가장 값진 것이라는 유언을 남겼다. 그러나 살아생전에 딸에게는 인색하였던 모양이다.
> "아버지의 일생을 있었던 그대로 써 주세요. 전 아버지의 산타클로스 행각에 지쳤습니다."(34)
> 생전에 카네기는 손님들에게 묘비에 어떤 문구가 좋을지 농담처럼 물어보곤 했다. 갑작스러운 질문에 손님들이 어리둥절할 때 카네기가 선수를 쳤다.
> "여기에 자신보다 더 현명한 사람들을 주위에 둘 줄 알았던 사람이 누워 있다."
> 이 글은 현재도 카네기의 무덤을 지키고 있다.(34)

카네기Andrew Carnegie(1835~1919)의 딸은 부친의 이타적 기부행위가 자신의 이익에 벗어나는 까닭에 언짢게 생각한다. 부친의 기부행각을 산타클로스라고 빈정대는 딸의 말투가 이기적 본능에 부합하여 유머러스하게 들리지 않는가?

2. 상호 이타주의

호혜적 이타주의

하지만 유전자를 공유하지 않는 개체에게 이익을 주는 이타적 행동은 어디에서 나올까? 헌혈행위처럼 사람들은 다른 사람을 위해 이타적으로 행동하기도 한다. 이러한 행동모형은 주로 이타주의적 동기에 바탕을 두는데, 이타주의란 자신의 희생으로 다른 사람을 돕는 행위를 말한다. 이러한 성격의 중심을 차지하는 것이 동정심의 발로인데 이것이 천성에서 나온 것인지 아니면 양육해서 나온 것인지에 관한 논쟁은 지금도 계속되고 있다.(62)

이타주의는 여러 가지로 관찰된다. 첫째, 인간사회에서는 수렵·채집시기에 이미 친족이 아닌 동료와 협력하여 동물을 포획하였을 것으로 추측한다. 둘째, 흡혈박쥐는 이타적 교환행위를 벌이는 것으로 알려졌다. 셋째, 침팬지, 비비원숭이, 짧은꼬리원숭이 등도 무언가를 얻기 위해 서로 협력한다고 한다. 모든 종류의 원숭이들은 다른 원숭이를 공격하기 위해 동료원숭이와 연대하는데, 일단 목적을 달성하고 나서는 다시 동료와 싸움을 벌인다고 한다. 이런 동물들의 행동을 살펴보면, 비록 목적은 자신의 이기성을 충족시키려는 데 있지만, 동물들의 협력하는 행동은 수백만 년 전부터 자연선택되어 진화하여 왔다는 사실을 이해할 수 있다.

생물이 다른 생물들의 도움에 의지해야 할 상황에 처하게 된다면, 호혜적 이타주의는 자연선택에 유리한 적응 전략이 될 수 있다. 이타적 행위는 삶을 북돋아줄 뿐 아니라 무리의 생존을 위해서도 반드시 필요하기 때문에 인간도 다른 생물 집단에서 뚜렷이 발견되는, 소위 경쟁과 협력 그리고 이기주의와 이타주의의 대립 원리를 밑바탕으로 하여 살아왔다.

인도의 어느 마을에 마짬바라는 사냥꾼이 살고 있었다. 어느 해인가 마짬바가 사는 마을에 기근이 들자, 온 마을은 식량난에 허덕이게 되었다. 그러던 어느 날, 마짬바가 숲 속에서 사투를 벌인 끝에 코끼리 한 마리를 잡았다. 혼자 힘으로는 도저히 운반할 수 없는 엄청나게 큰 코끼리였다. 그래서 마을로 내려와 사람들에게 소리쳤다.

"여러분! 내가 코끼리를 잡았어요. 아주 큰놈이에요. 코끼리를 운반하는 데 좀 도와주시오."

그 말을 들은 마을 사람들은 너도나도 앞 다투어 코끼리 운반에 나섰다.

"영차, 영차! 우리 코끼리, 우리 코끼리."

마을 사람들은 신나게 코끼리를 운반하면서 '우리 코끼리'라고 외치는 것이었다. 마짬바가 가만히 들어보니 바야흐로 소유권이 달라지는 것이 아닌가? 그래서 소리를 빽 질렀다.

"뭐, 우리 코끼리? 이건 내 코끼리야. 마짬바 코끼리라고!"

그러자 이제껏 열심히 운반하던 사람들이 갑자기 코끼리를 내려놓고 맥빠진 목소리로 말했다.

"그래, 이건 분명히 네가 잡은 코끼리지. 그런데 우리가 왜 이렇게 땀 흘리며 이 야단들이냐?"

그리고는 모두 뒤로 물러서서 팔짱을 끼고 방관자가 되었다.

"좋아! 의리 없는 놈들 같으니라고. 네놈들이 운반을 안 해주면 나 혼자라도 하겠어. 내가 이걸 잡느라고 얼마나 죽을 고생을 했는데."

화가 난 마짬바가 있는 힘을 다해서 끌어보았지만, 워낙 큰 코끼리인지라 꿈쩍도 하지 않았다. 순간 마짬바는 깨닫게 되었다.

'아하, 뭔가 상대에게도 이익이 생기고, 나에게도 이익이 있어야지 나 혼자서만 코끼리를 챙기려고 했으니.'

그래서 다음과 같이 소리쳤다.

"야! 우리 코끼리야. 우리 코끼리라고, 좀 도와줘!"

마을 사람들은 다시 열심히 코끼리를 마을로 옮겼고, 코끼리를 공동분배해서 기근을 잘 넘겼다고 한다.(13)

상호주의의 범위

상호 이타주의는 다른 사람들과 직접적으로 상호 반응할 수 있는 정도에 의존하기 때문에 이 메커니즘으로 결속될 수 있는 집단의 크기에는 한계가 있다. 왜냐하면 협력할 가능성이 있는지에 관하여 정보를 얻을 만한 수준에 도달하기까지 여러 사람을 직접 만나 상호 거래하고 기억해두어야만 한다. 그렇게 하기 위해서는 접촉할 대상으로 삼을 수 있는 사람들의 수에는 한계가 있다.

인간사회의 자연스러운 크기에 대해 인간의 뇌가 감당할 수 있고 헤쳐나갈 수 있는 사회적 네트워크의 크기를 대략 150명 정도라고 한다. 진화심리학자 로빈 던바는 역사적·인류학적 원천의 다양성을 주시한 결과 인간의 씨족, 마을, 투쟁단체, 개인 등의 네트워크 크기가 대략 150개 전후임을 발견했다.

> 어느 만찬장에서 마크 트웨인이 천당과 지옥 중에 어느 곳에 정치인들과 경제인들이 더 많을 것 같으냐는 질문을 받고 이렇게 대답했다.
> "나는 천당이 어떻고 지옥이 어떻다는 등의 말은 하고 싶지 않아요. 천당과 지옥 양쪽 모두에 내 친구들이 있거든요."(127)

마크 트웨인은 사회적 본능을 좇아 친구들을 들먹이며 천당과 지옥의 존재를 빈정댄다.

> 1952년, 아이젠하워가 대통령 선거에 출마하면서 러닝메이트로 리처드 닉슨이 선택되었을 때 「뉴욕포스트」지는 닉슨이 캘리포니아 기업인으로부터 1만 8천 달러의 자금을 받았다고 폭로했다. '트루먼 정부가 남긴 부패척결'을 대통령 선거캠페인 구호로 내세운 아이젠하워는 닉슨을 버리기로 결정하기 직전인 9월 22일, 닉슨은 30분간의 텔레비전 연설을 통해, 자금을 받았지만 자신을 위해 사용하지는 않았다고 강조한 뒤 부채를 포함한 자신의

재산내역을 낱낱이 공개했다.

또 닉슨은 텍사스의 지지자로부터 개인적인 선물을 받은 적이 있다고 털어났다. 닉슨의 여섯 살 난 딸 패트리샤가 '얼룩이'라고 부르는 애완견 코커스패니얼이 그것이었다. 닉슨은 연설을 마치면서 이렇게 말했다.

"나는 이 점을 분명히 밝힙니다. 남들이 뭐라고 하건 우리는 그 강아지를 소중히 간직할 것입니다."(86)

오늘날 '얼룩이 연설'이라고 불리는 이날의 연설은 닉슨이 '부패정치인'이라는 비난에 대해 가장 멋지게 대응했고, 듣는 사람의 심금을 울려 자신의 정치생명을 구했다. 다음 날 밤, 공항에서 닉슨을 즐겁게 맞이한 아이젠하워는 그를 껴안고 "자네는 내 사람이야!"라고 외쳤다고 한다. 정치가가 과감하게 행동으로 맞서 곤경을 벗어난 새로운 정치상을 탄생시킨 연설이었다. 그의 놀라운 연설은 20세기 후반에 활동한 정치가들에게 스캔들을 극복하는 모델을 제시해주었다.

보수단체가 노무현 대통령 후보의 부인 권양숙權良淑 여사의 부친이 예전에 좌익으로 활동한 일을 문제로 삼자, "그러면 사랑하는 사람을 버리라는 말씀입니까?"라고 대꾸하여 더 이상 선거전의 비방거리가 되지 않도록 만들었다. 대통령이 되기 위해 사랑하는 아내를 버려야 한다면 차라리 대통령을 하지 않겠다고 많은 사람 앞에서 당당히 말하는 바람에 오히려 유권자들의 심금을 울려 대통령에 당선되는 데 크게 기여하였다.

임진왜란 때의 일이다. 강을 뒤로 배수진을 치고 왜병들과 싸우다가 부하들에게 지독히 미움을 받은 한 사또가 강물에 빠져 거의 죽을 지경이 되었다. 이를 보고 있던 한 군졸이 급히 뛰어 들어가 간신히 사또를 건져냈다. 그 군졸 덕택에 간신히 목숨을 건진 사또는 군졸에게 은혜를 베풀 생각으로 소원이 무엇이냐고 물었다. 그러자 군졸은 두려운 얼굴로 말했다.

"사또, 소인은 아무것도 바라지 않사옵니다. 다만 한 가지 소원은 사또를 소인이 건져드렸단 말만은 절대로 비밀로 해주십시오."

사또가 "그건 어째서 그러냐?"라고 묻자, 군졸이 대답했다.

"만약 다른 군졸들이 알게 되면 소인은 몰매를 맞아 목숨을 부지하기 어려울 터이니 말입니다."(160)

사또의 생명을 구해주는 일은 이타적 행위이지만 동시에 자신의 목숨을 구하는 일은 이기적 행동이다. 사또와 자신의 생명을 함께 구하는 길은 이타적 행동이 소문나지 않는 방법이었으리라.

똑같은 이야기가 워털루의 싸움에서 나폴레옹Napoleon Bonaparte(1769~1821)을 물리친 완고했던 웰링턴Arthur Wellesley Wellington(1769~1852) 장군에게도 일어났던 것으로 전해진다. 그가 운하에 빠진 일이 있는데 수영을 하지 못하는 그는 병사의 도움으로 살아나게 되었다. 그가 자신을 구해준 병사에게 포상을 하려고 하였으나 똑같은 이유로 은밀히 거절당했다고 한다.(142)

인간의 잡담

인간이 정교한 의사소통체계를 발달시킨 이유는 사냥을 효율적으로 수행하기 위해서라고 한다. 이 견해에 따르면 언어의 1차적 기능은 물리적 · 생태적 환경에 대한 정보를 교환하는 데 있다. 그러나 로빈 던바는 언어의 1차적 기능을 사회적 환경에 대한 정보를 교환하는 데서 찾았다. 왜냐하면 상호 이타주의가 제대로 작동하려면 어떤 사람을 신뢰할 수 있고 어떤 사람을 신뢰할 수 없는지에 대한 정보를 필요로 하기 때문이다.

던바는 직접 경험하지 않고 누가 협력자이고 사기꾼인지에 대한 사회적 정보를 얻는 하나의 방법으로 언어가 발달했다고 주장한다. 직접 속고 나서야 그 사람이 사기꾼이라는 사실을 아는 대신에, 우리 조상은 다른 사람과 잡담을 나눔으로써 간접적으로 그러한 정보를 얻었다. 그래서 던바는 언어의 최초 기능은 오히려 잡담(gossip)이었다고 주장한다.

『한비자韓非子』 내저설하편內儲設下篇에 나오는 이야기다. 춘추전국시대 초회왕楚懷王(?~B.C. 296)에게 세 명의 예쁜 첩이 새로 생기자, 초왕은 첩들에게 빠져 그전까지 예쁘다고 칭찬하던 애첩 정수鄭袖를 거들떠보지도 않았다. 정수는 질투심을 숨기고 세 첩에게 의복, 침구들을 가장 좋은 것으로 주고 세 첩을 극진히 사랑하니 왕은 정수를 보고 질투심이 없는 여자라고 칭찬하였고 첩들은 정수를 언니처럼 따랐다.

때가 되었다고 생각한 정수는 세 첩에게 "왕은 그대들이 아름답지만 다만 그대들의 코가 좀 낮아 그것이 보기 싫다고 하니 그대들은 다음부터 왕을 만날 때 손으로 코를 살짝 가리도록 하시오." 첩들은 정수의 말인지라 그 말을 믿고 왕을 만날 때마다 손으로 코를 살짝 가렸다.

왕은 좀 이상하다 싶었으나 그냥 지나쳤다. 어느 날 정수는 슬며시 왕을 만나 "첩들이 왕의 몸에서 악취가 나서 도저히 견딜 수 없다며 손으로 코를 가렸다고 하는데 정말입니까?" 하고 물으니, 왕은 화가 나서 세 첩의 코를 베어내고 쫓아버렸다. 정수는 욕 한마디 하지 않고 연적을 제거해 버렸다.

초회왕은 귀가 얇은 사람이었던 탓인지 잡담을 곧이곧대로 듣고 첩들의 코를 베어버렸다. 이처럼 특정 사람의 비열한 행위를 전해들은 사람은 그를 직접 경험하지 않았음에도 호감을 보여주지 않는다. 이와 반대로 특정 사람의 너그러운 행동을 들으면 그에게 호의를 베풀려고 한다. 비록 호의를 받은 사람이 직접 보답하지 않는다고 할지라도 호의를 베풀었다는 행동이 집단 내의 구성원들에게 잡담을 통해 전달되어 훌륭한 평판을 얻는다.

소외

사회적 동물은 끊임없이 서로 접촉할 필요가 있다. 에드워드 홀Edward Hall은 동물의 사회적 거리가 자신이 속한 집단과의 접촉이 끊어지는 거리, 즉 더 이상 자기 무리를 볼 수도, 들을 수도, 냄새를 맡을 수도 없을 정도로 떨어진 물리적 거리를 말하는 것이 아니라, 오히려 무리의 한계를 벗어나게 되면 불안감을 갖기 시작하는 심리적 거리로 보았다. 심리적 거리란 한 집단을 결속시키는 보이지 않는 끈이다.

조류와 포유류에게는 같은 무리 간에 제각기 점유하고 방어하는 영역이 있을 뿐만 아니라 서로 간에 유지하는 일련의 일정 거리가 있는데 이 일정 거리들을 비상飛翔 거리, 치명적 거리, 개인적 거리, 사회적 거리로 분류한다. 인간에게도 동료 간에 유지하는 일정한 방식이 있다. 비록 비상 거리와 치명적 거리는 인간의 반응에서 사라졌지만, 개인적 거리와 사회적 거리는 여전히 존재한다.(105)

마크 트웨인은 수필 「The United States of Lyncherdom」에서 미국 KKK단원들이 흑인에게 린치를 가하는 장소에 군중이 모여드는 까닭을 사회적 맥락에서 설명하였다. 인간은 주변으로부터의 눈총을 배우자의 사망이나 죽음보다 더 끔찍하게 느낀다. 사람들이 린치가 자행되는 현장으로 달려가는 이유는 그들이 다만 린치를 가하는 자리에 없었던 사실이 이웃에게 알려져 행여 못마땅한 말이라도 자신의 주변에 나돌까 봐 집에 머무를 수 없는 처지이기 때문이라고 비꼬았다.(39)

리처드 와이즈먼의 '웃음 실험실' 연구에서 인터넷 방문자의 25~35%가 좋아한다고 평가했던 농담 중 하나는 다음과 같은 것이었다.

> 기분이 별로 좋지 않은 여교사가 학급 아이들에게 분풀이를 했다. 그녀는 "자기 자신이 바보라고 생각하는 사람은 모두 일어나 봐!"라고 말했다. 몇 초 후에 한 아이가 천천히 일어났다. 여교사가 그 아이에게 물었다.
> "네가 바보라고 생각하니?"
> 아이가 대답했다.
> "아니오. ……하지만 선생님 혼자 서 계시면 창피하실 것 같아서요."(48)

학생은 교사가 혼자 서 있으면 창피하므로 이를 도와주려고 자신도 일어났다고 이야기하지만, 실제로는 교사가 바보이므로 서 있다는 것을 빈정댄 유머다.

린든 존슨 미 대통령은 목사에 관해 농담하곤 했다.

한 목사가 설교시간에 항상 코를 골며 자는 한 신도 때문에 기분이 언짢았다. 마침내 이 성직자는 이 신도를 골려주려고 낮은 목소리로 말했다.

"천국에 가고 싶으신 분들은 모두 일어나 주세요."

앞줄에서 코를 골고 있는 신도만 빼고 모두 일어섰다. 그들이 앉았을 때 목사는 큰 목소리로 말했다.

"이제 지옥에 가고 싶은 분들은 일어나 주세요."

이 소리 때문에 그 신도는 깨어나 일어섰다. 그는 주위를 둘러본 뒤 함께 일어선 사람이 아무도 없다는 걸 알았다. 그가 마침내 말했다.

"목사님, 우리가 어떤 주제로 투표하고 있는지는 모르겠습니다만 목사님과 저만 찬성하는 것 같습니다."(71)

존슨 대통령은 목사와 신도를 등장시켜 목사가 신도를 우스꽝스러운 인물로 만드는 무대를 만든다.

○ ○ ● ○ ○

3. 언어의 배반

반대어

가장 빈번히 사용되는 유머는 대화 과정에서 상대방이 제시하는 내용에 반대되는 내용으로 즉시 되돌려 주는 문구다. 즉 상대방이 한 말을 거꾸로 되돌려주면 그런대로 의미 있는 유머를 만들어낼 수 있다.

우화로 유명한 이솝Aesop은 기원전 6세기 크상투스라는 철학자의 노예였다. 하루는 크상투스가 술에 취해 "바닷물을 다 마시겠다."고 호언장담하며 모든 재산을 내걸었다.

술이 깬 뒤 후회하는 그에게 이솝은 이렇게 조언했다.

"바다로 들어오는 강물을 먼저 다 막으면 마시겠다고 말하세요."

크상투스는 이솝의 기지 덕분에 곤경에서 벗어날 수 있었다.(60)

이솝은 바다 대신에 '강'을, 그리고 마시는 것 대신에 '막는다'는 의미의 정반대되는 언어를 사용하여 주인 크상투스를 곤경에서 구해냈을 뿐만 아니라 유머도 남겼다.

유명한 극작가인 오스카 와일드는 작품을 무대에 올릴 때마다 혹평을 받았다. 한 관객이 야유를 퍼붓자 오스카 와일드의 친구가 위로했다.

"또 실패했군, 그래도 힘내게."

그러자 오스카 와일드가 고개를 저으면서 말했다.

"내 작품에는 문제가 없다네. 실패한 건 관객이지."(174)

작품의 흥행 실패를 일반적인 상식으로 알려져 있는 자신의 실패가 아니라 반대로 관객의 실패라고 지적하는 오스카 와일드의 대담한 유머를 엿볼 수 있다.

한 젊은 화가가 대선배인 벡크린에게 자기의 고민을 호소했다.

"선생님, 저는 어떻게 하면 성공할 수 있을까요? 좀 가르쳐 주십시오. 저는 단 이삼 일이면 그림을 한 장 그려냅니다. 그런데 그것이 팔릴 때까지는 이삼 년이나 걸립니다."

그러자 노화가 벡크린이 젊은 화가의 어깨를 두드리며 격려하듯 말했다.

"자네는 그까짓 것을 가지고 무얼 고민하는가? 한 장의 그림을 이삼 년 걸려서 그리도록 하게. 그러면 틀림없이 그 그림이 이삼 일 안에 팔리고 말 걸세."(149)

벡크린Arnold Becklin(1827~1901)은 상대방의 이야기를 반대로, 즉 이삼 년과 이삼 일을 뒤바꾸어 사용하여 멋진 유머를 만들어내었다.

> 남북전쟁이 한창 치열한 가운데 링컨은 남부 사람들을 '잘못을 저지르고 있는 같은 동포'라고 언급하였다. 그러자 한 나이 많은 여자가 남부 사람들을 타협이 되지 않는 적으로, 괴멸되어야 할 대상으로 언급하지 않고 '동포'라고 언급하였다고 링컨을 비난하였다. 그러자 링컨은 이렇게 대꾸하였다.
> "부인, 그들을 친구로 만들면 적을 괴멸한 것이나 마찬가지 아닙니까?"
> (35)

링컨은 적의 반대어인 친구를 사용하여 적이란 언어를 배반하였고, 동시에 남부 사람들과의 교류를 바라는 사회적 본능을 좇았다.

> 프랭클린 루스벨트의 부인인 엘리너 여사는 '날아다니는 영부인'으로 불릴 만큼 활동적이었다. 어느 날 볼티모어의 한 교도소를 방문하려고 남편 모르게 아침 일찍 일어나 백악관을 떠났다. 대통령은 아내가 보이지 않자 비서에게 물었다.
> "교도소에 계십니다. 각하!"
> 대통령이 다시 물었다.
> "놀랄 일이 아니군. 그런데 혐의가 뭐죠?"(71)

루스벨트는 '교도소 방문'이라는 언어의 의미를 배반하고 '교도소 수감'이라는 전혀 반대되는 의미로 바꾸어, 혐의가 무엇이냐고 능청을 떨면서 사람들에게 유머를 던진다.

> 1934년, 프랭클린 루스벨트는 금융인 조지프 케네디(존 F. 케네디의 부친)를 새 증권감독위원회 위원장으로 지명했다. 개혁론자들은 실망했다. 민주당 의장 짐 팔리Jim Farley는 그의 재산형성과정에서 때때로 동원된 비도덕적인 방법을 상기시키면서 그의 지명에 항의했다.

루스벨트는 동요하지 않았고 지명을 철회하지도 않았다. 월가를 관장하는 자리에 케네디를 앉히는 데 그 나름대로 합당한 이유가 있었다. 그가 말한 대로 "도둑을 잡기 위해서는 도둑을 임명할 필요가 있었다."(71)

루스벨트는 케네디의 부친을 도둑으로 평하면서 도둑을 잡으려고 경찰을 임명한 것이 아니라 반대로 그를 임명하였다고 농담을 던진다.

> 루스벨트 대통령이 사망하고 나서, 1945년 4월 12일 해리 트루먼 미국 부통령이 백악관에 도착하자, 루스벨트 대통령의 부인이 조용하게 말하였다.
> "해리, 대통령이 별세하였습니다."
> "제가 도울 수 있는 일이…… 있습니까?" 하고 트루먼이 물었다. 그러자 부인은 이렇게 대답했다.
> "저희가 당신을 도울 수 있는 일이 있습니까? 지금 곤경에 빠져 있는 사람은 바로 당신이에요."(179)

트루먼 대통령은 회고록에서 루스벨트 대통령의 부인 엘리너가 남편의 죽음이라는 비통한 순간에도 훌륭한 덕성과 인품을 보여주었다고 썼다. 그녀는 자신에게 닥친 슬픔 가운데서도 자신보다 상대방을 염려하며 여유 있는 모습을 보여준 여걸이었다.

> 처칠의 총리 임기 마지막 해, 그가 참석한 공식석상에서의 일이다. 처칠은 뒤에서 두 남자들의 대화를 듣게 되었다.
> "저 사람이 윈스턴 처칠이라네. 사람들이 그러는데 이제는 노망이 났다고 난리더군. 총리직에서 물러나고 더 유능하고 진취적인 인재에게 국가 통치를 넘겨줘야 한다고들 하더군."
> 행사가 끝나고 나서 처칠은 뒤로 돌아서서 말했다.
> "여러분, 사람들은 처칠이 귀머거리라고들 하더군요."(98)

처칠은 자신을 비난하는 소리를 들었는데도 듣지 않은 것처럼 자신이 건

재함을 귀머거리라고 유머러스하게 말해 상대방의 대화를 빈정댄다.

드골이 제2차 세계대전 중 영국에 머물고 있을 때 영국의 국회의원 한 사람이 찾아와 드골의 보좌관이 자기 마누라와 간통했다고 항의했다. 드골은 독실한 가톨릭 신자답게 문제의 보좌관을 즉각 해임했다. 그런데 해임 이유는 이러했다.

"침대에서 한 짓을 들킬 정도라면 그놈은 바보야. 나라면 그렇게 들키지는 않아. 바보 녀석은 목을 쳐야 해!"(14)

보좌관의 해임 사유가 간통이 아니라 발각된 죄로 재단한 드골의 재치가 웃음을 낳는다.

알제리에서 근무한 대령들과 장교들의 후원 아래 권력에 복귀한 후 드골은 갑자기 태도를 바꿔 프랑스령 알제리를 포기해버렸다. 알제리 총독으로 알제리 대령들과 확고한 우정을 다졌던 자크 수스텔이 드골에게 항의했다. 그는 자신의 입장을 이야기하며 이렇게 말했다.

"나의 모든 친구가 나와 의견을 같이합니다."

그러자 드골이 대답했다.

"그렇다면 친구들을 바꾸시오!(Alors, Soustelle! Changez vos amis!)"(181)

드골은 자신을 배반하지 말고 반대로 친구를 배반하라고 수스텔에게 유머러스하게 말한다.

안드로포프 소련 서기장이 1982년 12월 루마니아의 차우세스쿠를 만났다. 차우세스쿠는 대화할 때 상대방의 눈길을 마주치지 않는 인물이었다. 바르샤바조약기구를 탈퇴하려는 차우세스쿠가 크렘린을 괴롭히자, 안드로포프는 불쾌감을 감출 수 없었지만 단도직입적으로 질문을 던졌다.

"공동방위조약에서 탈퇴하여 귀하가 얻는 것이 무엇입니까?"

차우세스쿠는 통역도 없이 러시아어로 이렇게 대답했다.

"잃는 것 역시 아무것도 없습니다."(75)

독재자 차우세스쿠Nicolae Ceausescu(1918~1989)는 '얻는 것'의 반대말인 '잃는 것'을 사용하여 안드로포프Yurii Vladimirovich Andropov(1914~1984) 소련 서기장을 빈정댔다.

　　1985년 3월 10일, 체르넨코 소련 서기장이 사망하자 고르바초프가 정치 국회의에서 말했다.
　　"동지 여러분, 이제 더 이상 노인 정치 시대를 계속할 수 없습니다. 온 나라가 슬퍼하는 대신에 웃고 있습니다."
　　그리고 나서 소련 공산당 중앙위원회 서기장 선출 건을 안건으로 상정하고 체르넨코의 장례위원회 위원장이 되었다.(75)

고르바초프는 체르넨코Konstantin Chernenko(1911~1985) 서기장의 죽음을 소련 국민이 슬퍼하기보다 웃고 있다고 반대어를 사용하여 사회적 본능에 부합하는 유머를 만들어내었다.

　　화가 박수근은 5·16군사혁명을 기념하는 8·15광복 16주년기념시화전에 작품 「꽃피는 시절」을 내놓는다. 지난 5월은 군사혁명 이외에 그에게 또 하나의 어수선한 소식이 전해진 달이다. 일본에서 열린 국제자유미술전에 출품한 「나무」를 주최 측이 분실했다는 것이다. 주최 측은 박수근에게 분실통지만 전하고 그만이었다.
　　소식을 접한 박수근의 부인 김복순 여사는 일본경찰에 신고해 그림을 찾으라고 박수근에게 졸랐지만 박수근은 그만두라고 했다.
　　"그 그림 가져간 사람이 돈은 없고 작품은 탐이 나고 해서 가져갔으니 얼마나 좋으냐고……."
　　작품이 도난을 당한다는 것은 영광이라고 오히려 기뻐했다.(175)

화가 박수근은 작품이 도난당한 것을 슬퍼하기보다 반대로 기뻐했다.

비유어

앞의 반대어 이외에 화제로 거론되고 있는 주제를 다른 것과 비유하는 언어도 유머에서 흔히 사용된다. 인간의 두뇌 속에는 비슷한 정보의 이야기들로 채워져 있다. 그런 까닭에 상대방이 던지는 질문에 대응하여 곧바로 저장되어 있는 언어정보 가운데서 유사한 언어를 끄집어내어 대꾸하기가 용이하고, 그중에서도 독특한 대꾸는 유머가 된다.

> 조지 W. 부시 미국 대통령이 어느 졸업식장의 연사로 강단에 섰을 때의 일이다. 그는 만감이 교차하는 표정으로 젊은 졸업생들을 바라보며 입을 열었다.
> "여러분, 졸업을 축하합니다. 특히 평균 C학점으로 졸업하는 분들에게 아낌없는 박수를 보냅니다. 마침내 여러분도 대통령이 될 수 있는 자격을 갖추었으니까요."(65)

부시 대통령은 자신의 학점을 졸업생들의 학점과 비유하는 언어의 배반을 통해 유머를 던졌다. 게다가 학창시절 성적이 낮았던 자신이 대통령이 될 수 있었으므로 졸업생들의 사기를 끌어올리는 이야기로 웃음을 선사했다.

> 한 사람이 빅토르 위고에게 물었다.
> "돈, 노력, 머리 세 가지 중에서 어느 것이 성공에 가장 필요한 조건일까요?"
> 그러자 위고가 웃으면서 대답하였다.
> "세 발 자전거를 탈 때 어느 바퀴가 가장 중요할까요?"(174)

> 어떤 사람이 카네기에게 물었다.
> "노동과 자본 그리고 지식 중에서 무엇이 사업을 해나가는 데 가장 중요하다고 생각하십니까?"
> 그러자 카네기는 오히려 다음과 같이 반문했다.

"세발 의자의 세 다리 중에서 어느 다리가 가장 중요하다고 생각하십니까?"(67)

빅토르 위고Victor-Marie Hugo(1802~1885)는 돈, 노력, 머리를 자전거 바퀴에 비유하고, 카네기는 노동과 자본, 지식을 세발 달린 의자에 각각 비유하는 유머러스한 응답으로 모든 게 중요하다는 메시지를 던진다.

> 토머스 제퍼슨은 미국 3대 대통령이고, 4대 대통령은 제임스 메디슨이다. 4대 대통령 취임식을 앞둔 어느 날 저녁 만찬이 있었다. 한 손님이 제퍼슨에게 다가가 말을 걸었다. 제퍼슨의 표정은 밝고 경쾌한 반면 메디슨의 얼굴은 굳어 있었다. 제퍼슨은 의아해하는 손님에게 이유를 말했다.
> "나는 짐을 어깨에서 내려놓았는데 그는 어깨에 짐을 올려놓았거든요."
> (66)

제퍼슨은 대통령직을 짐에 비유하여 후임 대통령에게 축하의 위로를 유머로 전한다.

마틴 뷰런Martin Van Buren 8대 미국 대통령은 "대통령직과 관련하여 가장 행복했던 순간은 대통령에 당선되었을 때와 대통령직에서 물러날 때였다."고 고백했다. 백악관을 떠나는 제임스 포크James Knox Polk 11대 미국 대통령은 "나는 조만간 종노릇을 그만두고 주인이 될 것이다."라고 말했고, 러더퍼드 헤이스Rutherford Birchard Hayes 19대 미국 대통령은 "자유인이 되어 기쁘다."고 대답하였다. 퇴임 후 무엇을 할 것이냐는 물음에 프랭클린 피어스Franklin Pierce 14대 미국 대통령은 "술 마시는 일 외에 할 게 있겠냐?"라고 했고, 백악관 앞마당에 세워지고 있는 신임 대통령의 취임식장을 바라보고 있던 아이젠하워 34대 대통령은 "나는 자신이 처형될 교수대가 만들어지는 것을 보는 감옥의 죄수처럼 느낀다."고 말하였다.(66)

이스라엘의 다비드 벤구리온 총리가 백악관을 방문했을 때의 이야기다.

방문이 끝나갈 무렵 존슨 대통령은 이 귀빈에게 1억 5,000만 명의 대통령 노릇이 결코 쉬운 일이 아님을 상기시켰다. 벤구리온은 존슨의 마음을 이해 하겠다는 듯이 쳐다보면서 말했다.

"이스라엘에서도 200만 명의 대통령의 수상이 되는 것이 쉬운 일은 아닙 니다."(71)

벤구리온David Ben-Gurion(1886~1963) 수상은 국민을 대통령에 비유한 유머를 통해 국민(대통령)으로부터 정치적 지지를 얻는 게 얼마나 어려운 일인가를 표현했다.

1863년 가을, 링컨이 인사 청탁 방문자와 대화하는데 주치의가 링컨의 손 에 있는 붉은 반점을 보고서, "천연두 아니면 유사 천연두"라고 진단했다. 링 컨은 "손뿐 아니라 몸 전체에 이런 반점이 있다."며 전염되는 것이냐고 물었 다. 주치의는 전염성이 매우 강한 질환이라고 거들었다. 링컨과 의사의 대화 를 듣고 있던 방문자가 자리에서 일어나며 가려고 했다.

링컨이 "왜 그렇게 서두르느냐?"고 묻자, 방문자는 "대통령에게 안부인사 차 온 것이니 이제 그만 가야겠다. 다음에 다시 오겠다."며 방에서 나갔다. 링컨은 이상하게도 기분이 좋아보였다. 의사가 이유를 묻자 대통령이 설명 했다.

"질병에도 좋은 점이 하나 있군. 이제 내가 모든 사람에게 나눠줄 수 있는 무엇인가를 갖게 되었으니 말이야."(71)

링컨이 전염성 질환을 앓고 있으니 백악관을 찾아오는 인사 청탁자에게 전염성 질환을 안겨줄 수 있다는 이야기다. 링컨은 '자리'를 '전염병'에 비 유하는 유머를 만들었다. 링컨으로서는 자리를 탐내는 인사 청탁자들의 수가 줄어들어 반가운 일이겠지만……

하루는 링컨이 백악관을 제 집처럼 드나드는 대머리 인사 청탁자에게 질 린 나머지, 집무실에 놓여 있던 약병을 그에게 전하며 약병에 든 물약을 머리에 꾸준히 바르라고 권했다. 링컨은 그를 쫓아내려고 약의 효과를 강조하듯 한마디 덧붙였다.

"호박에 발라도 털이 자란다고 하네."(66)

아는 사람이 자기 아들에게 예산국장 자리를 하나 주라고 링컨을 졸랐다. 링컨이 물었다.

"아들이 몇 살이나 됐지?"

청탁꾼이 대답했다.

"지금 스무 살인데 이제 곧 스물한 살이 됩니다."

링컨이 소리를 질렀다.

"스물한 살도 안 됐다니, 천사 가브리엘이라도 21세 미만이면 예산국장 자리에 앉히지 않겠습니다."(8)

천사 가브리엘을 핑계 대는 이야기는 우드로 윌슨Thomas Woodrow Wilson(1856 ~ 1924) 대통령도 프린스턴 대학 총장시절에 써먹었다. 입학시험에 낙방한 학생의 보호자가 윌슨을 만나 학생이 대학에서 공부할 수 있는 기회를 달라고 요청했다. 그러자 윌슨은 "만약 천사 가브리엘일지라도 프린스턴 대학에 입학하려다 시험에 떨어지면 입학할 수 없습니다."라며 원칙을 고수했다.(66)

"옛날에 아주 늙은 왕이 궁중의 모든 신하를 거느리고 사냥을 나갔다. 길에서 농부를 만났는데 그 농부가 왕에게 비가 오리라고 말했다. 그러나 점쟁이는 비가 오지 않는다고 하였다. 약 한 시간 후에 폭우가 쏟아져 그 농부의 말이 옳다는 것이 증명되었다. 왕은 점쟁이의 목을 잘랐다. 그러고는 농부를 점쟁이의 자리에 앉으라고 권했다. 그러나 농부는 '임금님, 비가 올 것을 미리 안 것은 제가 아니라 제 집의 당나귀입니다. 그놈은 비가 올 듯하면 두 귀를 뒤로 움츠립니다.' '그렇다면 네 당나귀를 궁중의 점쟁이로 임명하노라!' 왕이 엄숙히 선언했다. 그러나 왕은 얼마 안 가서 자신의 결정이 일생일대 최대의 과오임을 알았다."

링컨은 이 이야기를 하고 나서 책상 위의 서류를 읽기 시작했다. 엽관운동을 하려고 방문했던 자가 물었다.

"아니, 어째서 그 임명이 과오였단 말입니까?"

"그러고 나니까 전국의 당나귀들이 죄다 한 자리씩 달라고 야단을 하더란 말이오!"(8)

링컨은 방문자에게 한 자리를 내주면 전국에서 취직자리를 부탁하는 사람들로 들끓을 것이라는 우화 같은 유머로 그의 인사 청탁을 거절한다.

1960년 3월 1일, 미국의 U-2 정찰기가 소련 영공을 정찰하던 중, 소련의 미사일에 격추되어 추락하는 사건이 일어났다. 그리고 1961년 4월 12일, 소련의 가가린이 우주비행에 성공하였다. 1961년 7월 4일, 흐루시초프는 미국 대사관의 초청을 받았다. 당연히 외국기자들이 그를 에워쌌다. 로켓기술에 대한 대화가 오가는 도중에 미국 특파원 샤피로가 자신의 비밀병기는 만년필이라고 말했다. 흐루시초프는 이렇게 답변했다.

"제 비밀병기는 언어랍니다."(75)

외국인 중의 누군가가 "중요한 무기는 머리와 뇌"라고 한마디 던졌다. 흐루시초프는 얼마 전 자신이 방문한 알마아타 지역에서는 귀한 손님에게 양의 머리를 대접한다고 말했다. 흐루시초프는 이어서 말했다. "나는 귀와 머리를 잘랐고 그것들을 카자흐스탄의 지도자들에게 나눠주었습니다." 이어서 "뇌가 있습니다. 누구에게 드릴까요?"라고 말하자, 모두 입을 다물고 있는데 소련 과학아카데미의 회원인 라브렌티예프Lavrentiev가 "저에게 주십시오."라고 말했다. 그러자 흐루시초프는 "아카데미 회원에게는 정말 뇌가 필요합니다. 그러나 나는 각료회의의 의장으로 일하고 있습니다. 나는 뇌가 없이도 살아가고 있습니다."라고 말했다.(75)

만년필이 자신의 비밀병기라는 기자의 이야기에 대해 흐루시초프는 언어가 자신의 비밀병기라고 비유하여 대답한다. 또 그는 아카데미 회원은 뇌를 '필요로 하지만' 각료회의의 멤버는 뇌를 '필요로 하지 않는다'는

자기직업을 비하하는 발언으로 사회적 본능에 부합하는 훌륭한 유머를 남겼다.

비스마르크도 뇌와 관련된 이야기를 친지들에게 익살스럽게 해준다.

> 어느 날 두통을 호소하는 남자가 베를린의 유명한 외과 의사를 찾아왔소. 집도의는 "즉각 뇌 검사를 해야 한다"며 두개골을 열어 끄집어내고는 "앞으로는 더 이상 두통이 없을 것"이라면서 "이틀 뒤에 오면 당신의 뇌를 정상으로 돌려놓겠소." 하고 단언했다네. 환자는 감사의 인사를 전하고 떠났지요. 그런데 이틀이 지나도 남자가 나타나지 않자, 의사가 뇌를 다시 집어넣어야 한다며 그를 부르러 보냈는데, 그때 이미 뇌가 조금씩 악취를 풍기기 시작했거든. 그런데 그 남자는 의사의 노고에 감사드리면서 "이제는 뇌가 전혀 필요하지 않다."고 말했던 게요. 그런데 그 사람은 시의회 의원이 되었다고 하더군.(1)

흐루시초프는 자신이 뇌를 필요로 하지 않는 직업을 가진 사람인 것처럼 농담하였는데, 비스마르크도 시의회 의원은 뇌를 필요로 하지 않는 사람이라고 농담하였다. 비스마르크는 수상 자리에서 은퇴하고 나서 몸이 근질근질했는지 시골의 시의회 의원직을 잠깐 맡은 적이 있다.

> 스탈린의 공포정치 하에서 러시아인이 만들어낸 우스개 이야기다.
> "수염 난 독재자는 바보다!" 하고 외친 남자가 당장에 잡혀가 재판에 부쳐졌다. 판사가 물었다.
> "피고가 그런 말을 한 것이 사실인가요?"
> "예, 그렇습니다."
> "언어도단이다! 10년 금고형과 15년 강제노동형을 언도하노라."
> "잠깐만요. 제가 수염 독재자라고 한 것은 물론 히틀러를 말하는 거죠."
> "흠, 그렇다면 자네는 즉각 석방이다."
> "감사합니다. 그런데 판사님은 누구라고 생각하셨습니까?"(118)

스탈린을 히틀러Adolf Hitler(1889~1945)에 비유하여 수염 난 독재자로 확인하는 유머를 만들었다.

> 케네디는 니키타 흐루시초프를 이야기의 소재로 삼았다. 1960년 3월, 메릴랜드의 한 모임에서 이런 이야기를 하였다.
> "나는 일 년 전 상원외교분과위원회에서 만났던 흐루시초프에 대해 어느 정도 알고 있습니다. 또한 1939년에 방문한 적이 있는 그의 나라의 역사와 자연에 대해서도 약간 알고 있습니다. 흐루시초프는 크레믈린에서 일하면서 '흐루시초프는 바보다. 흐루시초프는 바보다!'라고 외친 러시아인에 대해 말했습니다. 그가 말하기를 그 러시아인이 23년의 징역형을 선고받았는데 3년은 당서기 모욕죄, 20년은 국가비밀누설죄였다고 합니다."(78)

흐루시초프는 자신의 무능력이 국가기밀에 속하는 것으로 간주하여 자신의 능력을 돋보이게 하는 유머를 지어내었다.

> 헬무트 콜 독일 수상이 고르바초프 소련 서기장과 회담하고 돌아오더니 갑자기 성형외과 의사한테 이마에 점을 하나 만들어달라고 졸랐다.
> "아니, 수상 각하! 난데없이 웬 점을?"
> "글쎄, 회담이 끝나자 고르비가 자기 이마를 손으로 톡톡 치면서 '콜, 당신은 여기가 좀 부족해'라고 하잖아."(128)

비록 지어낸 유머이긴 하지만, 콜Helmut Kohl 수상은 고르비가 자신에게 던진 두뇌가 부족하다는 지적을 고르비의 이마처럼 자신의 이마에 점이 모자라는 것으로 비유하여 웃음을 만들어낸다.

> 케네디 대통령이 취임한 후 파키스탄의 칸Yahya Kahn 대통령이 딸과 함께 백악관을 방문했다. 케네디가 칸과 대화를 나누는 동안 그 옆에는 유달 내무장관과 칸의 딸이 이야기를 나누고 있었다. 유달 장관은 자신이 파키스탄에 있는 산에 오른 것을 자랑삼아 늘어놓았는데, 그가 등산했다는 산은 파키스탄

이 아니고 아프가니스탄에 있는 산으로, 그가 잘못 알고 있었던 것이다.

그 사실을 알아차린 케네디 대통령이 칸 대통령과의 대화를 잠시 중단하고 옆의 대화에 끼어들었다.

"따님, 그래서 제가 유달을 내무장관에 임명한 것입니다."(131)

케네디가 유달Stewart Udall(1920~2010) 장관이 능력은 있지만 외국 사정에는 까막눈이라서 실수했다는 유머로 머쓱했던 당시의 분위기를 반전시켰다. 케네디는 내무장관이 국내의 정보에 정통한 것처럼 비유하고 대신 외국사정에 밝지 않다고 변명하여 유달 장관을 궁지에서 벗어나게 하였다.

케네디 대통령의 말은 사람을 웃기는가 하면 어느새 급소를 찌르기도 했다. 예를 들어 1961년 소련 수상 흐루시초프와의 회담에서 수상의 가슴에 달린 훈장을 보고 그게 뭐냐고 물었을 때 흐루시초프가 레닌 평화훈장이라고 대답하자, 곧바로 케네디는 다음과 같이 말했다.

"나는 당신이 그걸 지키는 사람이 되기를 바랍니다."(78)

흐루시초프가 명성을 지킨 역사적 인물인지는 별도의 이야기이지만, 케네디는 국제적으로 정적政敵인 흐루시초프의 업적을 평화의·메달에 비유하여 그의 업적에 걸맞게 평화를 지켜줄 것을 호소한다.

1961년 11월 5일, 트루먼 전 대통령의 백악관 방문을 환영하는 만찬회에서 트루먼은 피아노를 쳤다. 연주회가 끝난 후 케네디 대통령은 이렇게 말했다.

"이 세상에 정의가 존재하지 않는다고 말하지 마세요. 스탈린은 '레닌 묘지'에서 축출되었지만 트루먼 대통령은 백악관으로 되돌아왔습니다."(78)

케네디는 레닌 묘지로부터 스탈린 시체의 축출과 트루먼의 백악관으로의 귀환을 서로 대조적으로 비유하는 유머를 사용하여 참석자들에게 웃음을 선사했다.

1967년 10월, 언론인들이 청와대 예방기념으로 박정희 대통령에게 신문 협회 배지를 증정했다. 배지를 들여다보며 대통령이 물었다.

"여기 새겨진 그림이 뭐요?"

알 만한데도 괜히 묻는 말이었다.

"펜입니다."

"끝이 너무 날카로운데 좀 무디게 할 수 없소?"(16)

박대통령은 펜을 무기에 비유하는 유머를 던졌다. '펜'이라는 원래의 언어가 갖는 의미를 배반하고 기자들에게 날카로운 공격을 삼가달라고 부탁한다.

최규하 대통령이 전두환 국보위 상임위원장을 청와대로 불러 "전 장군이 중책을 맡아주어야겠소."라며 손가락으로 자기 소파를 가리켰다. 정신이 흔들릴 정도로 놀란 전두환은 "각하, 저는 군대밖에 모릅니다."라고 말하자, 최규하 대통령은 "나는 군마저도 모르오."라고 확고한 태도를 보였다고 한다. 그리고 방금 들은 말이 진짜 최규하 대통령의 육성인가 싶어 살짝 자신의 허벅지를 꼬집어보았다고 한다.

뒷날 전두환 대통령이 이때의 심정을 다른 사람에게 털어놓자, 곧 권력 주변에서는 "전두환 대통령과 이순자 여사가 최규하 대통령의 하야와 정권 인계 결심을 전해 듣고 너무 기뻐한 나머지 이게 꿈이냐 생시냐 하는 심정으로 자기들 허벅지를 서로 꼬집었다더라."는 소문이 나돌았다.(10)

최규하崔圭夏(1919~2006) 대통령은 전두환全斗煥 위원장의 대답, 즉 "군대밖에 모릅니다."를 "군대도 모른다."고 반대로 말해 유머를 만들었다.

1981년, 힝클리의 저격을 받고 병원에 실려 가던 레이건이 한마디 던졌다.

"내가 영화배우였다면 잘 피할 수 있었을 텐데……."

그의 유머러스한 이 한마디에 국민의 마음을 얻어 83%까지 지지율이 상승했다. 하지만 다음해인 1982년, 30%까지 지지율이 떨어져 보좌관들이 온갖 걱정을 할 때 레이건이 또 한마디 했다.

"걱정하지 말게나. 그까짓 지지율, 다시 한 번 총 맞으면 될 것 아닌가?"
(174)

레이건 대통령은 과거에 일어났던 총격사건과 유사한 사건이 자신의 지지율 상승에 필요하다면 다시 발생할 수 있도록 하자고 보좌관들의 걱정을 덜어주는 유머를 던졌다.

체코의 하벨 대통령이 르윈스키와의 염문으로 탄핵 위기에 놓여 있던 클린턴을 만나려고 워싱턴을 방문했다. 그는 기자들에게 클린턴이 자신의 친한 친구라고 소개했다. 기자들이 그에게 탄핵과 사직, 도덕적 권위의 상실 등의 질문을 퍼붓자, 하벨은 이렇게 대꾸했다.
"미국은 여러 가지 얼굴을 가지고 있습니다. 나는 미국이 가진 여러 가지 얼굴을 대부분 좋아합니다. 하지만 내가 이해할 수 없는 것이 몇 가지 있습니다. 나는 이해하지 못하는 것에 대해서는 말하고 싶지 않습니다."(79)

바츨라프 하벨Vaclav Havel(1936~2011) 대통령은 궁지에 빠진 사람이 현상을 타개할 수 있는 전형적인 유머를 남겼다. 즉 이해하지만 말하고 싶지 않다고 이야기하거나, 다른 사람에게 알아보라는 따위의 대답이야말로 곤궁한 상황에서 벗어날 수 있는 유익한 유머가 되지 않을까?

마틴 루터 킹Martin Luther King(1929~1968) 목사의 딸인 버니스 킹Bernice King 목사가 빌 클린턴이 참석한 유엔총회에서 연설했다.
"위대한 지도자들도 가끔씩 극악한 죄를 저지를 때가 있습니다. 다윗 왕은 자신의 충실한 병사인 밧세바의 남편을 죽게 하고 밧세바와 결혼했으니 클린턴의 경우보다 훨씬 나쁜 짓을 한 것입니다. 다윗은 그 때문에 벌을 받았습니다."
무슨 말을 하려는지 몰라 모두 조마조마하고 있는데, 드디어 그녀가 결론으로 접어들었다.
"그렇습니다. 다윗은 끔찍한 죄를 지었고, 하나님은 그를 벌하셨습니다.

하지만 다윗은 계속 왕으로 남아 있었습니다."(79)

버니스 킹 목사는 르윈스키와의 염문으로 탄핵 위기에 놓여 있던 클린턴을 위해 다윗이 계속 왕의 지위를 유지했다고 비유하여 말해 대통령직을 물러서게 하는 클린턴의 탄핵이 적합하지 않다는 의견을 전달한다. (클린턴에 대한 탄핵 동의안은 45 대 55로 의결정족수의 22표가 미달하여 부결되었다.)

김대중 대통령이 클린턴을 만난 후에 대사관저에서 누군가가 그에게 짓 궂은 질문을 했다.
"대통령께서는 『주역』 책을 보신 걸로 알고 있습니다. 요즘 클린턴 대통령은 정치를 잘하지만 스캔들도 많습니다. 이번에 클린턴 대통령을 만나셨는데 관상학적으로 어떤 운인지 말씀해주십시오."
"스캔들을 생각하면서 얼굴을 봤는데 스캔들 가지고 망할 얼굴은 아니었습니다. 얼굴이 아주 순진하고 어린애 같은 데가 있어서 악운이 왔다가도 도망갈 것 같았습니다."(7)

김대중 대통령은 클린턴의 탄핵이 의원들의 투표보다 그의 관상에 의해 결정된다고 유머러스한 비유로 설명한다.

2000년 6월 16일, 김대중 대통령이 북한을 방문한 한 만찬장에서 영부인 이희호 여사가 헤드테이블이 아닌 대표단 테이블에 앉아 있었다. 그걸 보고 김정일 위원장이 소리치듯 말했다.
"여사님, 이쪽으로 오십시오. 이산가족이 되면 안 됩니다. 대통령께서 그토록 이산가족 상봉을 주장하시는데 평양에서 이산가족이 되면 되겠습니까?"
만찬장에 폭소가 터졌다.(7)

이산가족이라면 남북으로 떨어져 있는 가족을 의미하는데, 김정일金正日 (1942~2011) 위원장은 이러한 의미를 배반하고 좌석 테이블이 떨어져 있는 것만으로도 이산가족에 비유하는 농담을 던졌다.

> 버스정류장에서 버스가 가지 않고 오랫동안 대기하자 화난 승객이 말했다.
> "이놈의 똥차 언제 갈 거야?"
> 순식간에 버스 안 분위기가 살벌해졌는데 버스 운전사가 느긋하게 대답
> 했다.
> "똥이 다 차야 가지요."(174)

'승객'이 '똥'으로 비유되는 버스 기사의 재치 있는 유머다.

대체어

> 1788년 5월, 비엔나에서 「돈 조반니」 공연이 흥행에 실패하였다. 사람들
> 은 공연이 너무 어렵다고 말한다. 황제 요제프 2세는 모차르트에게 말했다.
> "이 공연은 나의 비엔나 시민의 치아에 맞는 요리가 아니오."
> 모차르트는 대답한다.
> "그들에게 잘 씹을 시간을 줍시다."(188)

> 독일 함부르크 연주회에서 막스 레거는 슈베르트의 현악 5중주곡 '숭어'
> 를 연주하였다. 그리고 다음 날 어느 부인에게서 다섯 마리의 숭어를 선물로
> 받았다. 막스 레거는 즉시 감사의 편지를 썼다.
> "부인, 어제의 '숭어' 연주가 매우 마음에 들었다는 뜻으로 숭어를 보내주
> 신 것에 대단히 감사드립니다. 다음에는 하이든의 '황소' 미뉴에트를 연주할
> 계획입니다. 착오가 없으시기 바랍니다. 그럼 안녕히 계십시오."(64)

막스 레거Johann Baptist Joseph Maximilian Reger(1873~1916)는 '숭어'를 '황소'로 대체
하는 유머를 만들어 부인에게 웃음을 제공한다. 이와 유사한 이야기가 중
국에서도 전해진다.

중국 윈난성雲南省 어느 고을 원님의 생일잔치에 부하 관속들이 원님의 탄생을 축하하려고 태생 띠에 맞추어 황금으로 만든 쥐를 축하선물로 진상했다.

"너무 훌륭한 선물이군. 그냥 넘어가도 되는데……."

겉으로는 사양하는 척하면서 더 바라는 게 사람의 인심이다. 관속 하나가 아첨하느라고 한마디 했다.

"변변치 못해 죄송합니다. 헤헤헤."

원님이 넉살좋게 말했다.

"아닐세. 내 맘에 흡족하네. 참, 그런데 자네들, 내 안사람의 생일이 얼마 남지 않은 것을 알고들 있는지 모르겠네. 그리고 내 안사람은 소띠야, 소띠." (150)

피카소는 마티스가 랭스 성당을 디자인하는 게 거슬렸다. 마티스가 신앙심이 깊은 사람이 아니므로 종교적인 임무를 맡기엔 적합하지 않다고 생각하고 있었다. 마티스가 일을 맡은 랭스 성당의 내부가 흰 타일로 발라진 것을 보고 피카소는 마치 목욕탕 같다고 말했다.

한번은 피카소가 그곳을 방문했을 때 수녀 한 사람이 할 말이 있다면서 그를 구석으로 데리고 갔다. 그녀는 성당을 보러 온 사람들이 제각각의 의견이었는데, 마티스가 그 모든 비판에 넌더리가 난다고 말하면서 "나를 비난할 권리가 있는 사람은 딱 한 사람뿐입니다. 아시겠습니까! 그건 피카소뿐입니다."라고 말했다고 피카소에게 전했다. 거기에다 수녀가 덧붙였다.

"물론 주님은 제외하고요."

그러자 피카소가 눈을 휘둥그레 뜨며 말했다.

"그렇다면 왜 주님이 몸소 그리시지 않을까요?"(156)

1919년 뇌졸중으로 쓰러진 이후, 우드로 윌슨 대통령은 환자가 됐다. 적대적인 의원들은 윌슨의 부인이 국가를 통치하는 것이 아닌가 하고 의심했다. 뉴멕시코의 앨버트 폴Albert Fall 상원의원은 "여인 천하"라고까지 선언했다. 대통령이 논리적으로 사유할 수 있는지 알아보려 폴은 백악관을 찾아갔다. 거기서 침대에 누워 있는 대통령을 만났다.

대통령은 병들었으나 쇠약한 것과는 거리가 멀었다. 윌슨이 너무 원기 왕성해보이자, 오히려 폴은 안정감을 잃고 중얼거렸다.

"대통령님, 당신을 위해 기도하고 있습니다."

"어떤 쪽으로 말입니까, 상원의원님?"

월슨은 껄껄댔다.(71)

월슨은 기도하는 대상이 죽음과 삶이 동시에 될 수 있는 애매모호한 언어를 사용하여 유머를 낳았다. 물론 상원의원이 월슨의 죽음을 기원하였으리라는 뉘앙스를 풍기는 문구를 상원의원에게 던져 독자들로 하여금 웃음을 자아내게 한다.

1945년 2월 2일, 미 · 영 · 소 3국의 수뇌가 얄타에서 만났다. 스탈린이 루스벨트에게 물었다.

"미국에서는 노동자의 월수입이 얼마나 되나요?"

"300달러 정도입니다."

"그럼 그들의 한 달 생활비는 얼마나 되나요?"

"아마 200달러쯤 될 겁니다."

"그렇다면 100달러가 남는 셈인데, 그들은 그것을 무엇에다 쓰나요?"

"그건 모르죠. 그건 그들 자신의 문제니까 내가 알 바 아니지요."(14)

이어, 이번에는 루스벨트가 스탈린에게 물었다.

"소련의 노동자는 월수입이 얼마나 되나요?"

"800루블이오."

"그럼 그들의 한 달 생활비는요?"

"약 1,000루블이오."

"그럼 한 달에 200루블이 모자라는데, 그 적자를 그들은 어떻게 메우나요?"

"그런 것은 그들 자신의 문제지요. 내가 알 바 아니지요."(14)

스탈린은 루스벨트의 대답을 그대로 따라 하는 모양새로 생활비 적자는 노동자 자신의 문제라고 대꾸하여 유머를 만들었다. 스탈린에게도 유머감각이 전혀 없었던 것은 아니었는가 보다.

한번은 신문기자가 클레망소에게 물었다.

"지금까지 만나본 정치가 중에서 최악의 정치가는 누구입니까?"

클레망소는 웃으면서 말했다.

"하하, 아직까지 만나보지 못했습니다."

궁금한 기자가 정말이냐고 물었다. 그러자 클레망소가 대답했다.

"그럼요. 저 사람이 최악이라고 하고 싶은 순간, 꼭 또 다른 사람이 나타나더군요."(174)

클레망소Georges Clemanceau(1841~1929)는 최악의 정치가는 영원히 나타날 수 없을 것이라고 말한다. 항상 내일의 최악의 정치가가 오늘의 최악의 정치가를 대체하며 나타날 것이기 때문에……

1960년 9월, 케네디 상원의원이 알래스카 주 앵커리지에 도착했다. 기자회견에서 한 기자가 물었다.

"상원의원님, 군사정보에 대한 브리핑을 받을 수 있도록 대통령께 약속을 받으셨는데 브리핑은 받으셨습니까?"

"그렇습니다. 지난 목요일 아침 국방부 윌러Wheeler 장군으로부터 브리핑을 받았습니다."

"그러면 윌러 장군의 정식 이름은 무엇입니까?"

신문기사에 윌러 장군의 전체 이름을 표기해야 하는 기자로서는 당연한 질문이었다. 생각지 못한 기자의 질문에 케네디 의원은 속으로는 당황했으나 겉으로는 태연하게 시치미를 떼고 대답했다.

"그는 내게 그 부분에 대해서는 브리핑을 하지 않았습니다."(66)

케네디는 장군의 이름을 모른다고 대답하지 않고, 브리핑 받지 않았다고 유머러스하게 질문을 받아넘겼다.

케네디가 대통령에 취임한 직후 예일대학 제임스 토빈 교수에게 자신의 경제고문단의 한 사람으로 워싱턴에 와서 일해줄 것을 요청했다.

토빈에게서 "나는 단지 상아탑의 경제학자에 불과합니다."라는 대답을 들은 케네디는 이렇게 말했다.

"그게 가장 좋습니다. 사실 나는 상아탑 대통령이니까요."(78)

케네디는 교수직이 '상아탑'이라는 토빈James Tobin 교수의 언어를 자신의 대통령직도 상아탑이라는 언어로 그대로 대체하여 사용하여 재미있는 유머를 만들었다.

백악관 집무실에서 케네디 대통령이 측근 보좌관들과 환담을 나누고 있었다. 자기 아우인 로버트 케네디 법무장관이 백악관에서 가장 영향력 있는 사람이라는 기사가 실린 시사주간지를 보면서였다.

때마침 케네디 법무장관으로부터 대통령에게 전화가 왔다고 비서가 인터폰으로 알려주었다. 전화기를 받아든 케네디 대통령이 정색을 하고 말했다.

"여보세요? 나는 백악관에서 두 번째로 영향력 있는 사람인데요……."

그렇게 말하는 바람에 옆에 있던 보좌관들은 웃음을 터뜨리지 않을 수 없었다.(131)

작가 채만식蔡萬植(1902~1950)이 오랫동안 인세를 모아 서울시 주현동 4번지에 다섯 칸짜리 양옥집을 마련하였다. 그러나 넷째아들의 파라티푸스 발병과 자신의 건강악화로 치료비를 대기 위해 부득불 그 집을 팔아야 할 처지에 놓였다. 그는 주현동 집을 팔게 되었을 때, 한 문학인 집회에서 떨리는 음성으로 이렇게 말했다.

"주현동 4번지를 7번지로 고쳤으면 좋겠습니다. 무슨 수가 없을까요?"(67)

채만식은 집을 빼앗기지 않으려고 집 주소 4번지가 7번지로 대체되었으면 하고 바란다. 상식에 벗어난 그의 기발한 아이디어가 유머로 남았다.

1969년 3월, 달 착륙에 성공한 미국 아폴로 11호 우주인 암스트롱, 올드린, 콜린드 세 사람이 11월 청와대를 방문하였다. 암스트롱과 올드린은 달

세계를 산책했고 '고요의 바다'에 성조기를 꽂았다. 암스트롱과 올드린이 달에 발을 내디디던 순간을 박 대통령에게 설명했다.

당시 모선에서 달 궤도를 돌았던 콜린즈가 박정희 대통령에게 말했다.

"저는 암스트롱의 달 착륙을 못 보았습니다."

박 대통령이 콜린즈에게 한마디 툭 던졌다.

"지상에서 텔레비전으로 보았는데 달까지 가서 그것을 못 보았소?"(16)

박정희 대통령은 통신의 접근성 유무로 달 착륙을 시청하였는가를 판단하지 않고 단순히 위치의 원근만으로 판단하는 유머를 남겼다.

후진타오胡錦濤가 2002년 미국을 방문하여 샌프란시스코 브라운 시장이 주최하는 만찬에 참석하게 되었다. 브라운 시장이 후진타오에게 샌프란시스코 행운의 열쇠를 증정할 차례였는데, 브라운이 열쇠 함에서 열쇠를 잘 꺼내지 못하였다. 한참 기다리던 후진타오가 열쇠 함에서 열쇠를 자기 손으로 집어 꺼냈다. 외교적인 결례인 것을 눈치 챈 후진타오는 "내가 아주 쉽게 케이스에서 열쇠를 꺼낸 것은 이 열쇠의 주인이 원래 나이기 때문입니다."라고 우스갯소리를 해서 박수갈채를 받았다. (29)

후진타오는 열쇠 주인이 자신이 아니면서도 자신인양 말하면서 거북해하는 브라운 시장이 곤궁에서 벗어나도록 재치 있는 유머를 던졌다.

동음이의어

어느 날 세조世祖(1417~1468)는 새로운 정승을 임명했다. 구치관具致寬(1406~1470)이라는 사람이었는데, 전임 정승이었던 신숙주申叔舟(1417~1475)와는 사이가 매우 좋지 않았다. 그것을 알고 있던 세조는 구치관과 신숙주를 불러 몇 가지 질문했다. 그리고 정답을 말하지 못하면 벌주를 마셔야 한다는 어명을 내렸다.

세조: 신 정승!

신숙주: 네, 전하.

세조: 신申 정승을 부른 게 아니오. 신新 정승을 불렀지. 처음부터 틀렸으니 벌주를 드시오.

신숙주는 당황해서 벌주를 마셨다. 그러자 세조는 다시 '구 정승' 하고 불렀다. 그러자 구치관이 대답했다.

구치관: 네, 전하.

세조: 이런 또 틀렸군. 난 구具 정승이 아니라 구舊 정승을 불렀소. 그대도 벌주를 드시오!

구치관 역시 어쩔 수 없이 벌주를 마셨다. 그리고 다시 세조는 '신 정승' 하고 불렀다. 그러자 이번엔 구치관이 대답했다.

구치관: 네.

그러자 세조는 다시 벌주를 내리며 이렇게 말했다.

세조: 또 틀렸군. 이번에는 신新 정승이 아니라 신申 정승을 부른 거라오.

이런 식으로 세조는 두 사람을 놓고 장난처럼 벌주를 내렸다. 이날 두 사람은 세조의 재치 있는 유머에 대취하여 화해하지 않을 수 없게 되었다.(128)

세조는 신申을 배반하기도 하고, 구具를 배반하기도 하면서 두 신하가 사회적 교류를 맺을 수 있도록 재치 있는 유머를 구사하였다.

루스벨트 대통령 재임 시절, 소아마비 구제기금을 위한 모금운동을 벌였는데, 백악관의 우편물 집배원 아이라 스미스는 기부자들이 보내온 10센트짜리 다임dime 동전으로 골치를 썩이고 있었다. 그러자 루스벨트는 그에게 이렇게 편지를 써 보냈다.

"자네야말로 좋은 시간(타임과 다임은 발음이 비슷함)을 가져서 좋겠네."(20)

어류학자 월도 슈미트 교수가 1938년 7월 대통령을 따라 바다여행을 나갔다. 교수가 오자 루스벨트는 그에게 전공이 무엇이냐고 물었다. 그가 "새우shrimp입니다."라고 말하자, 루스벨트는 이렇게 농담하였다.

"그래, 그것을 진작 알았다면 자네를 워싱턴에 부르지 않았을 텐데. 슈림 프는 워싱턴에 많이 있는 걸!"(슈림프라는 단어에는 '새우'라는 의미가 있지만 '얼간이'라는 다른 의미도 있다)(20)

루스벨트는 10센트짜리 잔돈을 많이 다룬다고 고생하는 우편물 집배원에게 다임(동전, dime)을 배반하고 음이 유사한 타임(시간, time)을 가져서 좋겠다고 농담한다. 또 바다새우(shrimp)란 의미의 새우를 배반하고 이를 워싱턴에서 살아가는 얼간이(shrimp)로 비유하는 바람에 유머가 되었다.

1986년 3월 어느 날, 레이건 대통령이 기자회견 도중 난감한 질문을 퍼붓는 백악관 출입기자들에게 너무 흥분한 나머지 '개새끼Son of Bitch'라고 욕설하였다. 그러자 대통령에 대한 비난여론이 거세졌다. 기자들은 며칠 후 레이건 대통령에게 티셔츠 한 장을 선물로 보냈는데 그 셔츠에는 레이건이 던진 욕설의 이니셜을 딴 'SOB'라는 글씨가 큼직하게 새겨져 있었다.

며칠 후 레이건이 기자들과 조찬회동을 가졌다. 그는 앞면에 검정색으로 'SOB'라고 크게 적힌 노란색 티셔츠를 입고 있었다. 레이건은 기자들이 보는 가운데 뒤로 돌아섰다. 그가 입은 티셔츠의 뒷면에는 '재정적자를 구합시다Save Our Budget(적자재정 구조)가 쓰여 있었다.

당시 재정적자는 매우 중요한 이슈였다. 말다툼으로 인한 감정싸움에 머물지 않고 나라 걱정을 하자는 레이건의 호소에 기자들은 공감하고 일제히 박수를 보냈다.(61)

레이건은 SOB의 원래 의미(개새끼)를 배반하고 동음이의어인 '적자 재정 구조'라는 언어로 대체하여 사용하였다. 유머를 통해 기자들과의 갈등을 해결하였다.

의인화

    한 선비가 길을 가다 농부가 두 마리의 소를 몰며 쟁기질하는 모습을 보았다. 선비는 별생각 없이 두 마리 중에서 어떤 소가 더 힘이 세냐고 물었다. 그러자 농부가 쟁기질을 멈추고 다가와 선비의 귀에 대고는 가까이 있는 소가 힘이 더 세다고 말했다. 선비가 왜 굳이 귀에 대고 소곤대듯이 말하느냐고 묻자, 농부가 대답했다.

    "소도 사람과 다를 바가 없습니다. 이 소가 힘이 더 세다고 하면 저 소가 서운해 하지 않겠습니까?"(59)

  황희黃喜(1363~1452) 정승이 젊은 시절에 겪었던 이야기다. 소를 의인화하여 소의 질투를 거론하는 농부의 지혜가 돋보이는 유머다.

    한 나그네가 하룻밤을 묵기 위해 싸구려 객줏집에 들렀다. 그런데 방에 들어가 보니 빈대가 한 마리 있었다.

    "아이고, 여기 빈대가 있군."

    "걱정하실 필요가 없습니다. 이 빈대는 죽은 것입니다."

    주위에 다른 객줏집이 없던 터라, 나그네는 할 수 없이 그 방에 묵기로 했다. 이튿날 아침 주인이 와서 물었다.

    "안녕히 주무셨습니까, 나리. 빈대는 확실히 죽은 것이었습죠?"

    "음, 확실히 죽은 것이더군. 하지만 문상객이 굉장히 많더군."(128)

  나그네는 자신을 괴롭힌 살아 있는 빈대를 문상객에 비유하는 유머를 지어내었다.

    1802년 새해에 토머스 제퍼슨 대통령에게 치즈가 선물로 들어왔는데 그 무게가 무려 555kg으로 말 6마리가 끌고 왔다. 매사추세츠의 한 목사가 신도들과 협의하여 900마리의 젖소에서 짠 우유로 만든 치즈였다. 치즈 위에는 '미국에서 가장 위대한 분을 위한 미국 최대의 치즈'라고 쓰여 있었다.

선물을 받고 놀란 제퍼슨은 치즈를 만드는 데 필요로 하는 우유를 제공한 젖소들을 모두 공화당원이라고 선포했다.(66)

젖소에게까지 당원으로서의 감사를 표시하였으니 치즈를 만든 주인이야 더 말할 나위가 없지 않았을까? 제퍼슨은 제 손으로 당원이 될 수 없는 젖소를 유머러스하게 의인화하여 주민에게 감사를 전한 셈이다.

1944년, 공화당 대통령 후보였던 토머스 듀이Thomas E. Dewey(1902~1971)는 루스벨트에게 인신공격을 퍼부었다. 루스벨트의 아내와 아들의 활동까지 문제 삼았다. 심지어는 스코틀랜드 테리어종인 그의 애완견 팔라까지도 납세자들의 돈으로 호사를 누리고 있다고 비난했다. 이에 루스벨트는 선거유세를 통해 이렇게 반격했다.

"공화당은 저나 제 아들에 대한 인식공격으로는 만족하지 못하는 모양입니다. 이제 그들은 제 애완견 팔라까지 들먹이고 있습니다. 제 가족들은 참았는데, 팔라는 참지 못하더군요. 내가 팔라를 알류샨 열도에 두고 와서는 (200억 혹은 300만, 혹은 800만, 혹은 2천만 달러를 들여) 구축함을 보내 찾아오게 했다는 이야기를 공화당에서 지어냈다는 것을 팔라가 알고는 자신의 스코틀랜드 혈통을 감추지 못하고 진노했습니다. 이후 팔라는 전혀 다른 개가 되었습니다. 저에 대한 악의적 험담에는 이미 익숙합니다만, 저의 개에게도 자신을 중상하는 발언에 분노할 권리는 있다고 생각합니다.(36)

애완견을 의인화하여 마치 사람처럼 진노한다는 표현을 통해 루스벨트는 자신의 사회적 본능을 표출하여 유권자들에게 유머를 던졌을 뿐만 아니라 그들로부터 호감을 사기에 이른다.

대구 미공보원장 맥타가트Arthur J. McTaggart가 임무를 마치고 고국으로 귀국할 때 화가 이중섭李仲燮(1916~1956)의 그림 10점을 사가지고 갔다. 그 가운데 양담배의 은박지에 못으로 그린 8×14cm 크기의 「어린이와 도원」, 「신문을 보는 사람들」, 「낙원의 가족」을 뉴욕 근대미술관이소장하면서 이중섭은 세계적인 화가가 되었다. 이 소식을 들은 이중섭은 이렇게 말하며 기뻐했다.

"내 그림 비행기 탔겠네!"(132)(4)

이중섭은 마치 그림을 탑승객처럼 의인화하는 농담을 던졌다. 그가 그렇게 말하는 것과 함께 기뻐했던 모습을 상상하니 독자들도 기쁘지 않은가?

누군가가 레이건 대통령에게 재정적자가 미국 경제에 지장을 주지 않을까 하고 걱정하는 이야기를 꺼내자 그는 이렇게 대답했다.

"재정적자 문제는 크게 걱정하지 않아요. 스스로를 돌볼 수 있을 만큼 크니까요."(181)

레이건은 국가 빚을 의인화하여 크게 늘어난 빚이 크게 자란 성인처럼 자신을 스스로 돌볼 수 있다고 걱정하지 말라고 유머러스하게 말한다.

보리스 옐친 러시아 대통령이 농촌을 살펴보려고 직접 차를 몰고 시골로 갔다. 앙상하게 뼈만 남은 한 농민을 발견하고서 물었다.

"이렇게 어려운 때 어떻게 지내십니까?"

"엉망이죠. 물건 값이 너무 터무니없이 올랐어요. 그래서 서민은 살기가 어렵답니다."

"그럼 무엇을 먹고 삽니까?"

"아무거나 닥치는 대로 먹고 살아야죠."

옐친은 그 농부에게 잠시 웃음이라도 주고 싶은 마음에서 이렇게 말했다.

"그렇다면 지푸라기라도 먹고 살면 어떻습니까?"

"이봐요, 동무. 그 지푸라기를 먹으면 그다음부터 '음메' 하고 울어야 한단 말이오."

"무슨 소리예요? 난 지난겨울 내내 꿀만 먹고 살았지만 윙윙거린 적이 한 번도 없소."(131)

농부의 힘든 삶에 웃음을 주고자 유머를 던진 옐친Boris Nikolaevich Yeltsin

(1931~2007)이나 그 말을 유머러스하게 되받아친 농부나 농부의 대꾸에 또다시 유머로 화답한 옐친은 언어의 배반자들이다.

> 1982년 3월, 대통령이 강원도를 순시하면서 지역인사 100명과 오찬을 나누는 자리였다. 도지사가 반찬으로 나온 산나물이 강원도 산골의 산삼 녹은 물을 먹고 자란 것이어서 몸에 좋다고 자랑했는데, 난데없이 정전사고가 일어났다. 얼마 후 전깃불이 들어오자 모든 참석자의 시선이 전두환 대통령에게 쏠렸다. "딴 것은 다 산삼을 먹었는데 전기만 산삼을 못 먹었구먼." 하고 대통령이 농담하자 장내는 폭소와 함께 긴장감이 사라졌다.(10)

전두환 대통령은 전기를 의인화하여 정전사고를 산삼 녹은 물을 먹지 않은 탓으로 대체시키는 언어의 배반을 통한 유머를 구사하였다.

외국어

> 어떤 사람이 위무제魏武帝 조조曹操에게 유즙乳汁(양의 젖으로 만든 요구르트) 한 잔을 바쳤다. 무제는 조금 마신 다음 뚜껑 위에 합슴 자를 쓰더니 한 자리에 있던 사람에게 보여주었다. 사람들은 그 뜻을 풀 수 없었다. 순서가 양수楊脩 차례가 되자 양수는 얼른 마시면서 말했다.
> "공께서는 모든 사람에게 한 모금씩 마시라고 한 것이오. 무얼 의심하리까?"(126)

합슴 자는 '사람마다 한 모금씩'이란 의미다. 이 글을 해석하고 유즙을 마신 양수의 재치 있는 행동이 유머를 만들어냈다. 한자권이 아닌 지역에서는 도저히 유머가 될 수 없는 대목이다.

> 단재丹齋 신채호가 여섯 살 때 지은 시를 보면 그가 얼마만큼이나 시재詩才

를 타고났는지를 짐작케 한다.

朝出負而氏　이른 아침에 쓰레와 쟁기를 지고 들로 나가네
論去地多起　논을 갈아보니 흙덩이가 많이도 일어나네(11)

할아버지가 쓰레와 쟁기를 지고 들로 나가 논을 갈아엎는 것을 보고 지은 시다. 아동 신채호申采浩(1880~1936)는 여기서 쓰레를 '而' 자로, 쟁기를 '氏' 자로 하여 농기구와 비슷한 모습의 한자어를 택하였고, 의논할 논論 자는 답畓의 음역(논)이고 갈 거去 자는 전畋의 음역(갈)이므로 이러한 한자를 빌려 표현하였다. 즉 원래의 한자어는 답전畓畋(논을 갈다)이어야 하지만 음역의 論 자와 去 자로 썼다. 기발한 착상의 유머러스한 글이다.(11)

노태우 대통령이 새로 임명된 이현재李賢宰 국무총리를 보고, "크게 어리석은 사람이 어진 재상의 도움을 받으니 든든하다."라는 발언을 종종 하는 바람에 이현재 총리는 겸연쩍었다고 회고한다.(19)

노태우盧泰愚 대통령은 자신의 이름 태우(클 泰, 어리석을 愚)와 총리의 이름 현재(현명할 賢, 재상 宰)의 한자어를 뜻으로 풀이하여 유머를 만들었다. 더구나 자신을 낮추고 상대방을 존중하는, 달리 말해 사회적 본능에 충실한 대화로 상대방으로부터 호감을 사는 유머를 만들었다.

○ ○ ○ ● ○

4. 도구의 배반

직업

카를 폰 리히노프스키Karl on Lichnowsky(1956~1814) 공작이 베토벤을 하인처럼 다루면서 그를 체포하겠다고 협박하자, 베토벤은 그에게 다음과 같은 편지를 보냈다.

"공작, 지금 당신의 지위는 태생이라는 우연에 의해 이뤄진 것이오. 하지만 나의 지위는 나 자신이 만든 것이오. 공작들은 지금도 많고 앞으로도 수없이 많이 나오겠지만, 베토벤은 오직 나 하나뿐이오."(70)

공작의 태생에 의한 지위를 거부한 베토벤은 후천적 지위에 해당하는 자신의 재능을 내세워 공작보다 자신이 더 가치 있는 인물이라고 스스로 평가한다.

시벨리우스Jean Sibelius(1865~1957)의 친구 한 사람이 시벨리우스의 초대를 받아 야유회에 갔더니 모여 있는 사람들이 음악가가 아니라 모두 부유한 실업가들뿐이었다.

"모이신 분들이 모두 실업가뿐이군요. 음악가인 당신은 이들과 무슨 이야기를 하실 생각이십니까?"

"물론 음악 이야기지요."

"실업가들과 음악 이야기를요?"

시벨리우스가 빙그레 웃으며 대답했다.

"음악가와는 음악 이야기를 할 수 없어요. 그들에게는 돈에 관한 이야기밖에 더 할 말이 없으니까요."(14)

음악가들은 돈에 관한 이야기를, 실업가들은 음악에 관한 이야기를 하므로 음악 이야기를 들으려면 실업가를 만나야 하지 않겠느냐고 시벨리우스는 변명한다. 그러니 대화의 배경에는 직업의 속성과는 달리 돈만 밝히는 음악가들을 빈정대는 유머가 깔려 있다.

시간

미켈란젤로가 피렌체에서 메디치 예배당을 짓기 시작하였을 때, 사람들은 그가 조각한 두 사촌 형제의 조각상에 대해 비난을 늘어놓았다. 그 예배당과 무덤은 두 형제를 기리기 위한 것이었다. 사람들은 우르비노Urbino의 로렌초Lorenzo di piero de Medici(1492~1519) 공작과 느무르Nemours의 줄리아노Giuliano di Lorenzo de Medici(1479~1516) 공작의 조각이 실제 인물들과 전혀 닮지 않았다고 우겼다. 미켈란젤로는 이렇게 반박했다.

"천년이 지나면 아무도 그들의 얼굴이 어땠는지 기억하지 못할 거야."
(109)

미켈란젤로는 조각상의 역사적 사실을 배반하고 아무도 그들의 얼굴을 기억하지 못할 것이라고 대답한다. 그의 궁색한 답변이 오히려 재치 있는 유머가 되었다.

피카소의 집에 한 여인이 정성스럽게 포장한 상자 하나를 품에 안고 찾아왔다. 그녀는 상자에서 작은 그림 한 점을 꺼내며 말했다.
"피카소 선생님, 선생님의 예전 작품 한 점을 보여드리겠습니다."
"네, 저의 작품이군요. 진품입니다. 저는 1922년 여름 이에르에서 이 작품을 그렸습니다."
"그러면 제가 선생님께 서명을 부탁해도 될까요? 서명이 없는 피카소의 작품은 가짜라고 의심할 수 있거든요."
"사람들은 늘 제 예전 작품에 서명을 해달라고 부탁하는데, 정말 우스운 일입니다. 저는 다른 방법으로라도 제 작품들에 표시를 남겼습니다. ……이런저런 이유로 그림의 뒷면에 표시를 남기는 경우가 종종 있었습니다. 부인, 만약에 제 서명과 날짜를 보지 못하셨다면 그것은 액자에 가려져 있기 때문입니다.”

“하지만 피카소 선생님, 이 그림이 선생님의 것이라면 저에게 서명을 해주시는 정도의 친절은 베풀어주실 수 있지 않나요?”

“아뇨, 안 됩니다. 부인! 제가 만일 지금 이 그림에 서명한다면 저 역시 위작을 만드는 죄를 짓는 것입니다. 1922년에 그려진 작품이 어떻게 1943년의 서명을 담고 있을 수 있겠습니까? 안 되겠습니다. 부인! 유감스럽지만 저는 서명을 해 드릴 수 없군요.”(77)

20년 이전 시기의 서명과 지금의 서명이 다르기 때문에 과거의 작품에 서명한다는 것을 위작이라고 말하는 피카소야말로 과거의 시간으로 되돌아갈 수 있는 것처럼 믿는 시간의 배반자다. 또 그래서 기인의 경지에 도달한 천재적인 유머의 창조자였던 셈이다.

어느 날 음식점에 앉아 있는 피카소에게 한 여자가 조심스럽게 다가오더니 손수건을 내밀며 이렇게 말했다.

“선생님, 여기다가 그림을 하나만 그려주세요.”

피카소가 말없이 그 여인이 내민 손수건을 들여다보고 있으려니 그 여자는 덧붙여 이렇게 말했다.

“선생님께서 그려주시는 그림의 대가는 원하시는 대로 드리겠습니다.”

피카소는 아무 말 없이 여인의 손수건에다가 자기가 생각한 그림을 그리고 나서 이렇게 말했다.

“부인, 다 그렸습니다. 1만 달러가 되겠습니다.”

그러자 그 여인은 다소 놀라며 피카소에게 따지듯 물었다.

“하지만 선생님은 이 그림을 그리는 데 고작 4분밖에 걸리지 않았는 걸요.”

여인이 너무 비싸다고 말하자 피카소는 이렇게 대꾸했다.

“천만에요. 부인이 모르셔서 하는 말입니다. 내가 이렇게 그리기까지는 40년이 넘게 걸렸다는 것을요.”(131)

1951년 잡지 「우국지사」에 실린 데생은 피카소가 1월 12일에 작업한 유일한 작품이었다. 언젠가 피카소는 타바로에게 이렇게 말해주었다.

"사람들은 내가 이런 데생을 5분 만에 그려낸다고 말하지만 내 손목이 5분 만에 이런 데생을 완성하기 위해 내가 60년 이상 노력해왔다는 사실을 잊고 있어."(162)

이탈리아 영화배우 안나 마니냐가 늙어서 사진을 찍었다. 사진을 찍기 전에 그녀는 사진사에게 조용히 이렇게 부탁했다.

"사진사 양반, 절대 내 주름살을 수정하지 마세요."

사진사가 그 이유를 묻자 안나 마니냐가 대답했다.

"그걸 얻는 데 평생이 걸렸거든요."(174)

누군가가 화가 하쿠인 에카쿠白隱慧鶴(1686~1769)에게 달마도 한 점을 그리는 데 시간이 얼마나 걸리는지를 묻자, 그가 이렇게 대답했다.

"10분 만에 그리기 위해 80년을 배웠지요."(139)

1877년, 휘슬러James Abbott McNeill Whistler(1834~1903)는 개인전을 가진다. 그로브너 갤러리에 전시된 그의 「검정색과 금색의 야상곡: 떨어지는 불꽃」(1875)에 대해 옥스퍼드 대학의 교수이자 최고 비평가였던 존 러스킨은 "물감을 쏟아부어놓았을 뿐인 캔버스에 200기니의 돈을 요구하는 것은 사기"라고 혹평했다.(83)

1878년 11월 25일, 웨스트민스터의 엑스체커 법정에서 존 러스킨을 명예훼손죄로 고소한 원고 휘슬러와 피고소인의 변호사인 법무장관 사이에 설전이 벌어졌다.

"자, 휘슬러 씨. 당신은 그 「야상곡」을 해치우는 데 시간이 얼마나 걸렸는지 말씀해주시겠습니까?"

"……무슨 말씀이신지요?"(웃음)

"오! 제 분야에서 사용하는 용어를 그대로 사용해서 죄송합니다. 이렇게 말씀드릴 걸 그랬네요. '그 그림을 완성하는 데 어느 정도 걸렸습니까?'"

"그래요, '해치우는 데'라고 하셨던가요……? 그러니까 해치우는 데 얼마냐 이거지요. 제 생각에는 하루쯤입니다."

"단 하루요?"

"글쎄요. 확실히 말씀드릴 수 없습니다. 만약 그 그림이 덜 말랐다면 다음 날 몇 군데를 고쳤을지도 모르지요. 그러니 그 작품을 만드는 데 이틀 걸렸다고 해두지요."

"오, 이틀이라! 그럼 이틀 일하고 200기니를 요구하시는 거였군요?"

"아닙니다. 저는 일생의 지식에 대해 그 가격을 요구한 것입니다."(190)

두 사람 간의 대결은 러스킨이 휘슬러에게 겨우 1/4페니에 해당하는 아주 작은 금액을 지급하라는 판결로 마무리되었다. 물론 휘슬러에게는 굴욕적인 판결이었다. 승리를 거두었음에도 막대한 소송비 지불로 휘슬러는 경제적 어려움에 봉착하게 된다. 그러나 다행스럽게도 이 사건으로 그는 더 높은 평가를 받는 화가로 성장하였다.(83)

덴마크와 오스트리아, 프랑스와의 전쟁에서 승리를 거둔 몰트케Helmuth Johann Ludwig von Moltke(1848~1916)는 일흔의 나이에 아우에게 이런 한탄을 늘어놓았다.

"무려 40년이나 전쟁을 기다려왔는데, 은퇴할 나이가 다 된 예순세 살에야 바라던 전쟁이 일어난 것이 너무 원망스럽다……."(76)

화가 피카소, 영화배우 안나 마니냐, 화가 하쿠인 에카쿠와 휘슬러, 군사 전략가 몰트케 등은 모두 시간을 배반한 멋진 유머를 구사하여 독자들에게 웃음을 선사했다.

영국 하원에서 윌리엄 힉스William Hicks 경과 윈스턴 처칠은 곧잘 서로 부딪치는 일이 있었다. 한때 처칠이 보수당을 떠나 자유당 후보로 입후보했을 때, 보수당 후보로서 맞서게 된 뒤 힉스 경이 처칠에게 대들었다.

"처질 경이 당적을 옮긴 모순된 행동을 해명하기 바랍니다."

그러자 처칠은 다음과 같이 반격했다.

"지금까지 본인은 보수당에서 바보 같은 짓만 해왔지만, 이제 바보 같은 짓은 그만두고 싶기 때문입니다."(14)

과거의 시간(보수당)을 배반하고 현재의 시간(자유당)을 선택한 처칠의 궁색한 변명이 유머러스하게 들린다.

○ ○ ○ ○ ●

5. 제도의 배반

인지

인간은 외부로부터의 감각을 그대로 받아들이는 것이 아니라 뇌를 통해 이미 만들어진 내적 모형을 바탕으로 현재 부닥치고 있는 복잡한 세상을 해석한다. 즉 인간은 자신의 마음속에 이미 마련되어 있는 필터를 통해 세상을 바라보는 셈이다.

그런데 눈에 보이는 대상은 비교적 객관적으로 나타낼 수 있지만 눈에 보이지 않는 대상은 사람마다 다양하게 해석 한다. 외부를 해석한 결과와 어긋나는 현실이 감지될 경우에는 특별히 주목하게 되는데, 유머는 이런 위반을 감지할 때 생기는 일종의 뇌의 보상 메커니즘이다.

『걸리버 여행기』를 지은 조너선 스위프트는 "인생의 8할은 돈이다."라고 이야기할 만큼 평생 가난과 불운에 허덕인 작가다. 그런 그가 더블린에 있는 성 패트릭 성당의 수석 사제로 있을 때, 한번은 어떤 중년 부인이 찾아와서 물었다.

"신부님, 저는 아침마다 거울을 들여다보며 제 자신의 아름다움에 매료되곤 하는데 그것도 죄가 되나요?"

그러자 스위프트 신부는 서슴없이 이렇게 대답했다.

"아닙니다, 부인. 그것은 죄가 아니라 단순한 오해일 뿐입니다."(67)

스위프트Jonathan Swift(1667~1745)는 중년부인이 자신을 해석하는 인지를 배반하고 뽐내는 자세를 빈정대는 유머로 화답한다.

조너선 스위프트가 성직자로 있을 때 이런 질문을 받았다. "요나는 무슨 재주로 큰 물고기에게 먹혔다가 배 속에서 살아나올 수 있었나요?"
스위프트는 대답했다. "그건 나도 모릅니다. 그러나 이다음 천국에 가면 요나에게 직접 물어보겠습니다."
"하지만 요나가 천국에 없으면 어떻게 하지요?"
"아, 그럴 경우에는 당신 자신이 그에게 직접 물어보면 되지 않겠어요?"
(192)

요나Jonah는 구약성경에 나오는 인물로 여호와를 피해 도망하다가 선원들에 의해 바다에 내던져진 후 큰 물고기에 삼켜져 3일간 배 속에 들어가 있으면서 회개한다. 스위프트는 요나의 재주를 꼬치꼬치 캐묻는 사람에게 지옥에나 가라고 빈정댄다.

드뷔시는 인상파 화가들과 가까이 지냈다. 드뷔시는 이들의 화실에 드나들면서 인상파 그림을 자주 접하게 되었다. 그는 이를 음악에 적용해보려고 하였다. 그래서 드뷔시는 음악에도 분명한 음색 대신 부드러운 음색을 사용했다. 분명한 주제보다 감성적인 분위기가 중심이 되는 곡의 분위기를 살리기 위해 몽롱한 음색으로 작곡했다. 드뷔시가 인상파 음악을 발표했을 때 사람들이 의아해했다.
"무슨 음악이 이렇게 지루해? 졸려서 끝까지 들을 수가 없군."
"그래? 그렇다면 대성공이야. 이 곡은 낮잠 자는 분위기로 만든 곡이거든."(124)

그리하여 드뷔시Claude Achille Debussy(1862~1918)는 지금까지의 음악과는 다른 인상파 음악의 창시자가 되었다. 그는 일반인의 인지를 배반한 창조적 음악가였다.

1905년, 피카소는 미술상 거트루드 스타인의 초상화를 그리기 위해 아흔 번도 넘게 모델을 세웠지만 잘 그려지지 않아 애를 먹었다. 스타인은 크게 실망했다. 그러다가 피카소는 스페인으로 휴가를 떠났는데, 그곳에서 처음으로 뾰족한 모양과 평면도형을 강조하는 그림을 접하게 된다. 그리고 여행에서 돌아오자마자 스타인의 초상화 작업에 착수하기 시작했다.

그녀의 입술은 단단한 선으로, 뺨은 타원형으로, 눈은 비대칭의 아몬드 모양으로 변했다. 스타인의 친구들은 그 그림을 싫어했지만 그녀는 매우 좋아했다. 그녀는 특유의 비비꼬는 말투로 이렇게 주장했다.

"그게 나야. 그리고 나한테는 그것만이 언제나 나의 유일한 복제품이야."

피카소는 친구들이 그 그림이 스타인과 전혀 닮지 않다고 말할 때마다 대수롭지 않게 대답했다.

"닮게 되겠지."

그가 맞았다. 스타인은 나이가 들수록 이목구비가 점점 그림 속의 그녀를 닮아갔다.(109)

초상화의 인물은 사람들이 보기에 따라 다르다. 거트루드 스타인Gertrude Stein의 초상이 아니더라도 주관적 인지에 의해 스타인의 초상이 만들어질 수 있다.

「달마도」로 유명한 김명국金明國(1600~?)에게 인조仁祖(1595~1649) 임금이 노란 비단을 바른 빗접(빗이나 노리개를 넣는 통)에다 심심풀이로 그림을 그려 넣도록 명했다. 열흘 뒤 건네받은 빗접을 보니 아무 그림도 그려져 있지 않아 인조가 버럭 화를 냈다. 김명국은 다음날까지 기다려 보자고 했다. 이튿날 공주가 머리빗을 꺼내려다 빗접가에 이 두 마리가 꼼지락대는 걸 발견했다. 손톱으로 눌러도 그대로 있길래 다시 살펴보니 그게 그림이 아닌가……(195)

빗접의 이를 발견하지 못한 인조 임금과 공주는 다음날에야 비로소 이가 그려진 그림을 인지한다.

> 8·15 해방 이후에 원산에서 일본인 아내 야마모토山本(한국이름 이남덕)와 함께
> 살던 이중섭은 형이 부르주아 반동분자라고 지명되어 처형당한 후 예술가들
> 의 도움으로 그림을 그리고 있었다.
> 　예술동맹의 당 간부가 중섭의 소 그림에서 소 엉덩이에 있는 두 어린애를
> 보고 물었다.
> 　"이 동무! 이 그림을 설명해보시오."
> 　중섭은 이런 굴욕적인 질문을 들어본 적이 없었다.
> 　"어떻게 그림을 설명한단 말이오?"
> 　"그게 동무의 부르주아적인 사고방식이오. 조선 인민은 조선 인민이 아는
> 예술만을 존중하오. 인민이 알 수 있도록 어서 설명해보시오."
> 　그는 성난 듯이 대답했다.
> 　"그렇소. 이 소는 우리를 일제로부터 해방시켜준 소요. 이 아이들은 장차
> 우리나라를 뜻하오."
> 　"아이들이 둘이구먼. 으흠 어느 것이 북조선이고 어느 것이 남반부요?"(4)

　소를 해방자로 그리고 아이를 나라라고 변명해대는 이중섭의 처지가 딱
해 보인다. 아이를 나라로 인지하는 예술동맹의 당 간부 눈에는 예술적 가
치로서의 그림은 전혀 느껴지지 않는가보다. 그런 당 간부의 어리석은 대
화가 자기도 모르게 유머가 되어 사람들을 웃게 만든다.
　1956년 흐루시초프가 스탈린 격하운동을 벌이면서 중국과 소련의 관계
가 대립하기 시작할 무렵, 저우언라이가 소련을 방문했다. 저우언라이는
예정대로 흐루시초프 앞에서 소련의 수정주의 노선을 비판했다. 흐루시초
프는 정면대결을 피하고 공산주의 세계에서 가장 민감한 출신계급 문제를
꺼내 저우를 역공했다.

> 　"그래, 저우 총리의 비판이 옳다고 합시다. 그런데 그런 주장을 하는 총리
> 의 출신 계급에 문제가 있다는 걸 알고나 있소? 우리 둘 사이엔 계급적 모순

이 있단 말이오. 나는 노동계급 출신이고 총리는 자산계급 출신이 아니오?"

호루시초프는 저우언라이의 출신성분을 들추어 저우가 자산계급 입장에 서 있다고 말했다. 저우가 바로 호루시초프의 말을 받았다.

"그래 맞는 말이오. 그런데 우리 두 사람 사이엔 계급적 모순도 있지만 공통점도 있소. 우리 둘 다 자기 출신계급을 배신했다는 것이오."(147)

러시아와 중국 사이의 차이점(노동계급 출신과 자산계급 출신)을 말하는 흐루시초프와 그 유사점(출신계급의 배반자)을 말하는 저우언라이의 이야기는 각자가 인지하는 바탕이 다른 데서 나온다. 하지만 저우언라이는 각자가 출신계급의 배반자라고 자조 섞인 농담을 흐루시초프에게 던져 창의적인 유머를 낳았다.

인도의 수상 네루가 정신병원을 방문했다. 그 병원에는 자신이 네루 수상이라고 자처하는 환자가 하나 있었다. 병원장은 그 환자에게 네루 수상을 직접 만나게 해주었다. 네루가 먼저 물었다.

"이곳에 얼마나 있었지요?"

환자가 대답했다.

"3년 동안 있었지. 이곳 사람들이 친절히 잘 대해주어서 이제 내 병은 깨끗이 완쾌되었소."

대답을 하고 잠시 생각에 잠겼던 환자가 느닷없이 네루 수상에게 물었다.

"그런데 당신은 누구요?"

네루 수상이 말했다.

"나는 인도 수상 네루입니다."

그러자 환자가 다정하게 말했다.

"걱정 마시오. 3년 안에 병은 깨끗이 나을 거요. 나도 처음 이 병원에 왔을 때는 내가 네루 수상이라고 생각했지. 나도 당신과 똑같은 증세로 3년을 고생했거든."(171)

정신질환 환자가 네루Pandit Jawaharlal Nehru(1889~1964) 수상에게 던지는 이야기가 흥미로운 유머를 남긴다. 이와 비슷하게 치매와 관련된 유머도 정상적인 상태를 배반하는 까닭에 재미있는 유머를 만든다.

규범

　　당 현종唐玄宗(685~762)이 양섬楊銛, 양기楊錡, 양귀비楊貴妃 세 자매와 안녹산安
祿山(703?~757)에게 서로 의형제를 맺으라고 권하자 안녹산은 한 술 더 떠 양귀
비의 수양아들을 자청했다. 이에 당 현종과 양귀비는 나란히 앉아 수양아들
이 된 안녹산의 절을 받았다.
　　안녹산이 양귀비에게 먼저 절을 하자, 현종이 왜 양귀비에게 먼저 절을 하
는지 그 연유를 물었다. 그러자 안녹산은 이렇게 대답했다.
　　"우리 오랑캐들은 어머니에게 먼저 절을 올린 후에 아버지께 올립니다."
(172)

　　문화가 다르면 예절도 다르다. 모계사회의 구태를 벗어나지 못한 나라의
안녹산에게서 송나라의 예절문화를 배반한 행동거지를 엿볼 수 있다. 그
리하여 유머를 낳았고 현종과 양귀비에게 웃음을 선사하였다.

　　미국 남북전쟁 당시 북부의 그랜트 장군은 남부의 군대와 싸우면서 '무조
건 항복'을 요구하는 장군으로 알려졌다. 나아가 그의 "즉각 무조건 항복을
제의하는 바이다."라는 말이 북군의 구호가 되었다. 의회는 그를 육군소장
으로 임명했다. 그가 전쟁 중에 담배를 즐긴다는 기사가 나가자, 그에게 1만
여 개의 담배상자가 쇄도했다.
　　그러자 그랜트에 대한 비난여론이 들끓었다. 전투에서 술에 취해 있었다
는 허위사실이 유포되어 그에 대한 비난이 쏟아졌는데, 많은 사람이 그것을
사실로 받아들였다. 국민은 분노하며, 그를 해임하라는 여론이 들끓었다. 하
지만 링컨은 단호하게 대답했다.
　　"저는 그랜트 장군을 해임할 생각이 전혀 없습니다. 계속해서 사령관 자
리를 맡길 것입니다."

그랜트가 지나치게 술을 마신다는 여론에 대해 링컨은 단호하게 이렇게 말했다.

"술이 문제가 된단 말입니까? 저는 오히려 장군들에게 술을 보내고 있습니다."(23)

사람들은 그랜트Ulysses Simpson Grant(1822~1885) 장군이 술꾼이라서 사령관직에서 해임 되기를 바라는데 링컨은 오히려 그에게 술을 보내려고 한다. 링컨은 그랜트 장군을 변호하지도 않았다. "전투를 잘 지휘하니 술이 좀 과하더라도 이해해 달라."고 호소하거나 "전투만 잘하면 됐지, 술 좀 마시면 어떤가?"라고도 답변하지 않았다. 그렇게 했다면 유머가 되지 않았을 것이다.

그러나 링컨은 적극적으로 반격하여 그랜트 장군이 즐겨 마시는 위스키의 브랜드를 알려달라고 했다. 그리고 링컨은 "전쟁터에 있는 모든 장군에게 그 위스키를 한 통씩 보내겠다."고 말했다. 이 이야기는 1863년 11월 26일자 「뉴욕해럴드」지에 실렸다. 이 기사 내용의 진위에 대해 링컨은 "내가 그렇게 말하지는 않았지만 좋은 스토리"라며 좋아했다고 한다.(66)

트루먼 대통령이 캔자스시티를 방문했을 때 제1차 세계대전 당시 자신이 배속됐던 '배터리 D부대'의 동료 전우들과 점심 식사를 하게 되었다. 트루먼이 찬장에서 오래된 큰 술잔을 가져와 친구들에게 한 잔씩 술을 부어주었다.

그런데 트루먼의 잔은 없었다. 친구들이 "잔은 어디 있느냐?"고 묻자, 자신은 고향 미주리 주 인디펜던스의 침례교 여성들을 만나야 하므로 술 냄새를 풍길 수 없어서 마시지 못한다고 말하였다. 대통령의 말에 친구 마이스버거가 불편해했다.

"나는 지금 연방정부로부터 봉급을 받는 입장인데 대낮에 술을 마셔도 되는지 모르겠네."

그러자 트루먼은 난처해하는 전우의 마음을 말 한마디로 편안하게 해주었다.

"내가 대통령으로서 자네에게 '15분간의 연가'를 주겠네. 이제 다른 전우

들과 함께 즐기세."(66)

사회적 본능에 부합하려고 15분간 연가年暇를 허락한다는 트루먼의 이야기는 관습을 배반하는 멋진 유머가 되었다.

> 파격적인 발언으로 세간에 연속적으로 화제가 되었던 노무현 대통령이 청와대에서 했다는 농담이다.
> "나중에 청와대 기록문서를 공개할 때 내가 한 말 중에서 그대로 옮기기 좀 뭐한 부분이 있으면 'XXX'로 적지 말고 'OOO'으로 적어주십시오. 그렇게 해야 내가 혹시 심한 말을 하더라도 욕이 아니라 뭔가 중요한 말을 한 것처럼 보일 게 아니겠습니까?"(134)

'XXX'나 'OOO'으로 문장을 작성하는 주어진 규범을 배반하고 자신에게 유리하도록 'OOO'으로만 작성해달라고 주문하는 노대통령의 호소가 멋진 유머가 되었다.

명성

> 청靑나라 건륭제乾隆帝(1711~1799)가 남부 지방을 시찰하다가 바다에 떠 있는 수백 척의 배를 보았다. 그는 옆의 신하에게 저 수많은 배를 타고 있는 사람들이 모두 무엇을 하고 있는지 물었다. 그러자 그 신하는 자신의 눈에는 단 두 척의 배, 즉 '명성'과 '실리'라는 두 척의 배밖에는 보이지 않는다고 대답했다.(148)

세상 사람들이 이용하는 배의 용도가 다양하겠지만, 오직 두 가지 종류의 배밖에 보이지 않는다고 말하는 신하의 인지는 범상한 경지를 넘어선 유머처럼 들린다.

저우언라이는 중국 지도자들 가운데 외국 기자와 가장 많이 인터뷰한 지도자였다. 공식 기자회견에서 한 미국 기자가 물었다.

"현재 중국엔 4억 인구가 살고 있는데, 화장실을 몇 개나 지어야 수요를 충족시킬 수 있다고 보십니까?" 다분히 야유성이 있는, 어처구니없는 질문이었지만 답변을 거부하기도 뭐한 자리여서 저우는 대답을 했다. 그의 답변이 장내를 웃음바다로 만들었다.

"네, 중국엔 화장실이 두 개면 충분합니다."

"두 개라니요?"

"남자 화장실과 여자 화장실, 둘만 있으면 됩니다."(147)

저우언라이는 화장실의 종류가 단지 두 가지 종류뿐이라고 동문서답의 유머를 던져 중국이 미국과 다른 게 없다고 기자에게 쏘아붙인다.

이탈리아에서 베르디의 인기와 명성은 하늘을 찔렀다. 이 유명 인사의 집 주소 같은 것쯤은 모르는 사람이 없을 정도였다. 언젠가 베르디가 처음 알게 된 사람에게 우편으로 뭘 보내달라고 부탁하자, 그가 베르디의 주소를 물었다. 그러자 베르디가 대답했다.

"아, 주소요? 그냥 '작곡가 베르디 앞'이라고 쓰시면 됩니다."(110)

유명세를 타고 있는 베르디Giuseppe Verdi(1813~1901)의 자신 있는 대답은 자신의 명성을 너무 과대평가하고 있는 게 아닐까? 그래도 유머러스한 곳이 보인다.

윤리

진晉나라 원제元帝 사마예司馬睿의 아들皇子이 태어나자 원제는 군신 일동에게 선물을 하사했다. 대신大臣 은선殷羨이 감사드리며 아뢰었다.

"황자 저하의 탄생은 천하가 모두 기뻐하는 바입니다. 신은 아무런 공훈도 없건만 후한 하사품을 내리시어 황공하오며 외람되이 받겠습니다."

원제가 웃으며 말했다.

"이 일만큼은 어찌 그대에게 공훈을 세우도록 할 수 있으리까?"(126)

사마예는 하급자가 상급자에게 관습적으로 바치는 공훈의 의미를 배반하고 성 본능을 건드리는 유머를 터뜨려 주위의 여러 신하에게 웃음을 자아내게 하였으리라.

어느 날 미국의 초대 대통령 조지 워싱턴의 집에 프랑스 장군이 방문했다. 한참 음식을 먹으며 이야기를 나누고 있는데 한 노예가 들어와 좋은 시간 되시라는 인사를 했다. 그런데 이 말을 듣자마자 워싱턴이 일어나서 그 노예에게 정중히 답례를 했다. 그 장면을 본 프랑스 장군이 궁금해서 물었다.

"아니, 왜 집안의 노예에게 일어서서 인사를 하십니까?"

워싱턴이 대답했다.

"내가 노예보다 예의 없는 사람이 되면 되겠습니까?"(174)

조지 워싱턴이 당시의 관습, 즉 '주인은 노예에게 예의를 차리지 않아도 된다'는 문화를 배반하고 사회적 본능을 좇아 상대방(프랑스 장군)에게 사교적인 사람으로 비쳐지기를 바라는 그의 행동이 유머와 웃음을 낳는다.

남극에서 불귀의 객이 된 로버트 스콧Robert Falcon Scott(1868~1912)이 당시 재무장관 로이드 조지를 찾아가 재정적 후원을 부탁했다. 재무장관은 정계에 이름난 재벌을 그에게 소개해주고 나중에 만나 결과를 물었다.

"내가 소개해준 그 재벌이 후원해주겠다고 합디까?"

그러자 스콧의 대답은 이러했다.

"그 재벌이 1천 파운드를 주면서 덧붙이기를 만일 재무장관을 데리고 갈 수 있으면 2천 파운드를 주고, 만일 그를 남극에 버리고 오면 1만 파운드를 주겠다고 하더군요."(142)

재벌은 로이드 조지David Lloyd George(1863~1945)에게 험악한 유머를 던졌지만 애정을 느끼지 않고서는 이러한 유머가 뿜어지기 어려웠을 것이다. 상대방을 선의에 찬 언어로 비방하여 오히려 친근감을 느끼게 하는 유머임을 엿볼 수 있다.

> 찰리 채플린의 네 번째 아이가 태어나자 많은 사람이 축하하기 위해 그의 집을 찾아왔다. 축하객 중에는 유명한 아인슈타인도 있었다.
> "채플린 씨의 연기는 세상의 모든 사람을 즐겁게 할 뿐만 아니라 모든 사람이 잘 이해하고 있습니다."
> 아인슈타인은 채플린의 능력을 축하해주었다. 그의 칭찬을 들은 채플린은 이렇게 대답했다.
> "감사합니다. 하지만 어찌 선생님의 명성에 비하겠습니까? 선생님께서는 전 세계의 존경을 받고 있지요. 그러나 아쉽게도 아무도 선생님의 말씀을 이해하지 못하는 것 같더군요."(131)

채플린이 대학자의 학문적 주장을 이해하지 못한다는 투의 이야기가 예의를 배반하는 모양세로 보이지만 결국 높은 경지에 도달한 아인슈타인의 지식을 존경하는 뜻에서 나온 유머다.

기대

> 사업가의 기질을 가지고 태어난 카네기에게 어느 날 사회주의자 한 사람이 찾아왔다. 그는 한 사람이 수만 명 몫의 재산을 오랫동안 가지고 있는 것은 부당하다는 취지의 말을 했다. 이야기를 다 듣고 난 카네기가 비서를 불러 물었다.
> "내 재산의 총액을 세계 인구수로 나누면 얼마나 되나?"
> 잠시 후 계산을 마친 비서는 1인당 16센트라고 말했다. 그러자 카네기는 비서에게 지시했다.

"내 재산에서 이 손님 몫인 16센트를 봉투에 넣어 드리게."(67)

사회주의자는 그래도 상당한 액수의 기부를 카네기로부터 기대하였을 터이지만, 사회주의 가치관에 따라 다른 사람과 평등하게 취급한 카네기의 재치 있는 응답이 멋진 유머로 남게 되었다.

> 오페라 연기자였던 러시아의 샬리아핀이 갓 데뷔했을 때의 일이다. 그는 자기 부담으로 음악회를 개최했는데 음악회장에는 단 두 사람의 관중밖에 들어오지 않았다. 시간이 되자 샬리아핀은 두 사람의 관중에게 "청중이 더 들어올지 모르니 조금만 더 기다려 봅시다." 하고 부탁했다. 그러자 그들은 대답했다.
> "빨리 시작해서 빨리 끝내버립시다. 우리는 끝나는 대로 피아노를 정리해야 하니까요."(14)

오페라 연기자 샬리아핀Feodor Ivanovich Shalyapin(1873~1938)이 청중이라고 간주한 사람은 일꾼들이었다. 청중이라는 기대를 배반한 일꾼의 퉁명스러운 소리에 낙담하였을 것으로 보이는 샬리아핀의 우스꽝스러운 모습을 읽을 수 있다.

> 케네디 대통령이 아일랜드를 방문했다. 두 명문 라이벌 대학인 트리니티 대학과 내셔널 대학에서 명예박사학위를 받기로 돼 있었다. 한 질문자가 만일 이듬해 트리니티와 내셔널의 친선 럭비경기가 벌어지면 어느 대학 팀을 응원할 것이냐고 물었다. 케네디는 "트리니티 팀을 위해 환호하고 내셔널 팀을 위해 기도할 것입니다."라고 거침없이 대답했다.(66)

케네디가 응원하는 대학이 하나로 선정될 것으로 기대하였으나, 그는 환호와 기도로 두 대학을 응원하겠다는 동문서답의 유머를 선사했다. 정치인이 궁지에서 벗어나기에 적합한 지혜로운 대꾸다.

김대중 대통령이 MBC「일요일일요일 밤에」의 '이경규가 간다' 코너에 깜짝 출연해 코미디언 이경규와 장시간 이야기를 나누었다. 이경규가 김대중 대통령에게 가장 좋아하는 코미디언이 누구냐고 묻자 '이경규'라고 대답했다. 나중에 이경규가 진짜 자기를 좋아하느냐고 묻자 김대중은 천연덕스럽게 "이경규 씨라고 말하지 않으면 편집될 것이라고 생각했어요."라고 농담했다.(10)

정말로 당신을 좋아한다고 인사치레로 이야기할 것으로 기대하였으나 뜻밖에도 김 대통령은 자신의 이야기가 편집되어 방송에 나가지 못할 수도 있다는 압박 때문에 그랬다고 능청을 떤다. 방송 이후 두 사람은 친해졌다고 한다.

오바마 미국 대통령이 유권자 모임에서 선거유세를 하는 도중에 나이 지긋한 신사 한 분이 다가와 그에게 이라크전에 반대한다고 하면서도 아직 전면 철군을 주장하지 않는 데 대해 강한 불만을 토로했다. 그 자리에서 오바마는 미군 철수를 너무 황급하게 추진하다 보면 이라크 상황이 전면적인 내전으로 치닫고 나아가 중동 전역으로 전쟁이 확산될 가능성이 있다는 점이 걱정스럽다고 설명했다. 설명을 들은 뒤 그는 오바마에게 악수를 청하면서 이렇게 말했다.
"난 아직도 당신의 생각이 그르다고 생각합니다. 그러나 당신이 최소한 철군 문제를 생각하고 있다는 느낌은 드는군요. 그리고 당신이 내 의견에 계속 맞장구만 쳤다면 아마 난 상당히 실망했을 겁니다."(72)

일반적으로 유권자의 견해를 지지하는 것이 선거에 출마한 후보자의 습성이다. 그러나 오바마Barack Obama는 이것을 배반하고 유권자에게 자신의 견해를 설명하여 오히려 지지자를 얻게 되었다. 유권자가 자신의 견해에 오바마가 맞장구를 쳤다면 오히려 실망하였을 것이라는 대화가 하나의 유머가 되었다. 공직 후보자에게 요구되는 일관성 있는 자세가 아닐까? 또한 그래서 재선에 성공한 게 아닐까?

제7장

정치적 본능

여기서는 사람들이 다른 사람을 지배하려고 하거나 다른 사람에게 순종하려고 이미 학습된 문화를 배반하는 데서 오는 유머의 사례들을 살펴보고자 한다. 제2장 유머 이론에서 살펴본 바와 같이 유머의 근원은 상대방에 대한 우월감이나 멸시에서 비롯한다. 그런 까닭으로 상당부분의 유머가 정치적 본능에 바탕을 둔 이야기의 산물이라는 점을 염두에 두고 배반한 문화들을 살펴보도록 하자.

● ○ ○ ○ ○ ○

1. 지배 본능

서열

서열(쪼기 순서)이란 동물들 사이에 공격과 복종관계가 유지되는 현상을 말한다. 이러한 서열관계는 가재에서부터 침팬지에 이르기까지 동물세계에서 보인다.(200) 서열이 갖는 기능은 어떤 집단 내에서 어떤 개체가 다른 개체들보다 생존 및 재생산에 기여할 수 있는 핵심 자원에 안심하고 보다 많이 접근할 수 있는 기회를 제공하는 데 있다. 수놈들끼리 피나는 혈투를 벌이는 배경에는 발정기가 된 암놈과 교미할 수 있는 특권이 주어지기 때문이다. 집단에 속하는 암컷과 성적 기회를 늘릴 수 있다는 사실이 지위상의 우위를 갈구하는 본능을 진화시키도록 적응하였다.

서열을 가장 쉽게 관찰할 수 있는 동물의 사례로 닭을 들 수 있는데, 닭의 사회행동은 서열에 기초를 두고 있다. 새로운 닭들이 집단을 이루면 바로 권력투쟁에 들어간다. 이때 맨 먼저 생기는 계층구조는 쪼기 순서인데

닭은 경쟁자에게 쪼기나 위협동작을 가하여 자신의 지위를 유지한다. 이 때 서열이 상위에 놓인 개체는 늘어난 성적 기회로 인해 우월한 유전적 적응도의 보상을 받는다.

서열이 상위에 있는 수탉은 먹이나 둥지 그리고 잠자리에서 우선권을 가질 뿐만 아니라 자유롭게 돌아다닐 수 있다. 상위의 수탉은 하위의 수탉보다 더 자주 교미한다. 닭 사육사들이 알을 더 많이 낳는 계통을 선택하였다는 것은 결국 공격성이 보다 강한 닭을 양육한다는 것을 의미한.(102)

> 1961년 미국 대통령이 되고 나서 케네디 부부는 유럽을 방문하면서 프랑스에 들렀다. 파리 언론인 오찬 모임의 첫머리였다. 미국 · 프랑스 양국의 저널리스트들은 케네디가 한 인사말에 웃음바다를 이루었다. 케네디는 다음과 같이 말했다.
> "이 자리에 모인 분들께 제 소개를 드리는 것도 전혀 이상하지 않겠죠. 저는 재클린 케네디의 수행원입니다. 그리고 수행원이 된 것을 즐깁니다."(37)

케네디 대통령은 언론이 자신의 행방보다 자신을 동행한 부인 재클린 케네디의 행방을 과도하게 보도하는 데 열중하자, 빈정대며 자신의 정치적 서열을 확인이라도 하려는 듯이 자신을 그녀의 수행원이라고 빈정댄다.

영토권

서열 이외에 동물사회의 생활에서 주요한 또 하나의 특징은 '영토권(텃세)'이다. 많은 동물이 영토를 지키는 일에 엄청난 시간과 정력을 쏟는다. 이러한 현상은 조류나 포유류뿐만 아니라 곤충, 심지어 바다 속의 말미잘 등에서도 볼 수 있다.

'터(territory)'란 한 마리 또는 집단의 동물이 노골적인 방어자세로 자기 존재를 과시하여 침입자를 축출하는 다소간 독점적으로 차지하는 영역을 일컫는다.(102) 일시적인 터 또는 항구적인 터를 불문하고 자신이 이를 지키는 데 들어가는 비용(에너지 소비)과 이를 지켜서 얻어지는 이득(에너지 확보)을 비교하여 이득이 비용보다 높으면 모든 유기체는 언제나 터를 자신의 지배하에 두려고 한다.(143) 왜냐하면 터는 자신의 생존을 지탱해주는 자원을 제공하기 때문이다. 나무다람쥐의 터의 크기는 그 동물 한 마리가 연중 필요한 에너지를 공급하기에 적합하도록 조정된다는 사실도 밝혀졌다. 원시 부족의 구성원들은 비록 돌아다니긴 하지만, 풍족한 식량 자원이 있는 지역은 의존할 만할 가치가 있다고 판단하여 이를 영토로 지킨다.

그런 까닭에 동물의 터는 그것이 터로서 방어되건 아니건 간에 적절한 에너지를 공급할 수 있을 만큼 커야지 너무 커서도 너무 작아서도 안 된다. 그 이유는 동물이 너무 넓은 면적의 땅을 돌아다니면 필요 이상으로 포식자들에게 노출되기 때문이다. 동물학자들은 이를 '최적 면적 가설(optimal area hypothesis)'이라고 부른다. 수사자나 호랑이는 최적 면적에 상당하는 영역이 자신의 영역임을 표시하여 다른 동물에게 알려주기 위해 경계부분에 방뇨하여 표식을 남긴다.

미국 CBS의 간판 프로그램 「60 Minutes」 진행자 앤디 루니는 유머감각이 뛰어난 사회자다. 그의 유머를 들어보자.

"제 아내가 자주 사용하는 섬유유연제가 처음에는 뭐에 쓰는 물건인지 몰랐습니다. 그런데 여자들이 나한테 접근해서는 코를 킁킁거리고 냄새를 맡더니 '유부남이잖아!' 하고 한마디 하고는 가버리는 것이었습니다. 그 섬유유연제는 바로 부인네들이 자기 영역을 침범하지 말라는 표식이었던 것입니다. 우리 유부남들이 총각 행세를 하고 싶을 때 결혼반지를 벗어버리기는 쉽지만 옷에서 그 냄새를 제거해버리기란 여간 힘든 일이 아닙니다."(134)

거지들에게 걸식구역이 있듯이 그들을 내모는 경찰관들에게도 순찰구

역이 있고, 매춘부도 거리의 정해진 한쪽에서만 일한다. 외판원과 배달원들도 자기 영역을 중심으로, 마피아나 깡패들도 자신들의 사업구역 범위 내에서, 독점기업들도 할당된 지역 내에서, 심지어 정치권도 지역을 분할하여 마치 생물체가 자기 영토를 방어하듯이 텃세를 부린다.

대학 강의실에 수업을 받으러 오는 학생들은 거의 대부분의 경우, 마치 자신의 영토인양 지난번에 앉았던 자리에 계속 앉는다. 이러한 현상을 진화심리학적 의미에서 분석하면 사람들은 시간과 공간에 대한 영토권을 행사하도록 적응하였다고 말할 수 있다. 먼저 자리 잡은 사람이 나중에 온 사람에게 자리를 내주지 않는다는 뜻으로 선점자를 빈정대는 "개도 텃세 한다"는 우리 속담도 있지 않은가?

동물학자 빈 에드워드Bin Edward는 영토를 놓고 싸우는 동물들은 먹이 같은 실제적인 보상보다 상징적인 보상을 위해 경쟁한다고 주장하였다. 그에 따라 암컷들은 영토를 갖고 있지 않는 수컷과는 교미하지 않는다고 한다. 수컷이 싸움에 지고 영토를 빼앗기게 되면 곧 교미했던 암컷도 승자에게 빼앗기게 된다. 일부일처제의 동물들에게서조차 암컷은 수컷과 결혼한다기보다는 그의 영토와 결혼하는 셈이다. 수컷들도 암컷을 소유하기 위해서 싸운다기보다는 사회적인 지위를 획득할 목적으로 싸운다.

지위

지위가 높은 사람은 곧고 높은 자세로, 가슴을 펴고, 미소를 띠지 않은 근엄하고 높은 목소리로 손가락으로 지적하는 따위의 행동을 한다. 그 대신 지위가 낮은 사람은 허리를 굽히고, 자주 미소를 짓고, 부드럽게 대화하고, 다른 사람이 이야기하면 바라보기만 하고, 수긍한다는 표시로 고개를 자주 끄덕인다. 또 다른 사람이 말하는 도중에 끼어들지도 않고, 이야기도 높은 사람에 비해 적게 하고, 집단 전체보다 집단 내에서 지위가 높은 자에게 인사한다.

사람들이 자신의 지위와 다른 사람의 지위를 나타내는 몇 가지 방법은 문화적 차이를 막론하고 공통적으로 나타나는데, 다윈은 선교사들과 여행가들의 기록을 폭넓게 접한 후에 다음과 같은 결론을 내렸다. "경멸, 멸시, 모욕, 혐오감은 표정을 변화시키거나 몸짓을 통해서 다양하게 표출된다. 이것은 전 세계의 인류에게 공통적으로 나타난다."(37) 그는 또 우월감을 가진 사람은 머리와 몸을 꼿꼿이 세움으로써 다른 사람보다 우월하다는 것을 드러낸다는 사실에 주목했다.

> 제2차 세계대전 당시 잭 케네디는 쾌속 어뢰정 PT109의 함장으로 솔로몬 제도 작전 중에 조난되었으나 며칠 지나 구출되었다. "케네디의 아들, 구축함에 PT 함정 동강 났지만 태평양의 영웅이 되었다." 「뉴욕타임스」지는 헤드라인을 그렇게 뽑았고, 「보스턴글로브」지는 자기네 고장의 자부심을 실어 이렇게 대서특필했다. "케네디의 아들, 태평양에서 목숨 열을 구하다. 케네디의 아들, 태평양의 영웅이다."
>
> 그러나 정작 당사자인 잭은 자신이 졸지에 미국의 영웅으로 떠오른 것을 씁쓸한 마음으로 지켜보았으며 오히려 겸손해했다. 나중에 어떤 젊은이가 반신반의하며 도대체 어떻게 영웅이 되었느냐고 질문을 던졌을 때 잭은 이렇게 대답했다.
>
> "쉬웠지요. 놈들이 내 PT 함정을 두 동강 냈거든요."(37)

케네디의 전직 외교 자문관 슐레진저Arthur M. Schlesinger(1888~1965)는 자신의 저서 『A Thousands Days』에서 당시의 케네디를 회고한다. 존 F. 케네디가 1946년 보스턴 11지구 하원의원에 출마하자 PT109의 전우들까지 선거운동을 도우려고 모였다. 남성 유권자들은 전쟁 때 용감히 활동한 것에 대해 흥미를 가졌으며, 그가 전쟁영웅이 된 무용담을 듣고 싶어 했다. 그러나 그는 "……일본군 ……"이라고 말했을 뿐, 자신의 무용담을 평가 절하하였다고 전한다. 그래야 남성들의 표를 얻을 수 있을 것 같았기 때문이었을 것으로 추측하는데(20), 케네디의 정치적 감각을 엿볼 수 있는 대목이다.

프랑스 사상가 파스칼Blaise Pascal(1623~1662)은 남들이 잘 기억해주기를 바란다면 자기의 좋은 점을 늘어놓지 말라고 이야기하였다. 케네디는 유권자들의 마음이 상하지 않도록 자신이 전쟁영웅으로 비쳐지지 않도록 노력했다. 한마디로 케네디는 유권자들의 지배 본능에 의지하였다. 그가 전쟁영웅이 아니었다는 사실이 끝까지 지켜지지 않아 다소 서운한 감이 없지 않아 있었겠지만…….

1952년, 잭 케네디는 보스턴 상원의원에 출마하여 공화당의 헨리 캐봇 로지Henry Cabbot Lodge와 경쟁하였다. 선거가 한창인 10월경 일본에서 편지가 날아들었다. 1943년 8월 솔로몬 제도에서 PT109를 격침시킨 일본 구축함 함장 하나미 고헤이에게서 온 편지였다. 당시 자신의 구축함을 향해 용감하게 달려오는 PT109를 미처 포를 쏠 여유도 없이 들이받아 부술 수밖에 없었다는 요지의 편지로, 특히 케네디의 용감성과 대담성을 높이 평가하면서 선거에 성공하기를 바란다는 내용이었다.

편지가 공개되어 열광적인 반향을 일으키자, 공화당 대통령 후보로 출마하여 인기가 높았던 아이크까지 공화당 후보 로지를 지원하려고 달려왔을 정도였다.(20)

대통령이 되고 나서 케네디는 솔로몬 제도에서 자신의 목숨을 구해준 원주민을 대통령 취임식에 참석할 수 있도록 솔로몬 제도에 초청장을 보냈다. 그러나 정작 본인은 오지 않고 그 나라의 외무 장관이 대신 참석하자, 케네디는 그에게 인사의 말도 건네지 않았다고 한다. 케네디로서는 이날의 행사가 자신을 구해준 은인에게 생전의 은혜를 갚을 기회를 놓친 애석한 대통령 취임식이었다.

위계질서

　인간에겐 불명예, 비난, 모욕, 치욕을 참지 못하는 성향이 있지만, 권력동기 또한 인간에게 두드러지게 나타나는 특징으로, 그에 따라 특히 모르는 사람들 사이에서는 지위나 위계지배구조가 재빨리 형성된다. 학교사회이건, 직장사회이건 또는 정치권이건 간에 동물세계의 치열한 순위 다툼과 마찬가지로 치열한 권력투쟁이 있기 마련이다. 중학교에서는 학기 초에 반 편성이 끝나면 으레 한바탕 싸움판이 벌어지는데, 그것은 학생들이 자신의 권력순위를 결정짓기 위한 것이라고 한다.(145)

　　명明나라에 아축阿丑이라는 배우가 있었다. 당시 명나라 헌종憲宗은 환관 왕직汪直을 대단히 총애하였다. 한번은 아축이 헌종에게 바치는 연극에서 술 주정꾼으로 분장하여 욕설을 퍼붓고 있었다. 곁에 있던 사람들이 "황제 폐하 납시오!" 하고 외쳤지만 그는 이를 무시했다.
　　다시 "왕汪 태감太監 납시오!" 하고 외치자 아축이 허둥지둥 몸을 피하면서 "나는 천자가 누구인지는 모르지만 왕 태감이 누구인지는 알지!" 하고 말했다.(172)

　아축은 술에 취한 척하는 연극을 통해 호가호위하는 왕직의 행태와 인의 장막에 갇혀 있는 헌종을 비웃는다.

　　어느 날 궁정에서 모임이 열렸다. 연회석 자리를 보니 재상 비스마르크가 별로 중요하지 않은 인물의 뒷자리에 배치되었다. 친구들이 웅성거렸다. 그러나 비스마르크는 그저 반어적으로 대꾸할 뿐이었다.
　　"내가 어디에 앉든 그곳이 항상 상석이라네."(1)

　비스마르크는 자기가 앉은 자리가 상석이라고 자신감에 찬 유머를 던진다.

1951년 3월 24일, 맥아더는 자신의 권한 내에서 한국에서 더 이상 피를 흘리지 않고도 유엔의 정치적 목적을 실현할 수 있는 군사적인 방법을 모색하기위혜 언제라도 전장에서 적의 최고사령관과 만나서 상담할 용의가 있다는 성명을 발표하였다. 그러자 트루먼 대통령은 브래들리Omar Nelson Bradley(1893~1981) 합동참모본부장을 통해 당일 날짜의 명령을 하달하였다.

"대통령께서는 공산군 지휘자들이 전지에서 휴전을 요청하는 경우가 있으면 귀관은 그 사실을 즉각 합동참모본부에 보고하고 지시를 기다리도록 해야 한다고 명령했습니다."(179)

트루먼은 맥아더의 성명발표로 대통령의 권위가 손상되었다고 판단했다. 그는 링컨이 매클레란 장군을 다룰 때 처했던 상황과 비슷한 상황이라고 회상했다. 남북전쟁 당시 매클레란 장군은 때때로 군사 분야 이외의 문제들에 관한 성명을 발표했다. 당시 누군가가 링컨에게 매클레란을 어떻게 할 것이냐고 묻자, 링컨은 이렇게 대답했다고 한다.

"아무것도 없다. 그러나 한 가지 생각이 든다. 말이 한 마리 있었는데 주인을 태우고 난동을 피웠다. 그러자 그 주인이 말하기를, '네가 내 말을 안 듣는다면 내가 너를 내버리지.' 하고 말했다는 것이다."(179)

메클레란은 대통령이 명령을 하달해도 이를 묵살했는데 일반사람들은 그가 정치적 야심을 가지고 있다고 생각하고, 링컨의 반대자들은 이를 이용하려고 애썼다. 링컨은 참을성이 있는 사람이었지만 결국 그를 해임할 수밖에 없었다.

트루먼 대통령도 링컨이 메클레란을 해임한 것과 똑같이 제3차 세계대전이 일어나는 것을 방지하기 위해 부득불 맥아더 장군을 해임한다는 성명을 발표하였다.

1981년 3월 31일, 레이건이 가슴에 총을 맞고 병원에 도착해 수술에 들어

가게 되었을 때 공화당 소속인 레이건은 의사가 몇 명 더 있는 것을 둘러보고 이렇게 말했다.

"여러분 모두 공화당원이란 것을 내게 확신시켜주시오."

정적인 민주당원이면 자르지 않아도 좋을 곳을 마구 잘라버릴지도 모른다는 농담을 하자 의사도 재치 있게 대답하였다.

"친애하는 대통령 각하, 최소한 오늘은 저희 모두 공화당원입니다."

이때 간호사가 맞장구를 쳤다.

"대통령께서는 아주 잘하고 계십니다. 계속 잘해주시기 바랍니다."

그러자 레이건은 짐짓 화난 듯이 이렇게 말했다.

"그렇다면 이러한 일이 여러 번 되풀이돼도 좋다는 것입니까?"(131)

얼마 후 베이커와 미즈가 오자, 그들을 알아보고는 농담을 했다.

"누가 가게를 돌보지?"

그들은 억지웃음을 지었다.(57)

미국 경제를 회복시킨 레이건은 많은 사람으로부터 찬양을 받았다. 그러나 경제적으로 빚쟁이 국가로 만든 그의 리더십을 비웃으려고 미국 MIT대학의 경제학자 레스터 서로Lester Thurow는 레이건을 위해 다음과 같은 묘비명을 고안하였다고 한다.

"세계의 채권자라는 지위에서 채무대국인 미국으로 바꾸었고, 그렇게 빠르게 변화시킨 예는 어디에도 비할 수 없다. 그 사나이가 여기에 누워 있노라."(2)

워너브라더스 사의 창립자 잭 워너Jack Warner는 대통령이 된 로널드 레이건을 두고 이렇게 농담했다.

"우리 잘못이오. 더 나은 배역을 주었어야 했는데."(40)

워너브라더스 사 사장 워너는 자신의 회사가 레이건에게 시시한 배역을 주었기 때문에 레이건이 영화배우 직업을 그만두고 정치가가 되었다는 것을 비꼬기도 했지만 한편으로 레이건의 성공을 축하하는 유머다.

> "로널드 레이건은 흔히 볼 수 있는 전형적인 정치가는 아닙니다. 거짓말하고 사기치고 도둑질하는 법을 모르기 때문입니다. 그는 항상 대변인에게 그런 일을 떠넘깁니다."(40)

레이건의 절친한 친구였던 미국의 유명한 코미디언 밥 호프Bob Hope(1903~2003)는 레이건이 궂은 일을 대변인에게 떠맡긴다고 유머러스하게 둘러댄다.

○ ● ○ ○ ○

2. 순종주의

복종

어느 문화를 막론하고 아이들은 싸움에 진 이후 모멸감으로 머리를 숙인다는 사실이 밝혀졌다. 이런 보편적인 표현은 내면을 반영하는 것이다. 모든 문화의 모든 사람들은 성공에 자부심을 느끼고, 실패에는 당혹감, 심한 경우 수치심까지 느끼며, 때로는 그 결과에 딸려올 무엇인가를 근심한다.

영장류들도 인류와 마찬가지로 지위 신호를 보낸다. 우두머리 수컷 침팬지들(일반적으로 우두머리 영장류)은 떳떳하게 활보한다. 지위를 두고 벌어진 싸움에서 패한 침팬지는 비참할 정도로 기가 죽는다. 이렇게 고개를 숙이는 것은 이후부터 복종을 표현하는 방법으로 반복된다.(38)

위魏나라 때 유정劉楨이 불경죄에 걸렸다. 문제文帝 조비曹丕가 묻기를, "경은 어찌하여 법도를 삼가 지키지 않소?"라고 했다. 그러자 유정은 "신이 진실로 용렬하기도 하거니와 폐하의 법망이 허술하지 않기 때문입니다."라고 대답했다.(126)

유정의 대답은 상급자가 듣기 좋도록 아부하는 발언이면서 다른 한편으로 재치 있는 유머다.

진晉나라 상서좌승尙書左丞이던 고열顧悅은 간문제簡文帝 사마욱司馬昱(319~372)과 동갑이었는데 머리가 일찍 셌다. 간문제가 물어보았다.
"경은 어찌하여 일찍 백발이 되었소?"
"갯버들(浦柳, 버드나무가지)의 자태는 가을을 바라보면 잎을 떨어뜨리지만, 송백(松柏, 소나무와 잣나무)의 자질은 서리를 맞으면 더욱 무성하기 때문이옵니다."
(126)

자신은 갯버들에 지나지 않아 가을이 되면 먼저 잎을 떨어뜨리지만, 폐하의 자태는 소나무나 잣나무와 같아서 서리를 맞으면 더욱더 무성하게 된다고 아부성 유머를 진상하여 상대방에게 순종을 표시한다.

프랑스 왕 루이 14세Louis XIV(1638~1715)는 가끔 시를 쓰며 즐기는 취미가 있었다.
한번은 왕이 시를 지어서 보바로 장관에게 보였다. 보바로는 왕을 둘러싼 아첨배들 중에서도 특히 우두머리 격이었다.
"폐하, 이것이 폐하께서 직접 쓰신 것입니까?"
"그렇다네."
"정말 폐하의 재능에는 탄복했습니다. 폐하는 서툰 시를 쓰시려고 하시면 이처럼 서툰 시를 금세 쓸 수 있으니까요."
루이는 이런 대답을 자신의 절대 권력에 대한 복종으로 여겨 기뻐했다고 한다.
"지금 몇 시인가?"

"폐하께서 원하시는 시간입니다."

"자네는 몇 살인가?"

"폐하께서 좋으시도록 정해주십시오."(142)

자신의 나이까지 상급자가 정해주도록 간청하는 아부의 극치를 보여주는 유머다.

미국의 전 대통령 리처드 닉슨이 『지도자』라는 책을 펴냈다. 그는 이 책에서 구소련의 흐루시초프에 관한 에피소드를 소개한다.

한번은 흐루시초프가 강단에서 스탈린의 과오를 비난한 적이 있었다. 이때 청중에서 메모장이 올라왔다. 메모장에는 "스탈린이 그 많은 과오를 저지를 때 당신은 어디에 있었는가?"라는 질문이 적혀 있었다. 흐루시초프가 메모장을 흔들며 큰 목소리로 대답했다.

"이 메모장은 누가 쓴 거요? 일어나 보시오."

아무도 대답하지 않았다. 한참을 기다리던 흐루시초프가 말했다.

"좋습니다. 이제 내가 이 문제에 대답하겠습니다. 내가 당시 어디에 있었는가? 바로 당신이 있는 그곳에 있었습니다."(35)

독재정권 아래서 후계자가 자신의 진실한 견해를 적당히 은폐하지 않고, 드러내놓고 밝히면 그건 자멸로 가는 길이나 다름없다.

후진타오가 공산당청년단 중앙위에서 1인자가 아닌 때, 공청단共靑團이 개혁개방의 흐름에 동조하기도 하고 사회주의사상을 공고히 하는 등 사상이 통일되지 않는 모순된 모습을 보여주었다. 단상 중앙의 한 여성이 후진타오에게 물었다.

"서기께서는 어떤 사실에 대해 그렇게 생각하지 않는다는 것을 알리는데, 왜 그렇게 하십니까?"

후진타오는 이렇게 대답했다.

"언젠가 당신이 내 위치에 있게 되면 왜 그렇게 했는지 알게 될 거요."(29)

후진타오도 흐루시초프처럼 최고의 지위에 오르기 전까지 바닥에 엎드려 지냈을 뿐만 아니라 모순된 삶을 살아갈 수밖에 없었다.

『삼국지』에서 조조曹操가 관도에서 원소袁紹(?~202)를 대패시킨 후, 원소의 대규모 군수물자와 보물 및 도서가 모두 조조의 손에 들어왔는데, 그중에서 자기 측의 몇몇 사람이 몰래 원소에게 보낸 서신들도 포함되어 있었다. 조조는 두말도 하지 않고, 명령을 내려 그 서신들을 깨끗이 불태우게 했다. 『위씨춘추』에 따르면, 조조는 다음과 같이 해명했다.

> "원소가 강성할 때에는 나도 몸을 보중하기가 어려웠는데, 여러분은 오죽 했겠소!"(141)

속으로 다른 생각을 품었던 사람들의 걱정이 풀린 것은 말할 것도 없고, 조조와 아무 상관도 없던 사람들까지 조조의 관대한 도량과 역지사지의 마음가짐에 감동했을 것이다.

> 프랑스 왕 루이 14세가 모로코와 우호관계를 유지하려고 모로코 대사를 베르사유 궁에 초대했다. 마침 대사와 대화를 나누게 된 콩데 공작의 젊은 부인은 회교 국가의 일부다처제를 찬양하는 대사에게 기겁하자, 대사는 정중하게 말했다.
> "부인, 죄송합니다. 그러나 일부다처제를 필요로 하는 이유는 이렇습니다. 귀국의 여자 한 사람과 맞먹을 만하게 되려면 우리나라에서는 여러 사람의 여자가 필요하기 때문입니다."(14)

복종하는 투의 변명이긴 하지만 상대방의 기분을 좋게 하는 회교국 대사의 멋진 유머라고 하지 않을 수 없다.

> 1948년에 치러진 미국 대통령 선거에서 민주당의 해리 트루먼이 공화당의 존 듀이를 물리치고 대통령에 재선되었다. 당선이 확정되고 이틀 후 워싱

턴에 도착하여 부통령과 함께 차를 타고 수많은 군중의 갈채를 받으며 펜실베이니아 거리를 지나갈 때 「워싱턴포스트」 신문사의 사옥 전면에 다음과 같이 쓰여 있는 플래카드를 보았다.

"대통령 각하, 우리는 각하가 까마귀고기를 먹으라 하시면 언제나 서슴지 않고 먹겠습니다", 또 "대통령이 하시는 일은 무엇이나 이의가 없습니다." (179)

〈워싱턴포스터〉 신문사의 전형적인 꼬리 내린 표어다. 트루먼은 까마귀고기를 아무에게도 먹이기를 자신은 바라지 않으며, 자만하거나 승리를 과시하고 싶지 않다는 메시지를 신문사에 보냈다.

아이젠하워가 대통령에서 물러난 뒤 기자들로부터 질문을 받았다.
"대통령께서 물러난 뒤 어떤 변화가 있고, 어떤 차이점이 있습니까?"
잠시 생각에 잠긴 아이젠하워가 이렇게 대답했다.
"있지. 골프 시합에서 나한테 이기는 사람들이 예전에 비해 많아졌단 말이야."(128)

권력을 상실하자 골프 경쟁자들이 시합에서 봐주지 않는다고 아이젠하워는 현재의 자기 처지를 유머러스하게 전한다.

박정희 대통령이 광화문 편액을 직접 쓰고 현판식을 갖던 날의 일화다. 그 자리에 참석한 국회의원 윤제술이 현판을 가린 천이 벗겨지자 누가 쓴 글씨인 줄도 모르고 "아니 어느 놈이 저걸 글씨라고 썼어?"하고 냅다 소리를 질렀다. 질겁한 동료 정치인이 그의 옆구리를 쿡 찌르며 눈짓으로 대통령을 가리켰다. 그러자 그는 다들 들으라는 듯이 큰 소리로 "아, 그래도 뼈대 하나는 살아 있는 글이구먼!"하고 말했다.(195)

윤제술 씨의 재치 있는 말 바꾸기를 통한 권력자에 대한 순종은 웃음을 자아낼 만하다.

질투

문화를 통틀어 성공한 사람의 지위에 대해 질투하고, 그의 몰락을 즐거워한다고 한다.(205) 선택에 의한 진화는 상대적인, 예컨대 자신의 성공을 다른 사람의 성공과 비교하는 토대 위에서 일어난다. 그렇기 때문에 인간은 다른 경쟁자에 비해 스스로 무언가를 획득하려는 자기향상의 전략은 물론, 경쟁자의 몰락을 촉진하는 전략도 동시에 구사한다. 진화는 설계상의 차이에 따라 작용하기 때문에 상대방이 입은 피해는 궁극적으로 자신에게 이득이 된다. 그래서 다른 사람이 잘못되어가는 모습에서 사람들은 쾌재를 부른다.

천사가 한 남자에게 나타나 30일 후에 다시 찾아올 테니 그때 소원 하나를 말하면 꼭 들어주겠다고 했다. 하지만 천사는 하나의 조건을 달았다.

"당신의 소원이 어떤 것이든 들어주겠지만, 당신의 이웃사람은 정확히 그 두 배를 누리게 될 것입니다."

남자는 이웃사람을 증오했다. 이웃사람이 자신보다 두 배의 몫을 누리게 된다는 생각은 그에게 좌절감과 분노를 불러일으켰다. 30일 후 천사가 돌아와서 그에게 소원이 무엇이냐고 물었을 때, 남자는 이렇게 대답했다.

"제 한쪽 눈을 없애는 것이 소원입니다."(164)

기원전 5세기, 그리스 아테네의 장군이자 지도자 아리스티데스Aristeides(B. C. 520?~468?)가 어느 날 오스트라키스모스(도편추방제陶片追放制) 투표장으로 가다가 한 문맹자를 만난다.

오스트라키스모스란 시민이 질그릇이나 조개껍데기에 추방하고 싶은 이의 이름을 쓰고, 가장 이름이 많이 나온 사람을 10년간 추방하는 제도다. 문맹자는 그에게 '아리스티데스'라고 써달라고 부탁했다. 이유를 묻는 그에게 돌아온 대답은 이러했다.

"전혀 모르는 사람이지만, 사람들이 하도 '의인義人'이라고 하는 소리가 듣기 싫어서……."(35)

인간의 질투심은 자신에게 피해가 가는 것도 마다할 정도로 강하다. 유능한 지도자를 도편추방제도를 통해 내쫓는 관습의 본바탕에는 인간의 질투심이 자리 잡고 있는 까닭에 가능했던 일이 아니었을까?

1893년 11월 6일 표트르 일리치 차이코프스키가 사망하자 제국 교회성가대의 합창이 울려 퍼지는 가운데 국장이 치러졌고, 거리는 온통 추도의 물결로 뒤덮였다. 장례식에 직접 참석한 황제는 추모사를 낭독했다.
"러시아에는 많은 귀족이 있지만 차이코프스키는 단 한 사람이었습니다."
(110)

귀족을 은근히 깎아내리는 듯한 말투의 추모사였다. 차이코프스키Pyotor Ilyich Tchaikovsky(1840~1893)의 사망 원인은 콜레라로 알려졌다. 그러나 당시에 그가 동성애 문제로 자살했다는 소문도 떠돌았다. 차이코프스키의 동성애와 자살에 대한 소문은 몇 년 동안 사라지지 않고 나돌았다.

율리시스 그랜트 미 대통령이 하루는 일리노이 주 갤리나의 한 작은 마을을 방문했다. 추운 겨울이라 난로가 지펴져 있는 곳에 몇몇 변호사가 이야기를 나누고 있었다. 그랜트가 멀리서 이 광경을 바라보고 있으니 난로 가까이에 있던 한 변호사가 그랜트에게 다가가 "마치 지옥이라도 갔다 온 것처럼 표정이 굳어 있습니다."라고 말을 걸었다. 그랜트가 "그렇소?"라고 대답하자, 변호사가 "그곳은 어떻습디까? 뭐 특이할 만한 것이 있습디까?" 하고 되물었다. 그랜트는 기다렸다는 듯이 대답했다.
"이곳 갤리나와 같더군요. 변호사들이 지옥 불 가장 가까운 곳에 있습디다."(66)

그랜트는 양지만 찾는 변호사들의 약삭빠른 계산을 비꼬았다.

비웃음

공격적이거나 가학적인 유머가 웃음으로 이어지기 위해서는 웃음의 대상이 잘난 체한다거나 위선적인 위엄과 존중을 요구하는 눈꼴사나운 존재로 등장해야 한다. 웃음, 특히 비웃음의 가장 유쾌한 표적은 허세와 지위, 힘을 가진 상급자, 예컨대 상사, 교사, 왕, 정치가, 관료, 부자 등이다.

이러한 유머는 고귀한 척, 남들과 차별 나는 척, 태생적으로 우월한 척하는 상류계층의 허식을 깰 수 있다. 성적이고 외설적인 경우 고상한 척하는 상급자들이 저지르는 섹스와 배설을 묘사함으로써 그들의 위엄을 격하시켜 평범한 사람들과 크게 다를 바 없음을 상기시킨다.

도스토옙스키Fyodor Mikhailovich Dostoevskii(1821~1881)는 소설 『카라마조프가의 형제들』에서 관료주의의 지배층에 속한 사람들을 조롱한다.

> 안드레이가 권총을 소지한 드미트리에게 말한다.
> "그러니까, 나리! 하느님의 아들은 십자가에 못 박혀 죽자마자 곧장 십자가에서 지옥으로 내려가 고통 받는 죄인들을 모두 풀어주었습니다. 그러자 이제는 지옥이 끙끙 앓기 시작했는데, 더 이상 아무도 어떤 죄인도 지옥에 오지 않을 것이라고 생각했던 것이지요. 그때 주님께서 지옥에게 이렇게 말씀하셨답니다. '끙끙대지 말거라, 지옥이여! 지금부터 온갖 고관들, 행정관들, 수석 재판관들, 부자들이 그대를 찾아올 것이며 그대는 내가 다시 그대를 찾아올 그 시점까지 옛날 옛적처럼 저들로 가득 차게 되리라.'"(25)

중세에는 난쟁이들과 곱사등이들이 사람들에게 웃음을 주었다. 영국 빅토리아 시대에는 정신병원에 수용된 정신이상자들과 쇼에 등장하는 불구자들이 사람들에게 웃음을 선사했다. 연구에 의하면 기독교도들은 유대인을 깎아내리는 농담을 좋아했고, 유대인들은 기독교도를 깎아내리는 농담을 좋아했다. 또 스코틀랜드인들의 검소함을 빈정대는 농담이 유대인을 빈정대는 농담보다 훨씬 더 재미있는 것으로 밝혀졌다.

"스코틀랜드인들은 왜 골프를 그렇게 잘 치지?"라고 농담을 꺼내면서, "공을 적게 쳐야 공이 덜 닳잖아."라고 빈정댄다.(48)

골프의 원산지인 스코틀랜드 사람들이 적은 횟수로 공을 치는 까닭은 공이 닳을까 봐 적게 치도록 단련되었기 때문이라고 그들의 인색한 성격을 비웃는다.

사람들은 우월감이 고양될수록 더 크게 웃는다. 대부분의 사람은 불구자가 바나나 껍질을 밟고 미끄러지면 웃지 않는다. 그러나 경찰이나 신사가 바나나 껍질을 밟고 미끄러지면 무릎을 치고 웃음을 터뜨린다. 이는 수많은 농담이 권력 있는 자를 대상으로 하는 이유를 설명해준다. 종종 권력자들은 그런 농담을 자신의 권위에 대한 위협으로 간주한다.

아돌프 히틀러는 유머가 그런 식으로 활용되는 것을 우려해 강아지의 이름에 '아돌프'라고 붙이는 행위를 처벌했다.(48)

남편이 운수運數와 체중體重을 알려주는 체중계에 올라갔다. 그는 체중계에서 나온 운수를 아내에게 보여주며 말했다.
"이것 봐. 내가 정력적이고, 머리가 좋고, 재치 있는 사람이라는군."
그러자 아내가 고개를 끄덕이며 말했다.
"그렇군요. 몸무게도 틀리게 나왔네요."(48)

1,200개의 유머 사례를 조사한 연구결과에 의하면 여성이 남성보다 농담 듣기를 더 좋아하는 것으로 나타났는데, 남성이 농담을 할 때 71%의 여성이 웃었던 반면에 여성이 농담할 때 39%의 남성만이 웃었다고 한다.(219) 남녀 간에 왜 이러한 차이가 생길까?

사회적 지위가 높은 사람은 그렇지 않은 사람들보다 농담을 더 많이 한다. 또 신분이 낮은 사람은 자신을 깎아내리는 농담을 더 많이 한다. 전통적으로 여성은 남성보다 사회적 지위가 낮았기 때문에 농담을 하기보다 들어주는 쪽을 선호했다.(48) 그래서 오스카 와일드는 "여자의 유머 감각만큼 로맨스를 망치는 것도 없지만, 남자가 유머 감각이 없다는 것도 그렇다."(286)라고 이야기했다.

와이즈먼의 '웃음 실험'에서 수집한 1만 건의 농담과 10만 명의 웹사이트 방문자를 대상으로 조사하여 최고의 농담으로 선정된 유머는 셜록 홈스와 동료 왓슨을 주인공으로 한 아래의 농담이었다.

> 셜록 홈스와 왓슨이 야영을 하고 있었다. 그들은 텐트 안에서 잠이 들었다. 한밤중에 홈스가 왓슨을 깨웠다.
> "왓슨, 뭐가 보이지?"
> 왓슨이 대답했다.
> "수백만 개의 별이 보이는군."
> 홈스가 말했다.
> "그래서 뭘 추리할 수 있지?"
> 왓슨이 말했다.
> "글쎄, 수백만 개의 은하계가 있고, 수십억 개의 행성이 있다면 그중 몇 개는 우리 지구와 비슷하지 않을까? 그럼, 그 행성들에도 생명체가 있을지 모르지."
> 홈스가 잠시 조용히 있다가 말했다.
> "왓슨, 이 멍청아, 누군가 우리 텐트를 훔쳐갔잖아."(48)

이 농담에는 이중으로 우월감이 담겨 있다. 왓슨이 텐트가 없어진 사실을 놓치고 있다는 점이 웃음을 유발하고, 홈스가 밤 하늘의 별을 통해 그 사실을 왓슨에게 일깨워주는 추리방식이 또 한 번 웃음을 유발한다.

독일의 시인 괴테Johann Volfgang von Goethe(1749~1832)는 자신보다 나이 어린 베토벤을 존경하였다. 한번은 괴테가 빈에서 베토벤을 만났다. 그 무렵 베토벤은 「에그몬트」라는 괴테의 희곡을 위한 멋진 부수음악의 작곡을 마쳤을 즈음이었다.

괴테가 어느 날 베토벤과 함께 풀러더 공원을 산책하는데 지나가는 사람들이 모두 이 두 사람에게 공손히 머리를 숙여 경의를 표했다. 이에 괴테만 답례했다. 그는 너무 자주 모자에 손이 가야 했기 때문에 나중에는 귀찮은 생각도 들었다.

"선량한 시민이란 아무래도 따분한 사람들이군요. 무턱대고 인사만 해대니 말이요."

그러자 베토벤이 온화하게 말했다.

"너무 언짢게 생각하지 마십시오, 각하. 저 인사는 나에게 하는 것일지도 모르니까요……."(14)

○ ○ ● ○ ○

3. 언어의 배반

앞의 제4~6장에서 언어를 배반하는 가장 간단한 유머로, 유사한 언어를 사용하거나 비유를 들거나 언어의 표현상 다른 언어로 대체시키거나 반대되는 언어를 사용하는 방법들을 살펴보았다. 여기서는 정치적 본능을 추구하면서 언어를 배반한 유머들을 살펴보고자 한다.

반대어

마크 트웨인이 어느 날 국회의원의 도덕성에 관해 신문기자로부터 질문을 받았다. 그는 풍자를 섞어 말했다.

"국회의원 아무개는 개자식이다."

며칠 후 일간지에 이 말이 기사화되었고, 미국 국회는 그에게 사과문을 게

재하라고 결의했다. 그는 하는 수 없이 「뉴욕타임스」에 다음과 같은 사과문을 실었다.

"얼마 전 내가 한 말은 타당하지도 않고 사실에도 맞지 않아서 다음과 같이 정정합니다. 미국 국회의 아무개 의원은 개자식이 아니다."(127)

전형적으로 언어를 배반한 유머다. '개자식이다'의 반대어로 '개자식이 아니다'를 사용하여 대상 국회의원에게 사과는커녕 그를 더 크게 빈정대었다. 독자 여러분은 유머를 만들기가 쉬워지는 느낌이 들지 않는가?

미켈란젤로는 그림을 그리고 있는 자신의 동정을 살피러 오는 사람들을 몹시 싫어했다. 특히 자신이 「최후의 심판」을 그리고 있는 시스티나 성당에서 불과 수십 미터 떨어진 교황의 서명실에서 벽화를 그리고 있던 라파엘로가 자신이 작업 중이던 작품을 몰래 훔쳐보고 갔다는 사실을 알고서 미켈란젤로는 불같이 화를 냈다.

어느 날 저녁 로마에서 여느 때처럼 한 무리의 쾌활한 남녀 친구들에 둘러싸인 라파엘로와 마주친 미켈란젤로는 "네 건달 친구들과 또 어디를 가는 거냐?"며 그에게 갑자기 말을 걸었다. 그러자 우르비노 출신의 이 화가는 "그러는 당신은 망나니처럼 혼자인가?"라고 되받아쳤다.(153)

귀족처럼 친구들을 대동하고 다니는 라파엘로Raffaello Santi(1483~1520)를 미켈란젤로가 '건달들'이라고 욕하자, 라파엘로는 미켈란젤로를 '친구가 없는 외톨박이'라고 놀린다. 라파엘로는 상대방의 언어(친구들)를 반대로(혼자) 이야기하여 유머를 만들어내었다. 이렇게 반대말을 사용하여도 쉽게 유머가 만들어질 수 있다.

진晉나라 때 반경潘京이 주의 벽소[관직명]로 있을 때 일이다. 한번은 황상을 알현하여 사책射策을 뽑았다. 사책이란 시제를 쓴 여러 대쪽 중에서 임의로 하나를 뽑게 하여 선비들에게 시험을 치르게 하는 방법이다. 그런데 반경이 뽑은 시제는 '불효不孝'였다. 그러자 자사가 "벽소는 불효자인 모양이구먼." 하고 농담했는데 반경은 이렇게 대답했다.

"조정에 충성을 다하려고 하니 어디 집에 효도할 겨를이 있기나 하겠습니까?"(183)

반경은 부모에 대한 불효를 조정에 대한 충성으로, 서로 반대되는 개념의 유머를 통해 자신을 빈정댄 상대방을 되받아친다.

사르코지프랑스 대통령이 대통령 후보로 나서기 위한 당원 선거에서 일어난 일이다. 당원들의 투표 결과, 사르코지가 85.1%를 얻어 압승하였다. 대형 스크린 위로 신임 총재에게 전하는 유명 인사들의 축하 메시지가 지나갔다. 소설가 마렉 알테의 것도 있었다. 그는 묘한 문장 하나를 선사한다.
"아둔한 사람과 함께 일하여 이기는 것보다는 똑똑한 사람과 함께 일하여 지는 게 더 낫다."(177)

마렉 알테Marek Halter는 아둔한 사람과 똑똑한 사람 그리고 이기는 것과 지는 것의 정반대되는 개념을 사용하여 사르코지Nicolas Sarkozy의 총재직 선출을 빈정대는 유머를 던졌다. 한 문장 속에 있는 두 단어의 반대되는 언어를 사용하여도 쉽게 유머러스한 문장을 만들 수 있다.

1933년 아일랜드 출신의 문호 버나드 쇼가 4일간의 일정으로 상하이를 방문하던 중, 장제스 총통의 부인 송경령宋慶齡(1893~1981) 여사의 저택에서 임어당林語堂과 함께 환영 오찬을 하였다. 그 며칠 동안 상하이에는 날마다 바람이 불고 흙먼지가 날렸으나 이날만큼은 화창하고 청명한 날씨였다. 식사 후 일행이 화원으로 자리를 옮겼을 때, 누군가 쇼에게 물었다.
"선생님, 정말 행운을 잡으셨습니다. 상하이에서 해를 보게 되었으니 말입니다."
"아니죠, 태양이 행운을 잡은 겁니다. 상하이에서 이 버나드 쇼를 볼 수 있었으니까요."(53)

버나드 쇼는 자신이 행운을 잡은 것이 아니라 반대로 태양이 행운을 잡은 것이라고 농담한다.

프랑스의 인상주의 음악가 모리스 라벨은 오케스트라 지휘자들이 자기 작품의 박자를 임의로 바꿀 때마다 몹시 속이 상했다.

피아니스트들이 「죽은 황녀를 위한 파반느」를 너무 천천히 연주하는 것도 불만이었다. 한 피아니스트가 리허설을 할 때의 일이다. 그가 모든 악구를 있는 대로 늘려 연주하는 바람에 전체 템포가 완전히 축 늘어지자 화가 난 라벨은 그에게 달려가 소리쳤다.

"이봐요, 내가 쓴 곡은 「죽은 황녀를 위한 파반느」이지, 「황녀를 위한 죽은 파반느」가 아니란 말이오."(110)

음악가 라벨Maurice Ravel(1875~1937)이 문장의 앞뒤 순서를 바꾸어 피아니스트에게 편잔을 준 문장도 유머가 되었다.

재임시절에 단 한 번도 초조해하거나 낙담한 모습을 보이지 않은 것으로 유명한 시어도어 루스벨트 미 대통령에게는 두 개의 중요한 비결이 있었다. 하나는 남다른 낙관주의 그리고 또 하나는 그것을 세련된 유머로 표현하는 능력이었다. 어느 날 신문기자가 루스벨트에게 물었다.

"걱정스럽다든가 마음이 초조할 때는 어떻게 마음을 가라앉히십니까?"

"휘파람을 붑니다."

"그렇지만 대통령께서 휘파람을 부는 것을 들었다는 사람이 없던데요."

루스벨트는 자신 있는 듯이 대답했다.

"당연하죠. 아직 휘파람을 불어본 적이 없으니까요."(64)

링컨이 뉴 세일럼의 가게 점원으로 위스키와 시가를 팔던 시기가 있었다. 링컨이 1858년 연방 상원의원 자리를 두고 스티븐 더글러스와 승부를 벌이고 있었다. 더글러스는 공개토론회에서 링컨이 잡화점에서 일하였으며 자신에게 위스키를 팔던 것이 링컨과의 첫 대면이라는 사실을 강조했다. 더글러스는 조그만 가게에서 일하는 링컨의 초라했던 과거의 모습을 은근히 부각시키려고 애썼다. 링컨이 대답했다.

"더글러스 씨가 말한 것은 모두 사실입니다. 저는 식료품점에서 일했고 목화, 양초, 시가 그리고 가끔 위스키를 팔았습니다. 그 당시 더글러스 씨는 최고의 고객이었습니다. 저는 카운터에 서서 카운터 밖에 있는 더글러스 씨에게 위스키를 자주 팔았습니다. 그런데 지금 우리의 차이점은 이렇습니다. 저는 카운터 안을 완전히 떠났습니다. 그런데 더글러스 씨는 여전히 예전처럼 그 자리를 떠나지 않고 있다는 겁니다."(71)

자신은 천사 역할, 상대는 반대로 악마 역할을 맡도록 문장을 구사하여 우월감을 보여주는 유머다. 링컨은 자신은 술집을 떠났지만 더글러스는 술집을 떠나지 않고 있다고 반대어를 사용하여 그를 빈정댄다.

링컨은 상원의원 진출 선거에서 패했지만 토론회를 통해 자신을 알리는 데 성공하여 2년 후 대통령에 당선된다. 훗날 더글러스는 링컨이 적재적시에 내뱉는 유머 한마디가 "천 근 무게로 등 뒤를 후려치는 것 같았다."고 회고하였다.(125)

링컨은 상원의원 선거의 패배를 켄터키에 사는 한 소년이 마음에 품고 있는 소녀를 만나려고 정신없이 달리다가 돌부리에 채여 넘어져 심하게 다친 상황에 비유했다. "울기에는 너무 컸고, 웃기에는 너무 아팠다."

하원의원이 되고 나서 얼마 후 라이오넬 로스차일드는 여왕에게 자신을 상원의원으로 봉하도록 요청해달라고 당시 총리였던 글래드스턴에게 부탁하였다. 빅토리아 여왕은 글래드스턴의 말에 깜짝 놀라며 총리에게 의미심장한 한마디를 남겼다.
"돈을 쓰기만 하고 벌지 않는 사람만이 귀족이 될 자격이 있습니다."(46)

빅토리아 여왕Queen Victoria(1819~1901)은 돈을 쓰기보다 벌 줄 밖에 모르는 로스차일드Lionel Rothschild(1808~1879)를 귀족으로 인정하지 않았다.

"10분짜리 연설을 위해서는 일주일 동안 준비해야 한다. 15분짜리 연설을 위해서는 사흘 준비하면 되고, 30분짜리 연설이라면 이틀 준비하면 충분하며, 한 시간짜리 연설이라면 지금 당장 할 수 있다."(127)

우드로 윌슨 미국 대통령은 연설시간과 연설준비시간 사이에 비례하지 않는다는 모순된 언어, 그러나 지혜가 담긴 유머를 전한다.

레이건의 특별보좌관이었던 마이클 디버가 레이건을 회고한 책에 나오는 이야기다. 레이건은 선거유세 과정에서 여러 이슈에 관해 말하면서 주요한 무기로 유머를 적당하게 활용했다. 1980년, 카터 행정부하에서 국민이 경제 침체로 고통 받고 있는 점을 지적하려고 레이건은 이렇게 말했다.

"경기후퇴는 당신 이웃이 직장을 잃는 것이고, 불황은 당신이 직장을 잃는 것입니다. 그러나 경기회복 시점은 지미 카터가 직장을 잃는 때입니다."
(57)

경기후퇴(recession)와 불황(depression)은 구분하기 애매하다. 로널드 레이건은 이웃 사람이 일자리를 잃으면 '경기후퇴'이고, 내가 직장에서 목이 잘리면 '불황'이라고 재미있게 표현하였다. 그는 슬쩍 상대 후보를 밟아주는 센스도 잊지 않았다. 경기회복은 (경제를 망친) 지미 카터 후보가 실업자가 되어야만, 달리 말해 대통령 선거에 낙선해야만 이루어진다는 뜻이다.

당초 레이건의 참모진은 개인의 생존이 걸린 실업은 유머의 소재로 삼기에 너무 위험한 발상이라고 만류했다고 전해진다. 그러나 레이건은 그해 미국 대선에서 압승했다.(71)

부시, 클린턴 및 페로의 미국 대통령 선거전에서 부시가 페로에게, "페로는 정부 일을 해본 경험이 없다."고 공격하자, 페로는 부시의 말에 "일리가 있다."고 응대하면서 이렇게 덧붙였다.

"나는 빚을 4조 달러로 불려본 경험이 없습니다."(79)

페로Ross Perot는 빚을 늘리는 부시George H. W. Bush의 나쁜 경험을 거론함으로써 경험이라고 해서 항상 좋은 것이 아니라는 의미로 부시를 빈정댄다.

1997년 12월 3일, 대통령 후보로 텔레비전 토론에 나온 김대중 대통령 후보는 김영삼 대통령의 과거 3당 합당을 이렇게 비난했다.
"김영삼 대통령은 3당 합당할 당시 '호랑이를 잡기 위해 호랑이굴에 들어간다.'고 했는데 호랑이는 잡지 못하고 본인이 호랑이가 됐다."(64)

김대중 대통령은 호랑이 잡이가 호랑이로 변했다고 반대어를 사용하는 유머를 통해 정치적 경쟁자를 비웃었다.

소련제 성냥이 불이 잘 붙지 않아 제 구실을 못하는 일이 빈번하여 성냥을 그을 때마다 짜증이 났다. 그래서 러시아인은 이런 우스갯소리로 기분을 풀었다.
"모스크바 교외의 성냥 공장에서 불이 나 홀랑 다 타버렸다. 유일하게 타지 않은 것이 있었다. 그것은 이 공장에서 생산된 성냥이었다."(118)

비유어

안영晏嬰(?~B. C. 500)이 형邢나라에 갔을 때 형나라 왕과 좌우의 신하들이 그에게 모욕을 주려고 계획했다. 안영과 형나라 왕이 대화하고 있을 때, 포박된 죄수 하나를 지나가게 했다. 형나라 왕이 모르는 척하며 물었다.
"어디서 온 사람인가?"
신하들이 일제히 대답했다.
"제薺나라에서 온 사람입니다."
"무슨 죄를 지었기에 체포했는가?"
"도둑질을 했습니다."
형나라 왕이 거만한 미소를 지으며 안영에게 물었다.

"제나라 사람들은 도둑질을 합니까?"

안영이 대답했다.

"양자강 남쪽 지방에는 귤이라는 과일이 있습니다. 그런데 그것을 북쪽 지방에서 키우면 탱자가 됩니다. 왜 그런가 하면 기후와 풍토가 다르기 때문입니다. 제나라 사람들은 제나라에서 도둑질을 하지 않습니다. 그런데 형나라에 와서 도둑이 된 것입니다. 형나라는 정말 이런 곳입니까?"

형나라 왕이 난처해하면서 더듬거렸다.

"성인은 우스갯소리를 하지 않는다 하오. 과인이 오히려 부끄럽군요."(182)

안자晏子는 남쪽의 귤이 북쪽에서 탱자가 된다는 비유를 들어 풍토 때문에 자기 지방 사람이 죄인이 되었다고 재치 있게 대답한다.

중국 진晉나라 때 사상謝尙이 여덟 살 때 이미 집안 손님들을 접대하였는데 모두 탄복하여 말하길, "나이는 어리지만 좌중의 안회顔回로다!"라고 하자, 나이 어린 사상이 말하였다.

"좌중에 이부尼父(공자)가 없는데 어찌 안회를 알아보리오."(126)

자신을 공자의 제자[顔回]라고 치켜세우는 손님이 공자도 아니면서 안회를 거론하자, 여덟 살밖에 되지 않은 사상이 그를 빈정댄다.

진晉나라 때 왕릉王陵의 아들 왕광王廣이 제갈탄諸葛誕의 딸에게 장가를 갔다. 신방에 처음 들어가 이야기를 나눌 때 왕광이 아내에게 말했다.

"당신의 얼굴은 품위가 없소. 아버지 공휴公休(제갈탄의 호)님을 조금도 닮지 않았구려."

아내가 대답했다.

"대장부이면서 아버님인 언운彦雲(왕릉의 호)님을 닮지 못하셨건만 여인의 몸으로 영걸을 닮으라고 하십니까?"(126)

왕광의 아내는 남편이 자신을 아버지와 닮지 않았다고 빈정대자, 왕광 자신은 부친과 닮지 않으면서 자기를 보고서는 아버지를 닮으라고 독촉한다고 빈정댄다.

> 레오나르도 다빈치에 관한 농담을 찾기가 어렵지만 농담을 좋아했던 그는 자신의 노트와 원고 이곳저곳에 농담을 남겼다.
> 한 남자가 자신이 과거에 이 세상에 살았고 영혼은 불멸하고 윤회한다는 주장을 증명하려 애썼지만, 상대방은 전혀 믿으려 하지 않았다. 그래서 이 남자는 "내가 전에 여기 있었다는 증거를 대보겠네. 자네가 방앗간 주인이었다는 사실이 기억나네."라고 말했다. 그러나 이 말이 자신을 조롱하는 것이라 생각한 상대방은 이렇게 응수했다.
> "자네 말이 맞네. 나도 이제 생각이 났는데, 그때 자네는 내 방앗간에서 밀가루를 실어 나르던 당나귀였잖은가."(202)

방앗간에는 주인과 당나귀도 있는데 과거 방앗간 주인이었다는 험담을 던지는 상대방을 과거 방앗간의 당나귀에 비유하여 한 수 더 뜬 농담으로 상대방을 빈정댔다.

> 한 피아니스트가 레거에게 말했다.
> "지난 연주회 간신히 피아노를 사게 되었습니다."
> 그러나 레거는 그의 실력을 그다지 좋게 보지 않았다.
> "그러면 됐군. 더 무엇이 필요한가?"
> "그래서 이번에는 연주회장에 음악가의 상을 하나 놓았으면 하는데, 누가 좋을까 해서요."
> 그러자 레거는 간단히 말했다.
> "그러면 베토벤이 좋겠어. 그는 귀머거리니까 말이야."(14)

레거는 솜씨가 모자라는 자신의 연주를 들을 수 없는 귀머거리 베토벤의 조각상이 바람직하다고 권함으로써 피아니스트의 부족한 재능을 빈정댄다.

도산 안창호 선생이 당시 최고의 학교인 배재학당에 입학할 때 면접을 봤다. 외국인 선교사가 물었다.

"어디에서 왔습니까?"

"평양에서 왔습니다."

"평양이 여기서 얼마나 됩니까?"

"8백 리쯤 됩니다."

"왜 평양에서 공부하지 않고 이렇게 먼 서울까지 왔습니까?"

그러자 대답만 하던 도산이 선교사에게 도리어 질문을 했다.

"질문이 있는데, 미국은 서울에서 몇 리나 됩니까?"

"8만 리쯤 되지요."

"아니, 8만 리 밖에서도 가르쳐주러 왔는데 겨우 8백 리 거리를 찾아오지 못할 이유가 무엇이겠습니까?"(174)

안창호安昌浩(1878~1938)는 선교사가 건너온 먼 거리를 자신이 걸어온 거리에 비유하여 평양에서 서울까지의 거리가 멀지 않다고 유머를 던진다.

양반과 서민의 갈등을 예술로 승화한 하회탈놀이는 고려 중반부터 시작하여 오늘날까지 계승되고 있다. 다음은 부녀광대를 꼬드기기 위해 누가 지체가 높고 학식이 많은가를 두고 양반광대와 선비광대가 은근히 자랑하는 대목이다.

선비: 지체만 높으면 제일인가?

양반: 그럼 또 뭐가 있는데?

선비: 지식이 있어야지, 지식. 난 사서삼경四書三經은 읽었지.

양반: 사서삼경? 난 팔서육경八書六經도 읽었네.

선비: 팔서육경이 또 뭐야?

이때 킥킥거리며 양반의 하인 놈이 하는 말이 걸쭉하다.

초랭이: 나도 아는 육경을 몰라요? 읊어볼까요? 팔만대장경, 중어바람경, 봉사안경, 처녀월경, 약국길경, 머슴쇄경이지요.(173)

언어 경經 자를 배반하는 것을 통해 봉사나 머슴 그리고 처녀 등 당시 비웃음의 대상이었던 평민을 깔보는 양반 선비계급의 위선을 비꼬는 정치적 본능을 자극하는 유머다.

1852년 여름, 스토 부인은 소설『톰 아저씨의 오두막』을 통해 노예제도의 비인도적인 점을 거론하여 많은 사람으로부터 공감을 얻었다. 링컨이 처음으로 스토 부인을 만났을 때 이렇게 말했다.

"부인이 바로 이 큰 전쟁을 일으킨 작은 여성이십니까?"

또 주위 사람들을 둘러보며 이렇게 말했다.

"노예해방을 위한 싸움에서 스토 부인의 펜은 북군의 명장 그랜트 장군이 이끄는 10만의 군대보다 강했습니다."

그러자 스토 부인은 겸손하게 말했다.

"하느님이 이 책을 쓰게 했습니다."(14)

스토Harret Elizabeth Becher Stowe(1811~1986) 부인은 자신이 쓴 책을 마치 하느님의 계시를 받아 쓴 것이라고 비유하는 겸손을 보여주었다.

존슨 미 대통령은 공화당 정적들을 놀리기를 무엇보다 좋아했다. 그래서 그는 심장이식을 필요로 하는 노인 환자에 관한 이야기를 했다. 노환자에게 심장을 기증할 후보로 18세의 운동선수, 19세의 무용수, 75세의 은행가가 있었다. 노환자는 은행가의 정치성향을 물었다. 그가 공화당원이라는 대답을 듣자 노환자는 즉각 은행가의 심장을 선택했다. 수술은 성공적으로 끝났다.

나중에 사람들이 왜 더 젊은 사람들의 심장을 놔두고 75년 된 은행가의 심장을 선택했는지를 물었다. 그는 설명했다.

"내가 알기로 한 번도 쓰지 않은 심장을 원했을 뿐입니다."(71)

공화당원은 이웃을 생각하는 따뜻한 마음이 없으므로 심장이 한 번도 작동하지 않아 새 것이나 마찬가지란 의미다.(66) 민주당원 존슨 대통령은 심장을 전혀 사용하지 않은 나이 많은 공화당원을 빈정댄다.

국회의원들에게 시달렸던 후버 대통령은 손녀가 태어났다는 소식을 듣고 좋아했다. 후버는 이렇게 한마디 했다.

"하나님 감사합니다. 손녀는 상원에서 승인받을 필요가 없습니다."(71)

후버 대통령은 손녀의 탄생을 법안의 탄생에 비유하여 의회의 승인이 필요 없는 이점을 유머러스하게 전달한다,

하버드 대학 출신의 시어도어 루스벨트는 고학력 계층을 조롱했다.

"학교라고는 문턱에도 가보지 못한 사람은 화물차에서 도둑질을 할지 모릅니다. 그러나 그가 대학교육을 받았다면 철도를 통째로 훔칠지도 모릅니다."(60)

시어도어 루스벨트는 저학력자를 작은 도둑, 고학력자를 큰 도둑에 비유하면서 고학력의 지식계층을 빈정댄다.

유수의 시사 대중잡지들이 앞서거니 뒤서거니 존 F. 케네디 상원의원에 관한 특집기사를 게재하고 있었다.

"케네디 상원의원님, 「라이프」와 무슨 연줄이라도 있는 겁니까?"

한 고등학교 교내신문 편집장이 그런 질문을 던지자 잭은 이렇게 대답했다.

"아닙니다. 난 그저 아름다운 '와이프'가 있을 뿐입니다."(37)

아첨을 부리는 교내신문 편집장에게 케네디는 「라이프Life」라는 원래의 언어가 갖는 의미(정기간행물)를 배반하고 발음이 유사한 와이프(Wife, 아내)로 대꾸했다.

영국 수상 처칠은 상대방을 동물과 비교하여 흠집을 내기 좋아하였는데 그가 영국 의회 최초의 여성의원인 낸시 에스터와 친독일계 국회의원에게 "긴장완화주의자들은 끝내 자신들을 먹어치울 악어를 기르고 있는 사람들과 다름없다."고 조롱하였다. 처칠의 공격에 분개한 에스터 여사가 화가 잔

뜩 나 말했다.

"윈스턴 씨, 당신이 내 남편이라면 당신이 마실 커피에 독을 탔을 거예요."

처칠이 대답했다.

"부인, 만약 내가 당신 남편이었다면 그 커피를 기꺼이 마셨겠죠."(47)

처칠은 낸시 에스터Nancy Astor(1879~1964) 여사를 아내로 삼기보다 그녀가 독을 탄 커피를 마시고 죽는 것이 더 낫겠다고 그녀를 빈정댄다. 처칠이 에스터 여사에게 "당신은 정말로 못 배운 여자군요! 어디서 함부로 그런 말을 하시오."라고 말했다면 유머가 되지 않고 회의장 분위기는 얼어붙어 버리고 말았을 것이다.

> 처칠은 기품 있는 노인이었지만 한 가지 커다란 약점을 갖고 있었다. 술을 좋아한다는 것이었다. 처칠은 주류 판매금지를 선호하는 의회 최초의 영국 여성의원 에스터 여사와 늘 다퉜다. 어느 날 에스터 여사가 그에게 다가와 말했다.
>
> "당신은 딱 질색이에요. 당신은 지금 취했어요!"
>
> 처칠은 반박해서는 안 된다는 것을 알고서는 이렇게 말했다.
>
> "에스터 여사, 당신이 절대적으로 옳소. 나는 취했소. 그러나 당신은 못생겼소. 그래도 나는 아침이 되면 멀쩡해지지만……."(41)

처칠은 술에 취한 자신과 얼굴이 못생긴 에스터 여사를 비교하여 일시적인 모습과 영구적인 모습을 비교하는 멋있는 유머를 만들었다.

대체어

유머리스트가 되는 가장 간단한 방법은 상대방이 제시하는 언어의 일부를 다른 것으로 대체시켜 본능에 부합하는 유머러스한 상황을 조성하는 기회를 자주 갖는 일이다.

　　이탈리아 태생의 자코모 푸치니Giacomo Puccini(1858~1924)와 토스카니니Arturo
Toxcanini(1867~1951) 사이에 불화가 이어지는 동안 두 사람은 어느 해 크리스마
스 때를 제외하고는 거의 교류하지 않았다. 그해, 푸치니는 이탈리아의 전통
적인 크리스마스 선물인 파네토네 케이크를 보낼 친구들의 명단에서 깜빡
잊고 토스카니니를 빼지 못했다. 뒤늦게 실수를 깨달은 푸치니가 '파네토네
는 푸치니가 실수로 보냄'이라는 내용의 전보를 보내자, 곧 토스카니니로부
터 답장이 돌아왔다.
　　"토스카니니가 실수로 먹음."(110)

　　중국 당唐 현종玄宗이 안녹산安祿山의 배를 가리키며, "자네 배에는 뭐
가 들어 있기에 그렇게 큰가?" 하고 농담하자 안녹산은 이렇게 대답했다.
"뭐 별다른 것은 없사옵고, 그저 진심이라는 물건이 하나 들어 있습니다."
(172)

　안녹산은 배 속에 들어 있는 신체 기관을 진심이라는 언어로 대체 사용
하여 현종에게 충성하는 모습의 유머를 보여주었다. 당시 배 속에 진심이
들어 있다고 대답하는 안록산이 이후 반란을 일으킬 것이라고 당현종이
짐작이나 하였을까?

　　『공융별전孔融別傳』에 나오는 글이다. 공융孔融이 열 살 때 아버지를 따라
도성에 갔는데 당시 하남윤河南尹 이응李膺의 명성이 자자했으므로 공융이 그
를 찾아갔다. 이응이 묻길, "자네의 선조가 일찍이 우리 집안과 친교가 있었
단 말이지?"라고 말하자, 공융이 대답하길, "예, 그렇습니다. 저의 선조이신
공자께서 당신의 선조이신 이로군李老君(老子)과 덕의德義를 같이하면서 서로
스승과 벗으로 지내셨으니, 저와 당신 집안은 세세토록 통교한 셈이지요."
라고 말했다. 이것을 보고 좌중의 사람들이 감탄하며 영특한 아이라고 칭찬
했다.

조금 지나 들어온 태중대부太中大夫 진위陣韙가 말하길 "사람이 어렸을 때 똑똑한 자라고 해서 반드시 뛰어나란 법은 없지."라고 말했다. 그러자 공융이 대꾸하길, "만약 당신의 말대로 한다면 당신은 어렸을 때 틀림없이 똑똑했겠군요."라고 했다. 그러자 이응이 크게 웃으며 공융을 돌아보고서는 "장성하면 큰 그릇이 되겠구나."라고 말했다.(126)

진위陣韙가 시기심에서 나이 어린 공융孔融이 어른이 되어도 영리할 것인지 의구심의 말을 꺼내자, 공융은 그를 보기 좋게 바보로 만들었다. 어린아이가 던진 유머치고는 멋진 유머가 아닌가?

프랑스의 계몽 사상가이자 작가인 볼테르Voltaire(1694~1778)의 어린 시절 이야기다. 신동으로 유명했던 볼테르에게 고약한 노인이 짓궂은 장난을 쳤다.
"어릴 때 너처럼 영리하게 굴면 나이 먹어서 바보가 된단다."
그러자 볼테르가 초롱초롱한 눈으로 노인을 바라보며 말했다.
"그럼 할아버지도 어렸을 때 저처럼 영리했나 보죠?"(65)

전임 대통령이 죽어 부통령이 대통령으로 승급해 '대통령 대리'란 별명을 얻은 존 타일러가 하인더러 마차를 구해오라고 했다. 하인은 며칠 만에 비교적 새것인 중고품을 구해왔다. 그러자 타일러는 기분이 내키지 않아서 말했다.
"대통령이 어떻게 남이 타던 마차를 타겠느냐?"
그러자 하인이 정색을 하고 말했다.
"그렇지만 당신도 중고품(second hand) 대통령이 아니십니까?"(142)

대통령직을 승계 받은 부통령 타일러John Tyler(1790~1862)를 중고품(중고 마차)으로 대우하자, 모든 게 유머가 되었다.

조너선 스위프트가 하인을 데리고 유럽여행을 갔다. 프랑스 어느 호텔에 묵은 다음 날 아침 일찍 길을 떠나려고 신을 신으려던 스위프트는 자신의 구두가 지저분한 채 그대로 놓여 있는 것을 보았다. 화가 난 스위프트는 하인에게 호통을 쳤다.

"이보게, 이렇게 지저분한 구두를 신으란 말인가? 당장 구두를 깨끗하게 닦게."

그런데 하인은 흰 이빨을 드러내 보이곤 씩 웃으며 말했다.

"주인님, 어차피 조금만 걸으면 구두는 곧 더러워질 텐데 굳이 닦을 필요가 없지 않습니까?"

하인의 말을 들은 스위프트는 어이가 없었다. 스위프트는 하인에게 타고 갈 말이나 준비하라고 지시했다. 하인이 마구간으로 간 사이에 스위프트는 호텔 지배인을 불러 뭔가를 부탁했다. 마구간에서 돌아온 하인과 스위프트는 식당으로 내려갔다. 식당에는 아침식사가 1인분만 준비되어 있었고, 스위프트 혼자 식사를 마쳤다. 식사를 마친 스위프트는 하인에게 말했다.

"자, 이제 그만 떠나세."

그러자 하인은 놀라며 말했다.

"아니, 저는 아직 식사를 안 했는데요?"

스위프트는 씩 웃으며 말했다.

"그까짓 아침밥을 먹으면 무엇 하는가? 어차피 조금 지나면 또 배가 고플 텐데."(131)

스위프트는 구두닦이를 배반하고 대신 이를 아침식사로 대체하여 유머를 던짐으로써 하인의 무례한 행동에 통쾌하게 복수하였다.

스탈린 시절 공동취사장에 일하러 온 소련사람들은 당시로서는 일종의 용감한 해학을 대화에 끌어들였다.

가수 코즐로프스키는 스탈린이 자신의 노래를 좋아했다고 생각하면서 그에게 이렇게 요청했다.

"저는 외국에 한 번도 나가 본 적이 없습니다. 한 번 나가 보고 싶군요."

"도망치지는 않을 거지요?"

"무슨 말씀이십니까! 스탈린 동지! 제게는 고향이 다른 어떤 외국보다도 훨씬 소중합니다."

"옳아요, 참으로 훌륭하군요! 그러면 고향에나 다녀오세요!"(75)

스탈린은 외국을 고향으로 대체하여 코즐로프스키가 망명하지 못하도록 자신의 정치적 본능에 충실한 유머를 던졌다.

> 닉슨 미국 부통령과 흐루시초프 소련 서기장이 1959년 7월 모스크바에서 열린 미국 박람회 텔레비전 스튜디오 모델을 둘러본 다음, 흐루시초프는 닉슨의 변호사 경력을 두고 야유하기 시작하였다. 그는 변호사란 말장난으로 사람들이나 속이지만, 자기는 정직한 광부로 그리고 노동자로 일했다고 떠들었다.
>
> 이들이 식품점 모델을 지날 때 닉슨이 그의 어릴 적 얘기를 시작하였다. 닉슨은 학교에 가기 위해 자신의 부친이 경영하는 작은 잡화상에서 형제들과 함께 일해야 했다고 말하자, 흐루시초프는 "가게에서 일하는 놈들은 모두가 도둑이요."라고 손을 흔들며 내뱉는 것이었다.
>
> 닉슨도 지지 않고 "도둑? 도둑은 어디에나 있지요. 오늘 아침만 해도 내가 국영상점엘 갔는데, 물건을 산 사람들이 자기가 산 식료품을 따로 저울에 재고 있습디다."(47)

닉슨은 자본주의 사회의 변호사와 점원을 도둑이라고 비난하는 흐루시초프를 소련의 국영상점에도 그대로 대체하여 도둑이라고 조롱한다.

> 영국 수상 대처 여사는 노동당이 1945년부터 국유화한 영국의 산업들을 1983년부터 민영화하는 작업에 들어간다. 보수당 정부의 총리를 지낸 맥밀런까지도 대처 수상의 민영화 정책을 두고, '대대로 내려오는 가보를 파는 짓'이라고 비난하였다. 그러자 대처 수상은 지금 팔아치우는 기업들은 '자산이 아니라 빚'일 뿐이라고 반박했다. 국영기업이었던 영국통신, 영국가스, 영국석유 등의 민영화가 성공적이라는 사실이 입증되자, 영국 정부는 1989년 상수도사업을 민영화하기로 하였다.
>
> 여론조사에서 국민의 75~80%가 상수도 민영화를 반대했는데, 반대자들은 "봐라. 대처가 이제는 하늘에서 내리는 비까지 팔아먹으려 한다."며 비난

했다. 그러자 대처는 "하나님이 비는 내리시지만 수도관과 기계설비는 함께 보내 주시지 않았다."고 반박했다.(69)

맥밀런 전 영국 수상이 대형 기업체의 민영화를 두고 가보를 파는 짓이라고 공격하자, 대처 수상은 이를 빚을 떠넘기는 훌륭한 시책이라며 재산(가보)을 뒤집어 부채(빚)란 언어로 대체 사용한다. 또 하늘에서 내리는 비로 장사하는 상수도사업의 민영화에 대해서도 "수도관과 기계설비는 하늘에서 보내주지 않았다."고 언어를 확장시킨 재치 있는 대답으로 유머를 낳았다.

1974년, 로물러 필리핀 외무장관이 한국을 방문하여 필리핀 주재 한국 대사를 역임한 장지량 씨와 차에 동승하여 청와대로 가면서 장지량에게 불쑥 이런 말을 꺼냈다.
"박 대통령은 럭키맨이야."
"왜 럭키맨입니까?"
"부인 때문이야. 육영수 여사가 남편 뒷바라지하는 모습을 보면 박 대통령은 정말 럭키맨이야."
며칠 뒤 장지량이 로물로의 이야기를 꺼냈다.
"로물러 장관이 각하더러 럭키맨이라고 합디다."
"왜 내가 럭키맨이야?"
"육영수 여사님 같은 영부인이 있기 때문이라는 것이죠."
"마르코스가 럭키맨이야."
"왜 그렇습니까?"
"생각해봐. 로물로 같은 인물을 외무장관으로 두었으니 럭키맨이지."(16)

박정희 대통령은 자신을 마르코스 필리핀 대통령으로, 육영수陸英修(1925~1974) 여사를 로물로Carlos Romulo(1899~1985) 외상으로 대체하는 재치 있는 유머를 던졌다.

로물로는 1950년 한국전쟁이 일어나기 3개월 전에 미 국무장관 애치슨 Dean Gooderham Acheson(1893~1971)과 함께 하버드 대학에서 명예박사학위를 받은 유능한 외교관이다. 그는 박사학위 수상연설에서 "미군이 한국에서 전면 철수한 것은 공산주의자들에게 침략 초청장을 발부해준 것이나 다름없다."며 애치슨을 비난했다. 그리고 한국전쟁에 필리핀 군대를 파견하는 데 커다란 역할을 담당했다.

> 1972년 7·4 남북공동성명이 발표되고 난 이듬해 북측 대표들이 남한을 방문하였다. 서울에 온 북측 사람들은 지난날 남한보다 북한이 앞서 있었다는 우월감 때문인지 서울거리에 넘치는 차량행렬조차 그대로 믿으려 하지 않았다.
> "대단한 분들이군요. 우리에게 발전상을 자랑하려는 뜻은 알겠는데, 저토록 많은 차량을 동원하느라 얼마나 힘들었겠습니까?"
> 딱하다는 듯이 북측 대표가 빈정거렸다. 그러자 남측 수석대표 이범석이 그 말을 받아 이렇게 말했다.
> "예, 무척 힘들었습니다. 하지만 자동차보다 저 빌딩들을 옮기는 게 훨씬 더 힘들었지요."
> 북측 대표는 얼굴이 굳어졌고, 운전사와 그 옆 좌석의 경호원은 웃음을 참느라고 힘든 표정을 지었다고 전해진다.(16)

이범석李範錫(1925~1983) 남측 대표는 자동차를 빌딩으로 대체시켜 북측 대표의 실어失語를 빈정댔다.

> 음악가 브람스는 면전에서 칭찬받는 것을 상당히 어색해했던 것 같다. 어느 날 친구들과의 저녁식사 자리에서 누군가가, "위대한 작곡가의 건강을 위해 건배합시다!"라고 제안하자, 브람스는 당황한 듯 벌떡 일어나 이렇게 외쳤다.
> "좋아! 모차르트의 건강을 위해 건배!"(110)

브람스는 건배의 대상을 자신 대신에 모차르트로 대체시켰다. 그것도 한참 전에 죽은 사람을 말이다. 재치 있는 건배사가 아닌가?

레이건은 사실 마음만 먹으면 매우 신랄했다. 지미 카터는 1980년 선거에서 텔레비전 프로그램 「60 minutes」에 출연해 자신이 이룬 성과에 대해 이야기하기로 돼 있었다. 그러자 레이건이 말했다.

"그럼 59분이 남을 걸요."(146)

1986년 엘리자베스 영국 여왕이 통가 제도를 방문했을 때의 일이다. 당시 영국과 통가는 매우 불편한 관계였다. 여왕이 행사를 끝내고 리무진에 오르려는 순간, 어디선가 달걀이 날아왔다. 달걀 투척을 받은 여왕의 옷은 엉망이 되었다. 다음 날 국회 연설이 있었는데 연단에 선 여왕은 이렇게 입을 열었다.

"난 달걀을 즐기는 편입니다. 괜찮다면 다음부터는 아침식사 시간에 주었으면 좋겠네요."(174)

엘리자베스 여왕은 투척용 달걀을 아침 식사용 달걀로 대체 사용하여 자신 있는 유머를 제공하였다.

민주당 대통령 후보로 나섰던 노무현 대통령 후보가 선거 유세할 때, 연설을 듣고 있던 청중 누군가가 달걀을 던졌는데 그는 피하지 않고 그냥 맞았다. 그럼에도 달걀을 맞은 상태에서 연설은 계속 이어졌다.

"정치인이 이렇게 달걀도 맞아주고 해야 국민이 스트레스를 풀 수 있지 않겠습니까?"(64)

노무현 대통령도 달걀 투척을 스트레스를 푸는 운동에 비유하였다. 국회의원에 출마한 맹형규 후보의 부인이 유세 도중 달걀 세례를 받자, 그의 아내가 달걀을 찍어먹게 소금도 함께 던져달라고 군중에게 멋진 유머로 응수했다.

2008년 12월 어느 날, 이라크를 방문한 조지 부시 대통령이 기자회견을 하고 있는데 갑자기 신발이 날아왔다. 어느 이라크 기자가 미국에 대한 증오의 표시로 벗어던진 것이다. 부시는 순간적으로 신발을 피했지만, 세계 최강국 대통령으로서의 망신은 피할 수 없었다. 옆에 있던 이라크 대통령이 민망한 표정으로 부시에게 물었다.

"곤혹스럽지 않으십니까?"

"곤혹스럽다마다요. 사이즈가 맞지 않더군요. 앞으로는 제 사이즈를 참고해서 던져줬으면 좋겠는데 말입니다."(64)

부시 대통령은 상대방을 공격하는 무기로서의 구두를 신을 수 있는(사이즈가 맞는) 구두로 대체하여 멋진 유머를 던졌다.

2004년 11월, 당수 토론회에서 민주당 오카다 대표로부터 "이라크 특별법에 있어서 비전투지역의 정의를 말해주십시오."라는 질문을 받은 고이즈미 일본 수상은 이렇게 대답했다.

"법률상으로는 자위대가 활동하고 있는 지역이 비전투지역입니다."(118)

고이즈미小泉純一郎 수상은 동어의 반복(tautology)을 이용하여 비전투지역에 관한 정의를 묻는 질문에 대답하였다. 결국 원래 뒷부분에 와야 할 문장(자위대가 활동한다)을 앞부분으로 대체시켜 유머러스한 문장을 만들어내었다.

미국 컬럼비아 대학 레이몬드 위버 교수에게 어느 여학생이 한 권의 책을 내놓고 물었다.

"선생님, 이 책을 읽어보셨어요?"

"아니, 아직 못 읽었는데……."

"아이 선생님도……. 아직 이 베스트셀러를 못 읽으셨다니요……. 나온 지가 벌써 석 달이나 되었는 걸요."

이번에는 위버 교수가 물었다.

"학생은 단테의 『신곡』을 읽었는가?"

"아니요, 아직 못 읽었어요."

"그 유명한 『신곡』을 아직 읽지 못했다니……. 책 나온 지가 벌써 육백 년이나 되었는 걸……."(14)

위버Raymond Weaver 교수는 석 달을 육백 년으로 대체하여 우월감을 드러
냈다.

　처음으로 화성에도 위성이 있다는 것을 발견하여 유명해진 미국의 천문
학자 홀이 하루는 레스토랑에서 점심을 먹고 계산할 때가 되자 여주인을 불
러 말했다.
　"음식이 맛있습니다. 그 답례로 제가 천문학에 관한 이야기를 하나 해드
리겠습니다."
　"그래요? 참 친절도 하시군요. 재미있으면 들려주세요."
　"이 세상의 모든 일은 2,500만 년을 주기로 반복해서 일어나고 있습니다.
즉 2,500만 년이 지날 때마다 다시 원상태로 되돌아가는 겁니다. 그러므로
우리는 2,500만 년이 지나면 다시 지금과 똑같이 이렇게 여기서 만나게 되
는 것이지요. 그래서 말씀드리는데 한 가지 부탁드릴 말씀은 다름이 아니라
저의 오늘 식사대금을 그때까지 외상으로 해주시지 않겠습니까?"
　여주인이 웃으면서 즉시 대답했다.
　"네, 좋습니다. 손님이 원하시는 대로 그렇게 해 드리지요. 그런데, 손님.
지금부터 2,500만 년 전에도 역시 손님께서는 저희 집에서 식사를 하시고
그때도 지금처럼 식사대금을 외상으로 하였으니 그때의 외상값은 갚으셔야
죠."(127)

　천문학자 홀Asaph Hall(1829~1907)이 뒤통수를 크게 한 대 맞았던 유머다. 여
주인은 '2,500만 년 후'를 '2,500만 년 전'으로 대체시켜 멋진 유머를 만들
어낼 수 있었다.

동음이의어

　서진西晉에서 어떤 아이의 아버지가 병이 났다. 그 아이가 약을 얻으러 나
갔는데 이웃집 약방주인이 병명을 묻자, "학질에 걸렸어요."라고 했다. 다시

이웃집 주인이 "너희 아버지는 밝은 덕을 지닌 군자인데 어찌하여 학질 같은 병에 걸렸을까?"라고 하자, 아이가 대답하였다.

"군자를 병들게 하기 때문에 학虐이라고 하지요."(126)

여기서 아이는 병명인 학질瘧疾의 '瘧' 자와 학정虐政의 '虐'이 발음이 같으므로 재치 있게 대답했던 것이다. 아이는 자신의 부친이 하는 짓을 빈정대려고 원래의 언어가 가진 의미를 배반하였다.

원위元魏의 고조高祖 효문제孝文帝(467~499)는 황자皇子들의 이름을 각각 순恂, 유愉, 열悅, 역懌으로 지었는데, 신하 최광崔光의 아들들의 이름은 각각 소邵, 욱勖, 면勉이었다. 그래서 고조가 말했다.

"짐의 아들들 이름은 모두 마음 심心 변인데, 경의 아들들 이름에는 모두 힘 력力 자들이 들어 있구먼."

그러자 최광이 이렇게 대답했다.

"그것이 바로 군자는 마음을 쓰고 소인은 힘을 쓴다는 겁니다."(183)

신하 최광은 자신의 아들은 '힘 력' 자가 들어간 소인의 항렬이고, 임금의 아들은 '마음 심' 자가 들어간 대인의 항렬이라고 대답하는 임기응변의 유머를 만들었다.

할아버지 김익순이 홍경래의 난 때 항복하는 바람에 역적의 자손으로 몰린 김삿갓은 북도北道에서 지방 유지들을 만나 지은 시가 다음의 원생원元生員이다.

일출원생원(日出猿生原)	해 돋으면 까부는 원숭이-원생원(元生員)
황혼문첨지(黃昏蚊 至)	저물면 달려드는 모기-문첨지(文僉知)
묘과서진사(猫過鼠盡死)	고양이 뜨면 죽는 쥐-서진사(徐進士)
야출조석사(夜出蚤席射)	밤마다 쏘아대는 벼룩-조석사(趙碩士)(100)

김삿갓金炳淵(1807~1863)이 만난 지방유지는 원생원, 문첨지, 조석사 및 서진사였다. 당시 지방 토호들은 농민의 재물을 수탈하는 무리였다. 그래서 김삿갓은 이들을 대낮이 되면 평민을 대상으로 까불어대는 원숭이[원, 猿], 사람의 피를 빨아먹는 모기[문, 蚊], 곡식을 훔치는 쥐[서, 鼠], 벼룩[조, 蚤] 등의 벌레에 각각 비유했다. 김삿갓은 각자의 성姓과 똑같은 발음을 가진 동물의 한자어를 끄집어낸 재치 있는 유머를 남겼다.

의인화

중국 당唐나라 초년 경성 부근에 가뭄이 들었다. 얼마 후 경성의 교외에는 비가 내렸지만, 경성안에는 비 한 방울도 떨어지지 않았다. 어느 날 황제가 북원北苑에 연회를 열어 신하들을 초대했다. 열조烈祖가 주변에 있는 시신侍臣에게 말했다.

"경성의 교외에는 비가 내리고 성 안에는 비 한 방울 내리지 않으니, 이는 무엇 때문인가? 시장을 관리하는 관리의 실수로 하늘의 뜻을 어겼단 말인가?"

당시 세금이 매우 과중해서 상인들은 자신들이 종사하던 업종을 그만두려고 할 정도였다. 이때 신점고申漸高라는 악사가 농담조로 여쭈었다.

"비도 세금을 내는 것이 두려워서 감히 경성에 오지 못하나 봅니다."(32)

열조는 그 말에 웃음을 터뜨리면서 즉시 세금제도를 합리적으로 조정했다고 한다. 또 묘한 것은 바로 그날 밤 경성과 부근 지역에 비가 내렸다고 한다. 비는 언젠가는 왔다가 그치는 게 아닌가? 신점고는 비를 사람에 비유하는 유머를 만들어 황제의 비위를 맞추었다.

오성鰲城 대감 이항복李恒福은 재치 있기로 소문이 자자했다. 어느 날 왕은 이항복이 자리를 비운 사이에 다른 대신들에게만 조용히 명령을 내렸다.

"경들은 내일 아침 조정에 나올 때 달걀을 한 개씩 가지고 나오시오."

"예, 분부대로 하겠습니다."

다음 날 아침, 대신들은 모두 하명 받은 대로 달걀을 하나씩 가지고 왔다. 드디어 회의가 시작되자 왕이 말을 꺼냈다.

"자, 경들은 어제 가져오기로 약속한 물건들을 꺼내 놓으시오!"

대신들은 도포자락 안에서 달걀 한 개씩을 꺼내 놓았으나 영문을 모르는 이항복은 어리둥절할 뿐이었다. 그러자 왕이 짐짓 이항복에게 물었다.

"대감은 왜 달걀을 내놓지 않는 거요?"

이항복은 갑자기 자리에서 벌떡 일어나더니 허리를 굽히고 두 손으로 자기 엉덩이를 탁탁 치며 길게 닭 울음소리를 내는 것이었다.

"꼬끼요~ 꼬끼요~"

그러고 나서 이항복은 이렇게 대답했다.

"전하, 신은 암탉이 아니고 수탉이라 알을 낳지 못하옵니다."(131)

이항복의 재치 있는 답변에 왕을 비롯한 대신들은 박장대소하였을 것이다. 이항복은 자신을 동물화하여 궁지에서 벗어나는 멋진 유머를 낳았다.

독일의 철혈재상 비스마르크가 하루는 대법원장을 사냥에 초청했다. 두 사람이 사냥터에 닿자, 바로 눈앞에 토끼 한 마리가 나타났다.

"오! 저 토끼는 사형선고를 받았어요."라며 대법원장이 자신만만하게 말하더니 총을 들고 겨냥했다. 하지만 목표가 빗나가 토끼는 잽싸게 도망쳤다. 비스마르크는 껄껄 웃으면서 대법원장에게 말했다.

"보아하니 사형선고를 받은 자는 당신의 판결에 동의하지 않은 모양이군요. 저 토끼는 아무래도 대법원에 상고하기 위해 라이프치히에 갈 겁니다."
(128)

대법원장이 토기를 의인화하여 사형선고를 받았다고 유머러스하게 말했지만, 비스마르크는 토끼가 대법원장의 판결에 불복하는 피고로 묘사하여 그를 빈정댄다. 비스마르크는 그동안 자기 판단이 제일이라고 으스대던 대법원장의 콧대를 꺾고 동시에 잘못된 판결로 억울하게 된 사람들이 있다는 것을 헤아려 앞으로 신중하게 판결해야 한다는 뜻을 건네는 유머였다.

대처Margaret Thatcher 수상을 그린 「철의 여인」이란 영화가 2012년 초 국내에서 상영되었지만 흥행에는 성공을 거두지 못했다. 대신 대처 여사의 역을 맡은 배우 메릴 스트립Meryl Streep은 뛰어난 연기로 2012년도 아카데미 여우주연상을 받았다. 영화는 대처 여사가 수상을 관두고 집에서 정신력 감퇴로 힘든 나날을 보내는 일화들을 다루었다.

> 대처 여사가 영국 수상으로 재임하던 시절, "남자들은 말만 하고, 여자들은 행동한다."며 남자들을 폄훼한 적이 있다.
> "무언가가 말해지기를 바란다면 남성에게 청하십시오. 무언가가 행해지기를 원한다면 여성에게 청하십시오."
> "우는 것은 수탉이지만 알을 낳는 것은 암탉입니다."(69)

마거릿 대처는 남성 우위의 사회에서 암탉의 중요한 역할을 비유로 제시하여 여성의 지위를 향상시키려고 애썼다.

> 클린턴의 대통령 재임시절, 미국에서 방탄조끼를 꿰뚫을 수 있는 총알의 사용을 금지하는 법을 둘러싸고 찬반양론이 일어났다. 미 행정부가 총알 사용을 금지하는 법안을 제출하였으나 미국총기협회는 법안을 반대하였다. 당시 코미디언이자 배우 로빈 윌리엄스는 캘리포니아에서 열린 한 행사에서 경찰관을 죽일 수 있는 총알 사용의 금지를 반대하는 미국총기협회를 멋진 말로 조롱했다.
> "물론 우리는 그런 총알 사용을 금지하면 안 됩니다. 사냥꾼에겐 그런 총알이 필요합니다. 숲 속 어딘가에 케블러 방탄조끼를 입은 사슴이 있기 때문이죠!"(79)

○ ○ ○ ● ○

4. 도구의 배반

몸

    소동파는 못마땅한 일을 보면 참지 못하는 성격이라 다른 사람들과 마찰이 끊일 날이 없었다. 이 무렵 항주 통판 시절에 맞아들인 시첩侍妾 왕조운王朝雲이 소동파의 이런 점을 재치 있게 꼬집어준 일화가 있다.

    어느 날, 퇴청하여 돌아와 식사를 마친 소동파가 언제나처럼 배를 쓰다듬으며 방안을 오락가락하고 있었다. 그것은 그의 건강관리 비법이었다. 주위에서 시녀들이 그를 쳐다보고 있었다. 그것을 본 소동파가 자신의 배를 가리키면서 느닷없이 물었다.

    "얘들아! 이 속에 무엇이 들어 있는지 알겠느냐?"

    "문장이 가득 들어 있을 것입니다요."

    한 아이가 자신의 지혜를 뽐내려는 듯 대뜸 나섰다. 그러자 옆에 있던 다른 아이가 지기 싫다는 듯 얼른 끼어들었다.

    "식견이 가득할 것입니다요."

    소동파는 고개를 내저었다. 그때 듣고 있던 조운이 말했다.

    "학사 나리 배 속에는 시의에 맞지 않는 생각만 잔뜩 들어 있을 것입니다요."

    조운의 말을 듣고 소동파는 배를 잡고 웃었다. 조운의 눈은 과연 그의 심중을 꿰뚫어본 혜안이었기 때문이다.(31)

    소동파를 시중드는 시첩 조운은 장기가 들어 있을 소동파의 몸을 배반하고 쓸데없는 잡생각이 배 속에 가득 차 있을 것이라고 유머러스하게 대답한다. 정곡을 찌른 그녀의 올바른 지적에 소동파는 무슨 비밀이라도 들킨 양 웃지 않을 수 없었다.

노예제 폐지문제가 정쟁의 이슈로 떠오르자, "링컨은 두 얼굴을 가진 이중인격자"라며 한 의원이 의회에서 링컨을 질책했다. 링컨은 난감한 표정을 짓더니 되물었다. "거참, 내가 두 개의 얼굴을 가지고 있다면 오늘 같은 중요한 자리에 왜 이 못생긴 얼굴을 갖고 나왔겠습니까?" 의회의 의원들은 박장대소했고, 그 의원은 슬그머니 자리에 앉아야만 했다.(185)

링컨은 얼굴을 가지고 다닐 수 있는 물건인 것처럼 얼굴의 당초 기능을 배반하고, 상대방에게 정치적으로 빈정대는 유머를 던져 의원들에게 웃음을 선사했다.

직업

1959년, 자신을 위한 백악관 만찬에서 흐루시초프는 CIA 책임자인 덜레스Allen Dulles(1893~1969)를 소개받았을 때, "나도 당신과 똑같은 보고서를 받고 있지요."라고 말하였다. 그러고는 예산을 절약하기 위해 양국의 정보기관을 통합하는 게 어떻겠냐고 하면서 이런 말도 하였다. "똑같은 정보를 얻기 위해 돈을 두 배씩이나 지불할 필요가 없지 않습니까?"

닉슨은 그때 흐루시초프에게 후버John Edgar Hoover(1895~1972) FBI 국장을 소개하였다. 닉슨은 그가 어떻게 나올지 궁금해하였는데, 아니나 다를까 후버의 이름을 듣자마자 흐루시초프는 심술궂게 후버를 쳐다보며, "우리는 같은 스파이들을 부리는 동업자가 아니요."라고 말하는 것이었다.(47)

흐루시초프는 첩보업무를 수행하는 FBI 국장이나 소련의 서기장 직책이 스파이를 거느리는 동업자라고 말해 수상의 고유한 직업을 배반하는 유머를 던졌다.

한번은 저우언라이가 간부와 기술인원들과 함께 이야기를 나누었다. 대부분의 사람들이 서너 명의 자녀를 두고 있다는 것을 안 저우언라이는 웃으며 이렇게 말했다.

"중앙에서 나에게 계획생육위원회[산아제한위원회] 주임을 맡으라고 하는데, 아마 난 힘들 것 같소. 난 아이가 없으니 아무리 계획생육을 이야기해도 아이가 있는 사람보다는 설득력이 떨어지지 않겠소?"

그의 말에 모두 웃음을 터뜨렸다.(50)

자녀가 없는 저우언라이는 산아제한위원회 위원장이란 자신의 직책을 배반하는 유머를 던져 청중으로 하여금 웃음을 터뜨리게 하였다.

물품

홍선대원군興宣大院君(1820~1898)이 집정할 때의 일이다. 조선의 관리가 청淸나라에서 온 사신에게 경복궁을 보여주었다.

"저 건물을 짓는 데 얼마나 걸렸소?"

"글쎄요, 한 삼 년쯤 걸렸을 겁니다."

그러자 청나라 사신이 거드름을 피우며 비웃듯이 말했다.

"삼 년이라…… 우리 청나라에서는 1년이면 충분할 것을."

잠시 후 창덕궁 앞에서 청나라 사신이 다시 물었다.

"그럼 저 건물은 얼마나 걸렸소이까?"

"저건 1년밖에 안 걸린 것으로 압니다만."

"쯧쯧, 청나라에서는 석 달이면 충분하오."

청나라 사신의 허풍에 기분이 상한 조선 관리는 묵묵히 남대문으로 발걸음을 옮겼다. 그러다가 남대문 앞에 이르자 갑자기 고개를 갸우뚱하며 의아한 표정으로 말했다.

"아, 이상하다! 이 대문은 어제 아침까지만 해도 분명히 없었는데?"(128)

조선의 관리는 남대문이라는 물건의 존재를 배반하는 유머로 청나라 사신을 빈정댔다.

○ ○ ○ ○ ●

5. 제도의 배반

법령

하드리아누스 로마 황제가 15만 명을 수용할 수 있는 키르쿠스 막시무스에서 전차경주를 관람하고 있었다. 콜로세움보다 큰 대경기장에서 네 필의 말이 끄는 전차경주에서 한 사람의 기수가 수차례나 계속 승리했다. 당시 말을 다루는 솜씨가 뛰어난 소년을 스카우트하거나 적당한 노예를 훈련시켜 기수로 키우는 게 관례였다.

열광한 관중이 그 기수를 노예 신분에서 해방시켜주라는 뜻으로 계속 '자유'를 외쳤다. 이에 대해 포고관이 '조용히' 하라고 아무리 소리를 질러도 소용이 없으므로 황제가 불러주는 대로 받아쓴 플래카드를 들고 장내를 한 바퀴 돌았다. 거기에는 이렇게 적혀 있었다.

"너희들에게는 노예의 해방을 요구할 권리가 없다. 그리고 이런 법률 위반을 나한테 요구할 권리도 없다."(93)

로마 황제 하드리아누스는 자기 마음대로 할 수 없는 법도 있다는 사실을 관중에게 주지시킨다. 관중이 법령을 배반하고 당일의 기분에 젖어 노예를 해방해달라고 황제에게 부탁하자, 황제는 관중은 물론 자신에게도 그럴 권리가 없다고 관중의 요구를 거절한다. 법적 안정성을 바라는 그의 재치 있는 대답이 돋보인다.

남송南宋 개경開慶 연간에 호정계胡霆桂는 연산鉛山의 주부主簿로 있었다. 당시는 개인 집에서 술 빚는 것을 관가에서 엄금했다. 그런데 어느 날 한 여인이 자기 시어머니가 사사로이 술을 빚어 팔았다고 고발했다. 호정계는 그 여인에게 물었다.

"네가 시어머니에게 하는 효성이 어떠냐?"

"저는 효성을 다하는 사람입니다."

여인의 대답이었다.

"그러면 좋다. 효성이 그렇게 지극하다면 시어머니 대신 네가 벌을 받아라."(183)

호정계는 사사로이 술을 빚어 판 죄로 며느리에게 장형을 가하게 했다. 그런 일이 전해진 다음부터 관가의 정령이 거침없이 행해지고 연산현은 아주 잘 다스려졌다고 한다. 효성이 지극하다는 구실로 시어머니 대신 벌을 받도록 한 호정계의 판결에 사람들은 박수를 보내며 며느리를 빈정댈 것이다.

신앙

「최후의 심판」은 경이로운 작품이었다. 높이 18미터, 폭 10미터, 전체면적 180.21제곱미터 벽에 그린 이 벽화는 주역과 조역을 합쳐 등장인물만도 420명에 달하는 대작이었다. 이것은 열정과 비전의 예술가, 천재 미켈란젤로 부오나로티가 5년에 걸쳐 이룩한 업적이었다.(153)

1524년, 미켈란젤로가 시스티나 대성당의 벽화 「최후의 심판」을 거의 완성시켜갈 무렵, 교황 바오로 3세는 벽화에 나체상이 너무 많이 그려져 있다고 하여 그것을 수정하려 한다는 소문이 돌았다. 그러자 마무리 작업을 진행 중이던 미켈란젤로는 이렇게 말했다.

"교황은 그림을 수정하기보다는 세상을 수정하는 일에 더 신경을 써야 할 것이다."(67)

교황이 세속의 사람들을 교화하여 수정하는 일에 애쓰지 않고 자신의 그림을 수정하는 일에 간섭하자, 미켈란젤로는 유머러스하게 일침을 가한다.

도스토옙스키는 소설 『카라마조프가의 형제들』에서 주인공 표도르 바블

로비치 카라마조프의 2남 이반이 3남 알렉세이와 대화하는 것을 통해 말한다.
"18세기에 한 늙은 죄인이 있었는데 신이 없다면 그것을 발명해내야 한다
는 말을 했다지. 그래서 인간은 정말로 신을 발명해냈지. 그러니까 신이 정말
로 존재한다는 건 이상할 것도, 놀라울 것도 없는 이야기이고, 오히려 정말 놀
라운 것은 그런 생각(신이 필요하다는 생각)이 인간과 같이 야만스럽고 사악한 동물
의 머릿속에 떠오를 수 있었다는 사실이다."
　　또 이반은 알렉세이에게 터키 병사들이 어린애까지 무참하게 살해한 것
을 예로 들면서 말한다.
"내 생각으론 악마가 존재하지 않아서 인간이 악마를 창조해냈다면, 인간
은 그것을 자신의 형상과 모습에 따라 창조해냈을 거야."(25)

**도스토엡스키는 악마가 인간의 형상을 하였다고 주장하고, 악마의 모습
을 닮은 인간이 신을 발명해낸 것을 신기하다고 유머러스하게 말한다.**

　　마크 트웨인의 「천국에 들어가는 사람들에게」라는 짧은 글은 그가 1910
년 3월 버뮤다에서 사망하기 몇 주 전에 쓴 최후의 원고로 추정되는 글이다.
"애견은 밖에 놔두라. 천국에 들어가는 것은 편파적으로 결정된다. 만약
생전에 세운 공로로 결정되는 것이라면 당신이 밖에 있고 개가 들어가야 할
것이다."(52)

**마크 트웨인은 인간보다 개가 천국에 들어갈 대상이라고 주장하여 종교
적 메시지를 거부한다.**

　　조녀선 스위프트가 어느 날 고위 관리와 점심식사를 같이하려고 식당에
서 만났다. 음식이 나오기 전에 관리가 거드름을 피우며 스위프트에게 짓궂
은 질문을 했다.
"선생, 악마와 신부 사이에 소송이 일어난다면 어느 쪽이 이기겠습니까?"
　　그의 질문에 스위프트는 조금도 망설임 없이 단번에 대답했다.
"당연한 걸 뭘 물어보시오? 악마가 이기지 않겠소?"
　　이에 관리가 물러서지 않고 재차 질문했다.

"참으로 뜻밖의 대답이군요. 그 이유가 뭔가요?"

스위프트는 여유 있게 웃으며 대답했다.

"그거야 관청의 관리들은 물론이고 판사들까지도 모두 악마 편이기 때문이지요."(131)

스위프트는 신부보다 악마가 소송에 이긴다고 신앙에 배반되는 유머를 꺼내어 답변함으로써 사람들에게 웃음을 선사한다.

소련의 우주인 가가린이 인류 최초로 우주를 방문하고 돌아왔을 때 일어날 법한 일을 지어낸 이야기다. 그가 지구에 도착하자마자 공산당 서기장에게서 전화가 걸려왔다.

"부탁이니 신과 만났다는 것만은 비밀에 부쳐주게."

수화기를 내려놓기가 무섭게 또다시 전화벨이 요란하게 울렸다. 바티칸의 교황에게서 온 전화였다.

"부탁이니 신이 없었다는 것만은 말하지 말아주게."(116)

무신교의 공산당이나 유일신의 바티칸이나 모두 우주를 다녀온 가가린 Yuri Gagarin(1934~1968)에게 자신들의 신앙에 위배되는 이야기가 나오지 않도록 부탁하는 상상이 유머를 낳는다.

한 번은 흐루시초프가 독일의 아데나워 수상이 제안하는 안에 대해 "그런 요구를 받아들이느니 지옥에서 당신을 만나겠다."고 비난하였다. 그러자 아데나워는 즉각 "지옥에서 나를 보려면 먼저 가서 기다리시오."라고 응수했다.(47)

천국과 지옥은 종교의 산물이다. 아데나워 Konrad Adenauer(1876~1967) 수상은 흐루시초프에게 지옥에 먼저 가서 기다리라고 말해 그를 비웃음으로 몰아넣었다.

관례

　헝가리 태생의 음악가 리스트는 1830년대와 1840년대, 여러 번 러시아를 순회하면서 왕족들이 가장 좋아하는 연주자가 되었다. 하지만 자기밖에 모르는 이 귀하신 분들의 오만불손함은 눈뜨고 보기 힘들 정도였다.
　리스트가 상트페테르부르크의 저녁 파티에서 연주할 때의 일이다. 니콜라우스 황제가 시종에게 소리를 죽여 뭐라고 속삭였다. 그 순간 리스트가 갑자기 연주를 중단하고 먼 곳을 바라보자, 장내에 숨 막히는 침묵이 흘렀다. 참다못한 황제가 리스트에게 물었다.
　"왜 안 치는 건가?"
　"황제께서 말씀하실 때에는 비록 음악이라 할지라도 마땅히 침묵을 지켜야 하는 줄로 압니다."(14)

　닉슨이 소련을 방문하고 나서의 소감이다. 그가 소련 순방 중 절실히 느낀 것이지만, 당시의 공산주의 엘리트들이 서방 자본주의국가들의 어떤 계층보다 마르크스가 말한 지배계급에 가깝다는 사실을 발견하였다. 그가 들은 브레즈네프 서기장에 관한 조크는 바로 이런 모순을 너무도 잘 설명한다.
　어느 날 브레즈네프는 어머니를 자신의 화려한 별장으로 모셨다. 그는 어머니를 모시고 잘 정비된 정원으로, 금칠한 복도로, 사치스러운 침실로 자랑스러운 듯이 모시고 다녔다. 구경을 다 마친 어머니가 감탄하며 묻기를 "레오니드야, 모든 게 너무도 멋있구나. 그런데 공산당이 오면 어떻게 하지?"라고 묻더라는 것이다.(47)

　공산주의 치하에서 비밀경찰에 의해 감시당하던 브레즈네프의 모친은 자식이 그 수장이라는 사실을 잊은 채, 사치스러운 아들의 생활모습이 공산당원에 의해 발각되면 어쩔 것인지 하고 습관적으로 염려한다.

자기비하

버나드 쇼가 「무기와 인간」이라는 극본으로 처음 연극을 공연하였을 때의 일이다. 첫 회 공연을 성공리에 마치고 버나드 쇼가 흥분된 표정으로 무대에 올라가 관중의 환호에 답례 인사를 했다. 관중은 또 한 번 열렬한 박수를 그에게 보냈다. 그런데 박수가 끝나갈 무렵에 한 젊은이가 자리에서 일어나 큰소리로 외쳤다.

"버나드 쇼, 당신의 극본은 누가 봐도 형편없는 작품이오. 공연을 즉각 중단하시오."

그러자 극장 안은 일순간에 찬물을 끼얹은 듯 조용해졌다. 관중은 버나드 쇼가 어떻게 반응할 것인지에 귀를 기울이고 있었다. 버나드 쇼는 아주 여유있는 웃음을 띠고서 공손한 말투로 대답했다.

"저의 작품에 대한 평가는 아주 감사합니다. 저도 전적으로 동감합니다. 정말로 저의 작품은 형편없는 것이지요."

이렇게 말하고는 관중을 한 바퀴 둘러보고는 다시 젊은이를 향해 이렇게 말했다.

"그런데 손님, 한 가지 안타까운 일이 생겼습니다. 당신과 나 두 사람만으로 어떻게 저 많은 관객의 열렬한 찬사를 막을 수 있을는지요."

조용하던 장내는 다시금 박수와 폭소가 일제히 터져 나왔다.(131)

버나드 쇼는 자기 작품의 가치를 배반하여 자신을 비하하였지만, 결과적으로 젊은이에 대한 우월감을 드러낸 유머가 되었다. 만약 오스카 와일드가 작품마다 실패를 겪을 때마다 실패한 게 관객이라고 유머러스하게 답변하였듯이 버나드 쇼가 젊은이에게 "극본은 형편 있는 작품인데 다만 당신과 나는 형편없는 관객이군요. 공연은 계속되어야 할 터이니 우리 두 사람만 즉각 극장을 떠납시다."라고 이야기 하였더라도 유머러스했을 것이다.

미국의 로널드 레이건 대통령은 자신의 경험담을 이야기의 소재로 즐겨 사용한 것으로 유명하다.

"캘리포니아 주지사 시절, 나는 미국을 대표하는 자격으로 여러 차례 멕시코를 방문할 기회가 있었습니다. 언젠가 상당히 많은 청중을 대상으로 연설할 때였습니다. 연설이 끝나서 자리에 앉았는데, 그다지 성의 없는 박수 소리가 여기저기서 간혹 들리다가 마는 것이었습니다. 조금 당황이 되더군요. 사실 나는 자의식이 심한 편이거든요. 그래서 내가 무슨 잘못을 했나 보다 하고 생각했습니다. 그런데 내 다음 차례의 연사가 일어났을 때 나는 더욱 당황했습니다. 그는 내가 알아듣지 못하는 스페인어로 연설을 했는데, 그 연사는 한마디 말이 끝날 때마다 열렬한 박수를 받는 것이었습니다. 그래서 나는 당황한 표정을 감추기 위해서 다른 사람들보다 먼저 더 열렬하게 오래도록 손뼉을 쳤습니다. 그런데 잠시 후 멕시코의 우리 대사가 나한테로 몸을 굽히더니, 이렇게 말하는 것이었습니다.

"내가 당신이라면 그렇게 손뼉을 치지 않을 겁니다. 저 사람은 지금 당신의 연설을 통역하고 있으니까요."(71)

레이건의 실수를 들은 사람들이 이런 이야기를 좋아하는 까닭은 레이건이 자신의 실패담을 웃음거리로 삼았기 때문이다.

기대

레이건 대통령이 전임자인 카터 대통령에게서 사무인계를 받았다. 그때 카터가 레이건에게 세 개의 봉투를 건네주면서, 위급한 일이 생기면 이 봉투를 순서대로 하나씩 열어보라고 일러줬다.

그 세 개의 봉투를 소중히 간직해 오던 레이건은 계속되는 경기불황에 고민하다가 첫 번째 봉투를 열어보았다. 거기에는 이렇게 쓰여 있었다. '전임 대통령의 탓으로 돌리시오.' 그래서 레이건은 "지금의 경기불황은 전임 대통령 탓이다."라고 둘러댔다. 그러나 불황이 더욱 심각해졌다. 두 번째 봉투를 뜯어보았다. 거기엔 '연방준비은행 총재의 책임이다.'라고 적혀 있어서 그대로 떠넘겼다. 그런데도 경제는 더욱 악화되고 국가 재정이 파탄에 직면했다. 마지막으로 세 번째 봉투를 열어보니 이런 말이 기다리고 있었다. '당

신도 후임자에게 줄 세 개의 봉투를 준비하시오.'(192)

카터는 미 대통령 재임시절 경제를 회복시키지 못해 재선되지 못하고 물러나고 말았다. 레이건이 열어본 세 번째 봉투도 그에게 도움을 줄 수 있는 지혜여야 한다. 그러나 봉투에 지혜가 적혀 있을 것이라는 기대를 배반하고 카터처럼 물러나기를 종용하는 메시지가 전달되는 유머였다.

지식

거구이면서 뚱보인 태프트William H. Taft 미국 대통령(재임기간 1909~1913)에게 친구 촌시 디퓨 상원의원이 있었다. 하루는 디퓨가 태프트의 배에 손을 갖다대고서 "이 배 안에 있는 아이가 세상에 나오면 이름을 무어라고 짓겠는가?"라고 천연스럽게 물었다. 그러자 태프트는 친구의 장난기를 알아차리고서 말했다.

"글쎄, 만일 사내아이라면 윌리엄이라고 하고, 여자아이라면 시어도어라고 하겠네. 그러나 그저 배에 찬 가스라면 촌시라고 부르겠네."(66)

촌시도 지식을 배반한 유머를 던졌지만, 태프트는 촌시를 가스의 이름으로 짓겠다고 능청을 떨었다. 시어도어라는 이름은 자신을 대통령 후보로 만들어준 시어도어 루스벨트에 대한 감사의 뜻을 표하고자 지은 이름이었다.

로이드 조지가 지방의 정치 강연회에 초대되었을 때 입이 가벼운 사회자가 그에게 말했다.

"나는 로이드 조지 씨가 여러 방면에서 대가라고 알고 있었는데 체격만은 그렇지가 않군요."

그러자 로이드 조지가 조금도 당황하지 않고 응수했다.

"북웨일스에서는 턱 위부터 사람의 키를 잽니다. 여기서는 턱 아래부터 재는 모양이지요?"

그러고는 덧붙였다.

"머리에 생각이 들어 있지, 그 아래는 그냥 밑일 뿐이니까요."(149)

로이드 조지는 키를 재는 기존의 지식을 배반하고 턱 위부터 키를 재라는 요구가 유머러스하게 들린다. 턱 아래의 키는 작더라도 턱 위의 키가 크면 머리가 좋다는 것을 은근히 과시하여 상대방을 보복한다.

조상으로부터 물려받은 재산이 많은 얼치기 영국 부호가 자기의 재력을 자랑하기 위해 여러 작가의 그림을 닥치는 대로 많이 사들였다. 그러나 그는 예술적 지식이라고는 전혀 없는 사람이어서 수준 높은 그림을 구하는 것이 아니라 질보다 양으로 욕심을 채우고 있었다.

그는 항상 손님들을 초대하여 자기가 수집한 그림에 대해 어깨 너머로 주워들은 말을 늘어놓으며 예술적 식견이 있는 것처럼 자랑하기 일쑤였다. 그날도 버나드 쇼를 비롯한 많은 손님을 초대해놓고 자기가 수집한 그림을 자랑하기에 열을 올리고 있었다. 그러고는 마지막에 사회사업으로 좋은 일을 하고 싶다고 하였다.

"저는 이 그림을 공공기관에 몽땅 기증하고 싶습니다. 그런데 어떤 기관에 기증해야 좋을지 망설이고 있을 뿐입니다."

그때 지루하게 듣고만 있던 버나드 쇼가 입을 열었다.

"아, 마침 좋은 곳이 있습니다. 맹인학교에 기증하십시오."(131)

조직

린든 B. 존슨 대통령이 가장 좋아하는 농담은 어느 소년이 체신장관에게 보낸 편지에 관한 이야기다.

소년은 아버지를 여의었는데 미망인인 어머니가 가계를 꾸려가느라 고생이 많았다. 그래서 소년은 하나님께 이런 내용으로 편지를 썼다.

"하나님께, 어머님에게 100달러를 보내주셔서 가족을 돌볼 수 있도록 해주세요."

우연히도 그 편지는 결국 체신장관 책상에 올라갔다. 장관은 그 편지에 감동했다. 그래서 그는 주머니에서 20달러짜리 지폐를 꺼내 관용봉투에 넣고 항공우표를 붙여 소년에게 보냈다. 2주일 후에 체신장관은 소년에게서 답장을 받았다. 내용은 이러했다.

"하나님께! 하나님께서 해주신 모든 일에 매우 감사합니다. 그렇지만 우리는 또 100달러가 필요합니다. 괜찮으시다면 이번에 어머니에게 그걸 보내실 때는 워싱턴을 통하지 않도록 해주십시오. 왜냐하면 그 사람들이 거기서 80%를 세금으로 뗐습니다."(71)

존슨 대통령은 정부(워싱턴)가 80%나 되는 높은 세금을 부과하는 관료조직임을 소년의 편지를 통해 유머러스하게 지적한다.

레이건은 자신에게 투표해야 하는 이유로 연방 관료조직의 비대함을 여러 가지 비유를 들면서 지적하였다. 그는 인디언 사무처에서 만난 관료가 흐느껴 울고 있는 것을 우스꽝스럽게 이야기하곤 했다.

한 관료가 책상 위에 엎드려 울고 있어서 레이건이 어깨를 두드리며 무슨 문제가 있느냐고 물었다. 그는 대답했다.

"내 담당 인디언이 죽었어요. 그게 문제예요. 도대체 난 앞으로 무엇을 해야 한단 말입니까?"(57)

레이건은 불필요한 관료조직이 국민에 기생하며 살아가는 존재라는 것을 정부의 인디언 담당 부서를 통해 유머러스하게 지적한다.

제8장

경제적 본능

여기에서는 인간이 자신의 생존을 유지하려고 에너지를 절약하려는 성향과 다른 사람과 교환하려는 성향을 좇아가는 과정에서 자신이 만든 문화를 배반함에 따라 사람들로 하여금 웃음을 자아낸 유머의 사례들을 살펴보고자 한다.

○ ○ ○ ○ ○ ○

1. 절약 본능

동물들의 행동, 특히 선택을 지배하는 원칙은 '유전자 극대화', '경쟁', '비용 대 이익'이며, 이들이야말로 생물의 진화를 이뤄내는 원동력이다.(184) 생물은 자신의 생존에 필요한 에너지를 확보하려고 무언가를 선택함으로써 얻어지는 에너지의 양과 상실하는 에너지의 양을 비교할 수 있도록 적응하였다.

인간의 감각기관도 가급적이면 에너지를 절약하면서 외부 대상을 인지한다. 인간은 자신에게 득이 되지 않는 불필요한 정보를 얻고자 쓸데없이 에너지를 낭비할 필요가 없도록 진화하였다. 그래서 인간이 합리적으로 판단하는 데 필요로 하는 모든 정보를 외부로부터 받아들이는 것이 아니다. 그 결과 인간이 감각기관을 통해 외부로부터 정보를 한꺼번에 받아들일 수 있는 가지 수는 겨우 6~8가지 정도에 지나지 않는다.(215)

클린턴이 르윈스키 스캔들로 토라진 힐러리의 마음을 풀어주기 위해 쇼핑을 제안했다. 백화점 이곳저곳을 기웃거리던 클린턴 부부는 도자기 코너에서 다투고 있는 신혼부부를 발견하고 걸음을 멈췄다. 까닭을 알아보니, 신랑은 가격이 싸면서도 튼튼한 그릇을 고집하고, 신부는 비싸고 화려한 그

룻을 고집하느라 충돌이 벌어진 것이다. 클린턴이 신랑에게 슬그머니 다가가서 귓속말로 속삭였다.

"젊은이, 최대한 비싼 그릇을 사는게 좋아. 결혼생활을 오래 해본 내 경험으로는 비싼 그릇을 사야 여자들이 남자에게 설거지를 시키지 않는단 말이야."

이번에는 힐러리가 신부에게 속삭였다.

"내 경험으론 말이죠. 젊을 때는 싸면서도 질긴 그릇을 사는 게 좋아요. 그래야 남편이 바람을 피울 때마다 마음대로 집어던질 수 있거든!"(64)

인간은 에너지를 절약하여 행동함으로써 생존 가능성을 넓힐 뿐만 아니라 한 가지 종류의 이득을 취하는 과정에 포기될 수밖에 없는 다른 이득들을 비용으로 간주하여 서로 비교할 수 있도록 진화하였다. 그리하여 가급적이면 (기회)비용을 절약하면서 이득을 취하려고 한다.

인간이 학습한 문화에 어울리도록 합리적으로 행동하려면 다량의 에너지를 필요로 한다. 그런 까닭에 합리적인 행동모듈은 자연선택되지 않았을 것으로 추측된다. 대신 인간은 복잡하고 방대한 양의 외부정보를 합리적으로 처리하지 않고, 주먹구구식의 휴리스틱heuristic한 판단에 의해 감성적으로 처리한다.

남북전쟁 당시 북부의 연방정부군이 남부군에게 연전연패하고 있을 때 링컨과 기자 사이에 일어난 일문일답이다.

기자: 대통령 각하, 남부군의 병력이 얼마나 된다고 생각하십니까?

링컨: 120만 명쯤 될 겁니다.

기자: 어떻게 그런 숫자가 나온 건가요?

링컨: 간단히 곱셈만 하면 됩니다.

기자: 곱셈이요?

링컨: 그렇소. 우리 북부 연방군이 40만 명인데 우리 장군들이 패전할 때마다 적군의 수가 우리보다 세 배 많다고 하더군요.(128)

링컨은 기자의 질문에 남부군의 숫자를 합리적인 정보에 바탕을 두지 않고 대신 휴리스틱하게 계산한 값을 통해 연전연패하는 북부의 장군들을 빈정댄다.

○ ● ○ ○ ○

2. 교환 본능

자원의 사유화

수렵채집인들은 원래부터 잉여물 자체가 없었고 초기 농경사회의 농부들도 약간의 잉여물만 저축하였을 따름인데 인간이 잉여물을 저축하는 방법을 알게 되면서부터 생존에 커다란 변화가 생기기 시작하였다. 즉 인간의 문화[도구]적 능력에 따라 경작기술과 운송수단 및 저장시설이 발달하게 되자, 잉여생산물을 대량으로 축적할 수 있는 길이 열리게 되었다. 이로 인해 인류의 역사에는 엄청난 변화가 일어났는데, 그중에서 가장 두드러진 것 중의 하나가 남이 축적한 자원을 약탈하는 일이었다.

중국 제齊나라의 국國 씨란 사람은 큰 부자였고, 송宋나라 향向 씨란 사람은 몹시 가난했다. 그래서 향 씨가 국 씨에게 부자가 되는 비결을 가르쳐달라고 부탁하자 국 씨는 이렇게 대답했다.

"나는 교묘하게 도둑질을 했을 뿐이오. 도둑질한 덕분에 첫해는 그럭저럭 지낼 만하게 되었고, 2년째에는 제법 편하게 되었으며, 3년째에는 아주 풍부하게 되었지요. 그러고 나서 차츰 이웃사람, 이웃마을까지 유복하게 만들어주게 되었던 겁니다."

향 씨는 그 말을 듣고 어찌나 기뻤던지 국 씨가 도둑질했다는 그 말만 믿고 그것이 어떤 도둑질이었는지도 알아보지 않은 채, 마침내 남의 집 담을 넘고 벽을 뚫어 닥치는 대로 마구 도둑질을 했기 때문에 얼마 안 가 절도죄로 훔쳐온 것은 물론 가지고 있던 것마저 다 빼앗기고 말았다. 향 씨는 국 씨에게 속았다는 생각에서 다시 그를 찾아가 원망을 늘어놓았다. 그러자 국 씨가 "대관절 당신은 도둑질을 어떻게 했소?" 하고 묻자, 향 씨는 사실대로 들려주었다. 그의 말을 듣자 국 씨는 이렇게 말했다.

"저런! 당신이 그토록 도둑의 도리를 엉뚱하게 생각할 줄이야. 내 자세히 설명하리다. 대개 하늘에는 천시天時란 것이 있고, 땅에는 지리地利란 것이 있소. 나는 그 천시와 지리를 훔치고, 비와 이슬의 습기와 산과 못의 물건들을 훔쳐다가 농사를 짓고 곡식을 기르며, 담을 쌓고 집을 세웠던 거요. 또 뭍에서는 날짐승을 훔치고, 물에서는 물고기와 자라들을 훔쳐다가 식량을 만든 거요. 모든 것이 도둑질 아닌 것이 없었소. 즉, 곡식이든, 흙과 나무든, 날짐승과 물고기든, 모두 하늘이 만들어낸 것으로 본래 내가 가진 것이 아니었소. 그러나 하늘이 만든 것은 훔쳐 와도 재난을 당하지는 않는 법이오. 하지만 금은보화 따위는 사람들이 만든 것으로 본래 하늘이 준 것이 아니오. 당신은 그걸 훔치고 죄를 받은 것이므로 남을 원망할 수는 없는 일이오."(천서편天瑞篇)
(176)

다윈은 자신의 저서 『인간의 유래와 성 선택』에서 공동의 이익을 위해 자신을 희생하는 문화가 있는 부족은 그렇지 못한 부족보다 살아남을 확률이 크며, 이것 역시 자연선택의 일종이라고 말했다. 인간이 교환하려는 성향은 이를 바탕으로 이루어진다.

14세기 유럽에서 인구가 늘어나면서 노동력에 비해 토지의 상대적 가치가 올라가게 되자, 토지를 소유함으로써 생기는 이득이 이를 지키는 비용보다 상대적으로 상승하게 되었다. 그에 따라 토지에 대한 소유권을 행사하려는 인간의 욕망이 분출하면서 봉건주의 체제의 토지소유제도가 무너지고, 자본주의체제의 사유재산제도가 들어서게 되었다.

중국관리 이혜李惠가 제비들이 둥지 다툼을 하는 것을 재판한 일이 있다. 옹주 관청의 처마 아래에서 제비들이 둥지 다툼을 한 지 벌써 여러 날이 되었다. 자사 이혜는 사람을 보내 제비 둥지를 가는 대꼬챙이로 톡톡 치게 했다. 그랬더니 제비 한 마리는 날아갔지만, 다른 한 마리는 그래도 남아 있었다. 그러자 이혜는 웃으며 말했다.

"남아 있는 제비는 자기가 둥지를 틀었으니 둥지가 견고하다고 믿기에 날아가지 않은 것이고, 날아간 제비는 그런 믿음이 없기에 겁을 먹고 달아난 것이다."

부하들은 모두 그의 견해에 탄복했다고 한다.(183)

자신이 짓지 않은 둥지를 버린 제비는 생존을 선택하는 바람에 비웃음을 샀고, 자신이 지은 둥지라서 튼튼하다고 믿은 제비는 자신의 사유재산을 지키려고 생존을 희생하는 모험까지 나선다.

미켈란젤로의 조각품 「피에타」는 그를 자립할 수 있도록 하였다. 작품이 완성된 뒤 성모의 허리띠에 비문을 새긴 데서도 그 작품의 특별한 의미를 알 수 있다. 현대어로 풀어보면 그 문구는 'MICHELANGELUS BUONARROTUS FIORENTINUS FACIEBAT(피렌체 사람 미켈란젤로 부오나로티가 이것을 만들었다)'이다.

그런데 미켈란젤로의 서명에는 더 많은 뜻이 있다. 바사리는 다음과 같은 흥미 있는 이야기를 전한다.

"어느 날 미켈란젤로는 작품 「피에타」가 설치된 곳에 들어갔다가 롬바르디아에서 온 많은 낯선 사람들이 그 작품을 찬양하고 있는 것을 보았다. 그들은 자기들끼리 그것을 누가 만들었는지 묻고 대답했다. '우리 밀라노의 고보Gobbo가 만들었지.' 미켈란젤로는 굳이 말하지 않았지만 자신이 애써 만든 작품이 다른 사람의 작품으로 알려진다는 것에 기분이 좋지 않았다. 어느 날 밤 그는 끌을 가지고 와서 작은 등불만 밝히고 작품에 자신의 이름을 새겨 넣었다."(97)

인간은 어떤 문화 속에서 살든 다른 사람과 상호작용(거래)하는 일에 대단히 민감하다. 인간은 거래라고 말하기에 부적합한 상황에 대해서까지도 사회적 거래를 적용할 정도로 적용되어 있는데, 예를 들면 초자연적인 존재에 대해서까지도 거래관계를 맺으려고 한다. 제물과 음식을 바치고 기도하여 그 대가로 군사적 승리나 풍년 또는 심지어 내세까지 생존의 기회를 제공받기를 기대한다. 삶의 한가운데에서 일어나는 불운이나 행운을 그대로 받아들이지 않고, 이를 약속을 이행하지 않은 행위에 대한 처벌이나 선행에 대한 보답으로 해석하려고 애쓴다.(61)

> 흐루시초프 소련 수상이 케네디 대통령과 베를린 문제에 관해 회담하면서 "동베를린은 현 상태 그대로 두고, 서베를린만 국제화하자."고 요구했다. 케네디는 귀국하여 백악관에서 기자회견을 하였다.
> "흐루시초프는 말했다. 내 것은 내 것이고, 네 것만 가지고 흥정하자고……."(14)

사유재산제도를 갖고 있지 않은 문화에서 나의 것 남의 것을 구분하는 관습이 생겨나지 않은 까닭에 흐루시초프는 자신의 이기적 본능에 따라 남의 것(서베를린)으로 나누어 갖자고 흥정하고 나선 게 아닐까? 또 사유재산제도를 당연히 받아들이는 자본주의사회를 살아가는 사람들은 그러한 흐루시초프의 행동에 비웃음을 보낼 것이다.

영국의 시인이며 비평가인 새뮤얼 존슨Samuel Johnson은 "평등주의자들은 자신들 수준까지 타인의 수준을 낮추는 것은 원하지만, 자신들 수준까지 타인의 수준을 끌어올리는 것은 참지 못한다."고 말하였다.(176)

윈스턴 처칠은 농담 삼아 말하기를, "책을 쓰는 것이 아니라 하나의 재산을 만드는 것"이라고 하였다. 그리고 그 저서로 노벨문학상(1953년)을 받았다. 그러나 전해지는 말에 의하면 처칠은 노벨평화상을 받기를 원했는데 문학상을 받아 실망했다고 한다. 1980년, 가브리엘 마르케스Gabriel García Márquez는 처칠이 1953년도에 노벨문학상을 받은 것을 두고 이렇게 썼다.

> "당대 최고의 명사였던 처칠에게 어떤 상이라도 줘야겠는데, 그에게 줄

마땅한 다른 상이 없어서 문학상이 선택된 것이다. 그렇다고 처칠 같은 사람에게 평화상을 줄 수는 없지 않겠는가?"(76)

또 처칠은 그림을 그리는 솜씨가 뛰어나 전쟁 중에도 화구를 휴대하였으나 어디에서도 그림을 그릴 시간이 없었다. 전쟁 후에는 마음껏 캔버스에 붓을 댈 수 있었음은 두말할 것도 없다.

처칠이 미국을 여행하던 중에 할리우드에 들렀을 때였다. 찰리 채플린을 만난 처칠이 그와 대화를 나누는 가운데 그에게 다음에는 어떤 영화에 출연하고 싶은지 물었다. 심각한 표정을 지은 채플린은 "예수 그리스도 역할을 하고 싶습니다."라고 대답했다. 처칠은 천연덕스럽게 채플린에게 되물었다. "저작권은 확보해두셨습니까?"(120)

처칠은 초상권의 침해를 걱정하면서 채플린이 예수 그리스도 배역에 적합하지 않다고 빈정대며 묻는다.

이탈리아의 조각가 도나텔로Donatello(1386~1466)가 임종하는 때에 친척들이 방안에 가득 들어와 그의 침상을 둘러싸고서 농장을 남겨달라고 애걸하였다. 이에 도나텔로는 대답했다.
"여러분의 청을 들어줄 수 없소. 왜냐하면 난 힘들게 일한 농부들에게 농장을 넘겨주고 싶소. 그게 온당하다고 생각하기 때문이오. 여러분은 누구에게도 이로운 일은 일체 하지 않았잖소? 그러니 가시오. 신이 축복해주시기를."(113)

친인척이어서 유전자 이기주의가 지배하여 유산이 무상으로 주어질 것처럼 보일지라도 인간은 자신에게 대가를 제공하지 않은 친인척에게 자신도 대가를 제공하지 않게 마련이다.

남편이 죽자 아내가 지역 신문사에 전화를 걸었다.

"'버니 사망'이라는 부고를 싣고 싶은데요."
신문사 직원이 잠시 침묵했다가 말했다.
"똑같은 가격으로 다섯 단어까지 실을 수 있는데요."
그러자 여자가 말했다.
"아, 그래요? 그럼 '버니 사망. 도요타 자동차 판매'라고 해주세요."(48)

이 농담은 영국에서 이루어진 인터넷을 통한 '웃음 실험계획' 프로젝트에 접속한 사람이 전달한 글인데, 배우자의 사망으로 자원 확보가 불가능해진 과부가 신문지면을 절약하여 물질적 자원 확보를 위해 서두르는 유머러스한 상황을 보여준다.

이기적 본능

영국의 경제학자 애덤 스미스Adam Smith는 산업혁명의 여명기였던 당시에 개인의 이익과 사회질서 사이의 관계를 『국부론』을 통해 다시 한 번 되짚어 보았다. 홉스Thomas Hobbes가 절대 권력으로 개인의 이익을 제한해야 한다고 했던 반면 스미스는 개인이 이익을 추구하도록 허용하는 행위야말로 사회질서의 기초라고 생각했다.

애덤 스미스는 "우리가 맛있는 저녁을 먹을 수 있는 것은 푸줏간 주인과 양조장 주인 그리고 빵집 주인이 호의를 베풀었기 때문이 아니라 그들이 자신들의 이익을 추구하고자 행동했기 때문"이라는 유명한 말을 남겼다. 자신의 이익을 추구하면 시장의 보이지 않는 손이 사회 전체에 이익을 가져다준다는 것이 애덤 스미스의 주장이다.

폴란드 출신의 교황 요한 바오로 2세는 1989년 자신의 즉위식 후 성 베드로 광장에 모인 신도들이 흩어지지 않고 계속 환호를 보내자, "이제 점심시간인데 교황도 밥 좀 먹읍시다."라고 말해 폭소를 자아낸 인물이다. 그가 교황 즉위 초기에 기자들의 질문을 받았다.

"교황도 사임할 수 있습니까?"

"사직서를 어디에 내야 할지 모르며 앞으로도 모른 채로 지내겠소."

94년에 둔부수술을 받은 후 익살스럽게 자신이 불구가 되면 물러나야 하는 교회법을 거론하면서 의사에게 이렇게 말했다.

"의사 선생님, 당신이나 나나 선택의 여지가 없습니다. 명예교황 자리가 없으니 무조건 고쳐줘야 합니다."(128)

요한 바오로 2세John Paul Ⅱ(1920~2005)는 교황의 명예 따위는 아랑곳하지 않고(물론 농담으로 하는 이야기이긴 하지만) 이기적 본능에 부합하는 유머로 분위기를 반전시켰다.

1999년 6월, 타보 음베키Thabo Mbeki가 남아프리카공화국의 대통령 직무를 맡게 되자, 퇴임하는 넬슨 만델라 대통령은 즉흥적인 짧은 연설에서 다음과 같은 농담 한마디를 던졌다.

"나는 대통령 궁에서 멀어지는 실수를 저질렀습니다. 다음에는 나를 종신 대통령으로 삼아줄 정부를 선택할 겁니다."(151)

만델라Nelson Rolihlahla Mandela는 대통령직을 물러나면서, 유머러스하게 들리건 말건, 자신의 속마음을 털어놓는다.

존 F. 케네디는 아버지가 아니라 외할아버지와 일맥상통했다. 그렇다고 그가 외할아버지 존 피츠제럴드에게 마음속 깊이 애정을 느낀 것은 아니었다. 다음은 케네디 대통령의 후일담이다.

"나의 외조부 고향이 아일랜드 어디냐를 둘러싸고 웩스퍼드라는 둥 리머릭이라는 둥, 아니면 티퍼래리라는 둥 의견이 분분한 것 같습니다. 그리고 나의 외증조모님이 어디 출신이냐 하는 문제를 따지자면 훨씬 더 혼란스럽죠. 그분의 아드님, 그러니까 나의 외조부께서는 예전에 보스턴 시장을 지내셨습니다.

그런데 그 시절 유세 때마다 으레 그날 모이는 아일랜드계 청중 가운데 어

느 고장 출신 유권자가 제일 많으냐에 따라 당신 모친의 고향이 거기라고 둘러대곤 하셨거든요."(37)

존 F. 케네디의 외할아버지는 자신에게 유리하도록 모친의 출신지까지 배반한다. 케네디는 그러한 할아버지에게 애정을 느낀다고 유머를 전해준다.

> 한 기자가 사슴농장을 방문해 주인 할아버지를 인터뷰했다.
> "사슴이 몇 마리나 됩니까?"
> "289마리입니다."
> "올해 어르신 연세는 어떻게 되시는지요?"
> "한 80이 넘었는데, 나머지는 잊어버렸소."
> 기자가 궁금해 물었다.
> "사슴 숫자는 아시면서 어찌 본인 나이는 모르십니까?"
> 그러자 할아버지가 대답했다.
> "사슴은 훔쳐가는 놈이 많아서 매일 세어보지만 내 나이야 훔쳐가는 놈이 없어서 그냥저냥 산다오."(174)

이기적인 인간이라면 자신의 나이보다 사슴의 마리 수를 놓칠 까닭이 없다. 잃어버릴 염려가 없는 자신의 나이보다 잃기 쉬운 사슴의 마리수에 충실한 주인 할아버지의 모습에 독자들은 공감하며 유머를 발견하게 될 것이다.

일찍이 한비韓非(?~B. C. 233)는 인간의 마음을 움직이게 하는 것은 애정도, 동정심도 그리고 의리도 아니며 오로지 이익 한 가지만이라고 주장하였다. 한비는 인간을 이익에 의해 움직이는 동물로 보고 법치 이론을 제시하여 진秦나라 시황제始皇帝의 치정治政에 커다란 영향을 미쳤다.

한비는 자신의 고국 한韓을 위해 반역을 도모하고 있다고 간신들이 진시황에게 참소하는 바람에 죽음을 당했다. 비록 한비는 이기적 경쟁자들의 손에 의해 죽었지만 그의 주장은 진나라에 의해 실행되어 중국을 통일시키는 유력한 무기가 되었다. 한비는 인간의 이기심을 다음과 같은 예로서 끄집어낸다.

> "뱀장어는 뱀과 닮았고, 누에는 배추벌레와 비슷하다. 사람은 뱀을 보면 누구나 깜짝 놀라고 배추벌레를 보면 누구나 소름끼쳐 한다. 그러나 어부는 손으로 뱀장어를 잡고, 여자는 손으로 누에를 만진다. 그러고 보면 돈을 버는 일이라면 누구나 맹분孟賁(위나라의 장수로, 산 채로 소의 뿔을 뽑았다고 함)과 전제專諸(오나라의 용사로, 오나라 임금 요僚를 칼로 찔러 죽임) 같은 용자勇者가 되는 것이다."(세림 하편說林下篇)(101)

또 인간의 이기적 본성을 장사꾼의 장삿속과 부부의 대담을 통해 꼬집었다.

> "수레를 만드는 사람은 수레를 만들면서 사람들이 부귀하기를 바라고, 관棺을 만드는 장사꾼은 관을 만들면서 사람들이 빨리 죽었으면 좋겠다고 생각한다. 그러나 전자가 의인이고 후자가 악인이라고 말할 수는 없다. 사람들이 부귀하지 못하면 수레가 안 팔리고, 사람들이 죽지 않으면 관을 사주는 사람이 없기 때문이다. 사람이 죽기 바라는 것은 미워서가 아니라 사람이 죽으면 그만큼 이익을 얻기 때문이다."(비내 편備內篇)(101)
>
> "위衛나라의 어떤 부부가 함께 기도를 드리게 되었는데, 아내가 이렇게 기도를 했다. '바라옵건대 백 필의 베를 얻도록 해주십시오.' 남편이 이상한 듯이 '왜 그렇게 적게 바라지?' 하고 묻자 아내는 이렇게 대답했다. '그보다 더 많게 되면 당신이 첩을 얻게 될 테니까요.'"(내저설 상편內儲說上篇)

> 명明나라 선덕宣德 시기에 금오위金吾衛 지사指使였던 부광傅廣은 스스로 거세를 한 뒤, 환관이 되기를 청했다. 황제가 이 말을 듣고 이상히 여겨 물었다.
> "부광은 이미 3품의 고관이거늘 무얼 더 바라는 게냐? 자기 몸을 해쳐가면서 또 승진을 하겠다는 거냐?"
> 황제는 명을 내려 그의 죄를 다스리게 했다.(30)

이미 3품관의 벼슬자리에 있는 부광이 환관이 되겠다고 자청한 데는 일

반적인 관례에서 벗어난 무슨 꿍꿍이속이 있지 않았겠는가? 황제가 이를 간파하고 죄로 다스린 부광의 오버 액션에 실소를 금치 않을 수 없다.

케네디 부친은 1960년에 아들이 대통령 후보로 나올 수 있도록 1959년 10월 가족들이 모인 자리에서 전략회의를 열었다. 동생 로버트 케네디가 총지휘를 맡아 진행한 회의에서 당시까지 미국에서 가톨릭교도가 대통령이 된 적이 없고, 43세의 후보자가 대통령이 된 적이 없고, 상원의원이 대통령에 선출된 것은 한 번뿐이었다고 결론을 내린 후, 이러한 징크스를 없애기 위해 가족들이 역할을 분담하여 움직이자는 의견이 모아졌다.

회의가 끝나자 아버지 조지프 P. 케네디가 "이기기 위해서는 내 재산을 다 내던져도 좋다."라고 말하자, 보비(로버트)와 테드(에드워드)가 "아버지, 그건 곤란한데요. 제 몫은 떼어놓아 주세요."라고 항의하자 가족들이 모두 웃었다.(20)

경제적 본능에 따라 이기심을 챙기려고 부친의 재산분배에 항의하는 두 아들의 모습에서 유머를 느낄 수 있다.

1978년 노벨문학상을 받은 싱어Isaac Bashevis Singer(1902~1991)의 신문기자 회견이 세 시간째 접어들자 아내가 귓속말로 속삭였다.

"이 회견을 어서 끝내고 저녁을 먹어야지요. 내일은 플로리다로 휴가를 갈 거니까요. 거긴 지금 퍽 덥대요."

"그럼 휴가를 그만두지."

"짐을 다 싼 걸요!"

"풀면 되잖아."

"휴가를 간다고 예약도 다 해놓았고요."

"그건 취소하면 되잖아?"

"특별 할인이라 취소가 안 돼요."

"그래? 그럼 가야지, 가."(142)

노벨문학상을 받은 작가일지라도 특별할인이라는 경제적 이득에 맥을 못 추는 싱어의 대꾸가 유머러스하게 들린다.

○ ○ ● ○ ○

3. 언어의 배반

반대어

　　두 사람이 어떤 땅을 두고 싸움을 하고 있었다. 이들은 서로 그 땅의 소유권을 주장했고, 분명한 증거를 제시하며 각자의 주장을 뒷받침했다. 오랫동안 논쟁을 벌이던 두 사람은 마침내 이 문제를 랍비에게 가져가 자신들의 분쟁을 해결하자는 데 합의했다. 랍비는 두 사람의 말을 주의 깊게 들었지만 결론에 도달할 수 없었다. 양쪽 모두 옳은 것처럼 들렸던 것이다.

　　얼마 후 마침내 랍비가 말했다.

　　"저로선 그 땅의 주인이 누구인지 결론 내릴 수 없군요. 그러니 땅에게 직접 물어보도록 합시다."

　　랍비는 땅에다 귀를 갖다 댔다. 그리고 얼마 후 일어나더니 이렇게 말하였다.

　　"땅이 자신은 두 사람 중 어느 누구의 소유도 아니라고 말하는군요. 반대로 자신이 당신들을 소유하고 있다고 말합니다(유대 민간설화에서)."(164)

　　사람이 땅을 소유하지 않고 땅이 사람을 소유하고 있다고 반대로 말해 웃음을 자아내게 한다.

　　1919년 11월 8일 「타임스」는 아인슈타인의 상대성 이론을 이해하는 사람은 세계적으로 열두 명 정도밖에 없다는 글을 실었다. 또 「타임스」가 아인슈타인을 '스위스의 유대인'이라고 언급하자, 아인슈타인은 이에 대해 1919년 11월 28일 자 「타임스」에 특유의 위트가 담긴 풍자로 대답했다.

　　"상대성 이론을 독자들의 취향에 맞게 설명하기 위해 독일 신문들은 나를 '독일의 과학자'라고 부르고, 영국에서는 '스위스의 유대인'이라고 부른다. 그러나 내가 만약 악당이었다면 그 신문들은 나를 반대로 칭했을 것이다. 독일에서 나는 '스위스의 유대인' 그리고 영국에서는 '독일의 과학자'가 되었

을 것이다."(186)

아인슈타인은 독일과 영국이 자기들의 이익에 따라 자신을 악당이나 영웅으로 반대로 표현한다는 유머를 통해 자국위주 중심의 반독일 성향의 영국과 반유태주의적 성향의 독일을 빗댄다.

비유어

제2차 세계대전 당시 루스벨트는 외국에 무기를 대여하는 법안을 제안하는 자리에서 명연설을 남겼다.

"불난 이웃집에 소방호스를 빌려주는 것과 같다. 단지 그 호스가 바다를 건너가는 것뿐이다."(20)

루스벨트는 연합국에 보내는 무기를 화재진화용 호스에 비유하였다.

프랑스 어느 농사꾼이 자기 이웃사람과 이권을 다투던 끝에 그를 상대로 소송을 벌이게 되었다. 농사꾼은 그 지방에서 명성 높은 변호사를 찾아가 변론을 부탁하였다. 그런데 농사꾼이 다녀간 지 채 두 시간이 지나지 않아 그의 이웃사람이 그 변호사에게 달려와 역시 변론을 청하였다. 변호사는 그 사람의 청도 받아들였다.

그리고 뒤에 온 고객의 주머니가 더 두둑함을 간파한 변호사는 다음날 농사꾼을 불렀다. 그리고 수임한 사건이 너무 많아 그의 변론을 맡을 수 없다고 하였다. 그리고 편지 한 장을 써서 농사꾼에게 주며, 그것을 가지고 자기의 친구를 찾아가보라 하였다. 자기의 친구 역시 유능한 변호사라는 것이다. 편지의 골자는 다음과 같았다.

"토실토실한 육용 수탉 두 마리가 수중에 들어왔네. 그중 더 살찌고 먹음직스러운 것을 남기고 다른 한 마리를 자네에게 보내네. 열심히 털을 뽑게. 나도 내 닭의 털을 최선을 다해 뽑겠네."(144)

고객의 이익을 위해 애쓰기보다 오로지 자신의 금전적 이득에만 집착하는 변호사의 이기적 행태를 지적한 유머다. 고객을 닭에 비유하고 털을 금전에 비유하는 변호사의 유머는 독자로 하여금 쓴웃음을 짓게 한다.

랍비 한 사람과 목사 그리고 가톨릭 사제가 신도들이 공헌한 헌금의 사용 방법을 두고 이야기하는 중이었다. 먼저 가톨릭 사제가 비밀을 털어놓았다.

"제 방법은 간단합니다. 저는 땅바닥에 원을 하나 그린 다음, 들어온 헌금을 몽땅 공중으로 날립니다. 그런 다음 원 안으로 떨어진 것은 하느님 몫으로 남기고, 원 밖에 떨어진 것만 제가 씁니다."

그러자 목사가 자기의 방법을 소개하였다.

"저는 땅바닥에 직선을 하나 그은 다음 돈을 공중에 던집니다. 그런 다음 직선 오른편에 떨어진 것은 하느님께 바치고 왼편에 떨어진 것은 제 몫으로 삼습니다."

두 사람의 이야기를 묵묵히 듣고 있던 랍비가 방긋이 웃으며 말했다.

"저는 땅바닥에 원이나 직선을 그리지 않고, 돈을 몽땅 공중으로 던집니다. 땅바닥으로 다시 떨어진 것은 모두 제 주머니에 넣고 공중에 남아 있는 것만 하느님께서 간수하시고자 하는 돈으로 간주합니다."(144)

가톨릭 사제와 기독교 목사처럼 종교적 신앙을 좇는 사람은 헌금을 자신들의 믿음에 맞도록 일부를 자기가 차지하지만, 랍비는 모든 헌금을 자신의 호주머니에 채우려고 한다. 얼마나 이기적인 본능을 좇아 살아가는 신앙인인가? 또 그런 까닭으로 랍비의 이야기는 사람들에게 웃음을 안겨주는 유머가 되었다.

네이선 로스차일드는 일중독으로 하루의 대부분의 시간을 일하는 데 할애했다. 그의 낙은 돈을 버는 것이지 돈을 쓰는 게 아니었다. 가끔 인정상 그림을 구입할 때도 그는 이렇게 말했다.

"그럼, 그림 한 점 사도록 하지. 가격이 30파운드만 넘지 않는다면 어떤 그림이라도 좋다네."

네이선은 음악 같은 고상한 예술에는 도통 취미가 없었다. 한번은 그의 아내 한나가 영국의 저명한 작곡가 슈포어를 집에 초대해 특별음악회를 연 적이 있었다. 공연이 끝난 후 네이선은 작곡가에게 인사를 건네고 자신의 주머니에서 금화를 만지작거리며 소리를 내더니 그에게 말했다.

"이게 바로 제 음악입니다! 금화가 소리를 내면 당신의 음악보다 더 감동적이지요."(46)

음악 소리보다 동전 소리 듣기를 좋아한다는 네이선 로스차일드는 음악 연주에서 나오는 소리를 배반하고 경제적 본능에 어울리도록 동전 소리를 음악 소리에 비유하는 유머를 낳았다.

젊은 시절 안젤름 로스차일드는 문제아였다. 아들의 못된 버릇을 고쳐주기 위해 살로몬 로스차일드는 5형제 중에서 가장 엄격한 암셀삼촌에게 아들을 보내 예의범절을 배우도록 하였다. 하지만 예상외로 암셀은 제멋대로인 조카를 방임했다. 안젤름은 매일 밤 술에 취해 마차 택시를 타고 집에 돌아오기 일쑤였고, 그때마다 마부에게 엄청난 팁을 쥐어주기로 유명했다. 그 때문에 그가 출타할 때면 이 통 큰 손님을 태우려는 마차가 줄을 설 정도였다.

한번은 암셀이 저녁에 일을 보러 나갔다가 마차 택시를 타고 집으로 돌아온 일이 있었다. 마부는 암셀이 준 팁을 받고서는 한참 동안 말이 없었다. 암셀이 태연스레 물었다.

"무슨 문제 있나?"

마부는 대답했다.

"조카는 어르신이 주신 팁의 네 배는 더 주십니다."

이에 암셀이 대꾸했다.

"하지만 자네도 알다시피 내 조카는 부자 아버지를 두었지만 난 아니지 않은가?"(46)

암셀 로스차일드는 자신의 아버지가 부자가 아니어서 자신도 부자가 아니라는 비유로 유머를 던진다.

어느 날 카네기가 비서와 함께 출장을 갔는데 호텔에서 가장 작고 값싼 방을 예약하였다. 카네기의 얼굴을 이미 알고 있는 호텔 종업원이 카네기에게 권했다.

"사장님, 사장님 같은 부자가 이런 작고 값싼 방을 예약하시다니 말이 됩니까? 크고 비싼 방으로 모셨으면 합니다."

"아니, 난 값싼 방이 좋소. 내가 가난하던 시절에 살던 방식대로 사는 게 훨씬 편하다오."

그러자 옆에 있던 비서가 거들었다.

"사장님, 지난주에는 사장님 아드님께서도 이곳에서 머물렀는데 그때는 아주 넓고 호화로운 방에서 하룻밤을 묵고 가셨습니다."

"아, 그래요? 그놈은 부자 아버지를 두었으니까 그렇게 해도 되겠지만 나는 부자 아버지를 두지 못했잖소?"(131)

앞의 로스차일드에게 일어난 일화가 카네기에게도 일어났다.

케네디 대통령이 피살되기 5주 전 메인 대학을 방문했다. 케네디는 명예박사학위를 받으며 연설했다.

"영국 왕 조지 1세는 1717년 케임브리지 대학에 아주 귀중한 도서를 기증했습니다. 그리고 옥스퍼드 대학에는 군대를 파견했습니다. 그 이유에 대해 왕은 이렇게 설명했습니다. '케임브리지 대학은 왕에게 충성심이 강하지만 학문적으로 더 매진하여야 할 필요가 있기에 도서관을 기증했고, 옥스퍼드 대학은 학문적으로 우수하지만 왕에 대한 충성심이 부족해 군대를 보냈다.' 케네디는 이어 자신에게 학위를 수여하는 메인 대학에 심심한 사의를 표했다.

"나는 오늘 무척 영광스럽습니다. 나라와 대통령에 대한 충성심이 강하고 학문적으로도 탁월한 이 대학에서 학위를 받게 됐으니 말입니다."

연설을 듣고 있던 학생과 교직원들은 우레 같은 박수를 보냈다.(66)

학문적으로 옥스퍼드 대학에 견주기가 어렵고 나라와 대통령에 대한 충성심이 케임브리지 대학보다 낫다고 할 수 없는 메인 대학의 위치를 배반하고 대학에 아첨하는 발언의 대가로 케네디는 명예박사학위를 받았다.

특히 한 가지가 모자라는 두 대학(케임브리지와 옥스퍼드)과 하나도 모자라지 않는 한 대학(메인)을 비교하는 방법의 아부성 발언으로 학위 대가를 치뤘다.

대체어

이탈리아에서 우르비노 공작이 죽고 나서 1539년 새 공작이 된 귀도발도 2세는 미켈란젤로에게 「최후의 심판」이 완성되고 나서 중단된 무덤작업을 계속해달라는 편지를 보낸다. 귀도발도 공작은 무덤이 완성되기 전까지는 현재 작업 중인 교황의 프레스코화를 시작할 수 없다는 편지를 보내기도 하였다. 하지만 미켈란젤로는 다음과 같이 말하면서 그의 독촉에 대꾸했다.
"작업은 마음으로 하는 것이지 손으로 하는 게 아닙니다. 정신을 집중하지 못하면 수치스러운 결과가 나옵니다."(97)

작업을 손으로 하는 것으로 믿고 있는 귀도발도Guidobaldo Ⅱ 공작에게 미켈란젤로는 손을 마음으로 대체시켜 유머를 낳았다. 마음에 여유가 없으면 수치스러운 결과가 나올 수도 있다는 반협박적인 대답으로 자신의 경제적 이득을 지키면서…….

황실 극장에서 「피그말리온」을 초연할 때, 극작가 조지 버나드 쇼가 윈스턴 처칠에게 편지를 쓴 적이 있다.
"처칠 씨께. 목요일 밤에 첫 공연을 하는 저의 이번 새 연극 티켓 두 장을 동봉해 드립니다. 함께 오실 친구가 있다면 그 친구와 함께 관람하러 오시기 바랍니다."
처칠은 정중하게 답장을 보냈다.
"답장 드립니다. 죄송합니다. 선약이 있어서 첫 공연에 참석할 수 없을 것 같습니다. 두 번째 공연을 하게 되신다면 그때 한번 가보지요.'(98)

처칠은 버나드 쇼가 빈정대어 보낸 초대장에 동일한 언어로 그의 작품

공연이 실패할 것이라는 의미로 대체하여 빈정대는 답장을 보낸다.

　　이탈리아 태생의 로시니의 친구들이 그를 기리는 동상을 세우려고 했다.
　그들이 로시니에게 의견을 묻자, 로시니는 비용이 얼마나 들지 물었다. 친구
　들이 대답했다.
　　"2만 리라 정도 들걸."
　　잠시 무언가 생각하던 로시니는 이렇게 말했다.
　　"내가 받침대 위에 서 있을 테니, 나한테 1만 리라를 주면 어때?"(110)

　궁해서 그럴 터이지만 로시니Gioachino Rossini(1792~1868)는 동상을 자신으로
대체시켜 멋진 유머를 만들어내었다. 그것도 자신이 서 있는 대가로 받을
수 있는 금액보다 더 많은 돈을 들여서 동상을 만든다고 하니까…….

　　남편이 죽고 한참 지나서야 미망인은 고인이 얼마나 인정 있는 사람이었
　는가를 친구들에게 이야기하고 있었다.
　　"그이는 이것저것 빠짐없이 챙겨준 사람이었어. 죽기 직전에 봉투 셋을
　건네주면서 말하더라고. '내 마지막 뜻은 이 세 봉투에 들어 있어요. 내가 죽
　으면 뜯어보고 거기 적힌 대로 해줘요. 그럼 내가 편히 잠들게 될 거요.'라고
　말이야."
　　미망인의 친구들이 물었다.
　　"봉투엔 뭐가 들어 있었는데?"
　　"첫 봉투엔 200만 원과 함께 '이 돈으로 좋은 관을 장만해줘요.'라는 메모
　가 들어있더라고. 그래서 마호가니 관을 장만했지. 두 번째 봉투엔 천만 원
　과 함께 '장례를 잘 치러달라.'는 메모가 들어 있었어. 그래서 아주 장엄하게
　장례를 치렀어. 그리고 세 번째 봉투엔 3천만 원과 함께 '좋은 돌을 사는 데
　쓰라.'는 메모가 들어 있지 뭐야."
　　친구들이 "그래서?"라며 궁금해하자, 부인은 손을 번쩍 올려 10캐럿짜리
　다이아 반지를 보여주면서 이렇게 말했다.
　　"이 돌 어때?"(64)

세 번째 봉투의 메모가 묘지의 비석일 것이라고 기대하였던 미망인의 친구들은 그녀가 다이아 반지로 대체하여 보여주는 바람에 놀라움을 금치 못하였을 것이다. 미망인이 비석을 세워야 한다는 장례문화를 배반하고 자신의 이익을 위해 상속재산을 처분한 행동에 독자들은 웃음을 터뜨릴 것이다.

동음이의어

1985년 가을, 약 10명 정도가 모인 감리교회의 소그룹 성경공부시간에 교사가 예언자prophet에 대해 설명을 요구하자, 당시 주지사였던 조지 W. 부시는 "이익profit은 수입이 지출을 초과했을 때 발생합니다. 그런데 엘리야 이후로 여기 있는 사람들 중에 아무도 예언자prophet를 보지 못했습니다."라고 농담했다.(167)

부시 대통령은 주지사 시절 프로핏이 두 가지(이익과 예언자)로 발음되는 것을 통해 재치 있는 유머를 던졌다.

교회에 부지런히 다니던 무식한 노파가 있었다. 한 반 년 동안 열심히 다니더니 그 후에는 완전히 발을 끊었다. 하루는 목사가 찾아가서 그렇게 열심히 다니던 교회에 어찌하여 한 번도 오지 않느냐고 물었다.

"목사님, 제가 처음 교회에 나갈 때 뭐라고 그랬어요? 예수를 믿으면 구원을 얻는다고 하셨지요?"

"암, 그랬고말고요. 믿으면 구원을 얻으리라고 분명히 그랬습니다."

"그게 영 틀린 말이더군요. 내가 한 반 년이나 바쁜 농사일 제쳐놓고 부지런히 예배당엘 다녔지만, '구 원'을 얻기는커녕 '오 원'도 못 얻었어요."(8)

노파는 구원救援과 구九 원을 다르게 해석하여 유머러스한 이야기를 전한다.

신자가 목사에게 "하나님이 인간에게 기왕 주실 바에야 10원을 주시지 구원이 뭡니까?" 하고 물었다. 그러자 목사가 진지한 태도로 "일 원은 하나님이 십일조로 떼어놓은 것 아닙니까?"라고 재치 있게 둘러댔다.

십 원에서 십일조를 떼어놓고 나니 구 원이 되었다는 목사의 유머러스한 이야기는 구九 원을 구원救援으로 해석하는 언어의 배반과 다를 게 없는 동음이의어를 사용한 유머다.

"지는 것이 이기는 것이다."라고 주장하는 지게꾼의 이야기도 동음이의어의 재미있는 한 예다.

○ ○ ○ ● ○

4. 도구의 배반

재산

베스파시아누스 황제는 국고수입을 늘리려고 오줌세(vectigal urinae)를 신설하였다. 로마인은 시내 곳곳에 공중변소를 설치하였는데, 거기에 모인 오줌을 수거하여 양털에 포함되어 있는 기름기를 빼는 데 사용하는 섬유업자에게 부과되었다. 아들 티투스가 "어찌 그리 지저분한 것에서까지 세금을 거두어들여야만 합니까?" 하고 물었다. 베스파시아누스는 거두어들인 세금 가운데 동전 한 닢을 집어 들고 아들의 코 밑에 가져다 대면서 지린내 냄새가 나지 않느냐고 물었다. 티투스가 나지 않는다고 대답하자 황제는 이렇게 말했다.

"나지 않느냐? 이건 오줌세로 거둔 세금인데……."(93)

오늘날에도 유럽에서는 베스파시아누스라는 이름이 그 나라 공중변소의 통칭으로 되어 있다. 이탈리아에서 '베스파시아노'라고 말하면 로마 황제가 아니라 공중변소를 가리키는 게 보통이다. 오줌세로 거두어들인 돈이 마치 냄새라도 날 것처럼 현실을 모르는 자식에게 가르치는 베스파시아누스 황제의 제스처에서 유머가 느껴진다.

> 영국 노동당의 창시자가 누구인가 하는 문제로 서로 토론하고 있는 것을 보고 처칠이 끼어들며 말했다.
> "그건 콜럼버스야."
> "아니. 왜 콜럼버스입니까?"
> "탐험가 콜럼버스는 출발할 때 목적지가 어딘지 몰랐고, 도착한 다음에도 거기가 어딘지를 몰랐으며. 게다가 순전히 남의 돈으로 항해를 했으니까요."(131)

처칠은 노동당을 빈정대려고 콜럼버스Christopher Columbus(451~1506)를 차용한다. 그는 노동당을 콜럼버스처럼 세금만 축내는 무능한 집단으로 비꼬았다. 콜럼버스는 자신의 돈은 하나도 들이지 않고 다른 사람(이사벨라 여왕)의 돈으로 신대륙을 발견하였으니까…….

> 터키인들이 즐기는 유머다. 호디야가 아내와 사별하자 이웃사람들과 친구들이 모두 몰려와서 위로했다.
> "아내에 관해서는 염려 말아요, 호디야. 더 좋은 아내를 우리가 찾아줄 테니까."
> 얼마 후 그의 당나귀가 죽었을 때 그는 아내를 잃었을 때보다 더 슬퍼했다. 그것을 눈치 챈 친구가 이유를 물었다. 그는 이렇게 대답했다.
> "내 마누라가 죽었을 때는 친구들이 모두 더 좋은 아내를 찾아주겠다고 약속했지. 헌데 내 당나귀가 죽자 아무도 더 좋은 당나귀로 바꾸어주려고 하지 않거든!"(133)

신부를 새로 구해주기는 쉬우나 당나귀를 새로 구하려면 어려운 일이다.

아내보다 당나귀를 더 귀하게 여기는 사회의 이야기에 웃음을 터뜨리지 않을 수 없다.

케네디가 아버지의 돈으로 상원의원 자리를 샀다는 소문을 농담으로 잠재웠다. 1952년 어느 만찬석에서 케네디는 그러한 소문을 일축했을 뿐만 아니라, 우레와 같은 박수갈채까지 받았다. 그는 주머니에서 전보문을 꺼내 아버지에게서 온 것이라고 만찬 참석자들에게 소개했다.

"사랑하는 내 아들 잭에게. 필요 이상의 표는 절대 사지 말거라. 압도적으로 승리하면 내게 엉덩이를 맞을 줄 알아라!"(40)

또 대통령 출마 예상자인 상원의원 잭 케네디는 비난과 의혹의 화살이 날아들 양이면 웃음으로 그 예리한 끝을 피해갔다. 1958년 그리다이런 만찬회 석상에서 있었던 일이다. 그리다이런 만찬은 워싱턴 정계 · 언론계 인사들이 참석해 상호 간 격의 없는 농담을 주고받는 연례행사다. 잭은 자기 부친이 아들의 정치적 야심을 뒷바라지하느라 돈을 물 쓰듯 한다는 지적을 이렇게 익살로 되받았다.

"인자하신 아빠한테서 방금 전보 한 통을 받았는데 이렇게 쓰여 있더군요. '사랑하는 잭에게. 표는 딱 필요한 만큼만 사야지 단 한 표도 더 사지는 마라. 표 사태가 나도록 뒷감당을 할 것 같으면 난 쫄딱 망하고 말 테니까…….'"(78)

잭 케네디가 보여준 전보는 돈으로 표를 사서는 안 된다는 상식을 배반하고 경제적 계산이 빠른 부친의 염려를 솔직하게 보여주는 유머다.

자식을 돈으로라도 대통령으로 만들겠다는 부친에 대한 좋지 않은 여론을 의식하여 케네디는 "내가 만일 대통령에 당선된다면 대사를 임명할 때 대사의 경륜을 쌓으려고 선거자금을 댄 사람을 전혀 고려하지 않을 것이다."라고 공약했다. 부친 조지프 케네디가 돈으로 영국 대사직을 산 것을 비딱하게 바라보는 유권자들의 감정을 다독거리기 위해서였다.

그의 공약이 효력을 낳았는지 민주당원들이 모인 자리에서 케네디의 연설은 이어졌다.

"그 말을 한 후로 저는 부친에게서 단 1센트도 받지 못했습니다."(66)

케네디의 이 말에 열성 당원들은 폭소를 터뜨렸다. 케네디는 금전을 둘러싼 부친에 대한 일반인들의 나쁜 감정을 이렇게 유머를 통해 비켜나갈 수 있었다.

부채

1935년, 마오쩌둥이 사천四川으로 대장정大長征할 당시 일어난 일이다. 총 병력이 9만여 명이나 되는 2개 부대가 겨우 그곳의 주민을 먹여 살릴 만한 양식밖에 없는 티베트의 고지대에 몰려 있었다. 이 엄청난 규모의 군대가 진주함으로써 이 지역의 경제는 큰 혼란에 빠져버렸다.

"우리는 식량을 구하기 위해서 지역 주민과 전투를 벌여야 하는 처지가 되었지요."

어느 홍군 장교의 회상이다.

행군자들은 들판의 보리를 베어감으로써 지역 주민이 1년 동안 먹고 살 식량을 빼앗았다. 마오쩌둥은 그 특유의 유머 감각으로 수천 명의 생사를 갈라놓았을 이 약탈을 농담의 소재로 삼았다. 그는 자신의 미국인 대변인 에드거 스노에게 이렇게 말했다.

"이것은 우리가 짊어진 단 한 건의 외채지요."

스노는 그의 말투를 "유머러스하다."고 묘사했다.(154)

마오쩌둥이 인민의 식량을 강제로 빼앗았지만 그것은 부하들의 생명을 구하기 위한 고육지책이었다. 그러나 채권자의 허락 하에 이루어지는 부채(티베트 지역이므로 '외채'라고 불렀다)는 아니지만 장래 갚을 빚이라고 유머러스하게 말했다.

직업

네덜란드의 인문학자 에라스무스는 자신의 『격언집』에서 플리니우스 Gaius Plinius Secundus(23~79)가 지은 『자연의 역사』에 나오는 당대 화가 아펠레스의 일화를 소개하고 있다.

> 아펠레스는 자신이 완성한 작품들을 거리의 행인들이 볼 수 있도록 상점에 내다 거는 한편, 자신은 그 그림 뒤에 몰래 숨어 지나가는 사람들이 무슨 말을 하나 엿들었다고 한다. 그는 광장의 대중이 바로 예술평론가라고 생각했기 때문이다. 한번은 길을 지나가던 신발장이가 멈추어 서더니 비판하기를, 그림에서 신발 끈을 넣을 구멍을 너무 작게 그려놓았다고 말하였다.
>
> 다음날 그 신발장이가 그림 옆을 지나가다 보았더니 어제 자신이 나무랐던 잘못이 고쳐진 것을 보고 기분이 좋고 우쭐하여 이번에는 발이 잘못되었다고 지적하였다. 그러자 옆에 숨어 있던 아펠레스가 어쩔 수 없이 모습을 나타내어 신발장이에게 한마디 하지 않을 수 없었다.
>
> "신발장이이면 신발에만 왈가왈부할 일이다."(108)

이 일로 인해 네덜란드에서는 "신발장이는 신발을 넘어서지 마라"는 격언이 생겼다고 한다. 인간은 자신이 전문으로 하지 않는 곳에도 참견하기를 좋아하는 성향이 있다. 보편적인 직업을 배반하고 전문적인 직업을 강조하는 화가 아펠레스의 이야기가 유머러스하게 들려온다.

> 제럴드 포드 대통령이 백악관에 개를 한 마리 들여놓으려고 하자, 딸 수전과 사진사 데이브 케너리가 예쁜 금발 사냥개를 구하려고 애완견 점포에 갔다. 점포 주인이 "개 주인이 누구냐?"고 물었으나 이들은 주인이 대통령이라고 대답하지 못해 "그건 비밀"이라고 했다. 그러자 점포 주인은 개 주인이 누구인지 모르는 상태에서는 개를 팔 수 없다고 우기는 바람에 수전과 데이브는 "개 주인이 아주 상냥하고 하얀 집에 그것도 울타리가 쳐져 있는 곳"이라고 하자 주인은 "좋다."고 말했다.

잠시 후 점포 주인은 개 주인이 집 소유주인지 아니면 세 들어 사는 사람인지를 물었다. 수전과 데이브는 잠깐 생각하더니 "공공주택이라고 말할 수 있다."고 대답했다. 점포 주인은 "그것도 좋다."고 말했다. 수전과 데이브는 거기서 질문이 끝나는 줄 알았다. 그러나 점포 주인은 개가 건강하고 식욕이 강하여 "개를 기를 주인이 안정적인 직업을 갖고 있는지 알고 싶다."고 하자 수전과 데이브는 그만 입이 굳어져버리고 말았다.(66)

이는 포드Gerald Ford(1913~2006) 대통령 자신이 즐겨 말하던 꾸며낸 이야기다. 미국의 대통령직이 개 한 마리도 함부로 기를 수 없는 불안정한 직업이라는 것을 보여준다. 대통령이라는 직업을 배반하고 안정적이고 경제적 기반을 요구하는 애완견 점포 주인의 이야기가 유머러스하지 않은가?

경제학자들 사이에 알려진 유머다. 어느 경제학자가 아프리카의 식인종들이 사는 섬마을에 들어가 보니 정육점이 있었다. 들어가 보니 인간의 뇌에 대한 가격표가 붙여져 있었다.

예술가의 뇌: $9/lb
철학자의 뇌: $12/lb
과학자의 뇌: $15/lb
경제학자의 뇌: $19/lb

이 가격표를 보고 경제학자가, "야, 경제학자의 뇌가 이렇게 비싸다니." 하면서 자부심을 갖고 있는데 정육점 주인이 거들었다.
"한 파운드의 경제학자 뇌를 얻는 데 경제학자 몇 명을 잡아 죽여야 하는지 아느냐?"

상기의 이야기는 경제학자의 뇌가 작으므로 지적 수준이 낮다는 자기비하의 유머다. 한 파운드를 만들려면 여러 경제학자의 뇌가 필요하므로 인간사냥꾼에겐 당연히 많은 노고가 따르고, 그 결과 가격이 높아질 수밖에 없다는 메시지를 전한다.

국립보건원에서 앞으로 실험에 쥐 대신에 경제학자를 사용한다고 하자 농경제학회에서 반대하면서 소송을 제기하였다. 그러자 국립보건원에서 납득할 만한 사유로 첫째, 경제학자는 번식속도가 빠르고 둘째, 먹이는 데 비용이 적게 들고 셋째, 동물보호협회에서 실험해도 이의를 제기하지 않는다는 사유를 내세웠다. 끝으로 실험결과의 사용에 대해서는 쥐의 실험결과에 비해 가치가 떨어진다고 하는데, 그 결과를 인간에게 바로 적용하기가 곤란하다는 사실이라고 발표하였다.

위의 유머도 경제학자들의 직업상 자조自嘲 섞인 이야기들이지만 자조섞인 유머를 통해 스스로를 위로하려는 시도로 보인다.

○ ○ ○ ○ ●

5. 제도의 배반

신앙

십자군전쟁이 한창이던 시절, 시리아와 이집트를 통치하던 술탄 살라딘은 용맹하고 관대하며 서유럽 기사들 사이에서도 그 명성이 높았던 군주다. 어느 겨울날, 어떤 사람이 온실에서 기른 장미꽃 한 바구니를 술탄에게 바쳤다. 선물을 받고 감동한 술탄은 그 사람에게 이백 브장을 하사하겠다며, 왕실 재정관에게 명하여 즉시 어음을 끊게 하였다.

술탄 앞에서 어음을 끊던 재정관이 너무 긴장했던 탓인지 이백 브장이 아닌 삼백 브장으로 잘못 기재하고나서 즉시 고치려 하였다. 그러자 술탄이 그에게 말하였다.

"아닐세, 그럴 것 없네, 사백 브장짜리로 다시 끊게. 펜이 나보다 더 후하다는 소문이 퍼져서야 되겠는가!"(144)

술탄 살라딘Selahaddin Eyyubi(1138~1193)은 이백 브장이란 진실을 배반하고 자신의 후덕한 마음을 보여주려고 사백 브장의 어음을 끊도록 하였다.

어느 날 헨리 포드가 아일랜드 더블린에서 고아원을 방문한 일이 있었다. 그 자리에서 고아원 원장은 포드에게 고아원 강당을 짓기 위한 후원을 요청하였다.

"예, 2,000파운드를 후원하겠습니다."

그런데 다음 날 신문에는 포드 회장이 2만 파운드를 후원하기로 했다는 머리기사가 실렸다. 신문사의 잘못으로 기사가 실린 것이다. 그러자 고아원 측에서는 잘못된 기사이니 바로 정정을 요청하겠다고 정중하게 말해왔다.

그러자 헨리 포드는 잠시 후에 이렇게 말했다.

"할 수 없지요, 다 주님의 뜻 아니겠습니까? 제가 1만 8,000 파운드를 더 내면 되는 일이 아닙니까? 그 대신 강당이 완공되면 입구에 이런 글이나 써 주십시오. '헨리 포드의 뜻이 아닌 하나님의 뜻에 따라 헌금을 드립니다.'"
(131)

헨리 포드Henry Ford(1863~1947)는 2,000파운드라는 진실을 배반하고 2만 파운드의 기부금이 하나님의 뜻에 의해 이루어지는 것처럼 유머감각을 발휘하여 문제(만약 정정 보도를 냈다면 포드 자신의 이미지가 타격을 받았을 것이다)를 해결하였다.

조선시대 유머에 '세종의 신기한 판결'의 이야기가 나온다. 불교에 깊이 빠져 있던 어떤 사람이 종과 전답을 모두 절에 바치고 부처님께 열심히 자손들의 복을 빌었다. 이 사람이 죽고 나서 살림이 가난해져 아들이 살아갈 길이 막막하여 스님을 찾아가 부친이 시주한 전답의 절반만이라도 돌려달라고 호소하였다. 그러나 절에서는 이미 부처님께 시주한 재산이라 돌려줄 수 없다면서 아들의 요청을 거절했다. 그래서 아들은 이 사실을 관가에 호소하였으나 요구가 거부되었다.

결국 굶어 죽을 지경에 이른 아들은 대궐 앞의 신문고를 울려 임금님께 호소하기에 이르렀다. 사정을 들은 세종은 스님과 아들을 불러놓고 다음과 같이 직접 판결했다.

"스님, 잘 들으시오. 이 사람의 부친이 절에 전답을 시주한 것은 부처님으로부터 자손들의 복을 구하기 위함이었는데, 당신네 절의 부처님은 전답만 받고 복을 내려주지 않았으니 효험이 없는 부처가 아니오? 그러니 전답을 자손에게 돌려주고 복 내리는 일은 부처가 거두어 가져가도록 하시오."(18)

세종 임금의 명판결에 백성은 모두 감탄을 금치 못해 웃었다고 전해진다. 이기적인 스님을 빈정대는 모습에서 유머를 느낀다.

혼인

20세기 영문학의 대표적 작가인 헝가리 출신의 유태계 영국인 아서 케스털러Arthur Koestler(1905~1983)의 작품에 이런 우스갯소리가 들어 있다.

유럽의 한 성주城主가 사냥 길을 나섰다가 빠뜨린 것이 생각나서 성으로 돌아왔다. 그가 침실에 들어가 보니 그의 아내와 유태교의 한 성직자가 정사情事에 열중하고 있었다. 그러나 어이없는 현장을 목격한 성주는 짐짓 표정 관리를 하며 발코니로 갔다. 그리고 저 아래 길 가는 사람들을 향해 천천히 십자가를 긋기 시작했다. 그때 문제의 성직자가 놀란 표정으로 달려 나와 성주에게 물었다.

"대공 전하大公殿下, 대체 여기서 무엇을 하고 계시는 겁니까?"

성주가 대답했다.

"내가 할 일을 당신이 하고 있으니, 나는 당신이 해야 할 일을 하고 있는 것이오."(192)

성직자는 기도를, 성주 자신은 혼인을 전문화하는 영역을 가지고 있는데 성주는 이를 침범(背反)한 유태교 성직자의 간통행위를 빈정댄다.

이탈리아의 명작곡가이면서 바이올리니스트인 파가니니는 인색하기로도 유명했다. 당시에 인기 절정의 미모 여가수가 그와 결혼하고 싶어 애를 태우고 있었다. 그 소문을 전해들은 파가니니는 내뱉듯이 말했다고 한다.
"결혼하고 싶다니, 그럼 내 바이올린 연주를 공짜로 듣겠단 말인가?"(14)

성 본능의 혼인을 거부한 파가니니의 이기적 본능이 유머를 만들어 내었다.

이혼 법정에서 판사가 판결문을 읽었다.
"집은 아내에게 주고, 아이는 남편이 양육한다."
그러자 남편이 판사에게 하소연했다.
"판사님, 제 것이 분명한 집은 마누라에게 주고, 제 애인지 아닌지 불명확한 아이를 저한테 주시면 어떡합니까?"(65)

어떤 여자를 지독히 사랑했던 한 남자가 그녀의 마음을 얻기 위해 이런 말로 청혼했다.
"나의 아버지는 100억의 재산을 가졌습니다. 그런데 중병에 걸려 곧 돌아가실 것 같습니다. 그럼 전 곧 부자가 될 텐데…… 저와 결혼을 한다면 좋지 않을까요?"
남자의 얘기를 들은 여자는 고개를 끄덕이고 이내 자리에서 일어섰고, 일주일 후에 둘은 다시 만났다. 그런데 다시 만났을 때 그녀는 그 남자의 새엄마가 되어 있었다.(64)

얼마나 현명한 선택을 한 여자인가? 남자와 혼인하리라는 독자들의 기대를 저버리고 중병으로 곧 사망할 시아버지가 될 수 있을 법했던 노인과 혼인을 하였으니…….

규범

시라쿠사의 절대군주 디오니시오스Dionysios 1세가 어느 날 아리스티포스
Aristippos에게 비아냥거리며 물었다.

"철학자들은 왜 부잣집에 뻔질나게 드나드는가? 부자들은 철학자의 집에
가는 법이 없는데……."

아리스티포스가 태연히 대답하였다.

"철학자들은 자기들에게 부족한 것이 무엇인지 잘 아는 반면, 부자들은
자기들에게 부족한 것이 무엇인지조차 모르기 때문입니다."(144)

이와 유사한 유머가 있다.

어느 현자가 질문을 받았다.

"당신은 현자와 부자 중 누가 더 훌륭하다고 생각하십니까?"

현자가 대답했다.

"현자가 더 훌륭하다고 생각합니다."

"하지만 당신의 말이 옳다면 왜 현자의 문 앞에서 부자를 보는 것이 부자
의 문 앞에서 현자를 보는 것보다 훨씬 더 어렵습니까?"

현자가 대답했다.

"현자는 부의 가치를 알고 있지만, 부자는 지혜의 가치를 모르기 때문입
니다.(164)

철학자나 현자는 부자에게서 돈푼이라도 얻을 이기심 때문에 뻔질나게
부잣집을 드나든다. 부자나 가난한 자나 모두 동등하게 대우받아야 한다
는 사회규범에 벗어난 행동을 정당화하기 위한 철학자 아리스티포스의 궁
색한 변명에서 독자들은 공감을 느낀 나머지 웃음을 터뜨릴 것이다.

어느 날 두 사람이 랍비를 찾았다. 한 사람은 그 고을에서 제일가는 부자
이고 또 한 사람은 가난한 사람이었다. 랍비를 만나기 위해 대기실에 둘이

나타났을 때 부자가 조금 먼저 나왔다. 그래서 도착순으로 부자가 먼저 랍비의 방에 안내되었다. 그리고 가난한 사람은 한 시간이나 밖에서 기다렸다.

한 시간이나 기다리다가 부자가 나온 다음에 가난한 사람이 랍비의 방으로 들어가게 되었다. 그는 5분 정도로 랍비와의 면담이 끝났다. 그래서 "랍비님, 갑부가 왔을 때는 당신께서는 한 시간씩이나 응대하여 주셨습니다. 그런데 저는 5분밖에 안됐잖습니까? 이것은 공평한 처사가 아닙니다." 하고 항의했다. 랍비는 웃으면서 대답했다.

"오오, 나의 친구여. 당신의 경우에는 가난한 것을 한눈에 알아차렸다오. 하지만 그 부자의 경우에는 마음이 가난한 것을 알아내기까지 한 시간이나 걸렸다오."(81)

사회의 규범에서 벗어난 행동을 곱지 않게 바라보는 가난한 자를 랍비가 설득하려고 내놓은 궁색한 변명에서 유머를 발견하게 된다.

이탈리아 화가 라파엘로가 성당의 천장화를 그리고 있을 때의 이야기다. 라파엘로가 작업하는 모습을 옆에서 지켜보던 왕은 그가 딛고 서 있는 사다리가 휘청거리는 것을 보고선 때마침 곁에 서 있던 재상에게 이렇게 지시한다. "여보게, 저 사다리 좀 잡아주게."

그러자 재상이 황당해하며, "아니 폐하, 일국의 재상이 저런 환쟁이의 사다리를 붙잡아주는 게 말이 됩니까?" 하고 불평한다. 그러자 왕이 대답했다.

"저자의 목이라도 부러지면 저런 그림을 그릴 사람은 이 세상 어디에도 없네. 그러나 자네 목이 부러지면 재상 할 사람은 지금도 줄을 서 있다네."
(135)

경제적인 관점에서는 라파엘로가 재상보다 더 희소가치가 있는 사람이다. 그러나 계급사회에서 재상이 그림쟁이의 사다리를 잡아주는 것은 사회의 규범을 벗어나는 일이다. 이 규범을 배반하도록 독촉한 왕의 지시가 유머러스하게 들린다.

어느 날 카네기에게 초등학교 교장선생님이 기부를 요청하러 왔다. 그때 마침 카네기는 서재에서 두 개의 촛불을 켜놓고 책을 읽고 있는 중이었는데, 방문객이 들어오자 그는 촛불 한 개를 끄면서 손님을 맞았다. 교장선생님은 이 모습을 보고서는 카네기로부터 기부금을 받기가 어려울 것으로 예상했다.

"저를 무슨 일로 찾아오셨습니까?"

"네, 얼마 후에 교사 신축을 해야 하기에 회장님께 얼마간의 기부금을 부탁하려 했는데 그만 돌아가렵니다."

교장선생님의 말을 들은 카네기는 더 묻지도 않고 선선히 교사 신축 기부금으로 거금을 내놓았다. 그러자 교장선생님이 궁금해서 물었다.

"어째서 내가 들어오자 촛불 한 개를 꺼버렸습니까?"

"책을 읽을 때는 두 개가 필요하지만 얘기할 때는 촛불 하나만으로도 충분하지 않습니까?"(131)

카네기는 일반적인 습관을 배반하고 두 개의 촛불 중 한 개를 껐다. 부자이지만 다른 일반적인 사람들의 습관과는 달리, 촛불 한 개라도 절약하는 습관이 그의 몸에 베어 있다. 카네기의 구두쇠 같은 행동이 유머러스하게 보인다.

해리 트루먼 미 대통령은 대학 졸업장이 없다. 그의 딸 마거릿이 졸업하는 1946년 5월 워싱턴대학 졸업식장에서 축사를 하였다. 축사 후 트루먼은 대학으로부터 명예법학박사학위를 수여받았다. 학위를 받은 트루먼은 이렇게 소감을 말했다.

"마거릿은 4년 걸렸지만 저는 학위 따는 데 4분 걸렸습니다."(66)

4분 동안의 축사 대가로 명예박사학위를 받았으니 관례에 벗어나는 까닭에 한편으로 내빈들에게 미안하기도 하고 다른 한편으로 너무 고마웠을 것이다. 트루먼은 그런 심정을 '4분 만의 학위수여'란 압축적인 유머로 졸업식장에 모인 사람들에게 웃음을 선사했다.

케네디 대통령이 칼럼니스트 레오나드 리온스Leonard Lyons가 보낸 편지 한 통을 받았다. 편지 속엔 대통령의 서명이 들어 있는 사진의 시세표가 담겨 있었는데 내용은 이러하였다.

'조지 워싱턴 175달러, 프랭클린 루스벨트 75달러, 그랜트 55달러, 케네디 65달러······.'

편지를 읽어본 후 케네디는 리온스에게 답장을 보냈다.

"친애하는 레오나드 씨에게. 당신의 편지 감사합니다. 그런데 제 서명의 가격이 그 정도로 비싸다는 것을 믿기 어렵군요. 시세가 떨어지지 않도록 하기 위해 이 답신에는 서명을 하지 않겠습니다."(66)

편지에 사인하는 것이 일반적인 관례이지만 경제적 이득을 챙기려는 상대방에게 보내는 편지에 사인하지 않겠다는 케네디 대통령의 사연이 창의적인 유머로 탄생하였다.

독일의 지휘자 푸르트뱅글러가 연주회를 끝내고 나오자, 대기실에서 한 사내아이가 사인을 세 개 해달라고 했다.

"사인을 세 개씩이나?"

푸르트뱅글러는 약간 기분이 나빴으나 어린아이여서 웃으며 물었다.

"어째서 한꺼번에 세 개씩이나 해달라지?"

그러자 아이가 더듬거리며 대답했다.

"저어······ 친구가 푸르트뱅글러 세 개하고 슈멜링거 한 개하고 바꾸자고 했어요."(14)

자신이 명성 있는 지휘자일 것으로 생각했던 푸르트뱅글러Wilhelm Furtwängler(1886~1954)는 자신의 사인을 세 개나 요구하는 어린아이 앞에서 자신의 믿음이 배반당하자 낙담할 것이다. 한 번에 한 개의 사인이 주어지는 규범을 배반하고 이기적인 목적을 위해 세 개씩이나 요구하는 아이의 순진한 마음에서 유머가 느껴진다.

2004년 8월 13일, 오키나와 국제대학에 미군 헬기가 추락했다. 당시 일본 경찰이나 소방차는 물론 학장조차 현장에 들어갈 수 없었고, 미군이 방독 마스크를 착용한 특수부대를 투입한 것으로 보아 헬기에 열화우라늄 탄이 실려 있었던 것은 아닐까 하고 그나마 몇몇 당찬 매스컴이 관심을 보였다.

사건이 일어난 후 기노완 오키나와 시장이 일부러 도쿄까지 찾아가 수상에게 회담을 청했으나, 고이즈미 수상은 거절했다. '여름휴가 중'이라는 명목으로…….(118)

고난을 당한 오키나와 시장을 총리가 휴가 중이라는 핑계로 만나주지 않은 것은 정치적 내지 사회적 규범을 배반한 사례다. 동시에 자신의 정치적 생명을 연장하기 위한 고이즈미 총리의 잔꾀가 유머러스하게 보인다.

영어회화를 할 줄 모른 채 미국으로 이민 온 한 아시아계 여자가 중국인이 운영하는 세탁소에 팬티를 맡겼는데, 찾아와보니 팬티에 여전히 얼룩이 있었다. 전화를 걸 수 없어 다음 주에 팬티 빨래를 보내면서 세탁소 주인한테 'use more soap'이라는 메모쪽지를 보냈다. 몇 주에 걸쳐 이런 일이 계속되자 화가 난 중국인 세탁소 주인은 화가 치밀어 그 여자한테 'use more paper on ass'란 메모쪽지를 보냈다.

문화 차이를 빗대어 만들어진 영어권 유머다. 인간에게는 절약하려는 본능 — 심지어 화장지까지 — 이 있기 마련인데, 상대 나라의 관습을 배반한 세탁소 주인의 유머러스한 쪽지가 성 본능을 자극하면서 유머러스하게 들린다.

어느 날 YS가 독립기념관을 방문했다. 여기저기 돌아보느라고 다리가 몹시 아픈데 마침 의자가 보이자 얼른 가서 앉았다. 이를 지켜본 관리인이 친절하게 말했다.

"지금 앉아 계시는 의자는 김구 선생님의 의자입니다."

그러자 YS는 멋쩍은 표정을 지으며 말했다.

"주인이 올 때까지만 앉아 있겠습니다."(125)

김영삼 대통령이 진열된 작품에 앉은 것은 규범의 위반이라고 할 수 있지만, 의도적이었건 아니었건 경제 본능에 충실하게 주인의 사유재산을 존중해주는 유머를 던져 웃음을 남겼다.

지식

중세시대의 유럽 어느 수도원에서 원장이 제자를 뽑기 위하여 지원자들을 모아 놓고 시험을 봤다. 첫 번째 시험은 배추를 심는 것이었는데, 수도원 원장은 이상한 방법으로 배추를 심으라고 일러주었다. 바로 배추의 모종을 나누어주면서 뿌리가 하늘로 가게 심으라는 것이었다. 수도원에서 수도사가 되기 위하여 찾아온 두 청년은 밭으로 갔다. 한 청년은 원장의 말대로 뿌리가 하늘로 가게 하여 심었다. 그런데 또 한 청년은 수도원 원장의 말이 도대체 이해가 되지 않는 것이었다.

"아니 배추를 심으려면 뿌리를 땅에다 심어야 살지 뿌리가 하늘로 가게 심으면 어쩌라는 말인가? 원장이 몰라도 한참 모르는군." 하면서 뿌리가 땅으로 가도록 바르게 잘 심었다.

나중에 배추 심은 것을 보려고 원장이 와서 보고는 두 번째 청년, 곧 배추 모종을 바르게 잘 심은 청년에게 말하였다.

"청년처럼 똑똑한 사람은 우리 수도원에 올 필요가 없습니다. 당신은 제자가 될 수 없습니다."

그러고 나서 그를 돌려보냈다. 배추를 심는 그 시험은 바로 '순종'을 시험한 것이었다.(64)

배추 심는 지식을 배반한 사람은 순종을 실험하는 시험에 합격하여 수도자로 선발되었다.

중국 송宋나라 때 화원畵員을 뽑는 시험에 '꽃을 밟고 달려온 말발굽의 향기'라는 화제畵題가 주어졌다. 시험지에 꽃이나 말을 그린 시험생은 죄다 떨어졌다. 입선작은 흙바람을 따라 날아오르는 한 무리의 나비를 그린 작품이었다. 또 '한적한 산골에 강 건너는 사람 하나 없고 외로운 나룻배 종일토록 떠 있네'라는 화제에서 물결이니 계곡이니 나무니 하는 따위를 집어넣은 응시자들은 말짱 헛것이었다. 뱃머리에 다리 괴고 누어 피리 부는 노인을 그린 사람이 장원으로 뽑혔다.(195)

사실적인 지식을 배반하고 창의적인 그림을 보여준 응시자가 보상을 받았다.

영국 런던에서 서남쪽으로 30마일 떨어진 육군기지의 올더쇼트란 극장 무대에 조명이 커졌다. 악단이 음악을 연주하기 시작하자 무대에 선 소년이 당시의 인기가요 「잭 존스」라는 노래를 부르기 시작했다. 노래를 반쯤 했을 즈음 객석에서 동전이 빗발치듯 무대로 날아오기 시작했다. 소년은 노래를 멈추었다. 그리고 자신을 바라보는 수많은 사람을 향해 태연하게 말했다.
"잠깐만요! 일단 돈을 줍고 난 뒤에 노래를 계속할게요."
그러자 사람들은 한꺼번에 웃음을 터뜨렸다.(9)

평소 무대에서 노래를 부르던 어머니의 목이 잠기는 바람에 시간을 때우려고 찰리 채플린이 처음으로 무대에 나섰는데, 당시 그의 나이는 다섯 살이었다.

러시아어 통역사이면서 작가였던 요네하라 마리가 코카서스 지방의 그루지야에서 아르메니아에 걸친 산악지대를 여행하면서 겪었던 이야기다. 산등성이에서 현지 가이드가 "이곳의 절벽을 조심하셔야 합니다. 발을 헛딛지 않도록 말이죠. 하지만 만에 하나 잘못 디뎠을 경우 오른쪽을 보시는 것을 잊지 마세요. 굉장한 절경을 놓치면 아깝잖아요."(118)

절벽에서 떨어지면서 정신이 나갔을 사람이 절경을 구경할 까닭이 없는데 이러한 지식을 배반하고 아까운 순간을 놓치지 말라는 가이드의 당부가 유머러스하게 들린다.

> 1995년, 빌 클린턴 미국 대통령이 방송기자협회 만찬회에서 당시 정부의 재정위기가 관심사였기 때문에 정부의 재정위기를 해소하는 방안으로 백악관 참모를 교체해 경비를 절약하자는 아이디어를 우스갯소리로 제안하였다.
> "우리는 30대 참모 15명을 90대 노인 5명으로 교체해 경비를 줄일 수 있다."(66)

지폐의 경우 30원짜리 15장이나 90원짜리 5장이나 그 가치는 같다. 인간의 나이를 지폐처럼 산술적으로 적용하는 것은 지식에 대한 배반이다. 15명 대신 5명을 고용하여 인건비를 절약할 수 있다는 아이디어가 유머를 낳았다.

인지

> 『한비자韓非子』에 나오는 이야기다. 식객 가운데 제왕齊王을 위하여 그림을 그리는 자가 있었다. 제왕이 그에게 물었다.
> "그림을 그릴 때 어느 것이 가장 어려운가?"
> 그가 이렇게 대답했다.
> "개나 말이 가장 어렵습니다."
> 다시 제왕이 물었다.
> "어느 것이 가장 쉬운가?"
> 그가 대답했다.
> "도깨비가 가장 쉽습니다."(191)

사람들이 추상적으로 인지하고 있는 사물을 그리기는 쉽다. 그래서 '형체가 없는 것이 가장 그리기 쉽다'라는 뜻의 '귀매최이鬼魅最易'라는 말이 나왔다.(59)

　　미 독립선언서를 작성할 대륙회의는 제퍼슨의 선언서 초안을 검토하는 전체 위원회를 구성했다. 대륙회의가 당초 초안의 마지막 다섯 단락을 절반 이상이나 잘라내자, 제퍼슨은 화가 났다. 그러자 프랭클린이 제퍼슨을 다독이기 위해 꺼낸 유명한 일화 덕분에 분위기는 부드러워졌다.
　　프랭클린이 젊은 인쇄공이었던 시절, 모자 생산업에 뛰어든 한 친구는 가게 간판이 필요했다고 한다. 프랭클린이 들려준 이야기는 다음과 같다.
　　"그는 이런 식으로 간판 문구를 만들었네. '모자 제조상 존 톰슨은 모자를 만들어 현금을 받고 팝니다.' 그리고 모자 그림을 끼워 넣었지. 그는 친구들에게 손을 좀 봐 달라고 하기로 했네. 첫 번째 친구는 '모자 제조상'이라는 문구가 불필요하다고 생각했네. 왜냐하면 뒤에 모자를 만든다는 이야기가 나오니까 그건 모자 제조상이란 얘기나 마찬가지지 않은가? 그래서 빼버렸다네. 두 번째 친구는 '만든다'는 부분을 빼는 게 낫다고 말했네. 고객은 누가 모자를 만들건 신경도 안 쓸 테니까 말일세. ……그래서 그것도 뺐지. 세 번째 친구는 '현금을 받는다'는 부분은 필요 없다고 말했다네. 그 동네에서는 외상 거래가 일반적이지 않아서 물건을 사는 사람은 누구나 현찰을 지불해야 했거든. 그래서 그것도 빼버렸지. 그럼 이제 뭐가 남았나? '존 톰슨은 모자를 팝니다'로군. 그런데 또 다른 친구가 말했다네. '모자를 판다고! 다른 사람들은 그 말을 빼라고 안 하던가? 그런 당연한 말이 무슨 소용이 있나?' 그래서 또 뺐지. ……결국 그의 간판에는 '존 톰슨(John Thompson)'이라는 글자와 모자 그림 하나만 남았다네."(119)

　　단지 두 글자만 게시하여도 사람들이 쉽게 인지할 수 있는 일을 복잡하게 만든 것을 빈정댄다.

　　어느 날 조각가 로댕이 청년들과 함께 산에 올랐다가 길을 가로막고 있는 큰 바위를 만나게 되었다. 청년들은 길을 가로막고 있는 바위가 귀찮기만 하였다. 그러나 로댕에게는 이 화강암이 '인생을 고민하는 젊은이'로 보였고 이 화강암을 갈고 닦아 만든 명품이 바로 그 유명한 「생각하는 사람」이다.(64)

로댕은 돌을 돌로 보지 않고 사람 형상으로 인지하여 유명한 작품을 남기게 되었다.

> 셰익스피어William Shakespeare(1564~1616)는 『베니스의 상인』에서 인간의 인지상의 차이가 커다란 차이를 낳는다는 점을 보여준다. 소설에서 살 1파운드를 고집하는 샤일록에게 여주인공 포샤는 말한다.
> "또 할 말이 있다. 이 증서대로라면 당신은 안토니오의 피를 한 방울도 흘리게 할 권리가 없다. 명시된 낱말은 그저 1파운드의 살점이다. 만약 살점을 베어내다가 이 기독교인의 피를 한 방울이라도 흘리게 한다면 당신의 토지와 재산은 법률에 의거해 베니스 정부에 몰수될 것이다……. 또 1파운드보다 적거나 많이 떼어서도 안 되오. 아주 조금이라도 많거나 적거나, 아니 단지 머리털 한 올만한 무게라도 저울이 기운다면 당신은 베니스의 법률에 의거해 사형에 처해질 것이고, 당신의 모든 재산은 상원에 몰수될 것이오. 왜냐하면 당신은 무고한 한 사람의 목숨을 해치려고 음모를 꾸몄기 때문이오……."(122)

소설은 이것으로 샤일록과의 한판 승부의 대단원을 끝냈다. 하지만 평상인들의 머릿속에 살점 한 파운드를 도려낸다는 말 속에는 피가 흐르는 것은 부수적으로 일어나는 어쩔 수 없는 일이 아닌가? 소설에서는 샤일록이 아무 말도 하지 못하고 지나쳤지만, 그가 "피가 흐르지 않도록 살점을 떼어내고, 또 한 파운드의 무게가 되는지 저울에 달기 위해 살점을 떼어낼 터이니 옷이나 벗어시오!"라고 항변했다면 사건은 또 하나의 유머가 되지 않았을까?

> 아리스토파네스Aristophanes(B.C. 450경~386)는 소크라테스의 행적을 헐뜯었다.

어떤 사람이 그에게 고해바쳤다.

"아무개가 당신에 대해 험한 말을 하고 다니는군요!"

그러자 소크라테스가 담담히 대답하였다.

"아마 고운 말을 배우지 못한 모양이지요."(144)

무학대사와 이성계가 대화를 나누는데 이성계가 무학대사를 놀려주려고, "내가 보니 스님은 돼지 같이 생겼습니다."라고 하자 무학대사가 "제가 보기엔 임금께선 부처로 보이십니다."라고 대답했다.

이성계가 기쁜 듯 웃으며, "대사께서는 내가 돼지 같다고 해도 화가 나지 않습니까?"라고 하자, 무학대사가 대답했다.

"화는요, 기쁠 뿐이죠. 돼지의 눈에는 모두 돼지로 보이고 부처님의 눈에는 모두 부처로 보이죠."(174)

소크라테스와 무학대사無學大師(朴自超, 1327~1405)는 상대방을 인지하는 정보가 아리스토파네스와 이성계李成桂(1392~1398)와는 다르다.

독일 시인 프리드리히를 숭배한 고티엔이라는 사람이 멀리 함부르크까지 찾아가, 그 시의 어려운 구절이 무슨 의미인지를 물었다. 그러자 시인은 고개를 갸웃거리더니 말했다.

"그 구절을 쓸 때 내가 무슨 생각을 했는지 잊어버렸으니, 당신이 전념해서 그 뜻을 찾으시오."(142)

꿈보다 해몽이 좋다더니 자신이 지은 시의 의미를 다른 사람에게 구하라는 프리드리히 Friedrich Klopstock(1724~1805)의 대꾸에서 웃음이 나온다.

로버트 브라우닝은 영국이나 독일에서 그 당시 난해한 시를 쓰기로 유명했다. 그중에서도 「소루테루로」라는 시는 비평가들 사이에 언제나 논의의 대상이 되었다.

한번은 브라우닝이 런던 시인 클럽에 출석한즉, 그 시의 특히 어려운 몇 행을 설명해 달라는 사람이 있었다. 그는 두 번 그 부분을 읽어보고는 말했다.

"내가 이것을 썼을 때는 하나님과 나만이 이 뜻을 알고 있었는데, 지금은 하나님만이 알고 계실 뿐입니다."(149)

브라우닝Robert Browning(1812~1889)은 프리드리히와 비슷하게 자신이 지은 시를 도무지 알 수 없다고 고백한다.

> 어느 날 브로샤이는 피카소에게 "작업 중인 작품을 누구에게도 보여주지 않는 이유라도 있습니까?"라고 물었다. 피카소는 이렇게 대답했다.
> "내가 미처 끝내지 않은 작품을 보고 자네가 너무 아름답다고 칭찬했다고 해 보세. 그럼, 나는 그림을 망칠지도 모른다는 생각에 더 이상 붓질을 하지 못할 거야. 그리고 결국 그림을 망치게 되겠지. 거꾸로 자네가 그림이 마음에 들지 않는다고, 예컨대 균형감이나 색의 조화가 이상하다고 말하면서 내 작업실을 나가면 어떻게 되겠나? 나는 그 그림을 내동댕이치고 말 거야. 그래서 내가 작업 중인 그림은 누구에게도 보여주지 않는 걸세. 그래야 내 의도대로 끝까지 작업할 수 있으니까. 실패하든 성공하든 간에 내가 원하는 것을 끝까지 밀고 나가려면 어쩔 수 없어."(77)

상대방의 인지가 자신의 작품에 방해되지 않도록 피카소는 자신이 그리고 있는 그림을 다른 사람들에게 보여주지 않았다고 한다. 남의 품평이 본인의 인지에 간섭하여 자신의 창작 작업을 그르치게 할 여지가 있다는 지혜로운 유머다.

> 대통령 후보였던 김대중 후보는 1997년 10월 8일 관훈클럽에서 말했다.
> "저는 일생 동안 거짓말한 일이 없습니다. 저는 거짓말한 일이 없어요. 이 것은 약속을 못 지킨 것이지 거짓말한 것은 아닙니다. 거짓말한 것하고 약속했다가 못 지킨 것하고는 다릅니다."(64)

약속을 지키건 아니 지키건 거짓말이면 거짓말인데 거짓말을 약속을 지키지 않은 것으로 변명하는 그의 궁색한 모습에서 유머를 느낀다.

> 체격이 건장한 40대 전반의 하드리아누스 황제는 공중목욕탕을 자주 이
> 용했는데, 하루는 한 노인이 비누를 칠한 몸을 목욕탕 벽에다 문지르고 있는
> 것이 눈이 띄었다. 기억력이 뛰어난 하드리아누스는 이 노인이 일찍이 자기
> 휘하에 있던 백인대장인 것을 기억해내었다. 그래서 노인을 불러 왜 벽에다
> 몸을 문지르고 있느냐고 물었다.
> 퇴역 백인대장도 물론 하드리아누스를 알고 있었다. 그래서 등 때를 밀어
> 줄 사람을 고용할 돈이 없어서 그런다고 솔직하게 대답했다. 고대에는 작은
> 낫 같은 것으로 때를 벗겨냈다. 노인을 동정한 하드리아누스는 늙은 옛 부하
> 에게 때밀이 노예를 두 명이나 선사했다. 게다가 그 노예를 유지하는 데 드
> 는 비용까지 붙여주었다. 노병이 감사하고 감격한 것은 말할 나위도 없다.
> 하드리아누스 자신도 뿌듯한 기분을 맛보면서 황궁으로 돌아왔다.
> 그런데 이튿날 오후 목욕탕에 간 하드리아누스는 벽마다 등을 문지르고
> 있는 노인들로 메워져 있는 광경을 목격했다.(93)

노병들이 소문을 듣고, 황제의 혜택이 따르지 않을까 하고 똑같은 방식
으로 벽에 열심히 등을 문지르는 노인들의 모습에서 독자들은 실소를 금
치 못할 것이다.

인지상의 차이를 보여주는 여러 가지 농담을 들어보자.

① 남의 흰머리는 조기 노화의 탓, 내 흰머리는 지적 연륜의 탓.
② 남이 천천히 차를 몰면 소심운전, 내가 천천히 몰면 안전운전.
③ 남의 남편이 설거지하면 공처가, 내 남편이 설거지하면 애처가.
④ 며느리는 남편에게 쥐어 살아야 하고, 딸은 남편을 휘어잡고 살아야
   한다.
⑤ 남의 자식이 어른에게 대드는 것은 버릇없이 키운 탓이고, 내 자식이
   어른에게 대드는 것은 자기주장이 뚜렷하기 때문이다.

⑥ 사위가 처가에 자주 오는 것은 당연한 일이고, 내 아들이 처가에 자주 가는 것은 줏대 없는 일이다.

⑦ 남이 각자 음식 값을 내자고 제안하는 것은 이기적인 사고방식이고, 내가 각자 음식 값을 내자고 제안하는 것은 합리적인 사고방식이다.

고정관념

백인 여자와 흑인 남자가 결혼해서 아이를 낳았다. 그럼 갓난아기의 치아는 어떤 색일까? 흰색이라고? 아니다. 갓난아기에게는 치아가 없다. 치아는 모두 하얗다는 생각을 가지고 있으면 우리의 생각이 제한된다. 바로 이것이 고정관념이다. 창의력과 역발상은 기존의 생각을 뒤집어보는 데서 시작한다.(174)

위대한 작곡가 모차르트는 자신을 찾아오는 사람에게 항상 이러한 질문을 던지곤 했다.

"전에 어디선가 음악을 배운 적이 있습니까?"

모차르트는 그가 만일 배운 적이 있다고 대답하면 수업료를 두 배로 청구했다. 그리고 전혀 배운 적이 없다고 말하면 수업료를 절반만 받았다. 이런 모차르트의 행동을 이상하게 여긴 어떤 사람이 그 까닭을 물었다. 모차르트가 대답했다.

"물론 이유가 있습니다. 음악을 배운 사람은 먼저 찌꺼기를 거두어내야 하니 그것이 더 힘든 작업입니다. 그 사람이 가지고 있는 모든 것을 파괴하는 것이 가르치는 것보다 더 힘들기 때문입니다."(171)

이미 배운 것을 없애는 것이 새로 배우는 것보다 더 어렵다는 모차르트의 지적은 일반적인 고정관념, 즉 배우는 것이 없애버리는 것보다 더 어렵다는 생각을 배반한다. 그리하여 모차르트는 재치 있는 유머를 만들어내었다.

마크 트웨인이 강의실에서 학생들과 주고받은 대화다. 마크 트웨인이 물었다.
"여러분! 이 세상에서 가장 위험한 곳이 어디인 줄 아십니까?"
그러자 학생들이 웅성거리며 대답했다. "산꼭대기요.", "자동차 경륜장이요." 등등 여러 대답이 나왔다. 마크 트웨인이 수수께끼에 대답했다.
"가장 위험한 곳은 바로 침대입니다. 80%의 사람이 거기서 죽죠."(64)

사람들은 위험한 곳이라고 하면 신문지상이나 방송을 통해 흔히 알려진 장소로 기억하고 있는데, 실제로는 일반인들에게 너무나 잘 알려져 있는 침대 위다. 대부분의 사람이 거기서 죽기 때문이다.

우리나라 사람이 병원을 찾아가는 질병 중에서 빈도가 가장 높은 것은 무엇일까 하고 물으면 대부분의 경우 신문이나 방송매체를 통해 알려진 암, 당뇨, 신장염 등이라고 대답한다. 그러나 보건복지부의 통계에 의하면 치질(올해는 백내장)이 가장 빈도가 높은 질병인 것으로 밝혀졌다. 치질은 터놓고 화제대상으로 삼기가 쑥스러운 까닭에 흔하지 않은 질병이라는 고정된 인식에 얽매여 있다.

1870~1871년 전쟁 중에 프로이센의 빌헬름 왕은 적들 앞에서 특별히 뛰어난 면모를 보인 병사에게 1급 철십자훈장을 내리도록 비스마르크 수상에게 명했고, 수상은 용감한 군인을 시험해보고 싶어 안달이 났다.
마침내 수상이 한 군인에게 불쑥 말을 꺼냈다.
"혹시 살림이 궁해질 수도 있으니 훈장 대신 차라리 100탈러를 받고 싶지는 않은가?"
잠시 고민하는가 싶더니 군인이 되물었다.
"대체 철십자훈장의 가치가 얼마입니까?"
"금속 가치는 기껏해야 3탈러쯤 되겠군."
비스마르크의 의도인 줄 모르는 채 군인이 대답했다.

"저, 수상님! 그러면 제게 97탈러와 훈장을 주십시오."

비스마르크는 군인의 재치에 적잖이 놀랐고, 그의 말대로 훈장과 돈을 하사했다. 그러고는 국왕에게 웃으면서 그 일을 보고했다.(1)

훈장의 가치는 투입된 재료비에 의해 평가될 수 없는 성질의 것인 데도 이를 배반하고 훈장과 97탈러를 합쳐 100탈러의 상금을 요구하는 병사의 재치가 유머러스하다.

갓 결혼한 새댁이 저녁거리로 햄 요리를 하고 있었다. 남편은 아내가 햄의 양쪽 끝을 잘라 프라이팬에 넣는 것을 보곤 왜 끝을 잘라내느냐고 물었다. 새댁이 대답했다.

"이유는 나도 몰라요. 엄마가 항상 그러셨거든요. 전화해서 이유를 물어봐야겠네요."

새댁은 친정어머니에게 전화를 했다. 어머니 역시 같은 대답을 했다.

"나도 모른다. 어머니가 항상 그러셨거든."

나중에 외할머니를 만나게 된 새댁은 그 이유를 여쭈어 보았다. 할머니는 햄의 양쪽 끝을 잘라내는 이유를 정확하게 알고 있었다.

"우리 집 프라이팬이 너무 작아서 그랬단다."(73)

사람들은 고정관념에 빠져 대부분 그동안 해온 방식을 순순히 따른다. 맹목적으로 과거의 방식을 따를 것이 아니라, 최선의 행동을 합리적으로 선택하기 위해 노력을 기울일 필요가 있다고 권고하지만(22), 인간 행동을 지배하는 인간의 본능들은 합리적으로 행동하지 못하도록 방해한다. 그래서 영국 경제학자이며 수필가인 월터 배저홋Walter Bagehot(1826~1877)은 "인간 본성에 있어 가장 큰 고통 중 하나는 새로운 생각을 받아들이는 고통"이라고 말하였다.(176)

뉴 밀레니엄 2000년에 들어서면서 세계에서 가장 뛰어난 유머라고 평가받은 유머를 살펴보자.

로스앤젤레스에서 시카고로 가는 비행기가 3등석은 만원이지만 2등석엔 여유가 있자 웬 중년 여자 승객이 자신의 자리인 3등석에 앉지 않고 2등석에 자리를 잡았다. 스튜어디스가 중년 여자에게 3등석에 가서 앉으라고 요구해도 막무가내였다. 그래서 스튜어디스가 비행기 기장에게 이야기하자, 기장이 중년 여자에게 다가가 귓속말로 몇 마디 하자 중년 여자는 순순히 3등석으로 갔다. 스튜어디스가 기장에게 어떻게 가도록 하였냐고 신기한 듯 묻자, 기장은 "이 자리는 뉴욕으로 가고, 뒷자리가 시카고로 간다."고 말해주었다고 한다.

고정관념에 빠져 있는 중년 여자의 행동에서 유머를 발견하게 된다.

제9장

유머를 넘어서

The Betrayal of Culture in Humor

진화심리학에 따르면 현재 우리가 살아가는 환경은 석기 시대와는 많이 다르지만 그 속에서 살아가는 현대의 인간들은 연장물(문화)을 많이 이용하고 있다는 사실 이외에는 석기 시대의 정신에서 전혀 벗어나지 못한 채 살아간다.

진화심리학의 여러 가설과 마찬가지로 유머의 진화이론도 반증될 수 있는 검증 가능한 가설들을 마련함으로써 막연하게 그러할 것이라고 추정하는 수준을 넘을 것이 기대된다. 그렇지만 나름대로 지금까지 설명한 유머와 웃음은 인간의 본능, 즉 생존, 번식, 협력, 지위, 순종, 이기심, 교환 등이 문화와 불일치를 이루면서 일어난다는 본능의 문화 배반 가설에 만족하고자 한다. 유머의 문화배반이론이란 결국 '문화를 거스르고 본능을 찾아가면 유머다', 또는 '문화를 배반하고 본능에 좇아가는 소재는 웃음을 낳을 것이다'라고 예측하도록 이끈다.

> 말 감정능력이 뛰어난 사람이 아들에게 좋은 말 고르는 방법을 알려주었다.
> "좋은 말이란 이마는 불쑥 솟아올라 있고 눈은 툭 튀어나와야 하며 발굽은 누룩을 쌓아 올린 듯 두툼해야 한다."
> 그 말을 그대로 받아 적은 아들은 좋은 말을 찾겠다고 돌아다니다가 어느 날 두꺼비 한 마리를 잡아와서 말했다.
> "아버지께서 말씀하신 좋은 말의 외모와 똑같은 말을 구했습니다."
> 기가 막힌 아버지가 아들에게 말했다.
> "네가 가져온 말은 잘 뛰기는 하겠지만 수레는 끌지 못하겠구나."(59)

중국 주周나라의 말 감정사 백락伯樂과 그 아들의 이야기다. 그래서 남이 하는 말의 진정한 의미를 모르는 어리적은 자를 '백락자伯樂子'라고 일컫는다. 유머리스트란 기존의 지식을 배반하는 자라는 측면에서 백락자와 닮은 사람이 아닐까?

지금까지 유머를 낳은 사례들을 살펴보았다. 먼저 인간의 뇌 속에 인간 행동을 지배하는 생존 본능과 성 본능, 사회적 본능과 정치적 본능 그리고 경제적 본능에 부합하는 유머일수록 사람들에게 공감을 일으켜 웃음을 낳을 수 있다는 사실을 발견하였다. 동시에 기존의 문화를 배반하면 배반할수록 더 유머러스한 메시지에 다가갈 수 있다. 가령 언어의 원래 뜻을 배반하고 대신 비슷한 단어 또는 반대되거나 대체되는 언어를 사용하거나 동음이의어 내지 외국어를 사용하여 많은 유머가 만들어졌다는 사실을 이해하였다.

그리고 도구가 가진 원래의 용도를 배반하는 데서 유머를 발견할 수 있었으나 도구는 어디까지나 이를 만드는 문화(나라)마다 다른 까닭에 문화마다 공감하는 유머를 만드는 데는 한계가 있다는 사실도 알게 되었다. 그런 까닭에 도구를 배반하는 유머 사례들이 그다지 발견되지 않는다는 결과도 확인해보았다. 문화의 나머지 부분에 해당하는 제도를 배반하는 데서 흥미로운 유머들이 다수 만들어진 사례들을 접하였다. 여기서 제도란 나라마다 갖고 있는 기존의 관습이나 관념, 규범, 기대 등을 말한다. 그런 측면에서 기존의 제도를 배반하면 할수록 유머러스한 상황을 맞이하게 된다.

예술가들이나 문학가 그리고 디자이너와 건축가 심지어 엔지니어들은 고정관념에서 벗어나 독창적인 작품을 창조하려고 애쓴다. 루마니아 태생의 조각가 브란쿠시Constantin Brancu(1876~1957)는 순수한 창조를 가능하게 하는 능력이란 "말을 배우지 않은 어린아이의 마음"이라 했다. 문화에 물들지 않은 타고난 본성을 지적한 이야기가 아닐까?(195) 유머를 찾아내는 비결도 이와 다르지 않다. 인간이 학습한 기존의 문화에서 벗어나 가급적이면 본능에 호소할수록 예술가에 못지않은 유머리스트로 나아가는 셈이다.

레오나르도 다빈치가 14살 때 당시 피렌체에 유명한 화가 베로키오의 제자로 들어갔다. 그가 베로키오의 공방에 들어가자 스승은 레오나르도에게 먼저 달걀을 그리도록 했다. 수십 일이 지나도 계속 달걀만 그리라는 것이었다. 레오나르도의 감정이 폭발하자 베로키오가 말했다.

"이건 너의 관찰력을 기르기 위한 것이란다. 1천 개의 달걀이라도 같은 것이 없다. 무수한 달걀들 속에서 그 차이를 발견하는 능력이 필요하다. 자세히 보면 달걀이 여기 있을 때와 저기 있을 때 그리고 이쪽에서 볼 때와 저쪽에서 볼 때의 모습이 다르지 않겠느냐? 서로 다른 각도에서 본 달걀의 모습을 정확하게 파악할 수 있어야만 나중에 모든 그림을 능수능란하게 그릴 수 있는 것이다."

스승의 가르침에 따라 레오나르도는 사물을 관찰하는 법을 배워 '대기원근법(멀고 가까움에 따라 색이 진하고 엷어지는 모양)'이라는 회화표기법을 완성했다.

레오나르도는 스승 베로키오와 함께 「그리스도의 세례」(1473)를 그렸다. 베로키오는 세례 요한과 예수를, 레오나르도는 두 사람을 옆에서 지켜보는 천사 두 명을 그렸는데 바사리에 따르면 레오나르도가 그린 그림을 스승이 보고선 베로키오가 더 이상 붓을 들지 않았다고 한다.(131)

독자 여러분도 다빈치의 작품 「그리스도의 세례」를 보게 되면 스승 베로키오Andrea del Verrocchio(1436~1448)가 그린 그리스도는 죽은 사람의 모습처럼 보이지만 레오나르도가 그린 천사들은 살아 움직이는 모습이다. 살아 움직이는 모습의 천사를 그려낼 수 있었던 까닭은 바로 달걀이라는 고정관념의 실물을 보지 않고 빛을 바라보았기 때문이다.

작고한 산악 사진의 대가인 K씨에게 일어난 일화다. 변변한 교육기관이 없었던 일제 강점기에 사진은 상업사진관에서 일을 보조하면서 배우는 것이 보편적이었다. 그 역시 일본인 사진사에게 배웠다. 일본인 사진사의 첫 숙제는 '달걀 찍기'였다. 다음 날도, 그 다음 날도 같은 숙제가 반복됐다. 선생은 찍어온 사진에 좋다 나쁘다는 일언반구도 없이 몇 달이나 달걀 찍기만 시켰다.

화도 나고 속도 상했겠지만, K씨가 지루한 달걀 찍기에서 얻은 것이 무엇일까? 달걀을 매번 다르게 찍기 위해서는 달걀 자체가 아니라 달걀에 떨어지는 빛이 중요하다는 것을 K씨는 깨달았다. '아! 빛이다.' 달걀을 새롭게 만드는 것은 빛이었다. 그러니 달걀을 보면 범수요, 빛을 읽는 사람이 고수인 것이다.(173)

기존의 관념에 따라 달걀이라는 사물을 바라보는 데서 벗어나 달걀에 떨어지는 빛을 찾아내는 일이 바로 유머를 찾아내는 일이 아닐까? 사진은 사물을 옮겨 담는 예술이 아니고 빛을 모으는 예술이다. 이어령李御寧 전 문화부장관은 최근의 저서 『우물을 파는 사람』에서 "창조적 발상은 고정관념에서 벗어나 이미 알고 있는 낯선 새로운 세계를 발견하는 것을 의미한다"고 말하였다. 그런 측면에서 이미 알고 있는 빛을 발견하는 일이 창조적인 작업이지, 세상에 존재하지도 않는 사물을 찾아내는 일이 창조자의 일은 아니다.

현대사회를 살아가는 사람은 유머를 필요로 한다. 1957년 1월, 영국의 이든Anthony Eden(1897~1977) 수상이 물러나고 맥밀런 수상이 취임하였다. 그는 1943년 알제리에서 영국의 정치 고문관으로 아이젠하워 장군의 아프리카 사령부에 부임한 적이 있는 인물이었다. 아이크는 그에게 축하의 서한을 보냈다.

> "……과거로부터 앞으로의 전진에서 귀하의 무궁한 능력을 읽어낼 수 있습니다. 그러나 한 가지 명심하실 격언이 있습니다. '우리는 믿음과 소망과 사랑을 지녀야 하지만, 그 이상으로 유머를 지녀야 합니다.'" (20)

유머에 국한하지 않고 기존의 문화에서 벗어나려고 노력하는 데서 창의적인 아이디어가 떠오른다. 물론 그것이 본능에 부합하는 아이디어 일수록 유머에 보다 더 가까워진다. 이처럼 유머를 만들어내는 일을 습관화하다 보면 예술과 문학 그리고 상품을 창의적으로 발굴해내는 데도 많은 도움을 줄 것으로 보인다. 독자들의 창의성을 기르는 데 이 책이 조금이라도 도움이 되었으면 한다.

(1) 강미현 엮음, 『또 다른 비스마르크를 만나다』, 에코리브로, 2012.

(2) 고승제 지음, 『마거릿 대처』, 아침나라, 1994.

(3) 고승철 지음, 『CEO 인문학』, 책만드는집. 2009.

(4) 고은 지음, 『이중섭 평전』, 향연, 2004.

(5) 권중달 지음, 『위진남북조를 위한 변명』, 삼화, 2012.

(6) 김달진 역, 『장자』, 현암사, 1971.

(7) 김대중 지음, 『김대중』, 삼인, 2100.

(8) 김동길 지음, 『대통령의 웃음』, 동광출판사, 1992.

(9) 김별아 지음, 『스크린의 독재자 찰리 채플린』, 이룸, 2003.

(10) 김병문 지음, 『그들이 한국의 대통령이다』, 북코리아, 2012.

(11) 김삼웅 지음, 『단재 신채호 평전』, 시대의창, 2005.

(12) 김성재 지음, 『홍부전』, 현암사, 2004.

(13) 김양호 지음, 『성공하는 사람은 화술이 다르다』, 비전코리아, 2006.

(14) 김영만 편저, 『역사 속의 에피소드』, 을유문화사, 1996.

(15) 김영만 편저, 『옛날 사람들은 어떻게 웃었을까』, 을유문화사, 1999.

(16) 김인만 지음, 『박정희 일화에서 신화까지』, 서림문화사, 2008.

(17) 김전원 지음, 『전국책』, 명문당, 1991.

(18) 김현룡 지음, 『조선왕조 500년 유머』, 자유문학사, 2003.

(19) 노재봉 등 편집, 『노태우 대통령을 말한다』, 동화출판사, 2011.

(20) 대한서적공사 편집부, 『세계 대통령·수상대회고록』, 대한서적공사, 1985.

(21) 데이비드 이글먼 지음, 『인코그니토 나라고 말하는 나는 누구인가』, 김소희 옮김, 쌤앤 파커스, 2011.

(22) 데이비드 헨더슨 지음, 『판단력 강의』, 이순희 옮김, 에코의서재, 2006.

(23) 데일 카네기 지음, 『카네기가 들려주는 링컨 이야기』, 임정재 옮김, 씨앗을뿌리는 사람, 2009.

(24) 데트레프 간텐 · 틸로 슈팔 · 토마스 다이히만 지음,『우리 몸은 석기시대』,
조경수 옮김, 중앙북스, 2011.

(25) 도스토옙스키 지음,『카라마조프가의 형제들』, 김연경 옮김, 민음사, 2007.

(26) 도손(藤村) 외 3인 지음,『음악가의 에피소드』, 류연형 옮김, 음악춘추사, 1994.

(27) 라드 마틴 지음,『유머심리학: 통합적 접근』, 신현정 옮김, 박학사, 2008.

(28) 랄프 비너 지음,『쇼펜하우어 세상을 향해 웃다』, 최홍주 옮김, 시아출판사, 2006.

(29) 런주츠 외 지음,『후진타오』, 임국웅 옮김, 들녘, 2004.

(30) 렁청진 지음,『변경』, 김태성 옮김, 더난출판사, 2003.

(31) 렁청진 지음,『인간 유가학』, 김태성 옮김, 21세기북스, 2008.

(32) 렁청진 지음,『지전』, 장연 옮김, 김영사, 2003.

(33) 레너드 세일즈 · 신시아 스미스 지음,『CEO의 두 얼굴』, 강남규 옮김,
나무처럼, 2005.

(34) 레이몬드 라몬 브라운 지음,『카네기 평전』, 김동미 옮김, 작은 씨앗, 2006.

(35) 로버트 그린 · 주스트 엘퍼스 지음,『권력의 법칙』, 안진환 · 이수경 옮김,
웅진지식하우스, 2009.

(36) 로버트 그린 지음,『전쟁의 기술』, 안진환 · 이수경 옮김, 웅진하우스, 2007.

(37) 로버트 댈럭 지음,『케네디 평전』, 정초능 옮김, 푸른숲, 2007.

(38) 로버트 라이트 지음,『도덕적 동물』, 박영준 옮김, 사이언스북스, 2003.

(39) 로버트 멘셀 지음,『시장의 유혹, 광기의 덫』, 강수정 옮김, 에코리브르, 2005.

(40) 로저 도슨 지음,『설득의 법칙』, 박정숙 옮김, 비즈니스북스, 2002.

(41) 로저 도슨 지음,『협상의 비법』, 이덕열 옮김. 시아출판사, 2009.

(42) 루이스 워퍼트 지음,『믿음의 엔진』, 황소연 지음, 에코의서재, 2007.

(43) 류정월 지음,『오래된 웃음의 숲을 노닐다』, 샘터, 2006.

(44) 류종목 지음,『팔방미인 소동파』, 중국역사인물평전 2, 소식평전, 신서원, 2005.

(45) 류종영 지음,『웃음의 미학』, 유로, 2005.

(46) 리룽쉬 지음,『로스차일드 신화』, 원녕경 옮김, 시그마북스, 2010.

(47) 리처드 닉슨 지음,『지도자』, 박정기 옮김, 을지서적, 1998.

(48) 리처드 와이즈먼 지음,『괴짜 심리학』, 한창호 옮김, 웅진하우스, 2008.

(49) 리처드 콘니프 지음, 『양복 입은 원숭이』, 이호준 옮김, 랜덤하우스코리아, 2006 .

(50) 리핑 지음, 『저우언라이 평전』, 허유영 옮김, 한얼미디어, 2005.

(51) 리훙 외 지음, 『주은래와 등영초』, 이양자 · 김형열 옮김, 지식산업사, 2006.

(52) 린 살라모 · 빅터 피셔 · 마이클 B. 프랭크 엮음, 『마크 트웨인의 유쾌하게 사는 법』,
유슬기 옮김, 막내집게, 2009.

(53) 린타이이 지음, 『현실 꿈 유머』, 임홍빈 옮김, 시니북스, 2005.

(54) 마디 그로스 지음, 『위대한 모순어록』, 하남경 옮김, 고즈윈, 2005.

(55) 마르셀 모스 지음, 『증여론』, 이상률 옮김 · 류정아 해제, 한길사, 2002.

(56) 마리에트 베스테르만 지음, 『렘브란트』, 장주헌 옮김, 한길아트, 2002.

(57) 마이클 디버, 『레이건』, 정유섭 옮김, 열린책들, 2005.

(58) 마이클 하이트 지음, 『갈릴레오』, 김명남 옮김, 사이언스북스, 2009.

(59) 막시무스 지음, 『날마다 조금씩 부드러워지는 법』, 갤리온, 2008.

(60) 막시무스 지음, 『지구에서 인간으로 유쾌하게 사는 법』, 갤리온, 2006.

(61) 매트 리들리 지음, 『이타적 유전자』, 신좌섭 옮김, 사이언스북스, 2001.

(62) 매트 리틀리 지음, 『본성과 양육』, 김한영 옮김, 김영사, 2004.

(63) 모파상 지음, 『비곗덩어리』, 김종현 옮김, 문예출판사, 2006.

(64) 민현기 · 박재준 · 이상구 지음, 『성공한 리더는 유머로 말한다』, 미래지식, 2011.

(65) 민현기 · 이동석 엮음, 『리더여, 유머리스트가 되라』, 북오션, 2011.

(66) 박봉현 지음, 『역대 미국 대통령 41명의 위트리더십』, 오름, 2007.

(67) 박영만 지음, 『인생열전』, 푸리월, 2011.

(68) 박지원 지음, 『연암집』, 신호열 · 김명호 옮김, 돌베게, 2007.

(69) 박지향 지음, 『중간은 없다 마거릿 대처의 생애와 정치』, 기파랑, 2007.

(70) 박홍규 지음, 『베토벤 평전』, 가산출판사, 2003.

(71) 밥 돌 지음, 『대통령의 위트』, 김병찬 옮김, 아테네, 2007.

(72) 버락 오바마 지음, 『담대한 희망』, 홍수원 옮김, 랜덤하우스코리아, 2007.

(73) 버버라 코코란, 『엄마는 CEO』, 유혜경 옮김, 해냄출판사, 2003.

(74) 벤저민 양 지음, 『덩샤오핑 평전』, 권기대 옮김, 황금가지, 2004.

(75) 볼코고노프 지음, 『크렘린의 수령들』, 김일환 외 5인 옮김, 한송, 1996.

(76) 볼프 슈나이더 지음,『만들어진 승리자들』, 박종대 옮김, 을유문화사, 2011.

(77) 브로샤이 지음,『피카소와의 대화』, 정수경 옮김, 에코리브로, 2003.

(78) 빌 아들러 지음,『케네디 유머와 화술』 김민아 옮김, 민중출판사, 2005.

(79) 빌 클린턴 지음,『빌 클린턴의 마이 라이프』, 정영목 · 이순희 옮김, 물푸레, 2004.

(80) 빌라야누르 라마찬드란 지음,『뇌가 나의 마음을 만든다』, 이충 옮김, 바다출판사, 2006.

(81) 사이니야 지음,『탈무드』, 김정자 옮김, 베이직북스, 2009.

(82) 설용수 엮음,『우화유머』, 미래문화사, 2000.

(83) 세기 신이치 지음,『서양미술 사건수첩』, 황성옥 옮김, 아트북스, 2005.

(84) 세루즈 시코티 지음,『심리실험』, 윤미연 옮김, 궁리, 2006.

(85) 세르반테스 지음,『돈키호테』, 장선영 옮김, 신영출판사, 1991.

(86) 셸리 로스 지음,『대통령의 스캔들』, 조선일보사, 1992.

(87) 소노 아야코 지음,『나는 이렇게 나이들고 싶다』, 오경순 옮김, 리수, 2004.

(88) 손상목 지음,『톨스토이』, 인디북, 2004.

(89) 손일락 지음,『마침표를 찍는 10가지 방법』, 뜨인들출판사, 1999.

(90) 슈테판 츠바이크 지음,『에라스무스 평전』, 정민영 옮김, 아름미디어, 2006.

(91) 스티븐 맨스필드 지음,『윈스턴 처칠의 리더십』, 김정수 옮김, 청우, 2003.

(92) 시드니 셸던 지음,『또 다른 나』, 최필원 옮김, 붓@북, 2006.

(93) 시오노 나나미 지음,『로마인 이야기』, 김석희 옮김, 한길사, 1995.

(94) 신현준 지음,『레논 평전』, 리더스하우스, 2010.

(95) 알렉산더 워커 지음,『아름다운 인생, 오드리 헵번』, 김봉준 옮김, 달과 소, 2003.

(96) 알퐁스 도데 지음,『별』, 그레이트북 편집팀, 북앤북, 2008.

(97) 앤소니 휴스 지음,『미켈란젤로』, 남경태 옮김, 한길아트, 2003.

(98) 앨런 클라인 지음,『긍정의 유머심리학』, 양영철 옮김, 경성라인, 2010.

(99) 야마지 아니잔 지음,『도요토미 히데요시』, 김소영 옮김, 21세기북스, 2012.

(100) 양동식 편역,『길 위의 시』, 동학사, 2007.

(101) 에드거 스노 지음,『에드거 스노 자서전』, 최재봉 옮김, 김영사, 2005.

(102) 에드워드 윌슨 지음,『사회생물학』, 이병훈 · 박시룡 옮김, 민음사, 1992.

(103) 에드워드 윌슨 지음,『인간본성에 대하여』, 이한음 옮김, 사이언스북스, 2000.

(104) 에드워드 홀 지음,『문화를 넘어서』, 최효선 옮김, 한길사, 2000.

(105) 에드워드 홀 지음,『숨겨진 차원』, 최효선 옮김, 한길사, 2002.

(106) 에드워드 홀 지음,『침묵의 언어』, 최효선 옮김, 한길사, 2000.

(107) 에이드리언 골즈워디 지음,『가이우스 율리우스 카이사르』, 백석윤 옮김,
　　　루비박스, 2007.

(108) 에라스무스 지음,『에라스무스 격언집』, 김남우 옮김, 아모르문디, 2009.

(109) 엘리자베스 런데이 지음,『예술가들의 사생활』, 최재경 옮김, 에버리치홀딩스, 2010.

(110) 엘리자베스 룬데이 지음,『위대한 음악가들의 기상천외한 인생이야기』, 도희진 옮김,
　　　시그마북스, 2010.

(111) 열자 지음,『열자』, 김학주 역, 대양서적, 1972.

(112) 오강남 지음,『장자』, 현암사, 2003.

(113) 오브리 메넨 지음,『돈을 사랑한 예술가들』, 박은영 옮김, 열대림, 2004.

(114) 오스카 와일드 지음,『상식을 뒤집는 Wit & Wisdom』, 설태수 옮김, 북인 2006.

(115) 왕우 지음,『삼국지 최후의 승자 사마의』, 남영택 · 이현미 옮김, 한일미디어, 2011.

(116) 요네하라 마리 지음,『교양노트』, 김석중 옮김, 마음산책, 2010.

(117) 요네하라 마리 지음,『러시아 통신』, 박연정 옮김, 마음산책, 2011.

(118) 요네하라 마리 지음,『유머의 공식』, 이현진 옮김, 중앙books, 2007.

(119) 월터 아이작슨 지음,『벤자민 프랭클린 인생의 발견』, 윤미나 옮김,
　　　21세기북스, 2006.

(120) 웹사이트 http://blog.naver.com/misoon2480?Redirect
　　　=Log&logNo=30028866280

(121) 위화 지음,『인생』, 백원담 옮김, 푸른숲, 2007.

(122) 윌리암 쉐익스피어 지음,『베니스의 상인』, 세계문학전집, 최종철 옮김,
　　　민음사, 2010.

(123) 유동운 지음,『경제본능론』, 북코리아, 2002.

(124) 유미선 지음,『음악 이야기』, 꿈소담이, 2001.

(125) 유응교 편저,『건축 유머』, 기문당, 2006.

(126) 유의경 지음,『세설신어』, 안길환 역, 명문당, 2006.

(127) 유찻사 지음, 『성공의 코드, 유머』, 도서관옆출판사, 2007.

(128) 유해관 지음, 『고품격 CEO 유머』, 느낌이 있는 책, 2006.

(129) 유향 지음, 『신서』, 임동석 옮김, 예문서원, 1999.

(130) 이강엽 지음, 『바보 이야기 그 웃음의 참뜻』, 평민사, 1998.

(131) 이광렬 지음, 『성공한 리더의 힘, 유머』, 둥지, 2008.

(132) 이구열 지음, 『우리 근대미술 뒷이야기』, 돌베개, 2005.

(133) 이동진 지음, 『터키인들의 유머』, 해누리, 2008.

(134) 이상준 지음, 『고품격 유머』, 다산북스, 2005.

(135) 이어령 지음, 『젊음의 탄생』, 생각의 나무, 2008.

(136) 이월영 역, 『청구야담』, 한국문화사, 1995.

(137) 이윤석 지음, 『웃음의 과학』, 사이언스 북스, 2011.

(138) 이인호 지음, 『행복한 인생의 조건』, 도서출판 새빛, 2010.

(139) 이재규 지음, 『한 권으로 읽는 피터 드러커』, 21세기북스, 2009.

(140) 이종각 지음, 『이토 히로부미 평전』, 동아일보사, 2010.

(141) 이중텐 지음, 『삼국지 강의』, 홍순도 옮김, 김영사, 2007.

(142) 이창범 엮음, 『서양사의 에피소드』, 백양출판사, 1999.

(143) 이창준 지음, 『생물들의 신비한 초능력』, 청아출판사, 1997.

(144) 이형식 편역, 『농담』, 궁리, 2004.

(145) 이훈구 지음, 『사회심리학』, 법문사, 2002.

(146) 인터넷 http://blog.paran.com/hyuny7587/28521991

(147) 인터넷 http://kookminnews.com/news/service/article/messIndex=3465

(148) 임어당 지음, 『유머와 인생』, 김영수 편역, 아이필드 2003.

(149) 임유진 엮음, 『세계인의 해학 Y담』, 미래문화사, 1999.

(150) 임유진 지음, 『배꼽 빠지는 중국인 유머』, 미래문화사, 2004.

(151) 자크 랑 지음, 『넬슨 만델라 평전』, 윤은누 옮김, 실천문학사, 2007.

(152) 자크 아탈리 지음, 『미테랑 평전』, 김용채 옮김, 뷰스, 2006.

(153) 장 프랑수아 세뇨 지음, 『명작 스캔들』, 김희경 옮김, 아숲, 2011.

(154) 장융 · 존 핼리데에 지음, 『마오』, 황의방 · 이상근 · 오성환 옮김, 까치, 2006.

(155) 장쭤야오 지음,『조조 평전』, 남종진 옮김, 민음사, 2010.

(156) 잭 플램 지음,『세기의 우정과 경쟁 - 마티스와 피카소』, 이영주 옮김, 예경, 2005.

(157) 정준호 지음,『기생충, 우리들의 오래된 동반자』, 후마니타스, 2011.

(158) 제이슨 츠바이크 지음,『머니 앤드 브레인』, 오성환 · 이상근 옮김, 까치, 2007.

(159) 제프리 마이어스 지음,『인상주의자 연인들』, 김현우 옮김, 마음산책, 2006.

(160) 조능식,『한국 유머』, 대아출판사, 1980.

(161) 조르주 보르도노브 지음,『나폴레옹 평전』, 나은주 옮김, 열대림, 2008.

(162) 조르주 타바로 지음,『피카소와 함께 한 시간들』, 강주헌 옮김, 큰나무, 2003.

(163) 조문윤 · 왕쌍회 지음,『무측천 평전』, 김택중 · 안명자 · 김문 옮김, 책과 함께. 2004.

(164) 조셉 텔루슈킨 지음,『승자의 율법』, 김무겸 옮김, 북스넛, 2010.

(165) 조슈아 울프 솅크 지음,『링컨의 우울증』, 이종인 옮김, 랜덤하우스, 2009.

(166) 조지 오웰 지음,『동물농장』, 세계문학대전집, 정병조 옮김, 신영출판, 1991.

(167) 조지 W. 부시 지음,『맡아야 할 본분』, 양재길 옮김, 두레박, 2001.

(168) 조현욱 지음,「미소와 쓴웃음」, 중앙일보 2012. 5. 20일 컬럼

(169) 주디 선드 지음,『고흐』, 남경태 옮김, 한길아트, 2004.

(170) 찰스 니콜 지음,『레오나르드 다 빈치 평전』, 안기순 옮김, 고즈윈, 2007.

(171) 채형민 지음,『삶을 풍요롭게 하는 유머와 지혜 51가지』, 창현문화사, 2006.

(172) 청원쿤 지음,『인재를 파멸시키는 게임의 법칙』, 김윤진 옮김, 미래의 창, 2012.

(173) 최건수 지음,『사진읽는 CEO』, 21세기북스, 2009.

(174) 최규상, 황희진 지음,『365일 유머넘치는 긍정력 사전』, 작은 씨앗, 2010.

(175) 최열 지음,『박수근 평전』, 마로니에북스, 2011.

(176) 최용일 지음,『한줄의 통찰』, 21세기북스, 2010.

(177) 카트린 네이 지음,『욕망이라는 이름의 권력』, 배영란 옮김, 애플북스, 2008.

(178) 토게이어 지음,『영원히 살 것처럼 배우고 내일 죽을 것처럼 살아라』, 주덕명 옮김,
    함께북스, 2011.

(179) 트루먼 지음,『세계의 대회고록전집 - 트루만』, 박관숙 역, 한림출판, 1985.

(180) 폴 제퍼스 · 앨런 액설로드 지음,『전쟁 영웅들의 멘토, 천재 전략가 - 마셜』,
    박희성 · 박동휘 옮김, 플래닛 미디어, 2011.

(181) 폴 존슨 지음, 『위대하거나 사기꾼이거나』, 이문희 옮김, 이마고, 2010.

(182) 풍몽룡 지음, 『지경』, 홍성민 옮김, 청림출판, 2003.

(183) 풍몽룡 지음, 『지낭』, 이원길 옮김, 신원문화사, 2004.

(184) 란츠 M. 부케티츠 지음, 『사회생물학 대논쟁』, 김영철 지음, 사이언스북스, 1999.

(185) 프레드 캐플런 지음, 『링컨』, 허진 옮김, 열림원, 2010.

(186) 피터 스미스 지음, 『인간 아인슈타인』, 최진성 옮김, 시아출판사, 2005.

(187) 피터 케이브 지음, 『사촌이 논을 사면 배가 아픈 철학적 이유』, 배인섭 옮김, 어크로스, 2011.

(188) 필립 솔레르스 지음, 『모차르트 평전』, 김남주 옮김, 효형출판, 2002.

(189) 필립 후크 지음, 『인상파 그림은 왜 비쌀까?』, 유예진 옮김, 현암사, 2011.

(190) 하비 레클린 지음, 『스캔들 미술사』, 서남의 옮김, 리베르, 2009.

(191) 한비 지음, 『한비자』, 이운구 옮김, 한길사, 2002.

(192) 한승헌 지음, 『유머기행』, 속 신민객담, 범우사, 2007.

(193) 헨리 키신저 지음, 『중국 이야기』, 권기대 옮김, 민음사, 2012.

(194) 홍혁기 지음, 『지혜』, 동방미디어, 2003.

(195) 손철주 지음, 『그림 아는 만큼 보인다』, 오픈하우스, 2011.

(196) Apter, M. J.(1991), A Structural-phenomenology of Play, In J. H. Kerr & M. J. Apter Eds., *Adult Play: A Reversal Theory Approach*, Swets & Zeitlinger, 13~29.

(197) Beattie, J.(1764), *An Essay on Laughter and Ludicrous Composition*, Hildesheim.

(198) Brownwell, H. H. & H. Gardner(1988), Neuro-psychological Insights into Humor, In J. Durant & J. Miller eds, *Laughing Matters: A Serious Look at Humor*, Harlow, 17~35.

(199) Caron, J. E.(2002), From Ethology to Aesthetics: Evolution as a Theoretical Paradigm for Research on Laughter, Humor, and other Comic Phenomena, *Humor: International Journal of Humor Research*, 15(3), 245~281.

(200) Cummins, D.(1998), Social Norms and Other Minds: The Evolutionary Roots of Higher Cognition, In D. Cummins and C.

Allen eds., *The Evolution of Minds*, Oxford University Press, 30~50.

(201) Douglas North, Economic Performance through Time, *American Economic Review*, 359~368, 1994

(202) Drovak, John N. and John V. Nye, *The Frontiers of the New Institutional Economics*, Academic Press, 1996

(203) Dunbar, R.(1996), *Grooming, Gossip and Evolution of Language*, Farber and Farber.

(204) Eysenck, H. J.(1944), National Differences in 'Sense of Humor': Three Experimental and Statistical Studies, *Journal of Personality*, 13(1), 37~54.

(205) Feather, N(1994), Attitudes towards Achievers and Reaction to their Fall: Theory of Research concerning Tall Poppies, *Advances in Experimental Social Psychology*, 1~73.

(206) Feingold, A.(1992), Gender Differences in Mate Selection Preferences: A Test of Parental Investment Model, *Psychological Bulletin*, 112(1), 125~139.

(207) Frederickson, B. and R. W. Levensen,(1998), Positive Emotions Speed Recovery from the Cardiovascular Sequelae of Negative Emotions, *Cognition & Emotion*, 12(2), 191~220.

(208) Gervais, M. and D. S. Wilson(2005), The Evolution and Functions of Laughter and Humor: A Synthetic Approach, *Quarterly Review of Biology*, 80(4), 395~430.

(209) Gruner, C. R.(1978), *Understanding Laughter: The Working of Wit and Humor*, Nelson-Hall.

(210) Hinkler Books, *The Joke Book*, Hinkler Books, 2002

(211) Holland, N. N.(1982), Laughing: *A Psychology of Humor*, Cornell University Press.

(212) Levi, L.(1965), The Unary Output of Adrenalin and Noradrenalin during Pleasant and Unpleasant Emotional States: A Preliminary Report, *Psychosomatic Medicine*, 27, 80~85.

(213) Long, D. L. and A. C. Graesser(1988), Wit and Humor in Discourse Processing,

Discourse Processes, 11(1), 35~60.

(214) Mandler, J. M.(1979), Categorical and Schematic Organization in Memory, In C. R. Puff Eds., *Memory Organization and Structure*, Academic Press, 259~299.

(215) Miller, G. A.(1956), The Magical Number Seven, Plus or Minus Two: Some Limits on Our Capacity for Processing Information, *Psychological Review*(63), 81~97.

(216) Miller, G. F.(1997), Protean Primates: The Evolution of Adaptive Unpredictability in Competition and Courtship, In A. Whiten & R. W. Byrne Eds., *Machiavellian Intelligence II : Extensions and Evaluations*, Cambridge University Press, 312~340

(217) Mobbs, D., M. D. Greicius, E. Abdel-Azim, V. Menon and A. L. Reiss(2003), Humor Modulates the Mesolimbic Reward Centers, *Neuron*, 40, 1041~1048.

(218) Nerhardt, G.(1977), Operationalization of Incongruity in Humor Research: A Critique and Suggestions, In A. J. Chapman & H. C. Foots eds., *It's Funny Thing, Humor*, Pergamon Press, 47~51.

(219) Provine, Robert(2000), *Laughter: A Scientific Investigation*, Viking.

(220) Saroglou, V.(2002), Sense of Humor and Religion: An a Priori Incompatibility: Theoretical Considerations from a Psychological Perspective, *Humor: International Journal of Humor Research*, 15, 191~214.

(221) Trivers, R.(1985), *Social Evolution*, Benjamin/Cummins Publishing.

(222) Wyer, R. S. and J. E. Collins(1992), A Theory of Humor Elicitation, *Psychological Review*, 99(4), 663~688.